DIE MÄRCHEN DER WELTLITERATUR

Begründet von Friedrich von der Leyen
Herausgegeben von
Kurt Schier und Felix Karlinger

W0180935

Chinesische Märchen

Herausgegeben und übertragen von
Richard Wilhelm

EUGEN DIEDERICHS VERLAG

CIP-Kurztitelaufnahme der Deutschen Bibliothek

Chinesische Märchen
hrsg. u. übertr. von Richard Wilhelm.
64.–67. Tsd. – Düsseldorf, Köln: Diederichs, 1979.
(Die Märchen der Weltliteratur)
ISBN 3-424-00253-4 Hln.
ISBN 3-424-00254-2 Leder

NE: Wilhelm, Richard [Hrsg.]

64.–67. Tausend 1979
Alle Rechte vorbehalten
© 1958 by Eugen Diederichs Verlag Düsseldorf · Köln
Einbandgestaltung: F. H. Ehmcke
Gesamtherstellung: Passavia Passau
ISBN 3-424-00253-4 Hln
ISBN 3-424-00254-2 Leder

1. Weiberworte trennen Fleisch und Bein

Es waren einmal zwei Brüder, die wohnten in demselben Hause. Der Große hörte auf die Worte seines Weibes und kam darob mit seinem Bruder auseinander. Der Sommer hatte angefangen, und es war Zeit, die hohe Hirse zu säen. Der Kleine hatte kein Korn und bat den Großen, ihm zu leihen. Der Große befahl seinem Weib, es ihm zu geben. Die nahm das Korn, tat es in einen großen Topf und kochte es gar. Dann gab sie es dem Kleinen. Der Kleine wußte nichts davon, ging hin und säte es auf seinem Felde. Da aber das Korn gekocht war, kamen die Halme nicht hervor. Nur ein einziger Same war noch nicht gar gewesen; so wuchs ein einziger Halm in die Höhe. Der Kleine war arbeitsam und fleißig von Natur, darum begoß und behackte er ihn den ganzen Tag. Da wuchs der Halm mächtig wie ein Baum, und eine Ähre brach hervor wie ein Baldachin, so groß, daß sie einen halben Morgen Landes beschattete. Im Herbst ward sie reif. Da nahm der Kleine eine Axt und hieb damit die Ähre ab. Kaum war die Ähre auf den Boden gefallen, da kam plötzlich ein großer Vogel Rokh rauschend heran, nahm sie in den Schnabel und flog davon. Der Kleine lief ihm nach bis an den Strand des Meeres.

Der Vogel wandte sich nach ihm und redete auf Menschenweise also: »Ihr müßt mir nichts zuleide tun. Was ist die eine Ähre Euch denn wert? Östlich vom Meer, da ist die Gold- und Silberinsel. Ich will Euch hinübertragen. Da könnt Ihr nehmen, soviel Ihr wollt, und sehr reich werden.«

Der Kleine wars zufrieden und stieg dem Vogel auf den Rükken. Der hieß ihn die Augen schließen. So hörte er nur die

Luft an seinen Ohren sausen, als führe er durch einen starken Wind, und unter sich hörte er das Rauschen und Toben von Flut und Wellen. Im Nu ließ sich der Vogel auf einer Insel nieder. »Nun sind wir da«, sagte er.

Da machte der Kleine die Augen auf und blickte um sich; da sah er allenthalben Glanz und Glimmer, lauter gelbe und weiße Sachen. Er nahm von den kleinen Stücken etwa ein Dutzend und barg sie in seinem Busen.

»Ist es genug?« fragte der Vogel Rokh.

»Ja, ich habe genug«, antwortete er.

»Gut so«, sagte der Vogel, »Genügsamkeit schützt vor Schaden.«

Dann nahm er ihn wieder auf den Rücken und trug ihn übers Meer zurück.

Als der Kleine nach Hause kam, da kaufte er sich mit der Zeit ein gut Stück Land und ward recht wohlhabend.

Sein Bruder aber ward neidisch auf ihn und fuhr ihn an: »Wo hast du denn das Geld gestohlen?«

Der Kleine sagte ihm alles der Wahrheit gemäß. Da ging der Große heim und hielt mit seinem Weibe Rat.

»Nichts leichter als das«, sagte das Weib. »Ich koche einfach wieder Getreide und behalte ein Korn zurück, daß es nicht gar wird. Das säst du aus, und wir wollen sehen, was geschieht.«

Gesagt, getan. Und richtig kam ein einzelner Halm hervor, und richtig trug der Halm eine einzelne Ähre, und als es Zeit zur Ernte war, kam wieder der Vogel Rokh und trug sie in seinem Schnabel davon. Der Große freute sich und lief ihm nach, und der Vogel Rokh sprach wieder dieselben Worte wie das vorige Mal und trug den Großen nach der Insel. Dort sah der Große Gold und Silber ringsum angehäuft. Die größten Stücke waren wie Berge, die kleinen waren wie Ziegelsteine und die ganz kleinen wie Sandkörner. Es blendete ihn ganz in den Augen. Er bedauerte nur, daß er kein Mittel wußte, Berge zu versetzen. So bückte er sich denn und hob an Stücken auf, was er konnte.

Der Vogel Rokh sprach: »Nun ist's genug! Es geht dir über die Kraft.«

»Gedulde dich noch eine kleine Weile«, sagte der Große. »Sei nicht so eilig! Ich muß noch ein paar Stücke haben.«

Darüber verging die Zeit.

Der Vogel Rokh trieb ihn abermals zur Eile an. »Die Sonne wird gleich kommen«, sagte er, »und die ist so heiß, daß sie die Menschen verbrennt.«

»Wart noch ein bißchen«, sagte der Große.

Im Augenblick aber kam ein rotes Rad mit Macht hervor. Der Vogel Rokh flog in das Meer, breitete seine beiden Flügel aus und schlug damit in das Wasser, um der Hitze zu entrinnen. Der Große aber ward von der Sonne aufgezehrt.

2. Die drei Reimer

In einem Haus waren drei Töchter. Die älteste heiratete einen Doktor, die zweite heiratete einen Magister, die dritte aber, die besonders klug war und geschickt im Reden, heiratete einen Bauer.

Nun traf es sich, daß ihre Eltern Geburtstag feierten. Da kamen die drei Töchter mit ihren Männern, um ihnen Glück und langes Leben zu wünschen. Die Schwiegereltern bereiteten für ihre drei Schwiegersöhne ein Mahl und tischten ihnen Geburtstagswein auf. Der Älteste aber, welcher wußte, daß der dritte Schwiegersohn die Schule nicht besucht, wollte ihn in Verlegenheit bringen.

»Das ist doch gar zu langweilig«, sagte er, »wenn wir nur so trinken; wir wollen ein Trinkspiel machen. Auf die Worte: am Himmel – auf Erden – am Tische – im Zimmer – soll jeder ein Gedicht machen, das sich reimt und Sinn hat. Wer's nicht kann, der muß zur Strafe drei Gläser leeren.«

Alle Anwesenden warens zufrieden. Nur der dritte Schwiegersohn kam in Verlegenheit und wollte durchaus gehen.

Aber die Gäste ließen ihn nicht fort und nötigten ihn zum Sitzen.

Da begann der älteste Schwager: »Ich will mit dem Reimen anfangen. Ich sage:

> Am Himmel stolz der Phönix fliegt,
> Auf Erden zahm das Schäflein liegt,
> Am Tische les ich alte Weise,
> Im Zimmer ruf der Magd ich leise.«

Der zweite fuhr fort: »Und ich sage:

> Am Himmel fliegt die Turteltaube,
> Auf Erden wühlt der Ochs im Staube,
> Am Tisch studiert man, was gewesen,
> Im Zimmer führt die Magd den Besen.«

Der dritte Schwiegersohn stotterte und brachte nichts hervor. Als alle ihn nötigten, brach er mit grobem Ton heraus:

> »Am Himmel fliegt – eine Bleikugel,
> Auf Erden geht – ein Tigertier,
> Am Tische liegt – eine Schere,
> Im Zimmer ruf ich – dem Stallknecht.«

Die beiden Schwäger klatschten in die Hände und begannen laut zu lachen.

»Die vier Zeilen reimen sich ja gar nicht«, sagten sie, »und außerdem ist kein Sinn darin. Eine Bleikugel ist doch kein Vogel, der Stallknecht tut seine Arbeit draußen, willst du ihn etwa zu dir ins Zimmer hereinrufen? Unsinn, Unsinn! Trink aus!«

Aber noch ehe sie fertig geredet hatten, da hob die dritte Tochter den Vorhang des Frauengemachs und trat heraus. Sie war ärgerlich, konnte aber doch ein Lächeln nicht unterdrücken.

»Wieso haben wir keinen Sinn in unseren Zeilen?« sagte sie. »Hört nur zu, ich will's euch erklären: Am Himmel die Bleikugel wird euren Phönix und eure Turteltaube totschießen. Auf Erden das Tigertier wird euer Schaf und euren Ochsen fressen. Am Tisch die Schere wird alle eure alten Schmöker zerschneiden. Im Zimmer der Stallknecht endlich, nun – der kann eure Magd heiraten.«

Da sagte der älteste Schwager: »Gut gescholten! Schwägerin, du weißt zu reden. Wärst du ein Mann, du hättest längst den Doktor in der Tasche. Wir wollen zur Strafe unsere drei Gläser leeren.«

3. Wie einer aus Gier nach dem Kleinen das Große verliert

Es war einmal eine alte Frau, die hatte zwei Söhne. Ihr großer Sohn war ohne Kindesliebe und verließ Mutter und Bruder. Der jüngere aber diente ihr, so daß alle Leute von seiner Kindlichkeit erzählten.

Eines Tages wurde draußen vor dem Dorf Theater gespielt. Da trug er seine Mutter auf dem Rücken hin, damit sie zusehen könne. Vor dem Dorf aber war eine Schlucht. Dort glitt er aus und fiel mitten in die Schlucht hinein. Seine Mutter ward von dem Steingeröll totgeschlagen; ihr Blut und Fleisch war rings umhergespritzt. Der Sohn streichelte den Leichnam seiner Mutter und weinte bitterlich. Er wollte sich selbst töten, als er plötzlich einen Priester vor sich stehen sah.

Der sagte zu ihm: »Sei ohne Furcht, ich kann deine Mutter wieder lebendig machen.«

Mit diesen Worten bückte er sich, las Fleisch und Knochen zusammen und fügte sie alle richtig aneinander. Dann blies er sie an, und schon war die Mutter wieder lebendig. Da hatte der Sohn eine große Freude und dankte ihm auf den Knien. Er sah jedoch an einer Felskante noch ein ungefähr zollgroßes Stückchen Fleisch seiner Mutter hängen.

»Das darf man auch nicht liegen lassen«, sagte er und barg es an seinem Busen.

Der Priester sprach: »Wahrlich, du hast die rechte Kindesliebe!« Dann ließ er sich das Fleischstück der Mutter geben, knetete daraus ein kleines Männchen, blies es an, und mit einem Sprunge stand es da. Es war ein ganz stattlicher kleiner Knabe geworden.

»Der heißt der kleine Vorteil«, wandte er sich an den Sohn, »du magst ihn deinen Bruder nennen. Du bist arm und hast nichts, deine Mutter zu ernähren; wenn du etwas brauchst, kann es Klein-Vorteil dir verschaffen.«

Der Sohn bedankte sich nochmals. Dann nahm er seine Mutter wieder auf den Rücken und seinen neuen kleinen Bruder an die Hand und ging nach Hause. Wenn er zu Klein-Vorteil sagte: »Bringe Fleisch und Wein!« war Fleisch und Wein sofort auch da, und dampfender Reis kochte auch schon im Topf. Wenn er zu Klein-Vorteil sagte: »Bringe Geld und Tuch!«, so füllte das Geld die Beutel, und das Tuch lag in den Kisten bis zum Rand. Was immer er bat, alles wurde ihm zuteil. So wurden sie allmählich recht wohlhabend.

Sein älterer Bruder beneidete ihn aber sehr, und als im Dorfe abermals ein Schauspiel war, nahm er die Mutter mit Gewalt auf den Rücken und ging hin. Da er zur Schlucht kam, glitt er mit Willen aus und ließ die Mutter in die Tiefe fallen, nur darauf bedacht, daß sie auch wirklich ganz in Stücke ginge. Und richtig, die Mutter fiel so übel, daß Rumpf und Glieder rings umher zerstreut waren. Gemächlich stieg er selbst nunmehr hinab, nahm der Mutter Kopf in seine Hände und stellte sich, als ob er weine.

Schon war auch wieder der Priester zur Stelle und sprach: »Ich kann die Toten wieder auferwecken, weiße Gebeine mit Fleisch und Blut umgeben.«

Dann machte er es wie das letzte Mal, und die Mutter kam wieder zu sich. Der ältere Bruder aber hatte absichtlich schon vorher eine ihrer Rippen versteckt.

Die zog er nun hervor und sprach zum Priester: »Noch ist ein Knochen übrig. Was soll man damit tun?«

Der Priester nahm den Knochen, umgab ihn mit Lehm und Erde, blies ihn an wie das letzte Mal, und es entstand ein Männlein, das Klein-Vorteil ähnlich sah, nur war es größer an Gestalt.

»Der heißt die Große Pflicht«, sagte er zu ihm; »wenn du dich an ihn hältst, wird er dir stets zur Hand sein.«

Der Sohn nahm die Mutter wieder auf den Rücken, und die Große Pflicht ging hinter ihm her.

Als er zum Tore des Gehöftes kam, da sah er seinen jüngeren Bruder herbeikommen, der Klein-Vorteil auf den Armen trug.

»Wo gehst du hin?« sagte er zu ihm.

Der Bruder sprach: »Klein-Vorteil ist ein Götterwesen, das nicht dauernd unter Menschen wohnen mag. Er will wieder in den Himmel fliegen, und ich gebe ihm das Geleite.«

»Gib Klein-Vorteil doch mir! Laß ihn nicht gehen!« sagte der Ältere.

Aber ehe er ausgeredet hatte, erhob sich Klein-Vorteil in die Lüfte. Der ältere Bruder ließ nun eilig die Mutter auf den Boden fallen und streckte die Hand aus, um Klein-Vorteil zu erhaschen. Aber es gelang ihm nicht, und schon erhob sich auch die Große Pflicht, faßte Klein-Vorteil bei der Hand, und beide zusammen stiegen zu den Wolken auf und verschwanden.

Da stampfte der ältere Bruder auf den Boden und sagte seufzend: »Ach! Weil ich nach dem kleinen Vorteil gierig war, habe ich die große Pflicht versäumt.«

4. Wer ist der Sünder?

Es waren einmal zehn Bauern, die gingen miteinander über Feld. Sie wurden von einem schweren Gewitter überrascht und flüchteten sich in einen halb zerfallenen Tempel. Der Donner aber kam immer näher, und es war ein Getöse, daß die Luft ringsum erzitterte. Kreisend fuhr ein Blitz fortwährend um den Tempel her. Die Bauern fürchteten sich sehr und dachten, es müsse wohl ein Sünder unter ihnen sein, den der Donner schlagen wolle. Um herauszubringen, wer es sei, machten sie aus, ihre Strohhüte vor die Tür zu hängen; wessen Hut weggeweht werde, der solle sich dem Schicksal stellen.

Kaum waren die Hüte draußen, so ward auch einer weggeweht, und mitleidlos stießen die andern den Unglücklichen vor die Tür. Als er aber den Tempel verlassen hatte, da hörte der Blitz zu kreisen auf und schlug krachend ein.

Der eine, den sie verstoßen hatten, war der einzige Gerechte gewesen, um dessentwillen der Blitz das Haus verschonte. So mußten die neun ihre Hartherzigkeit mit dem Leben bezahlen.

5. Das Zauberfaß

Es war einmal ein Mann, der grub auf seinem Acker ein großes irdenes Faß aus. Er nahm es mit nach Hause und sagte zu seiner Frau, sie solle es reinmachen. Wie nun die Frau mit der Bürste in das Faß fuhr, da war auf einmal das ganze Faß voll Bürsten. Soviel man auch herausnahm, es kamen immer neue nach. Der Mann verkaufte nun die Bürsten, und die Familie hatte ganz gut zu leben.

Einmal fiel aus Versehen ein Geldstück in das Faß. Sofort verschwanden die Bürsten, und das Faß füllte sich mit Geld. Nun wurde die Familie reich; denn sie konnten Geld aus dem Faß holen, soviel sie wollten.

Der Mann hatte einen alten Großvater im Haus, der war schwach und zittrig. Da er sonst nichts mehr tun konnte, stellte er ihn an, Geldstücke aus dem Faß zu schaufeln, und wenn der alte Großvater müde war und nicht mehr konnte, ward er böse und schrie ihn zornig an, er sei nur faul und wolle nicht. Eines Tages aber verließen den Alten die Kräfte.

Er fiel in das Faß und starb. Schon war das Geld verschwunden, und das ganze Faß füllte sich mit toten Großvätern. Die mußte der Mann nun alle herausziehen und begraben lassen, und dafür brauchte er das ganze Geld, das er bekommen hatte, wieder auf. Und als er fertig war, zerbrach das Faß, und er war wieder arm wie zuvor.

6. Das Glückskind und das Unglückskind

Es war einmal ein stolzer Fürst, der hatte eine Tochter. Die Tochter aber war sein Unglück. Als die Zeit herangekommen war, da sie heiraten sollte, da ließ sie alle Freier sich vor ihres Vaters Schloß versammeln. Sie wollte einen Ball von roter Seide unter sie werfen, und wer ihn fing, der sollte ihr Gatte werden. Da waren nun viele Fürsten und Grafen vor dem Schloß versammelt. Mitten unter ihnen stand aber auch ein Bettler. Und die Prinzessin sah, daß ihm Drachen zu den Ohren hineinkrochen und zur Nase wieder herauskamen; denn er war ein Glückskind. Da warf sie den Ball dem Bettler zu, und er fing ihn auf.

Erzürnt fragte ihr Vater: »Warum hast du den Ball dem Bettler in die Hände geworfen?«

»Er ist ein Glückskind«, sagte die Prinzessin, »ich will ihn heiraten, vielleicht bekomme ich dann Teil an seinem Glück.«

Der Vater aber wollte das nicht leiden, und als sie standhaft blieb, da trieb er sie im Zorn aus dem Schlosse.

So mußte die Prinzessin mit dem Bettler ziehen. Sie wohnte mit ihm in seiner kleinen Hütte und mußte Kräuter und Wurzeln suchen und selber kochen, damit sie nur etwas zu essen hatten, und oftmals hungerten sie auch beide.

Eines Tages sprach der Mann zu ihr: »Ich will ausziehen und mein Glück versuchen. Wenn ich's gefunden habe, will ich wiederkommen und dich holen.« Die Prinzessin sagte »ja«, und er ging weg. Achtzehn Jahre blieb er weg. Und die Prinzessin lebte in Not und Kümmernis; denn ihr Vater blieb hart und unerbittlich. Wenn ihre Mutter nicht im stillen ihr Geld und Nahrung zugesteckt, so wäre sie wohl gar Hungers gestorben in der langen Zeit.

Der Bettler aber fand sein Glück und wurde schließlich Kaiser. Er kam zurück und trat vor seine Frau. Die aber kannte ihn nicht mehr. Sie wußte nur, daß er der Kaiser war.

Er fragte sie, wie es ihr gehe.

»Warum fragt Ihr mich, wie es mir geht?« erwiderte sie. »Ich bin doch viel zu gering für Euch.«

»Und wer ist denn dein Mann?«

»Mein Mann war Bettler. Er ging hinweg, sein Glück zu suchen. Nun sind's schon achtzehn Jahre, und er ist immer noch nicht zurück.«

»Was tust du denn in dieser langen Zeit?«

»Ich warte auf ihn, bis er wiederkommt.«

»Willst du nicht einen andern zum Manne nehmen, da er so lange ausbleibt?«

»Nein, ich bleibe seine Frau bis in den Tod.«

Als der Kaiser die Treue seiner Frau sah, da gab er sich ihr zu erkennen, ließ sie in prächtige Gewänder kleiden und nahm sie mit sich in sein Kaiserschloß. Da lebten sie nun herrlich und in Freuden.

Nach einigen Tagen sprach der Kaiser zu seiner Frau: »Wir leben jeden Tag so festlich, als wenn Neujahr wäre.«

»Sollen wir nicht festlich leben«, sprach die Frau, »da wir doch Kaiser und Kaiserin sind?« –

Die Frau war aber doch ein Unglückskind. Als sie achtzehn Tage Kaiserin gewesen war, da ward sie krank und starb. Der Mann aber lebte noch lange Jahre.

7. Der neunköpfige Vogel

Vor langen Zeiten lebten einmal ein König und eine Königin, die hatten eine Tochter. Eines Tages ging die Tochter im Garten spazieren. Da erhob sich plötzlich ein sehr großer Sturm, der sie mit sich führte. Der Sturm kam aber vom neunköpfigen Vogel. Der raubte die Prinzessin und brachte sie in seine Höhle. Der König wußte nicht, wohin seine Tochter verschwunden war. So ließ er im ganzen Lande ausrufen: »Wer meine Tochter, die Prinzessin, wiederbringt, der soll sie zur Frau haben.«

Ein Jüngling hatte den Vogel gesehen, wie er die Königstochter in seine Höhle trug. Die Höhle war aber mitten an einer steilen Felswand. Man konnte von unten nicht hinauf und von oben nicht hinunter. Wie er nun um den Felsen herumging, da kam ein anderer, der fragte, was er da tue. Er erzählte ihm, daß der neunköpfige Vogel die Königstochter geraubt und in die Berghöhle hinaufgebracht habe. Der andere wußte Rat. Er rief seine Freunde herbei, und sie ließen den Jüngling in einem Korb zur Höhle hinunter. Wie er zur Höhle hineinging, da sah er die Königstochter dasitzen und dem neunköpfigen Vogel seine Wunde waschen; denn der Himmelhund hatte ihm den zehnten Kopf abgebissen, und die Wunde blutete immer noch. Die Prinzessin aber winkte dem Manne zu, er solle sich verstecken. Das tat er auch. Der Vogel fühlte sich so wohl, wie die Königstochter ihm die Wunde wusch und ihn verband, daß alle seine neun Köpfe einer nach dem andern einschliefen. Da trat der Mann aus dem Versteck hervor und hieb ihm mit einem Schwert alle seine Köpfe ab. Dann führte er die Königstochter hinaus und wollte sie in dem Korb hinaufziehen lassen. Die Königstochter aber sprach: »Es wäre besser, wenn du erst hinaufstiegst und ich nachher.«

»Nein«, sprach der Jüngling. »Ich will hier unten warten, bis du in Sicherheit bist.«

Die Königstochter wollte anfangs nicht; doch ließ sie endlich sich überreden und stieg in den Korb. Vorher aber nahm sie einen Haarpfeil, brach ihn in zwei Teile, gab ihm den einen und steckte die andere Hälfte zu sich. Auch teilte sie mit ihm ihr seidenes Tuch und sagte ihm, er solle beides wohl verwahren. Als aber jener andere Mann die Königstochter heraufgezogen hatte, da nahm er sie mit sich und ließ den Jüngling in der Höhle, wie er auch rief und bat.

Der Jüngling ging nun in der Höhle umher. Da sah er viele Jungfrauen, die hatte alle der neunköpfige Vogel geraubt, und sie waren hier Hungers gestorben. An der Wand hing ein Fisch, der war mit vier Nägeln angenagelt. Als er den Fisch berührte, verwandelte sich der in einen schönen Jüngling. Er dankte ihm für seine Rettung. Sie schlossen Brüderschaft fürs Leben. Allmählich bekam er grimmigen Hunger. Er trat vor die Höhle, um Nahrung zu suchen, aber da waren überall nur Steine. Da sah er plötzlich einen großen Drachen, der an einem Stein leckte. Das tat der Jüngling auch, und alsbald hatte er keinen Hunger mehr. Nun fragte er den Drachen, wie er von dieser Höhle fortkommen könne. Der Drache neigte seinen Kopf zum Schwanz und deutete ihm an, daß er sich darauf setzen solle. Er stieg nun auf den Schwanz des Drachen, und im Umsehen war er unten auf der Erde, und der Drache war verschwunden. Er ging nun weiter, da fand er eine Schildkrötenschale voll von schönen Perlen. Es waren aber Zauberperlen. Wenn man sie ins Feuer warf, so hörte das Feuer auf zu brennen; wenn man sie ins Wasser warf, tat sich das Wasser auf, und man konnte hindurchgehen. Er nahm die Perlen aus der Schildkrötenschale heraus und steckte sie zu sich. Nicht lange danach kam er an den Strand des Meeres. Er warf eine Perle hinein; da teilte sich das Meer, und er erblickte den Meerdrachen. Der rief: »Wer stört mich hier in meinem Reich?« Der Jüngling sprach: »Ich habe Perlen gefunden in einer Schildkrötenschale und habe sie ins Meer geworfen, da hat das Wasser sich mir aufgetan.«

»Wenn es so ist«, sagte der Drache, »so komm zu mir ins Meer, da wollen wir miteinander leben.« Da erkannte er, daß es derselbe Drache war, den er in jener Höhle gesehen. Auch der Jüngling war da, mit dem er Brüderschaft geschlossen. Es war des Drachen Sohn.

»Du hast meinen Sohn gerettet und mit ihm Brüderschaft geschlossen, so bin ich dein Vater«, sagte der alte Drache. Und er bewirtete ihn mit Wein und Speisen.

Eines Tages sprach sein Freund zu ihm: »Mein Vater wird dich sicher belohnen wollen. Nimm aber kein Geld, auch keine Edelsteine, sondern nur die kleine Kürbisflasche dort; mit der kann man herzaubern, was man will.«

Richtig fragte ihn der alte Drache, was er zum Lohne haben wolle, und er sprach zu ihm: »Ich will kein Geld und auch keine Edelsteine, ich will nur die kleine Kürbisflasche.«

Erst wollte der Drache sie nicht hergeben. Endlich gab er sie ihm doch. Dann ging er von dem Drachenschlosse weg.

Als er wieder aufs trockene Land kam, da wurde er hungrig. Alsbald stand ein Tisch mit vielem schönem Essen da. Und er aß und trank. Er war eine Zeitlang weitergegangen, da wurde er müde. Schon stand ein Esel da, auf den setzte er sich. Er war eine Zeitlang geritten, da wurde der Esel ihm zu holprig; schon kam ein Wagen, da stieg er hinein. Der Wagen aber schüttelte zu sehr, und er dachte: ›Wenn ich nur eine Sänfte hätte! Das ginge besser!‹ Schon kam eine Sänfte, und er setzte sich hinein. Die Träger trugen ihn bis zu der Stadt, wo der König, die Königin und ihre Tochter waren.

Als jener Mann die Königstochter zurückgebracht hatte, da sollte Hochzeit werden. Die Königstochter aber wollte nicht und sprach: »Das ist doch nicht der Rechte. Mein Retter wird kommen, er hat die Hälfte meines Haarpfeils und die Hälfte meines seidnen Tuches zum Zeichen.« Als der Jüngling aber so lange nicht kam und der andere den König drängte, da wurde der ungeduldig und sagte: »Morgen soll die Hochzeit sein!« Die Königstochter ging betrübt durch die

Straßen der Stadt und suchte und suchte, ob sie ihren Retter nicht finde. An jenem Tage gerade kam die Sänfte an. Die Königstochter sah das halbe Tuch in der Hand des Jünglings. Voll Freuden nahm sie ihn mit zu ihrem Vater. Er mußte den halben Haarpfeil zeigen, der paßte genau zur andern Hälfte. Da glaubte der König, daß es der Rechte sei. Der falsche Bräutigam wurde bestraft, und man feierte Hochzeit, und sie lebten vergnügt und glücklich bis an ihr Ende.

8. Die Höhle der Tiere

Es war einmal eine Familie, die hatte sieben Töchter. Eines Tages ging der Vater aus, Holz zu suchen; da fand er sieben Wildenteneier. Er brachte sie nach Hause und dachte nicht daran, sie seinen Kindern zu geben. Er wollte sie selber mit seiner Frau essen. Abends wachte die älteste Tochter auf und fragte, was die Mutter da koche. Die Mutter sagte: »Ich koche Wildenteneier. Ich gebe dir eins; aber du mußt es nicht deinen Geschwistern verraten.« Und sie gab ihr eins. Da wachte die zweite Tochter auf und fragte die Mutter, was sie da koche. Sie sagte: »Wildenteneier. Wenn du's deinen Schwestern nicht verrätst, so will ich dir eins geben.« Und so ging es fort. Schließlich hatten die Töchter die Eier aufgegessen, und es waren keine mehr da.

Am Morgen war der Vater sehr böse auf die Kinder und sagte: »Wer geht mit zur Großmutter?« Er wollte aber die Kinder in die Berge führen und da von den Wölfen auffressen lassen. Die ältesten Töchter merkten es und sagten: »Wir gehen nicht mit.« Aber die zwei jüngsten sagten: »Wir gehen mit.« Sie fuhren mit dem Vater fort. Als sie lange gefahren waren, sagten sie: »Wann sind wir denn bei der Großmutter?« Der Vater sagte: »Gleich.« Und als sie ins Gebirge gekommen waren, sagte der Vater: »Wartet hier! Ich will voraus ins Dorf und es der Großmutter sagen, daß ihr kommt.«

Da fuhr er mit dem Eselswagen weg. Und sie warteten und warteten, und der Vater kam nicht. Endlich dachten sie, daß der Vater sie nicht mehr holen würde und sie allein im Gebirge gelassen hätte. Und sie gingen immer tiefer ins Gebirge hinein und suchten ein Obdach für die Nacht. Da sahen sie einen großen Stein. Den suchten sie sich aus als Kopfkissen und rollten ihn an die Stelle, wo sie sich zum Schlafen hinlegen wollten. Da sahen sie, daß der Stein die Tür einer Höhle war. In der Höhle war ein Lichtschein, und sie gingen hinein. Das Licht kam von vielen Edelsteinen und Kleinodien aller Art. Die Höhle gehörte einem Wolf und einem Fuchs. Die hatten viele Töpfe mit Edelsteinen und Perlen, die bei Nacht leuchteten. Da sagten sie: »Das ist aber eine schöne Höhle; wir wollen uns gleich in die Betten legen.« Denn es standen zwei goldne Betten mit goldgestickten Decken da. Und sie legten sich hin und schliefen ein. Nachts kamen der Wolf und der Fuchs nach Hause. Und der Wolf sprach: »Ich rieche Menschenfleisch.« Der Fuchs sagte: »Ach was, Menschen! Hier können doch keine Menschen hereinkommen in unsre Höhle. Die ist doch so gut verschlossen.« Da sagte der Wolf: »Gut, dann wollen wir uns in unsre Betten legen und schlafen.« Der Fuchs sagte: »Wir wollen uns in die Kessel auf dem Herd legen. Da ist es noch ein bißchen warm vom Feuer.« Der eine Kessel war aus Gold, der andere aus Silber. Da legten sie sich hinein.

Als die Mädchen früh aufstanden, da sahen sie den Fuchs und den Wolf liegen und bekamen große Angst. Und sie deckten die Kessel zu und taten viele große Steine darauf, so daß der Wolf und der Fuchs nicht mehr heraus konnten. Dann machten sie Feuer. Der Wolf und der Fuchs sagten: »Oh, wie schön warm wird es am Morgen! Wie kommt das bloß?« Endlich wurde es ihnen zu heiß. Sie merkten, daß die zwei Mädchen Feuer gemacht hatten, und sie riefen: »Laßt uns heraus! Wir wollen euch viele Edelsteine und viel Gold geben und wollen euch nichts tun.« Die Mädchen aber hörten nicht auf sie und machten das Feuer nur immer größer. Da starben der Wolf und der Fuchs in den Kesseln.

So lebten die Mädchen viele Tage glücklich in der Höhle. Den Vater aber ergriff wieder Sehnsucht nach seinen Töchtern, und er ging ins Gebirge, sie zu suchen. Er setzte sich gerade auf den Stein vor der Höhle um auszuruhen und klopfte die Asche aus seiner Pfeife. Da riefen die Mädchen von innen: »Wer klopft an unsre Tür?« Da sagte der Vater: »Ist das nicht die Stimme meiner Töchter?« Die Töchter riefen: »Ist das nicht die Stimme unseres Vaters?« Da machten sie den Stein auf und sahen, daß es ihr Vater war, und der Vater freute sich, daß er sie wiedersah. Und er wunderte sich, wie sie in diese Höhle voll Perlen und Edelsteinen gekommen seien. Und sie erzählten ihm alles. Da holte der Vater Leute herbei, die sollten ihm die Edelsteine nach Hause tragen helfen. Und als sie zu Hause ankamen, verwunderte sich die Frau, wo sie denn alle diese Schätze her hätten. Da erzählten der Vater und die Töchter alles, und sie wurden eine sehr reiche Familie und lebten glücklich bis an ihr Ende.

9. Der Panther

Es war einmal eine Witwe, die hatte zwei Töchter und einen kleinen Sohn.

Eines Tages sagte die Mutter zu den Töchtern: »Verwahrt mir das Haus gut! Ich will zur Großmutter gehen mit eurem kleinen Bruder.«

Die Töchter versprachen es. Dann ging die Mutter weg. Unterwegs begegnete ihr ein Panther und fragte, wohin sie gehe. Sie sprach: »Ich will mit meinem Kind zu meiner Mutter gehen.«

»Willst du nicht ein bißchen ausruhen?« fragte der Panther. »Nein«, sprach sie, »es ist schon spät, und der Weg ist weit zu meiner Mutter.«

Aber der Panther ließ nicht ab, ihr zuzureden, und schließlich gab sie nach und setzte sich am Rand des Weges nieder.

»Ich will dir deine Haare ein bißchen kämmen«, sprach der Panther.

So ließ sich die Frau vom Panther die Haare kämmen. Wie er ihr aber mit seinen Krallen durch die Haare fuhr, da riß er ihr ein Stück Haut ab und fraß es.

»Halt!« schrie die Frau. »Das tut weh, wie du mich kämmst!« Aber der Panther riß ihr ein noch viel größeres Stück Haut ab. Nun wollte die Frau um Hilfe rufen. Da packte sie der Panther und fraß sie auf. Dann wandte er sich zu ihrem Söhnchen und biß es auch tot. Er zog die Kleider der Frau an und tat die Knochen des Kindes, die er noch nicht gefressen hatte, in ihren Korb.

So ging er nach dem Haus der Frau, wo die beiden Töchter waren, und rief zur Tür hinein: »Macht auf, ihr Töchter! Eure Mutter ist gekommen.«

Sie aber sahen zu einer Spalte heraus und sprachen: »Unsre Mutter hat keine so großen Augen.«

Da sagte der Panther: »Ich war bei der Großmutter und habe gesehen, wie ihre Hühner Eier legen; das hat mich gefreut, und deshalb habe ich so große Augen bekommen.«

»Unsre Mutter hat keine solchen Flecke im Gesicht.«

»Die Großmutter hatte kein Bett, und da mußte ich auf Erbsen schlafen; die haben sich mir ins Gesicht gedrückt.«

»Unsre Mutter hat nicht so große Füße.«

»Dummes Gesindel! Das kommt vom langen Laufen. Macht jetzt rasch auf!«

Da sagten die Töchter zueinander: »Es muß wohl unsre Mutter sein«, und machten auf. Als aber der Panther hereinkam, da sahen sie, daß es doch nicht ihre rechte Mutter war.

Abends, als die Töchter schon im Bett waren, da nagte der Panther noch an den Knochen des kleinen Jungen, die er mitgebracht.

Da fragten die Töchter: »Mutter, was ißt du da?«

»Ich esse Rüben«, war die Antwort.

Da sagten die Töchter: »Mutter, gib uns auch von deinen Rüben! Wir haben solchen Hunger.«

»Nein«, war die Antwort, »ich gebe euch keine. Seid ruhig und schlaft!«

Die Töchter aber baten so lange, bis die falsche Mutter ihnen einen kleinen Finger gab. Da sahen die Mädchen, daß es der Finger von ihrem Brüderchen war, und sie sagten zueinander: »Wir wollen eilig fliehen, sonst frißt sie uns auch noch.«

Damit liefen sie zur Tür hinaus, kletterten auf einen Baum im Hof und riefen der falschen Mutter zu: »Komm heraus! Wir können sehen, wie der Nachbarsohn Hochzeit macht.« Es war aber mitten in der Nacht.

Da kam die Mutter heraus, und wie sie sah, daß sie auf dem Baum saßen, da rief sie ärgerlich: »Ich kann ja doch nicht klettern.«

Da sagten sie: »Setz dich in einen Korb und wirf uns das Seil zu, so wollen wir dich heraufziehen!«

Die Mutter tat, wie sie gesagt. Als aber der Korb in halber Höhe war, da schwangen sie ihn hin und her und stießen ihn gegen den Baum. Da mußte sich die falsche Mutter wieder in einen Panther verwandeln, damit sie nicht herunterfiel. Der Panther sprang aus dem Korbe und lief weg.

Allmählich wurde es Tag. Die Töchter stiegen herab, setzten sich vor ihre Tür und weinten um ihre Mutter. Da kam ein Nadelverkäufer vorüber, der fragte, warum sie weinten.

»Ein Panther hat unsre Mutter und unsern Bruder gefressen«, sagten die Mädchen. »Jetzt ist er weg, aber er kommt sicher wieder und frißt uns auch.«

Da gab der Nadelverkäufer ihnen ein paar Nadeln und sagte: »Steckt sie in das Kissen auf dem Stuhl mit der Spitze nach oben.« Die Mädchen bedankten sich und weinten weiter.

Dann kam ein Skorpionfänger vorüber; der fragte sie, warum sie weinten.

»Ein Panther hat unsre Mutter und unsern Bruder gefressen«, sagten die Mädchen. »Jetzt ist er weg, aber er kommt sicher wieder und frißt uns auch.«

Da gab ihnen der einen Skorpion und sagte: »Setzt den hinter den Herd in der Küche!« Die Mädchen bedankten sich und weinten weiter.

Da kam ein Eierverkäufer vorüber, der fragte, warum sie weinten.

»Ein Panther hat unsre Mutter und unsern Bruder gefressen«, sagten die Mädchen. »Jetzt ist er fort, aber er kommt sicher wieder und frißt uns auch.«

Da gab er ihnen ein Ei und sprach: »Legt das in die Asche unter den Herd!« Die Mädchen bedankten sich und weinten weiter.

Da kam ein Schildkrötenhändler vorüber, und sie erzählten ihre Geschichte. Da gab er ihnen eine Schildkröte und sagte: »Setzt sie in das Wasserfaß im Hof!« Da kam ein Mann vorüber, der hölzerne Keulen verkaufte. Er fragte sie, warum sie weinten. Und sie erzählten ihm die ganze Geschichte. Da gab er ihnen zwei hölzerne Keulen und sagte: »Die hängt auf über dem Tor an der Straße!« Die Mädchen bedankten sich und taten, wie die Männer gesagt.

Als es Abend wurde, kam der Panther nach Hause. Er setzte sich auf den Stuhl im Zimmer. Da stachen ihn die Nadeln im Kissen. Dann lief er in die Küche, wollte Feuer machen und sehen, was ihn so gestochen; da schlug ihm der Skorpion seinen Stachel in die Hand. Und als das Feuer schließlich brannte, da platzte das Ei und sprang ihm ins Auge, und er ward auf einem Auge blind. Da lief er in den Hof und tauchte seine Hand ins Wasserfaß, um sie zu kühlen. Da biß ihm die Schildkröte die Hand ab. Vor Schmerz rannte er zum Tor hinaus auf die Straße, da fielen ihm die hölzernen Knüppel auf den Kopf und schlugen ihn tot.

10. Das große Wasser

Es war einmal eine Witwe, die hatte ein Kind. Das Kind hatte ein gutes Herz, und alle Leute hatten es lieb. Eines Tages sagte das Kind zu seiner Mutter: »Alle andern Kinder haben eine Großmutter, ich allein habe keine. Das macht mich sehr traurig.«

»Wir wollen dir eine Großmutter suchen«, sagte die Mutter.

Nun kam einmal eine alte Bettlerin vors Haus, die war sehr arm und schwach. Als das Kind sie sah, sprach es zu ihr: »Du sollst meine Großmutter sein!« Und es ging zu seiner Mutter und sagte: »Draußen ist eine Bettlerin, die will ich als Großmutter haben.« Die Mutter wars zufrieden und rief sie ins Haus. Die Alte aber war sehr schmutzig und voll von Ungeziefer. Da sagte der Junge zu seiner Mutter: »Komm, wir wollen die Großmutter waschen!« So wuschen sie die Frau. Die aber hatte sehr viele Läuse. Die suchten sie alle und taten sie in einen Topf. Der ganze Topf ward voll davon. Da sprach die Großmutter: »Werft sie nicht weg; vergrabt sie im Garten! Und ihr sollt sie erst wieder ausgraben, wenn das große Wasser kommt.«

»Wann kommt denn das große Wasser?« fragte der Knabe.

»Wenn den zwei steinernen Löwen vor dem Gefängnis die Augen rot werden, dann kommt das große Wasser«, sagte die Großmutter.

Da lief der Knabe zu den Löwen, aber ihre Augen waren noch nicht rot. Die Großmutter sprach auch zu ihm: »Mach ein kleines Schiff aus Holz und verwahre es in einem Kästchen!« Das tat der Junge. Jeden Tag lief er nun zum Gefängnis und sah die Löwen an, also daß die Leute auf der Straße sich darüber verwunderten.

Eines Tages, als er beim Hühnerschlächter vorbeikam, fragte ihn der, warum er immer zu den Löwen laufe. Da sagte der Junge: »Wenn den Löwen die Augen rot werden, so kommt das große Wasser.« Der Schlächter aber lachte ihn aus. Und

24

am andern Morgen in aller Frühe nahm er Hühnerblut und strich es den Steinlöwen auf die Augen. Als der Junge sah, daß die Löwen rote Augen hatten, lief er schnell nach Hause und sagte es seiner Mutter und Großmutter. Da sprach die Großmutter: »Grabt nun rasch den Topf aus und holt das Schifflein aus dem Kasten!« Als sie den Topf ausgruben, waren lauter echte Perlen darin, und das Schiff wurde größer und größer, wie ein wirkliches Schiff. Die Großmutter sprach: »Nehmt den Topf mit euch und steigt in das Schiff! Wenn nun das große Wasser kommt, so mögt ihr die Tiere, die dahergetrieben werden, retten; aber die Menschen, die Schwarzköpfe, sollt ihr nicht retten!« Da stiegen sie ins Schiff, und die Großmutter war auf einmal verschwunden.

Nun begann es zu regnen, und der Regen strömte immer stärker und stärker vom Himmel herunter. Schließlich waren es nicht mehr einzelne Tropfen, sondern es war nur noch eine Wasserflut, die alles überschwemmte. Da kam ein Hund vorbeigetrieben, den retteten sie auf ihr Schiff. Bald darauf kam ein Mäusepaar mit ihren Jungen; die quiekten laut aus Angst. Die retteten sie auch. Das Wasser stieg schon bis an die Dächer der Häuser. Auf einem Dach saß eine Katze, die machte einen krummen Buckel und schrie kläglich. Sie nahmen sie auch in ihr Schiff. Aber das Wasser wurde immer größer und stieg bis an die Wipfel der Bäume. Auf einem Baume saß ein Rabe, schlug mit den Flügeln und krächzte. Auch ihn nahmen sie zu sich. Schließlich kam ein Bienenschwarm daher. Die Tierchen waren ganz naß geworden und konnten kaum mehr fliegen. Da ließen sie auch die Bienen zu sich herein. Endlich kam ein schwarzhaariger Mensch auf den Wellen vorüber. Der Knabe sprach: »Mutter, den wollen wir auch retten!« Die Mutter wollte nicht. »Die Großmutter hat uns doch gesagt, wir dürfen keine Schwarzköpfe retten.« Der Knabe sprach: »Wir wollen den Mann doch retten. Ich habe Mitleid mit ihm und kann es nicht ansehen, wie er im Wasser dahintreibt.« So retteten sie denn auch den Mann.

Allmählich verlief das Wasser sich wieder. Sie stiegen aus ihrem Schiff und verabschiedeten sich von dem Mann und den Tieren. Da wurde das Schiff wieder klein, und sie packten es in die Schachtel.

Der Mann aber war lüstern nach ihren Perlen. Er ging hin zum Richter und verklagte den Knaben und seine Mutter. So wurden sie beide ins Gefängnis geworfen. Da kamen die Mäuse und gruben ein Loch in die Mauer. Zu dem Loch kam der Hund herein und brachte ihnen Fleisch, und die Katze brachte ihnen Brot, so daß sie im Gefängnis nicht Hunger leiden mußten. Der Rabe aber flog weg und kam wieder mit einem Briefe an den Richter. Der Brief war von einem Gott geschrieben, und es hieß darin: »Ich wandelte als Bettlerin in der Menschenwelt umher. Da hat der Knabe und seine Mutter mich aufgenommen. Der Knabe hat mich behandelt wie seine Großmutter und sich nicht davor geekelt, mich von meinem Schmutz zu waschen. Darum habe ich sie gerettet aus dem großen Wasser, in dem ich die sündige Stadt, darin sie lebten, zerstörte. Du, o Richter, mußt sie freilassen, sonst werde ich Unglück über dich bringen.«

Der Richter ließ sie vor sich kommen und fragte, was sie getan hätten und wie sie durch das Wasser hergekommen seien. Sie erzählten ihm nun alles, und es stimmte mit dem Briefe des Gottes überein. Da strafte er den Mann, der sie verklagt hatte, und ließ sie beide frei.

Als der Knabe herangewachsen war, da kam er in eine Stadt. In der Stadt waren sehr viele Menschen, und es hieß, die Prinzessin wolle heiraten. Um aber den rechten Mann zu bekommen, hatte sie sich verschleiert in eine Sänfte gesetzt und mit vielen anderen Sänften auf den Marktplatz tragen lassen. In allen Sänften saßen verschleierte Frauen, und die Prinzessin war mitten darunter. Wer nun die rechte Sänfte traf, der sollte die Prinzessin zur Frau bekommen. Da ging er auch hin, und als er auf den Platz kam, da sah er, wie die Bienen, die er aus dem großen Wasser gerettet hatte, alle um eine Sänfte schwärmten. Er trat auf die Sänfte zu, und richtig saß die Prinzessin darin. Die Hochzeit wurde nun gefeiert, und sie lebten glücklich bis an ihr Ende.

11. Der Fuchs und der Tiger

Der Fuchs begegnete einst einem Tiger. Der zeigte ihm die Zähne, streckte die Krallen hervor und wollte ihn fressen. Der Fuchs sprach: »Mein Herr, Ihr müßt nicht denken, daß Ihr allein der Tiere König seid. Euer Mut kommt meinem noch nicht gleich. Wir wollen zusammen gehen, und Ihr wollet Euch hinter mir halten. Wenn die Menschen mich sehen und sich nicht fürchten, dann mögt Ihr mich fressen.«
Der Tiger wars zufrieden, und so führte ihn der Fuchs auf eine große Straße. Die Wanderer nun, wenn sie von ferne den Tiger sahen, erschraken alle und liefen weg.
Da sprach der Fuchs: »Was nun? Ich ging voran; die Menschen sahen mich und sahen Euch noch nicht.«
Da zog der Tiger seinen Schwanz ein und lief weg.
Der Tiger hatte wohl bemerkt, daß die Menschen sich vor dem Fuchs fürchteten, doch hatte er nicht bemerkt, daß der Fuchs des Tigers Furchtbarkeit entlehnte.

12. Des Tigers Lockspitzel

Daß der Fuchs des Tigers Furchtbarkeit entlehnt, ist nur ein Gleichnis; daß aber der Tiger seine Lockspitzel hat, das liest man häufig in Geschichtenbüchern, und auch Großväter reden viel davon, so daß wohl etwas Wahres daran sein muß. Es heißt, daß, wenn der Tiger einen Menschen frißt, sein Geist sich nicht entfernen kann, und der Tiger benutzt ihn dann als Lockspitzel. Wenn er auf Beute ausgeht, so muß der Geist des Gefressenen voran, um ihn zu verdecken, so daß die Menschen nicht den Tiger sehen. Der Geist verwandelt sich dann wohl in ein schönes Mädchen oder ein Stück Gold und Seidenzeug. Alle Arten von Betörung werden angewandt, um so die Menschen in die Schluchten des Gebirges zu locken. Dann kommt der Tiger vor und frißt das Opfer. Der neue Geist muß dann Lockspitzel werden. Der alte ist dann seines Dienstes ledig und kann gehen. So geht's in stetiger Reihe fort und fort.

Von Leuten, die von listigen und starken Menschen gezwungen werden, zum Schaden anderer sich herzugeben, sagt man darum wohl: »Sie sind des Tigers Lockspitzel.«

13. Der Fuchs und der Rabe

Der Fuchs versteht es, zu schmeicheln und viele Listen zu gebrauchen. Einst sah er einen Raben, der mit einem Stück Fleisch im Schnabel auf einem Baum sich niederließ. Der Fuchs setzte sich unter den Baum, sah zu ihm empor und begann ihn zu loben.

»Eure Farbe«, begann er, »ist reines Schwarz; das zeigt mir, daß Ihr die Weisheit Laotses habt, der sein Dunkel zu wahren weiß. Die Art, wie Ihr Eure Mutter zu füttern wißt, zeigt, daß Ihr an kindlicher Liebe der Fürsorge Meister Dsongs für seine Eltern gleichkommt. Eure Stimme ist rauh und stark; das zeigt, daß Ihr den Mut besitzt, mit dem einst König Hiang durch seine bloße Stimme seine Feinde zum Fliehen brachte. Ihr seid wahrhaftig der König der Vögel.«

Der Rabe hörte es, ward hocherfreut und sprach: »Bitte sehr, bitte sehr!«

Aber ehe er sichs versah, fiel aus dem geöffneten Schnabel das Fleisch zur Erde.

Der Fuchs fing es auf, fraß es und sagte dann lachend: »Merkts Euch, mein Herr: Wenn jemand ohne Ursach Euch Lob entgegenbringt, so hat er sicher eine Absicht.«

14. Warum Hund und Katze einander feind sind

Ein Mann und eine Frau hatten einen goldenen Ring. Das war ein Glücksring, und wer ihn besaß, hatte immer genug zu leben. Sie wußten es aber nicht und verkauften den Ring für wenig Geld. Kaum war der Ring aus dem Hause, da wurden sie immer ärmer und wußten schließlich nicht mehr, woher sie genug zum Essen nehmen sollten. Sie hatten auch einen Hund und eine Katze, die mußten mit ihnen Hunger leiden. Da ratschlagten die Tiere miteinander, wie sie den Leuten wieder zu ihrem alten Glück verhelfen könnten. Schließlich fand der Hund einen Rat.

»Sie müssen den Ring wiederhaben«, sagte er zur Katze.

Die Katze sprach: »Der Ring ist wohlverwahrt in einem Kasten, wo niemand dazu kann.«

»Fange du eine Maus«, sagte der Hund. »Die Maus soll den Kasten aufnagen und den Ring herausholen. Sag ihr, wenn sie nicht wolle, so beißest du sie tot, dann wird sie's schon tun.«

Dieser Rat gefiel der Katze, und sie fing eine Maus. Nun wollte sie mit der Maus zu dem Haus, wo der Kasten stand, und der Hund ging hinterdrein. Da kamen sie an einen großen Fluß. Und weil die Katze nicht schwimmen konnte, nahm sie der Hund auf den Rücken und schwamm mit ihr hinüber. Die Katze trug die Maus zu dem Haus, wo der Kasten stand. Die Maus nagte ein Loch in den Kasten und holte den Ring heraus. Die Katze nahm den Ring ins Maul und kam zurück zu dem Strom, wo der Hund auf sie wartete und mit ihr hinüberschwamm. Dann gingen sie miteinander nach Hause, um den Glücksring ihrem Herrn und ihrer Frau zu bringen.

Der Hund konnte aber nur auf der Erde laufen; wenn ein Haus im Wege stand, so mußte er immer drum herum. Die Katze aber kletterte hurtig über das Dach, und so kam sie viel früher an als der Hund und brachte den Ring ihrem Herrn.

Da sagte der Herr zu seiner Frau: »Die Katze ist doch ein gutes Tier, der wollen wir immer zu essen geben und sie pflegen wie unser eigenes Kind.«

Als nun der Hund zu Hause ankam, da schlugen und schalten sie ihn, weil er nicht auch geholfen habe, den Ring wieder heimzubringen. Die Katze aber saß beim Hund und schnurrte und sagte nichts. Da wurde der Hund böse auf die Katze, weil sie ihn um seinen Lohn betrogen, und wenn er sie sah, jagte er ihr nach und wollte sie packen.

Seit jenem Tage sind Hund und Katze einander feind.

15. Die Menschwerdung der fünf Alten

Ehe Himmel und Erde sich getrennt hatten, war alles ein großer Ball von Wasserdunst, der hieß das Chaos. Zu jener Zeit formten sich die Geister der fünf Grundkräfte, und es wurden fünf Alte daraus. Der eine hieß der gelbe Alte, das war der Beherrscher der Erde. Der zweite hieß der rote Herr, das war der Beherrscher des Feuers. Der dritte hieß der dunkle Herr, das war der Beherrscher des Wassers. Der vierte hieß der Holzfürst, das war der Beherrscher des Holzes. Die fünfte hieß die Metallmutter, das war die Beherrscherin der Metalle. Diese fünf Alten setzten alle ihren Urgeist in Bewegung, so daß Wasser und Erde nach unten sanken. Der Himmel schwebte in die Höhe, und die Erde wurde fest in der Tiefe. Dann ließen sie die Wasser sich sammeln in Flüssen und Meeren, und Berge und Ebenen tauchten hervor. Also öffnete sich der Himmel, und die Erde teilte sich. Da gab es Sonne, Mond und alle Sterne, Wind, Wolken, Regen und Tau. Der gelbe Alte ließ der Erde reinste Kraft kreisen und fügte des Feuers und Wassers Wirkungen hinzu. Da sproßten hervor Gräser und Bäume, Vögel und Tiere und die Geschlechter der Schlangen und Kerfe, der Fische und Schildkröten. Der Holzfürst und die Metallmutter vereinigten das

Lichte und das Trübe und schufen dadurch das Menschengeschlecht als Männer und Weiber. Allmählich entstand so die Welt.

Zu jener Zeit gab es Einen, der hieß der wahre Fürst des Jaspisschlosses. Er hatte durch Pflege der Magie Zauberkraft erlangt. Die fünf Alten baten ihn, als höchster Gott zu herrschen. Er wohnte über den dreiunddreißig Himmeln. Er besaß das Jaspisschloß aus weißem Nephrit mit goldenen Toren. Vor ihm standen die Verwalter der achtundzwanzig Mondhäuser und die Götter des Donners und des großen Bären, auch außerdem eine Klasse von unheilvollen Göttern mit schlimmem, tötendem Einfluß. Sie alle halfen dem wahren Fürsten des Jaspisschlosses, die tausend Geschlechter unter dem Himmel zu beherrschen, Leben und Tod, Glück und Unglück auszuteilen. Dieser Herr des Jaspisschlosses ist nun der große Gott: der Nephritherrscher.

Jene fünf Alten zogen sich zurück, nachdem sie ihr Werk vollendet, und leben seitdem in stiller Reinheit. Der rote Herr wohnt im Süden als Feuergott. Der dunkle Herr wohnt im Norden als großer Herr des dunklen Nordpolhimmels. Er wohnt in einem Schloß von Wasserkristall. Er hat in späterer Zeit den Konfuzius als Heiligen auf die Erde herabgesandt. Deshalb heißt dieser Heilige der Sohn des Kristalls. Der Holzfürst wohnt im Osten. Er wird verehrt als grüner Herr und waltet über Zeugung und Entstehung aller Geschöpfe. Er ist im Besitz der Frühlingskraft und ist der Gott der Liebe. Die Metallmutter wohnt im Westen am Jaspissee, sie heißt auch Königin-Mutter des Westens. Sie führt den Reigen der Feen und waltet über Wandlung und Wachstum. Der gelbe Alte wohnt in der Mitte. Er wandelt immer in der Welt umher, um zu retten und zu helfen aus allerlei Not. Als er zum ersten Male auf die Welt kam, war er der gelbe Herr, der die Menschen allerlei Künste lehrte. In seinem späteren Alter erforschte er den Weltsinn auf dem Ätherberg und flog zur strahlenden Sonne empor. Unter der Herrschaft des

Hauses Dschou wurde er wieder geboren als Li Oerl. Seine Mutter ging einundachtzig Jahre schwanger, ehe sie ihn gebar. Bei seiner Geburt waren sein Bart und sein Haar weiß, darum wurde er Laotse (altes Kind) genannt. Er schrieb das Buch vom »Sinn und Leben« und verkündete seine Lehren der Welt. Er wird als Haupt des Taoismus verehrt. Zu Beginn der Herrschaft des Hauses Han kam er wieder als Alter am Fluß (Ho Schang Gung). Er breitete mächtig aus die Lehre des Tao, so daß von jener Zeit an der Taoismus zu großer Blüte kam. Diese Lehre heißt noch heute die Lehre des gelben Alten. Auch geht ein Wort um: »Erst war Laotse da, nach ihm der Himmel.« Das bezieht sich wohl darauf, daß Laotse eben jener gelbe Alte der Urzeit war.

16. Der Kuhhirt und die Spinnerin

Der Kuhhirt war von Hause aus arm. Mit zwölf Jahren trat er bei einem Bauern in Dienst, seine Kuh zu weiden. Nach einigen Jahren ward die Kuh fett und groß, und ihre Haare glänzten wie gelbes Gold. Es war wohl eine Götterkuh.

Eines Tages, als er im Gebirge weidete, begann sie plötzlich mit Menschenstimme zu dem Kuhhirten also zu sprechen: »Heute ist der Siebenabend. Der Nephritherr hat neun Töchter, die baden heute im Himmelsee. Die siebente ist über alle Maßen schön und klug. Sie spinnt für den Himmelskönig und die Himmelskönigin die Wolkenseide und waltet über die Näharbeiten der Mädchen auf Erden. Darum heißt sie die Spinnerin. Wenn du hingehst, ihr die Kleider nimmst, kannst du ihr Mann werden und erlangst die Unsterblichkeit.«

»Das ist ja im Himmel«, sagte der Kuhhirt, »wie kann man da hinkommen?«

»Ich will dich hintragen«, antwortete die gelbe Kuh.

Da stieg der Kuhhirt auf den Rücken der Kuh. Im Nu

strömten aus ihren Füßen Wolken hervor, und sie erhob sich in die Lüfte. Es schwirrte ihm um die Ohren wie der Ton des Windes, und sie fuhren dahin, schnell wie der Blitz. Plötzlich hielt die Kuh an. »Nun sind wir da«, sagte sie.

Da sah er rings umher Wälder von Chrysopras und Bäume von Nephrit. Das Gras war aus Jaspis und die Blumen aus Korallen. Inmitten dieser Pracht lag ein hundert Morgen großer viereckiger See. Grüne Wasser wallten wogend, und goldschuppige Fische schwammen darin umher. Dazu gab es unzählige Zaubervögel, die singend auf und nieder flogen. Schon von ferne sah er die neun Mädchen im Wasser. Ihre Kleider hatten sie alle am Ufer abgelegt.

»Nimm rasch die roten Kleider«, sagte die Kuh, »und verstecke dich damit im Walde, und wenn sie dich noch so zärtlich darum bittet, so gib sie ihr nicht eher zurück, als bis sie dir versprochen hat, deine Frau zu werden.«

Da stieg der Kuhhirt eilends vom Rücken der Kuh herunter, nahm die roten Kleider und lief hinweg. In diesem Augenblick wurden die neun Mädchen seiner gewahr. Sie erschraken sehr.

»Woher kommst du, Jüngling, daß du es wagst, unsere Kleider zu nehmen«, sagten sie. »Lege sie schnell wieder hin!«

Aber der Kuhhirt ließ sich's nicht anfechten, sondern duckte sich hinter eine der nephritnen Blumen. Da kamen acht der Jungfrauen eilends ans Ufer gestiegen und zogen ihre Kleider an.

»Siebente Schwester«, sprachen sie, »der dir vom Himmel bestimmt, ist dir gekommen. Wir Schwestern wollen dich mit ihm alleine lassen.«

So blieb die Spinnerin geduckt im Wasser sitzen.

Sie schämte sich gar sehr und redete zu ihm: »Kuhhirt, gib mir schnell meine Kleider wieder!«

Aber der Kuhhirt stand lachend da.

»Wenn du mir versprichst, meine Frau zu werden«, sagte er, »dann geb ich dir deine Kleider.«

Die Jungfrau aber war nicht einverstanden.

»Ich bin eine Tochter des Herrn der Götter«, sagte sie; »ohne seinen Befehl darf ich nicht heiraten. Gib mir schnell meine Kleider wieder, sonst wird dich mein Vater bestrafen!«

Da sagte die gelbe Kuh: »Ihr seid füreinander vom Schicksal bestimmt, ich will gern die Heirat vermitteln, und der Herr, Euer Vater, wird sicher nichts dagegen haben.«

Da sprach die Jungfrau: »Du bist ein unvernünftiges Tier, wie könntest du den Ehevermittler machen?«

Die Kuh sprach: »Am Ufer da, der alte Weidenbaum, versuch es einmal, ihn zu fragen! Kann er sprechen, so ist eure Vereinigung vom Himmel gewollt.«

Und die Jungfrau fragte die Weide.

Die Weide antwortete mit menschlicher Stimme:

»Siebenabend ist heut,
Der Kuhhirt die Spinnerin freit.«

Da war die Jungfrau einverstanden. Der Kuhhirt legte die Kleider nieder und ging voran. Das Mädchen zog die Kleider an und folgte ihm nach. So wurden sie Mann und Frau.

Nach sieben Tagen aber nahm sie Abschied von ihm.

»Der Himmelsherr hat mir befohlen, ich solle nach dem Spinnen sehen«, sagte sie. »Wenn ich allzulange säume, fürchte ich, wird er mich bestrafen. Aber wenn wir jetzt auch scheiden müssen, so werde ich doch wieder mit dir zusammenkommen.«

Als sie diese Worte gesprochen, da ging sie wirklich weg. Der Kuhhirt lief ihr nach. Aber als er schon ganz nahe war, da zog sie einen ihrer Haarpfeile heraus und machte einen Strich quer über den Himmel. Dieser Strich verwandelte sich in den Silberfluß (Milchstraße). So stehen sie nun durch den Fluß getrennt und schauen nach einander aus.

Seitdem kommen sie jedes Jahr am Siebenabend einmal zusammen. Wenn die Zeit gekommen ist, so fliegen die Krähen aus der Menschenwelt alle herbei und bilden eine Brücke, auf der die Spinnerin den Fluß überschreitet. An diesem Tag sieht man morgens und abends in den Bäumen keine einzige Krähe. Das hat wohl eben darin seinen Grund. Und außerdem fällt am Siebenabend häufig ein feiner Regen. Dann sagen die Frauen und alten Weiber zueinander: »Das sind die Tränen, die der Kuhhirt und die Spinnerin beim Abschied vergießen.« Darum ist der Siebenabend ein Regenfest.

Westlich vom Himmelsfluß ist das Sternbild der Spinnerin, bestehend aus drei Sternen. Unmittelbar davor sind drei andere Sterne in Form eines Dreiecks. Es heißt, der Kuhhirt sei einmal böse geworden, als die Spinnerin nicht habe herüberkommen wollen, und habe mit dem Joch nach ihr geworfen. Das sei gerade vor den Füßen der Spinnerin niedergefallen. Östlich vom Himmelsfluß ist das Sternbild des Kuhhirten, bestehend aus sechs Sternen. Abseits davon sind zahllose kleine Sterne, die ein Sternbild formen, das an beiden Enden spitz und in der Mitte etwas breiter ist. Es heißt, die Spinnerin habe mit ihrer Spindel nach dem Kuhhirten wieder geworfen; aber sie habe ihn nicht getroffen, die Spindel sei abseits von ihm niedergefallen.

17. Yang Oerlang

Die zweite Tochter des Himmelsherrn stieg einmal zur Erde hernieder und pflegte heimlichen Verkehr mit einem sterblichen Menschen namens Yang. Als sie wieder zum Himmel zurückkam, gebar sie einen Sohn. Der Himmelsherr ward sehr zornig über diese Entweihung des Himmels. Er verbannte sie auf die Erde und deckte sie mit dem Wu-I-Berg zu. Ihr Sohn aber, Oerlang geheißen, der Enkel des Himmelsherrn, war von Natur überaus begabt. Als er herangewachsen war, hatte er die geheime Kunst erlernt, acht mal neun Verwandlungen zu beherrschen. Er konnte sich unsichtbar machen oder nach Belieben die Gestalt von Vögeln und Tieren, Gräsern und Bäumen, Schlangen und Fischen annehmen. Auch verstand er es, das Meer auszugießen und Berge zu versetzen. So kam er zum Wu-I-Berg und rettete seine Mutter. Er nahm sie auf den Rücken und trug sie davon. Auf einer Felsplatte machten sie halt.

Die Mutter sprach: »Ich bin sehr durstig.«

Oerlang stieg ins Tal hinunter, um Wasser zu holen, und es dauerte lange, bis er wieder zurückkam. Da fand er seine Mutter nicht mehr. Er suchte emsig, da lagen auf den Felsen ihre Haut und Knochen und einige Blutspuren. Zu jener Zeit standen nämlich noch zehn Sonnen am Himmel, die schienen und brannten wie Feuer. Die Himmelstochter war wohl göttlicher Natur; aber weil sie gefallen war und sich durch die Geburt befleckt hatte, waren ihre Zauberkräfte gebrochen. Auch war sie so lange unter dem Berge im Dunkel gewesen, daß, als sie nun plötzlich ans Sonnenlicht kam, sie von dem blendenden Schein verzehrt wurde.

Als Oerlang das traurige Ende seiner Mutter bedachte, da tat es ihm im Herzen weh. Er nahm zwei Berge auf die Schultern und verfolgte die Sonnen und drückte sie mit den Bergen tot. Immer, wenn er eine Sonnenscheibe erdrückt hatte, hob er wieder einen neuen Berg auf. So hatte er von den zehn Sonnen schon neun erschlagen. Nur eine war noch übrig. Da Oerlang sie unablässig verfolgte, versteckte sie sich in ihrer Not unter den Blättern des Portulaks. Oerlang suchte sie vergeblich. Es war aber ein Regenwurm in der Nähe, der verriet ihr Versteck und sagte immer: »Da ist sie! Da ist sie!«

Oerlang wollte sie eben packen, da stieg plötzlich ein Bote des Himmels hernieder, der brachte einen Befehl des Himmelsherrn: »Himmel, Luft und Erde bedürfen des Sonnenscheins. Du mußt die eine Sonne übriglassen, damit alle Geschöpfe am Leben bleiben. Weil du aber deine Mutter gerettet hast und dich als einen guten Sohn gezeigt, sollst du zum Gotte werden und in der höchsten Himmelshalle mein Leibwächter sein, über Gut und Böse in der Menschenwelt wachen und Macht haben über Teufel und Dämonen.« Als Oerlang den Befehl erhalten hatte, stieg er zum Himmel empor.

Da kam die Sonnenscheibe unter den Blättern des Portulaks wieder hervor, und aus Dankbarkeit, weil er sie gerettet hatte, verlieh sie ihm die Gabe leichten Wachstums und daß er sich vor dem Sonnenschein nicht zu fürchten braucht. Noch heute sieht man unten an den Blättern ganz feine, weiße Perlchen. Das ist der Sonnenschein, der an ihnen hängenblieb, als die Sonne sich darunter versteckt hatte. Den Regenwurm aber verfolgt die Sonne, wenn er sich aus der Erde hervorwagt, und trocknet ihn aus zur Strafe für seinen Verrat.

Oerlang wird seitdem als Gott verehrt. Er hat schiefe scharf geschnittene Augenbrauen und ein dreizackiges, zweischneidiges Schwert in der Hand. Zwei Diener stehen neben ihm mit einem Falken und einem Hund; denn Oerlang ist ein großer Jäger. Der Falke ist der Götterfalke, und der Hund ist der Götterhund. Wenn Tiere Zauberkräfte erlangen oder Dämonen Menschen bedrücken, so bändigt er sie mit dem Falken und dem Hund.

18. Notscha

Die älteste Tochter des Himmelsherrn hatte den Feldherrn Li Dsing geheiratet. Ihre Söhne hießen Gintscha, Mutscha und Notscha. Mit der Geburt des Notscha verhielt es sich aber also: Drei Jahre und sechs Monate war seine Mutter guter Hoffnung. Da träumte ihr bei Nacht, daß ein Taoist zu ihr ins Zimmer kam. Erzürnt wies sie ihn hinaus. Er aber sprach: »Schnell empfange den göttlichen Sohn!« Damit tat er eine leuchtende Perle in ihren Leib. Die Frau erschrak darüber so sehr, daß sie erwachte. Sie gebar nun eine Kugel aus Fleisch, die sich kreisend drehte wie ein Rad, und das ganze Zimmer erfüllte sich mit seltsamen Düften und rotem Licht.

Li Dsing erschrak sehr und hielt es für einen Spuk. Er schlug mit seinem Schwert die Kugel entzwei, da sprang ein kleiner Knabe daraus hervor, der leuchtete am ganzen Leib in rotem Glanz. Sein Gesicht aber war zart und weiß wie Schnee. Am rechten Arm trug er einen goldenen Reif, und um die Hüften hatte er ein Stück rote Seide gewunden, dessen gleißender Schein die Augen blendete. Als Li Dsing das Kind sah, erbarmte er sich seiner und tötete es nicht. Sein Weib aber faßte eine große Liebe zu dem Knaben.

Nachdem drei Tage um waren, kamen die Freunde alle, um Glück zu wünschen. Sie saßen eben beim Mahle, als ein Taoist eintrat, der sprach: »Ich bin der Große Eine. Dieser Knabe ist die lichte Perle des Uranfangs, dir zum Sohne verliehen. Doch ist der Knabe wild und ungebärdig und wird viele Menschen töten. Darum will ich ihn zum Schüler nehmen, um seine wilde Art zu sänftigen.« Li Dsing neigte sich dankend, und der Große Eine verschwand.

Als Notscha sieben Jahre alt war, ging er einmal von zu Hause weg. Er kam zum Fluß der neun Krümmungen, dessen grüne Wasser zwischen zwei Reihen von Hängeweiden dahinflossen. Der Tag war heiß, Notscha stieg ins Wasser, um sich zu kühlen. Er band sein rotes Seidentuch los und schwenkte es im Wasser, es zu waschen. Das ganze Wasser wurde rot davon. Wie aber Notscha so dasaß und das Tuch im Wasser schwenkte, da wurde das Schloß des Drachenkönigs im Ostmeer bis in seine Grundfesten erschüttert. Darum sandte der Drachenkönig einen Triton aus, schrecklich anzuschauen, der sollte sehen, was es gebe. Als der Triton den Knaben sah, begann er zu schelten. Der aber blickte auf und sprach: »Was bist du für ein seltsames Tier und kannst sogar sprechen?« Da wurde der Triton wild, sprang herzu und schlug mit seiner Axt nach Notscha. Der wich dem Schlage aus und warf seinen goldenen Armreif nach ihm. Der Reif traf den Triton auf den Kopf, daß das Hirn herausspritzte und er tot zusammensank.

Lachend sagte Notscha: »Nun hat er mir auch noch meinen Ring mit Blut besudelt.« Und er setzte sich nieder auf einen Stein, um seinen Ring zu waschen. Da begann das Kristallschloß des Drachen zu beben, daß es dem Einsturz nahe war. Auch kam ein Wächter und meldete, der Triton sei von einem Knaben erschlagen worden. Da sandte der Drachenkönig seinen Sohn, um den Knaben zu fangen. Der Sohn setzte sich auf das wasserzerteilende Tier und kam im Brausen großer Wasserwogen heran. Notscha richtete sich auf und sagte: »Das ist eine tüchtige Welle.« Plötzlich sah er in den Wogen ein Tier auftauchen, darauf saß ein gewappneter Mann, der schrie mit lauter Stimme: »Wer hat meinen Triton umgebracht?« Notscha antwortete: »Der Triton hat mich umbringen wollen, da hab ich ihn totgeschlagen, das tut doch nichts.« Da fuhr der Drache mit seiner Hellebarde auf ihn los. Aber Notscha sprach: »Sag an, wer bist du, ehe wir kämpfen?« – »Ich bin der Sohn des Drachenkönigs«, war die Antwort. – »Und ich bin Notscha, der Sohn des Feldherrn Li Dsing. Du mußt mich durch deine Gewalttätigkeit nicht böse machen, sonst zieh ich dir mitsamt deinem Alten, dem Schlammfisch, die Haut ab!« Da ward der Drache wild und kam grimmig herangestürmt. Notscha aber warf sein rotes Tuch in die Luft, daß es wie eine Feuerkugel blitzte und den Drachenjüngling von seinem Tier herunterwarf. Nun nahm Notscha seinen goldnen Reif und schlug ihn auf die Stirn, daß jener in seiner wahren Gestalt als goldner Drache sich zeigen mußte und tot zusammenbrach.

Notscha lachte: »Ich habe sagen hören, daß man aus Drachensehnen gute Stricke machen kann. Ich will ihm eine herausziehen und meinem Vater bringen, der kann sich seinen Panzer damit festbinden.« Damit zog er ihm die Rückensehne heraus und nahm sie mit heim.

Unterdessen war der Drachenkönig wütend zu Notschas

Vater Li Dsing geeilt und hatte seine Auslieferung verlangt. Li Dsing aber sprach: »Ihr müßt Euch irren, mein Junge ist erst sieben Jahre alt, der ist zu solchen Untaten nicht imstande.« Während sie noch stritten, kam Notscha herbeigesprungen und rief: »Vater, ich bringe dir eine Drachensehne mit, damit kannst du deinen Panzer festbinden.« Nun brach der Drache in Tränen und grimmige Scheltworte aus. Er drohte, den Li Dsing beim Himmelsherrn anzuzeigen, und ging wutschnaubend weg.

Li Dsing geriet in große Aufregung, er erzählte den Vorfall seiner Frau, und beide fingen an zu weinen. Notscha aber kam dazu und sagte: »Was weint ihr denn? Ich gehe einfach zu meinem Meister, dem Großen Einen, der wird schon Rat wissen.« Als er das gesagt, war er auch schon verschwunden. Er trat vor seinen Meister und erzählte ihm die ganze Geschichte. Der sprach: »Du mußt dem Drachen zuvorkommen, daß er dich nicht im Himmel verklagt.« Dann gab er ihm einen Zauber, und Notscha ward ans Himmelstor versetzt, wo er den Drachen erwartete. Es war noch früh am Morgen. Die Himmelstür war noch nicht geöffnet und der Wächter noch nicht zur Stelle. Aber schon kam der Drache heraufgestiegen. Notscha, der durch den Zauber unsichtbar geworden war, warf den Drachen von hinten mit seinem Reif zu Boden und begann auf ihn einzuhauen. Der Drache schalt und schrie. »Da zappelt der alte Wurm«, sagte Notscha, »und macht sich nichts daraus, wenn man ihn schlägt, ich will ihm seine Schuppen abkratzen.« Mit diesen Worten riß er ihm seine Feierkleider auf und begann ihm unter dem linken Arm einige Schuppen abzureißen, daß das rote Blut herausträufelte. Der Drache hielt es vor Schmerzen nicht mehr aus und bat um Schonung. Aber er mußte ihm erst versprechen, daß er ihn nicht verklagen wolle, dann erst ließ er ihn los. Der Drache mußte sich nun in ein kleines grünes Schlänglein verwandeln, das tat Notscha in seinen Ärmel und kam damit nach Hause zurück. Kaum hatte er das

Schlänglein aus seinem Ärmel gezogen, da verwandelte es sich in Menschengestalt. Der Drache schwor dem Li Dsing fürchterliche Rache und verschwand in einem Blitzstrahl.

Li Dsing war auf seinen Sohn ernstlich böse. Darum schickte die Mutter den Notscha nach hinten, damit er seinem Vater aus den Augen komme. Notscha verschwand zu seinem Meister, um ihn zu fragen, was er tun solle, wenn der Drache wieder komme. Der gab ihm einen Rat, und Notscha kehrte nach Hause zurück. Da waren auch schon die Drachenkönige aller vier Meere versammelt und hatten schreiend und lärmend seine Eltern gebunden, um sich an ihnen zu rächen. Notscha sprang herbei und rief mit lauter Stimme: »Was ich getan habe, will ich selber büßen. Meine Eltern trifft keine Schuld. Was verlangst du von mir für eine Genugtuung?« – »Leben um Leben!« rief der Drache. »Gut, ich will mich selber zerstückeln. Versprichst du mir, meinen Eltern dann nichts zu tun?« – Der Drache war einverstanden und befahl, die Fesseln der Eltern zu lösen. Notscha schlug sich erst einen Arm ab. Seine Mutter brach in lautes Weinen aus. Aber es half nichts. Schon hatte er sich den Leib aufgeschlitzt, die Eingeweide traten hervor, seine drei Geister und neun Seelen zerstreuten sich, und sein Leben kehrte ins Jenseits zurück. Befriedigt gingen nun die Drachen weg, und Notscha wurde von seiner Mutter unter vielen Tränen beerdigt.

Das Geistige Notschas aber flatterte in der Luft umher und wurde vom Winde nach der Höhle des Großen Einen getrieben. Der nahm ihn auf und sagte zu ihm: »Du mußt deiner Mutter erscheinen. Vierzig Meilen von eurer Heimat liegt die grüne Felswand. Auf diesem Felsen soll sie dir ein Heiligtum errichten. Wenn du drei Jahre lang den Weihrauch der Menschen genießt, kannst du wieder einen Leib bekommen.« Notscha erschien seiner Mutter im Traum und richtete ihr alles aus. Unter Tränen erwachte sie. Doch Li Dsing wurde böse, als sie ihm davon erzählte. »Es geschieht dem verruchten Knaben recht, daß er tot ist. Aber weil du immer an ihn

denkst, darum erscheint er dir im Traum. Du mußt nicht auf
ihn achten.« Die Frau schwieg; aber von nun ab erschien er
ihr täglich, sobald sie die Augen schloß, und wurde immer
dringender in seinem Verlangen. Schließlich blieb ihr nichts
anderes übrig, als ohne Wissen Li Dsings einen Tempel für
Notscha errichten zu lassen.

Notscha tat in dem Tempel nun große Wunder. Alle Gebete
wurden erhört. In weitem Umkreis strömten die Leute herbei, ihm Weihrauch zu verbrennen.

Ein halbes Jahr war so vergangen. Da kam Li Dsing bei einer
großen kriegerischen Übung an jenem Berg vorüber und sah
die Leute in dichtem Gewimmel wie Ameisen den Berg um-
drängen. Li Dsing fragte, was es denn auf dem Berg zu sehen
gäbe. – »Ein neuer Gott ist da, der so wundertätig ist, daß
von überallher die Leute herbeiströmen, ihn zu verehren.« –
»Was ist das für ein Gott?« fragte Li Dsing. – Man wagte es
ihm nicht zu verhehlen. Da wurde Li Dsing böse. Er sprengte
auf seinem Pferd den Berg hinan, und richtig stand über dem
Tor des Tempels geschrieben: »Notschas Heiligtum.« Und
Notschas Bild stand darin, das glich ihm völlig, wie er zu
Lebzeiten gewesen war. Li Dsing sprach: »Zu Lebzeiten hast
du deine Eltern ins Unglück gebracht. Und nun nach deinem
Tode betörst du das Volk. Das ist abscheulich!« Mit diesen
Worten zog er seine Peitsche hervor, schlug Notschas Götterbild in Stücke, ließ den Tempel verbrennen und den Opfern-
den gütlich zureden. Dann kehrte er heim.

Notscha war an jenem Tag im Geiste auswärts gewesen. Als
er zu seinem Tempel zurückkam, fand er ihn zerstört. Vom
Berggeist erfuhr er das Nähere. Notscha eilte zu seinem Meister und erzählte ihm unter Tränen, was geschehen war. Der
sprach erregt: »Das ist Li Dsings Fehler. Nachdem du den
Eltern deinen Leib zurückgegeben, gehst du ihn nichts mehr
an. Was braucht er dir den Genuß des Weihrauchs zu entzie-
hen?« Dann schuf der Große Eine aus Lotuspflanzen einen
Leib, verlieh ihm Leben und schloß Notschas Geistiges in die-

sen Leib ein. Dann rief er ihm mit lauter Stimme zu: »Steh auf!« Ein Atemzug ließ sich vernehmen, und Notscha sprang in der Gestalt eines kleinen Knaben wieder auf. Er warf sich vor seinem Meister nieder und dankte ihm. Der verlieh ihm den Zauber der feurigen Lanze, und Notscha hatte von jetzt ab zwei wirbelnde Räder unter den Füßen: das Rad des Windes und das Rad des Feuers. Darauf konnte er in der Luft auf- und niedersteigen. Der Meister gab ihm auch einen Sack aus Pantherfell, in dem sein Reif und sein seidenes Tuch waren.

Die Rachegedanken ließen Notscha keine Ruhe. In einem unbewachten Moment ging er weg und stürmte auf rollenden Rädern unter Donnergetöse nach der Wohnung Li Dsings. Der vermochte ihm nicht zu widerstehen und floh vor ihm. Schon verließen ihn seine Kräfte, da kam ihm aus der weißen Kranichhöhle sein zweiter Sohn Mutscha, der Jünger des heiligen Pu Hiän, zu Hilfe. Ein heftiger Wortwechsel zwischen den Brüdern entstand. Sie begannen zu kämpfen, und Mutscha erlag, und aufs neue stürmte Notscha hinter Li Dsing her. In seiner höchsten Not wollte Li Dsing sich eben selbst ums Leben bringen, da trat der heilige Wen Dschu vom Fünfdrachenberg, der Meister Gintschas, des ältesten Sohnes Li Dsings, hervor und barg ihn in seiner Höhle. Ergrimmt forderte Notscha seine Auslieferung, aber der heilige Wen Dschu sprach: »An anderen Orten magst du deiner Wildheit die Zügel schießen lassen; hier wird dirs nicht gelingen.« Und als Notscha in ungeheurer Wut die Feuerlanze nach ihm kehrte, da trat Wen Dschu einen Schritt zurück, holte aus seinem Ärmel die siebenblättrige Lotusblume hervor und warf sie in die Luft. Ein Wirbelwind entstand, Wolken und Nebel umhüllten den Blick, Sand und Erde wurden aufgewühlt. Dann fiel es mit lautem Krach zu Boden. Notscha wurde bewußtlos, und als er wieder zu sich kam, da war er mit drei goldenen Reifen an eine goldene Säule gefesselt, daß er sich nicht mehr rühren konnte. Wen Dschu rief nun den Gintscha herbei und befahl ihm, den ungeratenen Bruder tüchtig zu schlagen. Das tat der auch. Zähneknirschend stand Notscha da und mußte es über sich ergehen lassen. In seiner höchsten Not sah er den Großen Einen heranschweben. Er rief ihm zu: »Meister, rette mich!« Der aber hörte nicht auf ihn, sondern trat in die Höhle ein und bedankte sich lächelnd bei Wen Dschu für die derbe Lehre, die er dem Notscha gegeben. Schließlich riefen sie ihn herein und befahlen ihm, mit seinem Vater sich zu versöhnen. Dann entließen sie die beiden und setzten sich zum Schachspiel nieder. Aber kaum war Notscha wieder frei, da entbrannte aufs neue in ihm die Wut, und er nahm die Verfolgung wieder auf. Abermals hatte er den Li Dsing eingeholt; da trat noch ein anderer Heiliger hervor, ihn zu schützen. Es war der alte Buddha des Lichtglanzes. Als Notscha mit ihm kämpfen wollte, da hob jener den Ärmel, und aus roten, wirbelnden Wolken bildete sich eine Pagode, die den Notscha umschloß. Lichtglanz tat nun beide Hände auf die Pagode. Da entstand in ihr ein Feuer, das brannte den Notscha, daß er laut um Schonung schrie. Er mußte versprechen, seinen Vater um Verzeihung zu bitten und ihm stets gehorsam zu sein. Erst als er alles zugesagt, ließ der Buddha ihn aus der Pagode heraus. Die Pagode aber gab er dem Li Dsing und lehrte ihn einen Zauberspruch, durch den er Notscha zwingen konnte. Daher heißt Li Dsing der pagodentragende Himmelskönig.

Li Dsing und seine drei Söhne Gintscha, Mutscha und Notscha halfen dann später dem König Wu vom Hause Dschou bei der Vernichtung des Tyrannen Dschou-Sin.

Niemand konnte ihren Kräften widerstehen. Nur einmal gelang es einem Zauberer, durch schwarze Magie den Notscha am linken Arm zu verwunden. Jeder andere wäre an der Wunde gestorben. Notscha aber ward von dem Großen Einen in seine Höhle getragen. Dort heilte er seine Wunde und gab ihm drei Becher Götterwein zu trinken und drei Feuerdatteln zu essen. Als Notscha gegessen und getrunken hatte, hörte er plötzlich einen Krach auf seiner linken Seite, und es wuchs ihm ein weiterer Arm heraus. Er wurde vor Schrecken blaß. Aber schon wuchs ihm auch auf der rechten Seite noch ein Arm heraus. Das Wort blieb ihm im Halse stecken, und seine Augen traten aus ihren Höhlen vor Entsetzen. Aber es ging so weiter: sechs Arme wuchsen ihm aus dem Leib hervor und auch noch zwei Köpfe, so daß er schließlich drei Köpfe und acht Arme hatte. Er rief seinem Meister zu: »Was will das werden?« Der aber lachte und sprach: »Gut so! Gut so! So bekommst du erst die rechte Macht.« Dann lehrte er ihn einen Zauber, daß er nach Belieben die Arme und Köpfe sichtbar oder unsichtbar machen konnte.

Als der Tyrann Dschou-Sin vernichtet war, da wurden Li Dsing und seine drei Söhne noch bei Leibesleben unter die Götter versetzt.

19. Die Mondfee

Zur Zeit des Kaisers Yau lebte ein Fürst namens Hou I, der war ein starker Held und guter Schütze. Einst gingen zehn Sonnen am Himmel auf, die schienen so hell und brannten so heiß, daß die Menschen es nicht aushalten konnten. Da gab der Kaiser dem Hou I den Befehl, nach ihnen zu schießen. Der schoß nun neun von den Sonnen herunter. – Er hatte aber auch ein Pferd, das war so schnell, daß es den Wind einholen konnte. Er setzte sich darauf und wollte auf die Jagd. Da rannte das Pferd davon und ließ sich nicht mehr halten. So kam er an den Kunlun-Berg und sah die Königin-Mutter am Jaspis-See. Die gab ihm das Kraut der Unsterblichkeit. Das nahm er mit nach Hause und verbarg es im Zimmer. Er hatte eine Frau namens Tschang O. Die naschte davon, als er einmal nicht zu Hause war, und sogleich schwebte sie zu den Wolken empor. Wie sie beim Mond angekommen war, da lief sie in das Schloß im Mond und lebt dort seither als Mondfee.

Ein Kaiser aus dem Hause Tang saß einmal in der Mittherbstnacht mit zwei Zauberern beim Wein. Der eine nahm eine Bambusstange und warf sie in die Luft; die wandelte sich zur Himmelsbrücke, und nun stiegen die drei zusammen zum Mond hinauf. Da sahen sie ein großes Schloß, darauf stand geschrieben: »Die weiten Hallen der klaren Kälte.« Ein Kassiabaum stand daneben, der blühte und duftete, daß die ganze Luft von seinem Duft erfüllt war. Ein Mann saß auf dem Baum, der mit einer Axt die Nebenzweige abhieb. Der eine Zauberer sprach: »Das ist der Mann im Monde. Der Kassiabaum wächst so üppig, daß er mit der Zeit den ganzen Glanz des Mondes beschatten würde. Darum muß er alle tausend Jahre einmal abgehauen werden.« Dann traten sie in die weiten Hallen. Silbern türmten sich die Stockwerke übereinander. Die Säulen und Wände waren alle aus Wasserkristall. Es waren Käfige da und Teiche; darinnen waren Fische und Vögel, die bewegten sich wie lebend. Die ganze Welt schien aus Glas zu sein. Während sie noch nach allen Seiten Umschau hielten, trat die Mondfee auf sie zu in weißem Mantel und regenbogenfarbenem Gewand. Sie sprach lächelnd zum Kaiser: »Du bist ein Fürst der Welt des Erdenstaubs. Du mußt Glück haben, daß du hierher gelangen konntest.« Damit rief sie ihre Dienerinnen, die kamen auf weißen Vögeln herangeflogen und sangen und tanzten unter dem Kassiabaum. Reine, klare Klänge tönten durch die Luft. Neben dem Baume aber stand ein Mörser aus weißem Marmelstein. Ein Hase aus Jaspis zerstieß darinnen Kräuter. Das war die dunkle Hälfte des Monds. Als der Tanz zu Ende war, da kehrte der Kaiser mit den Zauberern wieder zurück. Er ließ die Lieder, die er im Monde gehört hatte, aufzeichnen und zur Begleitung von Jaspisflöten im Birnengarten singen.

20. Der Morgen- und der Abendstern

Es waren einmal zwei Söhne des goldenen Himmelsgottes. Der eine hieß Hesperus, der andere Luzifer. Die beiden gerieten einst in Streit, und Hesperus schlug dem Luzifer die Hüfte entzwei. Da taten die beiden Sterne einen Schwur, sich nie mehr zu sehen. Hesperus kam immer nur abends hervor und Luzifer immer nur in der Früh, und erst wenn Hesperus verschwunden ist, wird Luzifer wieder sichtbar. Darum heißt es: Wenn zwei Brüder nicht in Frieden leben, so sind sie Hesperus und Luzifer.

21. Das Mädchen mit dem Pferdekopf

In uralten Zeiten lebte einmal ein Greis, der ging auf Reisen. Niemand war zu Hause als nur seine einzige Tochter und ein weißer Hengst. Jeden Tag fütterte sie das Pferd. In ihrer Einsamkeit hatte sie Heimweh nach ihrem Vater.

So redete sie einmal im Scherz zu ihrem Pferd: »Wenn du mir meinen Vater zurückbringst, so will ich dich heiraten.«

Kaum hatte das Pferd die Worte gehört, da riß es sich los und lief weg. Es lief in einem fort, bis es an den Ort kam, wo der Vater war. Als der Vater das Pferd erblickte, war er freudig überrascht, fing es ein und setzte sich drauf. Das Pferd wandte sich zurück nach dem Weg, auf dem es gekommen war, und wieherte unablässig.

»Was hat nur das Pferd?« dachte der Vater. »Sicher muß zu Hause irgend etwas los sein.«

So ließ er ihm denn die Zügel und ritt zurück.

Weil das Pferd so klug gewesen war, so gab er ihm reichliches Futter. Aber das Pferd fraß nichts, und wenn es das Mädchen sah, so schlug es nach ihr und wollte sie beißen. Der Vater verwunderte sich darüber und fragte das Mädchen. Die Tochter sagte ihm alles der Wahrheit gemäß.

»Du darfst keinem Menschen etwas davon sagen«, sprach der Vater, »wir könnten sonst in übles Gerede kommen.«

Dann nahm er seine Armbrust und schoß das Pferd tot. Seine Haut aber hängte er im Hof zum Trocknen auf. Dann verreiste er wieder.

Eines Tages ging die Tochter mit einer Nachbarin spazieren. Als sie zu dem Hofe kamen, da stieß sie mit dem Fuß an das Pferdefell und sprach: »Ein unvernünftiges Tier wie du – und wolltest ein Menschenmädchen zur Frau! Es geschieht dir ganz recht, daß du jetzt tot bist.«

Aber noch ehe sie ausgeredet, da bewegte sich die Pferdehaut und richtete sich auf. Sie wickelte sich um das Mädchen herum und rannte weg.

Entsetzt lief die Nachbarin zu ihrem Vater und erzählte ihm, was vorgefallen. Überall suchte man nach dem Mädchen, aber es blieb verschwunden.

Endlich nach einigen Tagen sah man in den Zweigen eines Baumes das Mädchen in der Pferdehaut hängen. Allmählich verwandelte sie sich in eine Seidenraupe und verpuppte sich. Die Fäden, in die sie sich einspann, waren stark und dicht. Die Nachbarin nahm sie herunter und ließ sie ausschlüpfen. Dann spann sie die Seide und fand reichlichen Gewinn.

Ihre Angehörigen aber sehnten sich sehr nach ihr. Da erschien eines Tages das Mädchen in den Wolken auf ihrem Pferde reitend mit einem großen Gefolge und sprach: »Im Himmel ist mir nun das Amt übertragen, zu wachen über die Zucht der Seidenraupen. Ihr müßt euch nicht mehr nach mir sehnen.« Darauf wurden ihr in ihrer Heimat Tempel errichtet, und jedes Jahr zur Zeit der Seidenraupen fleht man sie unter Opfern an um ihren Schutz. Sie heißt die Göttin mit dem Pferdekopf.

22. Die Himmelskönigin

Die Himmelskönigin, auch heilige Mutter genannt, war bei ihren Lebzeiten eine Jungfrau aus Fukien namens Lin. Sie war rein, ehrfürchtig und fromm von Art. Als sie siebzehn Jahre alt war, starb sie, ohne verheiratet gewesen zu sein. Sie zeigt ihre Macht auf dem Meere, darum wird sie von den Schiffern fromm verehrt. Wenn sie unerwartet von Wind und Wogen überfallen werden, so rufen sie sie an, und jederzeit ist sie bereit zu erhören.

In Fukien gibt es viele Seefahrer, und jedes Jahr kommt es vor, daß Leute ums Leben kommen. Da war es wohl so, daß die Himmelskönigin zu ihren Lebzeiten Mitleid hatte mit der Not ihrer Landsleute. Und weil ihr Geist unentwegt darauf gerichtet war, den Ertrinkenden aus ihrer Not zu helfen, so erscheint sie jetzt häufig auf dem Meere.

Auf allen Schiffen, die das Meer durchfahren, hängt in der Kajüte ein Bild der Himmelskönigin, und ferner werden drei Talismane aus Papier im Schiffe aufbewahrt. Auf dem einen ist sie gemalt mit Krone und Szepter, auf dem zweiten ist sie gemalt als Jungfrau in gewöhnlichem Gewand, auf dem dritten ist sie gemalt mit offenem Haar, barfuß, ein Schwert in der Hand und stehend. Kommt nun das Schiff in Gefahr, so verbrennt man den ersten Talisman, und es naht die Hilfe. Hilft der noch nicht, so verbrennt man den zweiten und schließlich den dritten. Tritt dann noch keine Hilfe ein, so ist nichts mehr zu machen.

Wenn in Wind und Wogen und Wolkendunkel die Schiffer ihre Richtung verlieren, so rufen sie in frommem Gebet die Himmelskönigin an. Dann erscheint eine rote Lampe auf den Wassern. Folgt man der Lampe nach, so kommt man sicher aus aller Gefahr. Oft sieht man auch die Himmelskönigin in den Wolken stehen und mit ihrem Schwerte den Wind zerteilen. Der Wind entfernt sich dann nach Nord und Süd, und die Wogen glätten sich.

Vor dem heiligen Bild im Schiffe ist stets ein hölzerner Stab. Oft kommt es vor, daß die Fischdrachen auf dem Meere spielen. Das sind zwei riesige Fische, die gegeneinander das Wasser in die Höhe blasen, also daß des Himmels Sonne verfinstert wird und tiefes Dunkel das Meer verhüllt. Aus der Ferne sieht man oft in diesem Dunkel eine lichte Öffnung. Wenn man das Schiff gerade darauf zu hält, so kommt man durch und ist plötzlich wieder im Stillen. Blickt man zurück, sieht man die beiden Fische Wasser speien. Das Schiff war gerade unter ihren Mäulern durchgefahren. Es ist aber immer ein Sturm in der Nähe, wenn die Fischdrachen schwimmen; darum verbrennt man Papier oder Schafwolle, damit die Drachen das Schiff nicht in die Tiefe ziehen, oder man läßt den Stabmeister im Schiff Weihrauch verbrennen vor dem Stab in der Kajüte. Dann nimmt er den Stab und schwingt ihn über dem Wasser einmal im Kreise, so ziehen die Drachen den Schwanz ein und verschwinden.

Wenn die Asche im Weihrauchgefäß ohne Ursache auffliegt und sich in der Luft zerstreut, so ist es sicher, daß schwere Gefahr droht.

Vor etwa zweihundert Jahren ward ein Heer ausgerüstet, um Formosa zu unterwerfen. Die Fahne des Feldherrn wurde geweiht mit dem Blute eines weißen Pferdes. Da erschien plötzlich die Himmelskönigin auf der Spitze der Fahne. Im Augenblick war sie wieder verschwunden, aber der Heereszug hatte Erfolg.

Ein anderes Mal, zur Zeit Kienlungs, erhielt der Minister Dschou Ling den Befehl, auf den Liu-Kiu-Inseln einen neuen König einzusetzen. Als die Flotte südlich von Korea vorbeifuhr, erhob sich ein Sturm, und sie wurden verschlagen nach dem schwarzen Wirbel. Das Wasser sah aus wie Tinte; Sonne und Mond verloren ihren Schein, und es erhob sich die Rede, man sei in den schwarzen Wirbel geraten, aus dem noch kein Mensch lebend wieder herausgekommen. Die Schiffer und Reisenden erwarteten klagend ihr Ende. Plötzlich erschienen auf der Fläche des Wassers unzählige Lichter wie rote Lampen. Da wurden die Schiffer hocherfreut und beteten in der Kajüte. »Wir werden leben«, sagten sie, »die heilige Mutter ist gekommen.« Und richtig erschien eine schöne Jungfrau mit goldnen Ohrringen. Die strich mit der Hand durch die Luft; der Wind wurde still und die Wogen eben. Es war, als würde das Schiff von mächtiger Hand gezogen. Plätschernd strich es durch die Wellen, und plötzlich war man außerhalb des schwarzen Wirbels.

Dschou Ling kam zurück, berichtete über die Sache und bat, daß der Himmelskönigin Tempel errichtet und sie in die Liste der Götter aufgenommen werden möge. Und der Kaiser erfüllte die Bitte.

Seitdem stehen an allen Hafenorten Tempel der Himmelskönigin. Am achten Tag des vierten Monats wird ihr Geburtstag gefeiert mit Schauspiel und Opfern.

23. Nü Wa

Nü Wa war die Schwester des Fu Hi. Sie half ihm bei der Ordnung der Ehe. Während nämlich früher Männer und Frauen sich nach Belieben verheiratet hatten, wurden von ihr die Namen der Stämme festgestellt. Leute aus demselben Geschlecht durften sich nun nicht mehr heiraten. Die Ehe ward geschlossen nach dem Befehl der Eltern. Ein Ehevermittler war nötig, und da man noch kein Geld hatte, wurden zwei Felle als Brautgeschenk festgesetzt. So ward Nü Wa als göttliche Ehestifterin bekannt, und die späteren Geschlechter verehren sie als Schutzherrin der Ehe, die über den Beziehungen der Geschlechter wacht. Nach dem Tode ihres Bruders folgte sie ihm auf dem Thron.

Es erhob sich aber ein Mensch namens Gung Gung, wolligen Leibes und rot von Haaren, der hielt sich ob seiner Weisheit für einen Gott. Er besetzte das Land am Yangtsekiang und empörte sich gegen die göttliche Fürstin. Er nannte sich Geist des Wassers und gebrauchte Zauberformeln, um eine Sintflut zu erregen, die das Wasser aller Flüsse in ihren Betten staute und auf Erden großen Schaden tat.

Nü Wa befahl dem Herrn des Feuers, ihn zu unterwerfen. Gung Gung ward besiegt. Da stieß er in seinem Grimm mit seinem Kopfe gegen den Berg Unvollkommen und starb.

Dadurch zerbrach einer der Pfeiler des Himmels, und der Himmel neigte sich nach Nordwesten. Die Erde aber fiel in der Gegend der entstehenden Öffnung im Südosten in die Tiefe. Da schmolz Nü Wa fünffarbige Steine, um den Himmel wieder auszubessern. Sie nahm die Beine einer Riesen-schildkröte und stellte sie als die vier Pole des Himmels auf.

Die Sintflut aber leitete sie ab nach der Stelle, wo die Erde in die Tiefe gesunken war. Darum ist noch bis auf den heutigen Tag der Nordwestwind so kalt und fließen alle Ströme nach Südosten in das große Meer. – Sie ordnete auch die Musik. Dann starb sie, und es wurden ihr Tempel gebaut.

Einstmals kam der Tyrann Dschou-Sin vom Hause Yin am Neujahrstage in den Tempel der Göttin Nü Wa, um dort zu opfern. Es erhob sich aber ein Wind, und der Vorhang vor dem Götterbild wurde beiseite geweht. Da sah der Herrscher das goldene Antlitz der Göttin. Er ward entzündet von un-heiliger Liebe zu ihr, schrieb ein Gedicht an die Wand und ging nach Hause.

Die Göttin Nü Wa aber ergrimmte sehr. Sie befahl dem neunschwänzigen Fuchs, sich in das schöne Mädchen Dagi zu verwandeln, um so den Herrscher zu bestricken und sein Reich zugrunde zu richten.

Zu jener Zeit hatte nämlich der Tyrann Dschou-Sin einen Befehl ergehen lassen an alle seine Vasallen, ihm schöne Mäd-chen darzubringen. Er hatte einen Günstling, der redete ihm vor, daß der Graf Su Hu eine Tochter habe namens Dagi, die ihresgleichen an Schönheit nirgend finde. Der Herrscher be-fahl nun dem Su Hu, sie darzubringen. Der wußte keinen andern Rat, sondern machte sich auf, die Tochter in das Schloß zu begleiten. Auf halbem Wege nächtigten sie in einer Herberge. Da erregte der neunschwänzige Fuchs einen Zauberwind, in dem er Dagis Seele entführte. Dann nahm er Besitz von ihrem Leib, und obwohl er seinem Wesen nach ein lasterhafter Fuchs blieb, änderte sich das Angesicht des Mädchens nicht. Als der König Dschou-Sin sie erblickte, ward er hocherfreut, und sie erlangte außerordentliche Gunst. Er trank mit ihr zusammen Wein und ergötzte sich mit ihr, und die Regierung ward ihm Nebensache.

Die treuen Diener, die zu widersprechen wagten, wurden auf grausame Weise zu Tode gemartert. Man ließ sie glühende Öfen umarmen oder auf dünnen Stangen, die mit Fett bestrichen waren, über Gräben mit lohendem Feuer wandeln. Keine Grenzen kannte nun der Wüstling mehr in seiner Verschwendung. Er baute einen Turm, der bis an die Sterne reichte, ließ Seen graben und mit Wein füllen und in den Wäldern Fleisch aufhängen. Jünglinge und Mädchen mußten hier nackt einander haschen vor den Augen des Königs und seiner Gemahlin.

Einst saßen sie auf dem Turm und sahen, wie ein alter und ein junger Mann einen Fluß durchwateten. Der junge machte ängstlich Schritt vor Schritt und zitterte vor Frost, während der alte, ohne Kälte zu fühlen, beherzt voranschritt. Der König wunderte sich, aber seine Gattin sprach: »Das geht auf ganz natürliche Weise zu. Der alte ist zu einer Zeit geboren, da seine Eltern noch jung waren, darum hat er festes Mark in den Knochen und friert nicht. Der junge aber, der seinen Eltern in hohem Alter geboren wurde, hat nicht genügend Lebenskraft mitbekommen, darum sind seine Knochen hohl, und er fröstelt.« Man rief die beiden her, und es verhielt sich so mit ihrer Geburt, wie Dagi gesagt hatte. Damit noch nicht genug, ließ sie ihnen aber auch die Beine aufschlagen, um nach dem Mark in ihren Knochen zu sehen. – So trieb sie tausend Grausamkeiten.

Als einst ein Oheim des Königs, Bigan, der wegen seiner Weisheit allgemein geachtet war, ihm Vorwürfe machte, sagte Dagi: »Ich habe gehört, daß Heilige und Weise sieben Öffnungen in ihrem Herzen haben. Reißt ihm das Herz heraus und lasset sehen, ob er ein Heiliger ist!«

So entfremdete sich der Tyrann seine eigenen Verwandten. Der weise Bigan aber ward später als Gott des Reichtums eingesetzt.

Einer der treuesten Diener des Herrschers war Huang Fe-Hu. Er hatte an Weisheit und Mut nicht seinesgleichen und hatte sich im Krieg schon viele Verdienste erworben. Der redete dem Herrscher zu, daß er nicht auf Dagi hören solle, da er sich sonst selber zugrunde richte. Darum nährte Dagi einen Haß gegen ihn in ihrem Herzen. Am Neujahrstag war es Sitte, daß alle Diener des Herrschers mit ihren Frauen sich einfanden, um ihre Glückwünsche darzubringen. Huang Fe-Hus Frau war besonders schön. Nun schmiedete Dagi einen Plan. Sie führte sie auf die Spitze des Sternenturms, um dort dem König vorgestellt zu werden. Im stillen aber erregte sie des Königs Begierde nach der Frau. Allein die Frau hielt allen Verführungen stand und brach schließlich in Tränen aus. Da wurde der Tyrann böse und schleppte sie an ihren Haaren bis an den Rand des Turmes und warf sie von oben hinunter, also daß sie zerschellte. Als Huang Fe-Hu das hörte, da ward er sehr zornig, bestieg seinen fünffarbigen Götterstier, der in einem Tag tausend Meilen weit laufen konnte, und verließ empört die Stadt. Er schloß sich dem Könige Wu, der gegen den Tyrannen kämpfte, an. Er erlag aber der Macht eines Zauberers, dessen Frau es verstand, der Sonne ihre Strahlen auszuziehen und Zaubernadeln daraus zu machen. Sieben mal sieben solcher Nadeln hatte sie im Besitz und schoß sie den Feinden ihres Mannes in die Augen. Waren sie dann blind, so schlug sie ihr Mann tot. Auf diese Weise ging auch Huang Fe-Hu zugrunde.

Als der König Wu den Tyrannen Dschou-Sin getötet und das

Reich errungen hatte, wurde Huang Fe-Hu zum Gott des Großen Berges ernannt, der über Gut und Böse, Lohn und Strafe, Tod und Leben der Menschen zu bestimmen hat und über den zehn Höllenfürsten steht.

24. Der Feuergott

Lange vor Fu Hi war der Zauberschmelzer (Dschu Yung) Herrscher der Menschen. Er erfand den Gebrauch des Feuers, und die Nachwelt lernte von ihm, die Speisen zu kochen. Seine Nachkommen wurden darum mit der Wahrung des Feuers beauftragt. Er selbst aber wurde zum Feuergott ernannt. Er ist eine Verkörperung des roten Herrn, der als einer der fünf Alten zu Anbeginn der Welt sich zeigte. Der Feuergott wird verehrt als Herr des südlichen heiligen Berges. Am Himmel der Feuerstern, das südliche Himmelsviertel und der rote Vogel gehören zu seiner Herrschaft. Wenn Feuersnot sich naht, so hat der Feuerstern einen besonderen Schein. Wenn zahllose Feuerkrähen in ein Haus fliegen, so bricht dort sicher ein Feuer aus.

Im Vierstromland lebte ein Mann, der war sehr reich. Eines Tages stieg er auf seinen Wagen und trat eine weite Reise an. Da begegnete ihm ein rotgekleidetes Mädchen, die bat, sie mitzunehmen. Er ließ sie auf den Wagen steigen und fuhr sie einen halben Tag lang, ohne einen falschen Blick nach ihr zu werfen. Da stieg das Mädchen wieder ab und sagte beim Abschied: »Ein Edler, wahrlich, bist du! Von dieser Rechtschaffenheit gerührt, muß ich die Wahrheit dir enthüllen. Ich bin der Feuergott. Morgen wird in deinem Hause Feuer ausbrechen. Kehre eilig heim und bestelle deine Sachen und rette, was du kannst!« Erschrocken wandte der Mann den Wagen und fuhr, so schnell er konnte, heim. Alles, was er an Schätzen, Kleidern und Kleinodien hatte, ließ er aus dem Hause schaffen. Eben wollte er zur Ruhe gehen, da brach im

Herde Feuer aus, das sich nicht stillen ließ, bis der ganze Bau in Staub und Asche sank; doch blieb ihm seine bewegliche Habe wohlbehalten.

25. Die drei waltenden Götter

Es gibt drei Herren im Himmel und auf der Erde und im Wasser, die heißen die drei waltenden Götter. Sie sind alle Brüder und stammen von dem Vater des Mönches am Yangtsekiang. Als der auf dem Fluß fuhr, wurde er von einem Räuber ins Wasser geworfen. Dort ist er aber nicht wirklich ertrunken; sondern es kam ein Triton des Wegs. Der nahm ihn mit und brachte ihn ins Drachenschloß. Der Drachenkönig sah, daß er etwas Außerordentliches an sich hatte; darum gab er ihm seine Tochter zur Frau. Die gebar ihm drei Söhne. Die Söhne hatten von früher Jugend an eine Vorliebe für geheime Weisheit. So gingen sie miteinander auf eine Insel im Meer. Dort setzten sie sich hin und pflegten der Beschauung. Sie hörten nichts, sie sahen nichts, sie redeten nichts und bewegten sich nicht. Die Vögel kamen und nisteten in ihrem Haar; die Spinnen kamen und spannen Netze über ihr Gesicht. Würmer und Kerfe kamen und krochen ihnen zur Nase und den Ohren aus und ein. Sie aber kümmerten sich nicht darum.

Als sie viele Jahre so gesessen hatten, erlangten sie geheimen Sinn und wurden Götter. Der Herr aber machte sie zu den drei Waltenden. Der Himmel schafft die Dinge, die Erde fertigt die Dinge, das Wasser erzeugt die Dinge. Die drei Waltenden ließen ihre Urkraft kreisen, um dabei zu helfen und zu ordnen. Darum heißen sie auch die drei Urgötter. Überall auf Erden sind ihnen Tempel errichtet.

Geht man in einen dieser Tempel hinein, so sitzen die drei Waltenden auf einem Sockel. Sie haben Fransenhüte auf und Szepter in den Händen wie Könige. Der aber auf dem letzten

Platze zur Rechten sitzt, der hat Glotzaugen und sieht zornig drein.

Fragt man, was das bedeute, so erzählen die Leute: »Die drei waren Brüder und wurden von dem Herrn zu waltenden Göttern gemacht. Sie redeten nun darüber, wie sie sitzen sollten. Der jüngste sprach: ›Morgen früh, ehe die Sonne aufgeht, wollen wir hier zusammenkommen. Wer zuerst kommt, der soll in die Mitte auf den Ehrenplatz, der zweite auf den zweiten und der dritte auf den letzten Platz.‹ Die beiden älteren Brüder waren's zufrieden. Am andern Morgen in aller Frühe kam zuerst der jüngste und setzte sich auf den mittleren Platz und wurde Gott des Wassers. Der mittlere kam zu zweit; er setzte sich zur Linken und ward Gott des Himmels. Zuletzt von allen kam der älteste. Wie der nun sah, daß seine Brüder schon auf ihren Plätzen saßen, da ward ihm übel zumute, und doch durfte er nichts sagen. Der Zorn stieg ihm ins Gesicht, die beiden Augäpfel traten ihm wie Kugeln aus den Höhlen, und seine Adern schwollen auf wie Wülste. So setzte er sich zur Rechten und ward Gott der Erde. Die Handwerker, die die Götterbilder machen, haben das gesehen und ihn also abgebildet.«

26. Konfuzius

Als Konfuzius geboren ward, da kam ein Kilin und spuckte einen Nephritstein aus, darauf stand geschrieben: »Sohn des Wasserkristalls, du wirst einst ungekrönter König werden!«
Er wuchs heran und ward neun Fuß hoch. Er war schwarz und häßlich im Gesicht. Seine Augen standen hervor, seine Nase war aufgestülpt. Die Lippen bedeckten die Zähne nicht, und die Ohren hatten große Öffnungen. Er lernte fleißig und war bewandert in allen Dingen. So ward er zum Heiligen.

Eines Tages stieg er mit seinem Lieblingsjünger Yän Hui auf die höchste Spitze des Großen Berges. Er sah bis nach dem Yangtsekiang im Süden.

»Siehst du«, sprach er zu Yän Hui, »was das für ein Ding ist, das vor dem Stadttor von Wu schimmert?«

Yän Hui sah genau hin und strengte seine Augen an; dann sagte er: »Das ist ein Stück weißes Tuch.«

»Nein«, sprach Konfuzius, »das ist ein weißes Pferd.«

Und als man nachsah, war es wirklich so. Der Große Berg ist von der Hauptstadt Wu wohl tausend Meilen weit entfernt, und daß Konfuzius auf diese Entfernung ein weißes Pferd erkennen konnte, zeigt seinen Scharfblick. Yän Hui kam ihm ja nicht ganz gleich; doch sah er wenigstens noch etwas Weißes. Darum nennt man ihn den zweiten Heiligen.

Ein andermal grub man in seiner Heimat einen Brunnen. Da stieß man auf ein Tier, das sah aus wie ein Schaf, hatte aber nur ein Bein. Niemand wußte, was es war. Da fragte man den Konfuzius. Der sprach: »Das ist ein Springschaf; wenn es erscheint, dann kommt ein großer Regen.« Und richtig fiel ein Regen bald danach.

Ein andermal ward im Yangtsekiang ein Ding ans Land geschwemmt, das war grün und rund und so groß wie eine Melone. Der König von Tschu sandte hin und ließ den Konfuzius fragen, was es wäre. Der sprach: »Die grüne Entengrütze im Yangtsekiang trägt alle tausend Jahre einmal Frucht. Wer diese Frucht erlangt, dem fällt die Herrschaft über die Welt zu.«

Ein andermal gruben sie in der Heimat des Konfuzius einen Riesenknochen aus. Den luden sie auf einen Wagen und führten ihn zu Konfuzius, um ihn darüber zu befragen. Der sprach: »Vor alten Zeiten hat der große Yü die Reichsfürsten um sich versammelt. Windhalter allein war nicht erschienen. Yü ließ ihn töten und an diesem Ort begraben. Windhalter, heißt es, war ein Riese. Das ist ein Knochen von ihm.«

Als der Tod des Konfuzius herannahte, da fing der Fürst von

Lu auf der Jagd ein Kilin, und man tötete es. Dem Kilin, das bei des Konfuzius Geburt erschienen war, hatte seine Mutter einen roten Faden um das Horn gebunden. Das tote Kilin hatte diesen Faden noch immer am Horn.

Als Konfuzius davon hörte, brach er in Tränen aus: »Meine Lehre hat keinen Erfolg! Was tust du da? Ich werde sterben müssen.«

Denn das Kilin zeigt sich nur, wenn ein großer Mann auf Erden ist. Um jene Zeit schrieb Konfuzius gerade an seinem Buch »Von Blüte und Untergang der Staaten«. Mit diesem Ereignis legte er die Feder weg und schrieb nicht weiter.

Auch träumte ihm, er sitze in einem Tempel zwischen zwei Mittelpfeilern. Da sagte er zu seinen Jüngern: »Ich werde sterben müssen.« Dann dichtete er ein Lied:

> Es stürzt der Große Berg,
> Es bricht des Daches First;
> Der Weise fährt dahin.

Danach legte er sich zu Bett, ward krank und starb.

So wußte er nicht nur, was während seines Lebens vor sich ging, sondern auch, was nach seinem Tode kam. Der Traum, daß er sich selbst im Tempel sah zwischen den zwei Hauptpfeilern, war eine Weissagung der Verehrung, die ihm in späteren Jahrhunderten zuteil ward.

Aber auch nach seinem Tode noch gab er Beweise von seiner Allwissenheit. Als einst der böse Kaiser Tsin Schï Huang alle andern Staaten unterjocht hatte und das ganze Reich durchzog, da kam er auch nach der Heimat des Konfuzius. Da kam er an sein Grab. Er wollte es öffnen lassen und sehen, was darin sei. Alle seine Beamten rieten ihm ab, aber er hörte nicht auf sie. So wurde denn ein Gang hineingegraben, und man traf in der Hauptkammer auf den Sarg. Das Holz schien noch ganz neu zu sein. Wenn man daran klopfte, so klang es wie Erz. Links vom Sarg war eine Tür, die führte in ein inneres Gemach. Darin stand ein Bett, ein Tisch mit

Büchern und Kleidern, alles wie für einen lebenden Menschen gehalten. Tsin Schï Huang setzte sich auf das Bett und blickte auf den Boden. Da standen zwei Schuhe aus roter Seide, die an der Spitze ein gesticktes Wolkenmuster trugen. Sie waren neu und rein und ohne Staub. An der Wand stand ein Bambusstab. Zum Scherze zog der Kaiser die Schuhe an, nahm den Stab und ging zum Grabe hinaus. Da erschien plötzlich eine Tafel, darauf standen folgende Verse:

> Tsin Schï Huang hat sechs Reich' überrannt,
> Öffnet mein Grab und mein Bett er fand,
> Stiehlt meine Schuh', nimmt den Stock in die Hand:
> Kommt er nach Schakiu – sein Ende er fand.

Tsin Schï Huang erschrak sehr und ließ das Grab wieder schließen. Als er aber nach Schakiu kam, da traf ihn eine hitzige Krankheit, an der er starb.

Als später zur Han-Zeit Dschung Li I als Fürst von Lu eingesetzt war, da nahm er von seinem eigenen Gelde zehntausend Lot und gab sie dem Tempelbewahrer, um den Tempel des Konfuzius auszubessern. Da traf man auf den Wagen des Konfuzius und fand seinen Tisch, seine Matte, sein Schwert und seine Schuhe. Ein Tempelarbeiter namens Dschang Be, der vor der großen Halle Gras jätete, fand in der Erde sieben Nephritzepter. Er steckte eines zu sich und brachte die andern dem Dschung Li I. Der ließ sie auf dem Tisch des Konfuzius aufstellen. Dieser Tisch stand in der früheren Lehrhalle des Konfuzius. An der Wand dieser Halle stand auch ein Bett. Oben über dem Bett hing eine große Tonne. Dschung Li I fragte den Tempelbewahrer, was das sei. Der erwiderte: »Es ist eine Hinterlassenschaft des Konfuzius. Eine Inschrift steht darauf, darum habe ich es nicht gewagt, sie zu öffnen.«

Dschung Li I sprach: »Der Meister war ein Heiliger, vielleicht enthält die Tonne Lehren, die er der Nachwelt zu geben hat.«

So wurde sie geöffnet. Es fand sich ein Zettel darin, darauf stand geschrieben: »In späterer Zeit wird ein Gelehrter kommen, der meine Bücher ordnet. Er wird meinen Wagen finden und meine Schuhe und meinen Bücherkasten. Dschung Li I bekommt sieben Zepter, aber Dschang Be versteckt eines davon.«

Als Dschung Li I diese Schrift gelesen hatte, da berief er den Dschang Be und sprach zu ihm: »Es waren sieben Zepter da, warum hast du eines davon versteckt?« Da fiel jener vor ihm nieder und gab das gestohlene Zepter heraus.

Konfuzius hatte einst zu einem Jünger gesagt: »Die Ereignisse von hundert Geschlechtern kann man vorher wissen.« In dieser Geschichte zeigt sich ein Beweis davon.

27. Der Kriegsgott

Der Kriegsgott Guan Di hieß eigentlich Guan Yü. Zur Zeit, als der Aufruhr der gelben Turbane das Reich durchtobte, tat er sich mit zwei andern, denen er auf der Straße begegnet war und die ebenso wie er von Vaterlandsliebe beseelt waren, zu einem Freundschaftsbunde zusammen. Der eine war der spätere Kaiser Liu Be, der andere hieß Dschang Fe. Die drei kamen in einem Pfirsichgarten zusammen und gelobten einander, Brüder zu sein, obwohl sie aus verschiedenen Häusern stammten. Sie schlachteten ein weißes Roß und schwuren einander Treue bis zum Tode.

Guan Yü war treu, ehrlich, gerecht und tapfer über alle Maßen. Er las gern in dem Buche des Konfuzius über Blüte und Untergang der Reiche. Er half seinem Freunde Liu Be bei der Unterdrückung der gelben Turbane und bei der Eroberung des Vierstromlandes. Das Pferd, auf dem er ritt, hieß der rote Hase und konnte an einem Tage tausend Meilen weit laufen. Er hatte ein halbmondförmiges Messer, das hieß der grüne Drache. Seine Augenbrauen waren schön wie die von

Seidenschmetterlingen und seine Augen lang geschlitzt wie die des Phönix. Sein Gesicht war rot wie Scharlach, und sein Bart war so lang, daß er ihm über den Bauch herabhing. Als er einst vor den Kaiser trat, nannte der ihn Herzog Schönbart und schenkte ihm eine seidene Tasche, um seinen Bart hineinzutun. Er trug ein Gewand aus grünem Brokat. Jedesmal, wenn er zur Schlacht ging, zeigte er sich von unwiderstehlicher Tapferkeit. Ob ihm tausend Heere oder zehntausend Reiter gegenüberstanden – er trat ihnen entgegen, als ob sie bloße Luft wären. Der böse Tsau Tsau führte ihn einst in Versuchung, seinem Herrn und Freunde Liu Be untreu zu werden. Als er nämlich die beiden Gemahlinnen Liu Bes in seine Gewalt bekommen hatte, da befahl er, daß Guan Yü mit ihnen zusammen in einem Zimmer über Nacht eingeschlossen werden sollte. Guan Yü ließ sich jedoch nicht irremachen, sondern verbrachte die ganze Nacht bis zur Morgendämmerung mit einem Licht in der Hand wachend auf der Schwelle des Zimmers.

Ein andermal hatte der böse Tsau Tsau die Feinde seines Herrn angestiftet, seine Stadt durch Verrat zu nehmen. Da eilte er auf die Nachricht davon mit einem Heere herbei, sie zu entsetzen. Er geriet aber in einen Hinterhalt und wurde, zusammen mit seinem Sohn, gefangengenommen und in die Hauptstadt des feindlichen Landes gebracht. Der Fürst dieses Landes hätte gerne gehabt, daß er zu ihm übergehe; er aber schwur, daß er bis zum Tode sich nicht beugen werde. Darauf wurden Vater und Sohn zum Tode gebracht. Als er gestorben war, da hörte sein Roß, der rote Hase, zu fressen auf und starb. Er hatte aber auch einen treuen Hauptmann namens Dschou Dsang, der war schwarz im Gesicht und trug ein großes Messer. Er hatte eben eine Festung besetzt, als er von dem traurigen Ende seines Herzogs hörte. Er zog sein Schwert heraus und tötete sich selbst. Auch ein anderer seiner Getreuen stürzte sich auf die Nachricht von seinem Tode in den Stadtgraben und ertrank.

Zu jener Zeit lebte auf dem Nephritquellenberge ein Mönch, der ein Landsmann und alter Bekannter des Herzogs gewesen war. Der ging bei Nacht im Mondenschein spazieren.

Plötzlich hörte er aus der Luft herab eine laute Stimme schreien: »Ich will meinen Kopf wiederhaben!«

Der Mönch blickte empor und sah den Herzog Guan mit seinem Schwert in der Hand zu Pferde, gerade wie er zu Lebzeiten gewesen war. Rechts und links von ihm standen sein Sohn Guan Ping und sein Feldherr Dschou Dsang schattenhaft in den Wolken.

Der Mönch faltete die Hände und sprach: »Ihr wart im Leben gerecht und treu und seid im Tode nun ein weiser Gott, und doch versteht Ihr das Schicksal nicht? Wenn Ihr Euren Kopf durchaus wiederhaben wollt, an wen sollen sich dann die vielen Tausende von Feinden wenden, die durch Euch zu Tode gekommen sind, um ihr Leben wiederzuerlangen?«

Da neigte sich der Herzog und verschwand.

Seit jener Zeit entfaltet er dauernd geistige Wirksamkeit. Sooft ein neues Herrscherhaus gegründet wird, wird seine heilige Gestalt sichtbar. Darum hat man Tempel und Opfer für ihn eingerichtet und ihn in die Zahl der Reichsgötter aufgenommen. Er erhält ebenso wie Konfuzius die großen Opfer von Ochsen, Schafen und Schweinen. Sein Rang ward von Jahrhundert zu Jahrhundert höher. Erst ward er als Fürst Guan verehrt, später als König Guan, dann als großer Gott, der die Teufel besiegt; das letzte Herrscherhaus hat ihn endlich als großen göttlichen Helfer des Himmels verehrt. Er wird auch der Kriegsheilige genannt und ist ein starker Retter in aller Not, wenn die Menschen von Teufeln und Füchsen geplagt werden. Er wird häufig zusammen mit Konfuzius, dem Meister des Friedens, als Meister des Kriegs verehrt.

Der Offenbarungen seiner geistigen Kräfte sind unzählige. Es mag ein Beispiel für viele andere hier folgen.

In Ju Dschou lebte ein Mann, der war ein Trunkenbold und

Spieler und schlug und schimpfte fortwährend seine Mutter. Er hatte ein kleines Söhnchen, das war eben ein Jahr alt. Die Großmutter trug es auf dem Arm spazieren. Da plötzlich machte es eine ungeschickte Bewegung und fiel zur Erde. Infolge des erlittenen Schreckens ward es krank. Die Alte fürchtete den Zorn ihres Sohnes und lief von Hause weg.

Als dieser nach Hause kam und die Krankheit seines Kindes sah, fragte er sein Weib, wie es gekommen. Darauf suchte er wütend nach seiner Mutter. Vor dem Tempel des Kriegsgotts erblickte er sie, eben im Begriff, hineinzugehen. Er riß sie an den Haaren heraus.

Da stand im Tempel das tönerne Bild des Kriegsgotts plötzlich von seinem Sitze auf, nahm dem hinter ihm stehenden Dschou Dsang das Messer aus der Hand, trat zur Tür heraus und hieb dem Mann den Kopf herunter. Der Priester des Tempels, der es sah, schlug eilig Glocke und Pauke und las aus den heiligen Schriften. In den Straßen und auf dem Markt hörten die Leute von der Geschichte und drängten sich staunend herbei. Sie sahen den Kriegsgott, in der rechten Hand das Messer, in der linken Hand den Kopf des Mannes. Mit einem Fuße vor der Tür, mit einem Fuße drin, so stand das Bild, unbeweglich wie ein Fels. Seit jener Zeit steht in Ju Dschou das Bild des Kriegsgotts mit gespreizten Beinen auf der Türschwelle als Zeichen seiner Macht.

28. Die Heiligenscheine

Alle wahren Götter haben auf dem Kopfe einen runden Schein. Wenn die geringeren Götter oder Teufel diesen Schein sehen, so ducken sie sich und wagen nicht, sich zu regen. Der Himmelsmeister auf dem Drachentigerberg pflegt steten Verkehr mit allen Göttern. Eines Tages kam der Kriegsgott Guan Di herabgestiegen, als eben der Beamte des Nachbarkreises zu Besuch beim Himmelsmeister war. Der

Himmelsmeister riet dem Manne, sich zurückzuziehen und im inneren Gemache zu verbergen. Darauf ging er hinaus, um den Kriegsgott zu empfangen. Der Beamte aber guckte durch eine Ritze in der Tür. Da sah er des Kriegsgotts rotes Gesicht und grünes Gewand: schrecklich und ehrfurchtgebietend stand er da. Plötzlich blitzte auf seinem Kopfe ein roter Schein auf, dessen Strahlen bis ins innere Gemach drangen, so daß der Beamte auf dem einen Auge erblindete. Nach einer Weile brach der Kriegsgott wieder auf, und der Himmelsmeister begleitete ihn. Plötzlich sprach Guan Di bestürzt: »Konfuzius kommt! Der Schein auf seinem Kopfe erleuchtet das ganze Weltall. Auf tausend Meilen bin auch ich ihm nicht gewachsen. Ich will ihm schleunigst aus dem Wege gehen.« Damit bestieg er eine Wolke und verschwand. Der Himmelsmeister erzählte dann dem Beamten, was sich zugetragen, und fügte noch hinzu: »Zum Glück habt Ihr den Kriegsgott nicht von Angesicht zu Angesicht gesehen! Wer nicht höchste Tugend und höchstes Wissen besitzt, der wird von jenem roten Schein zerschmolzen.« Mit diesen Worten gab er ihm eine Pille des Lebenselixiers zu essen, und das blinde Auge wurde allmählich wieder gut.

Es heißt aber auch, daß die Gelehrten auf dem Kopfe einen roten Schein haben, den Teufel, Füchse und Gespenster, wenn sie ihn sehen, fürchten.

Nun war einmal ein Gelehrter, der hatte einen Fuchs zum Freund. Der Fuchs nahm ihn bei Nacht mit sich und ging mit ihm in den Dörfern spazieren. Sie konnten in die Häuser gehen und alles sehen, was dort geschah, ohne daß die Leute sie bemerkten. Wenn er aber von fern auf einem Hause einen roten Schein leuchten sah, so ging der Fuchs nicht hinein. Der Gelehrte fragte ihn nach dem Grunde.

»Das sind alles berühmte Gelehrte«, antwortete der Fuchs. »Je größer der Glanz, desto umfassender ist ihre Bildung. Ich scheue mich vor ihnen und wage nicht, bei ihnen einzutreten.«

Da sprach der Mann: »Ich bin doch auch ein Gelehrter. Hab ich denn keinen Schein, daß du dich nicht vor mir scheust, sondern mit mir spazierengehst?«

»Auf deinem Kopf ist nur ein schwarzer Dunst«, erwiderte der Fuchs. »Ich hab noch nie einen Schein bei dir entdeckt.«

Der Gelehrte schämte sich und fuhr ihn an; der Fuchs aber verschwand unter wieherndem Gelächter.

29. Laotse

Laotse ist eigentlich älter als Himmel und Erde. Er ist der gelbe Alte, der mit den anderen vieren die Welt geschaffen. Zu verschiedenen Zeiten aber hat er sich auf der Erde unter verschiedenen Namen gezeigt. Seine berühmteste Menschwerdung jedoch ist die als »altes Kind« (Laotse) mit dem Namen Pflaume (Li). Das ging aber so zu: Seine Mutter empfing ihn auf übernatürliche Weise und trug ihn zweiundsiebzig Jahre lang. Als er geboren wurde, kam er aus der linken Achselhöhle seiner Mutter hervor. Er hatte gleich von Anfang an weiße Haare, darum nannte man ihn altes Kind. Auch konnte er schon sprechen. Da er keinen menschlichen Vater hatte, deutete er auf den Pflaumenbaum, unter dem er zur Welt gekommen war, und sprach: »Dies soll mein Name sein!«

Er erlangte große Zauberkünste, durch die er sein Leben verlängerte. Einst dingte er einen Knecht zu seinem Dienst. Mit dem ward er eins, daß er ihm täglich hundert Kupferstücke geben wollte; doch bezahlte er ihn nicht aus und war ihm schließlich sieben Millionen zweihunderttausend Kupferstücke schuldig. Da bestieg er einen schwarzen Stier und ritt nach Westen. Er wollte seinen Knecht mitnehmen. Als sie aber an den Han-Gu-Paß kamen, da weigerte sich der Knecht und verlangte seine Bezahlung. Doch Laotse gab ihm nichts.

Als sie sich dem Hause des Paßwächters nahten, da zeigten sich am Himmel rote Wolken. Der Paßwächter verstand das Zeichen und wußte, daß ein Heiliger nahe. So ging er ihm entgegen und nahm ihn in seinem Hause auf. Er fragte ihn nach geheimer Weisheit. Laotse aber streckte die Zunge weit heraus und sagte nichts. Dennoch beherbergte ihn der Paßwächter aufs ehrerbietigste in seiner Wohnung. Laotses Knecht erzählte dem Diener des Paßwächters, daß sein Herr ihm noch viel Geld schuldig sei, und bat, ein gutes Wort für ihn einzulegen. Als der Diener von der großen Summe hörte, da lockte es ihn, so einen reichen Mann zum Schwiegersohn zu haben, und er gab ihm seine Tochter zur Frau. Schließlich hörte der Paßwächter von der Sache und trat mit dem Knecht zusammen vor Laotse. Da sprach Laotse zu seinem Knecht: »Du Schalksknecht! Du wärst eigentlich schon lange tot. Ich habe dich gedingt, und da ich arm war und dir kein Geld geben konnte, hab ich dir einen Zauber des Lebens zu essen gegeben. Darum bist du noch heute am Leben. Ich sagte dir: ›Wenn du mir nachfolgst nach Westen ins Reich der seligen Ruhe, dann will ich dir deinen Lohn in gelbem Golde zahlen.‹ Du aber hast nicht gewollt.« Damit klopfte er dem Knecht auf den Nacken. Da öffnete der den Mund und spie den Zauber des Lebens auf die Erde. Noch sah man darauf die Zeichen mit Zinnober geschrieben, wohlerhalten, wie neu. Der Knecht aber brach plötzlich zusammen und verwandelte sich in einen Haufen trockenen Gebeins. Der Paßwächter warf sich zur Erde und legte Fürbitte für ihn ein. Er versprach, für Laotse den Knecht zu bezahlen, und bat, er solle ihn wieder lebendig machen. Da tat Laotse den Zauber unter die Knochen, und augenblicklich war der Knecht zum Leben erweckt. Der Paßwächter entlohnte den Knecht und ließ ihn gehen. Dann verehrte er den Laotse als seinen Meister, und Laotse teilte ihm die Kunst des ewigen Lebens mit und hinterließ ihm seine Lehre in fünftausend Worten, die der Paßwächter niederschrieb. Das Buch, das so entstand, ist das

Buch »Vom Sinn und Leben«. Laotse verschwand darauf den Blicken der Menschen.

Der Paßwächter aber hat seine Lehre befolgt und wurde unter die Unsterblichen versetzt.

30. Der alte Mann

Es war einmal ein Mann, der hieß Huang An. Er mußte wohl über achtzig Jahre alt sein, und doch hatte er das Aussehen eines Jünglings. Er nährte sich von Zinnober. Stets ging er nackt. Selbst im Winter zog er keine Kleider an. Er saß auf einer Schildkröte, die war drei Fuß lang. Einst fragte ihn jemand: »Wie alt ist wohl diese Schildkröte?« Er erwiderte: »Als Fu Hi die Netze und Reusen erfand, da fing er diese Schildkröte und gab sie mir. Inzwischen hab' ich ihren Deckel schon ganz plattgesessen. Dieses Tier fürchtet den Schein von Sonne und Mond; darum streckt es nur alle zweitausend Jahre einmal den Kopf heraus. Seit ich das Tier habe, hat es schon fünfmal den Kopf herausgestreckt.« Mit diesen Worten nahm er die Schildkröte auf den Rücken und ging hinweg.

Es erhob sich aber die Sage, dieser Mann sei zehntausend Jahre alt.

31. Die acht Unsterblichen

I

Es geht die Sage, daß im Himmel acht Unsterbliche wohnen. Der erste heißt Dschung Li Küan. Er lebte zur Zeit der Han-Dynastie und fand den großen Zauber des Goldzinnobers (Stein der Weisen). Er konnte Quecksilber schmelzen und Blei verbrennen und sie verwandeln in gelbes Gold und weißes Silber. Er konnte leibhaftig durch die Luft fliegen. Er ist das Haupt der acht Unsterblichen.

Der zweite heißt Dschang Go. Er erlangte geheimen Sinn in uralten Zeiten. Es heißt, er sei eigentlich eine weiße Fledermaus gewesen, die sich in einen Menschen verwandelt habe. Im Beginn der Tang-Dynastie sah man in Tschang An einen weißbärtigen Greis mit einer Bambustrommel auf dem Rükken umgekehrt auf einem schwarzen Esel reiten. Er schlug die Trommel und sang. Er nannte sich selbst den alten Dschang Go. Eine andere Sage berichtet von ihm, daß er stets ein weißes Maultier bei sich gehabt, mit dem er tausend Meilen in einem Tage habe zurücklegen können. Wenn er an seinem Bestimmungsort angekommen war, faltete er es zusammen und steckte es in seinen Koffer. Wenn er es wieder brauchte, so spritzte er mit seinem Munde Wasser darauf, und das Tier erhielt wieder seine ursprüngliche Gestalt.

Der dritte heißt Lü Yüan oder Lu Dung Bin (Lü = der Fels oder der Höhlengast). Er hieß eigentlich Li und gehörte zum Geschlecht der regierenden Tang-Dynastie. Als aber die Kaiserin Wu den Thron an sich riß und die Familie Li fast bis auf den letzten Mann ausrottete, da floh er mit seiner Frau ins tiefe Gebirge. Sie änderten ihren Namen in Lü, und weil sie in Felsenhöhlen versteckt wohnten, nannte er sich Fels oder Höhlengast. Er lebte von der Luft und aß kein Brot. Und mit der Zeit erlangte er geheimen Sinn. Doch war er dem Weine zugetan und liebte die Blumen. In Lo Yang, der Hauptstadt, blühten die Päonien besonders üppig. Da war eine Blumenfee, die verwandelte sich in ein hübsches Mädchen, und Höhlengast, als er nach Lo Yang kam, trank Wein mit ihr zusammen. Da kam plötzlich der gelbe Drache, der sich in einen schönen Jüngling verwandelt hatte. Der spottete über die Blumenfee. Höhlengast wurde wütend und schleuderte sein fliegendes Schwert nach ihm, das ihm den Kopf abschnitt. Von jener Zeit ab fiel er wieder zurück in die Welt der Sinnlichkeit und des Todes. Er sank herunter in den Staub des Alltags und vermochte sich nicht mehr in die Höhe zu schwingen. Später begegnete er dem Dschung Li Küan, der ihn erlöste. Da ward er in die Reihen der Unsterblichen aufgenommen. Sein Schüler war der Weidenelf. Das war ein alter Weidenbaum, der die feinste Kraft der Strahlen von Sonne und Mond in sich aufgesogen und dadurch es fertiggebracht hatte, Menschengestalt zu erlangen. Er ist blau im Gesicht und hat rote Haare. Höhlengast nahm ihn als Lehrling auf. Die Kaiser und Könige späterer Zeit verehrten Höhlengast als Ahn und Meister der reinen Sonne. Das Volk nennt ihn Großvater Lü. Er ist sehr weise und mächtig. Drum strömen die Leute noch heute in die Tempel des Großvaters Lü, holen sich Losorakel und bitten um Glück. Wenn man bei einer Unternehmung wissen will, ob man Glück oder Unglück haben wird, so geht man in den Tempel, zündet Weihrauch an und neigt sich mit dem Kopf zur Erde. Auf dem Altar ist ein Becher aus Bambus, in dem sich einige Dutzend Losstäbchen befinden. Man schüttelt sie kniend, bis ein Stäbchen herausspringt. Auf dem Stäbchen steht eine Nummer. Diese Nummer muß man dann in dem Orakelbuch aufsuchen. Da findet sich ein vierzeiliges Gedicht. – Es heißt, daß Glück und Unglück oft ganz merkwürdig so eintreffen, wie es das Orakel voraussagt.

Der vierte heißt Tsau Guo Giu (Tsau der Staatsoheim). Es war der jüngere Bruder der Kaiserin Tsau, die eine Zeitlang regierte. Darum nannte man ihn Staatsoheim. Von früher Jugend an liebte er geheimen Sinn. Reichtum und Ehre waren ihm wie Staub. Dschung Li Küan verhalf ihm zur Unsterblichkeit.

Den fünften nennt man Lan Tsai Ho. Man kennt nicht seinen eigentlichen Namen, nicht Zeit noch Geschlecht. Man sah ihn häufig auf den Märkten in einem zerrissenen blauen Kleid und nur mit einem Schuh, an ein Stück Holz schlagend und singend von der Nichtigkeit des Lebens.

Der sechste heißt Li Tiä Guai (Li mit der Eisenkrücke). In früher Jugend verlor er seine Eltern und wurde aufgezogen im Hause seines älteren Bruders. Seine Schwägerin behandelte ihn schlecht und gab ihm nie genug zu essen. Darum floh er ins Gebirge und lernte dort geheimen Sinn.

Einst kam er zurück, um nach seinem Bruder zu sehen, und sprach zu seiner Schwägerin: »Gib mir etwas zu essen!«

Die Schwägerin sprach: »Es ist kein Brennholz da.«

Da sagte er: »Mach nur den Reis zurecht! Ich kann mein Bein als Brennholz brauchen; nur darfst du nicht sagen, daß das Feuer mir was tut, dann schadet's nichts.«

Die Schwägerin wünschte seine Kunst zu sehen; darum schüttete sie Reis in den Topf. Li streckte eines seiner Beine darunter und zündete es an. Hell schlugen die Flammen empor, das Bein brannte wie Kohle.

Als der Reis beinahe gar war, da sprach die Schwägerin: »Nimmt denn dein Bein nicht Schaden?«

Li sagte zürnend: »Ich habe dich doch gewarnt, daß du nichts sagen sollst, dann hätte es nichts gemacht. Jetzt aber ist mein eines Bein gelähmt.«

Mit diesen Worten nahm er den eisernen Feuerhaken und machte sich daraus eine Krücke. Er hängte einen Flaschenkürbis auf den Rücken und ging in die Berge, um Arzneikräuter zu sammeln. Darum nennt man ihn Li mit der Eisenkrücke.

Eine andere Geschichte von ihm erzählt, daß er im Geiste häufig zu seinem Meister Laotse in den Himmel hinaufstieg. Bevor er wegging, befahl er einem Schüler, auf seinen Leib mit der Seele darin aufzupassen, damit sie sich nicht zerstreue. Wenn sieben Tage vorbei seien, ohne daß sein Geist zurückkehre, so könne er seine Seele in den leeren Raum entweichen lassen. Unglücklicherweise wurde der Jünger nach sechs Tagen an das Sterbebett seiner Mutter gerufen, und als am Abend des siebenten Tages der Geist des Meisters zurückkam, da war das Leben aus dem Körper schon gewichen. Da er so in seinem eigenen Körper keine Wohnung mehr fand, benützte er in der Verzweiflung den ersten Körper, der sich ihm darbot und aus dem die Lebenskraft noch nicht zerstreut war. Es war dies der Körper seines Nachbarn, eines lahmen Krüppels, der eben gestorben war, so daß von da ab der Meister dessen Äußeres an sich hatte.

Der siebente heißt Han Siang Dsï. Er war der Neffe des berühmten konfuzianischen Gelehrten Han Yü aus der Tang-Dynastie. Von frühester Jugend an pflegte er die Künste der unsterblichen Götter, verließ sein Haus und ward Taoist. Vom Großvater Lü wurde er erweckt und in die himmlische Welt erhoben. Er rettete einmal seinem Oheim das Leben. Dieser nämlich war von Hofe vertrieben worden, weil er sich widersetzt hatte, als der Kaiser einen Buddhaknochen mit großem Pomp einholen ließ. Als er auf seiner Flucht über den blauen Paß kam, hatte tiefer Schnee die Wege ungangbar gemacht. Sein Pferd war in eine Schneegrube gefallen, und er selbst war nahe daran zu erfrieren. Da erschien ihm plötzlich Han Siang Dsï, half ihm und seinem Pferde heraus und brachte ihn sicher nach der nächsten Herberge am blauen Paß. Han Yü sang ein Gedicht, in dem die Zeilen vorkamen:

> In Wolken liegt der Tsin Ling-Berg.
> Wie ist die Heimat, ach, so weit!
> Schnee türmt sich um den blauen Paß.
> Wer gibt dem Pferde das Geleit?

Da fiel ihm plötzlich ein, daß vor mehreren Jahren Han Siang Dsï nach seinem Hause gekommen war, um ihm zum Geburtstag Glück zu wünschen. Bevor er weggegangen war, hatte er diese Zeilen auf ein Papier geschrieben. Der Oheim hatte sie betrachtet, ohne jedoch ihren Sinn zu verstehen. Nun sang er selbst unbewußt diese Zeilen in dem Liede, das sein Neffe gemacht hatte. Da sprach er seufzend zu Hang Siang Dsï: »Du bist wohl ein Unsterblicher, daß du also die Zukunft voraus wußtest?«

Dreimal auch hat er versucht, seine Frau zu erlösen. Als er nämlich von Hause weggezogen war, um des geheimen Sinns zu pflegen, da saß sie den ganzen Tag und hatte Heimweh nach ihm. Han Siang Dsï wollte sie erlösen zur Unsterblich-keit; aber er fürchtete, daß sie nicht fähig sei. So erschien er ihr in mancherlei Gestalten, um sie zu versuchen, einmal als Bettler, ein andermal als wandernder Bettelmönch. Aber seine Frau kam nicht zur Besinnung. Endlich verwandelte er sich in einen lahmen Taoisten, der auf einer Matte saß, den Holzfisch schlug und vor dem Hause Sutren las.

Seine Frau aber sprach: »Mein Mann ist nicht zu Hause, ich kann dir nichts geben.«

Der Taoist erwiderte: »Ich will nicht dein Gold und Silber, ich will dich selber. Setz dich zu mir auf die Matte, dann fliegen wir in die Luft, und du siehst deinen Gatten wieder.«

Da wurde die Frau böse und schlug ihn mit dem Stock.

Hang Siang Dsï verwandelte sich in seine ursprüngliche Ge-stalt, trat auf eine leuchtende Wolke und stieg in die Höhe. Das Weib sah ihm nach und weinte laut; aber er blieb ver-schwunden.

Die achte der Unsterblichen war ein Mädchen und hieß Ho Siän Gu. Sie war die Tochter eines Bauern. Ihre Stiefmutter behandelte sie hart; dennoch blieb sie ehrfurchtsvoll und fleißig. Sie liebte es, Almosen zu spenden; die Mutter aber hinderte sie daran. Doch sie ward niemals zornig, auch wenn sie von ihrer Mutter Schläge bekam. Sie hatte geschworen, sich nicht zu verheiraten, und schließlich wußte die Mutter nicht mehr, was sie tun sollte. Eines Tages, als sie eben Reis kochte, da kam der Großvater Lü und erlöste sie. Sie hielt den Kochlöffel noch in der Hand, während sie in die Lüfte stieg. Sie ward im Himmel angestellt, um vor der südlichen Himmelstür die abgefallenen Blumen aufzukehren.

II

Es war einmal ein armer Mann, der hatte schließlich gar kein Obdach mehr und keinen Bissen zu essen. Da legte er sich müde und matt draußen am Weg neben einem kleinen Feldgottempelchen nieder und schlief ein. Da träumte ihm: Der alte weißbärtige Feldgott kam aus seinem Häuschen und sagte ihm: »Ich weiß dir eine Hilfe, morgen kommen hier am Wege die acht Unsterblichen vorbei; vor denen wirf dich nieder und flehe sie an!«

Als der Mann erwachte, setzte er sich unter den großen Baum, der neben dem Feldgottempelchen stand, und wartete den ganzen Tag auf die Erfüllung des Traumes. Da endlich, als die Sonne schon nahe am Untergehen war, kamen acht Gestalten des Wegs gegangen, dem Bettler deutlich als die acht Unsterblichen erkennbar. Sieben von ihnen eilten sehr schnell; aber einer mit einem lahmen Bein humpelte hinter den anderen her. Vor diesem – es war Li Tiä-Guai – warf sich der Mann auf den Boden. Aber der Lahme wollte nichts von ihm wissen und hieß ihn fortgehen. Doch der Arme hörte nicht auf, ihn anzuflehen, daß er mit ihm gehen und auch zu den Unsterblichen gehören dürfe. Das sei unmöglich, gab der Lahme zur Antwort. Doch da der Arme gar nicht aufhörte zu betteln und nicht von ihm wich, sprach er schließlich: »Nun gut, halte dich an meinem Rocke fest!« Das tat der Mann, und nun ging es in fliegender Eile über die Wege und Felder fort, immer weiter, immer weiter. Auf einmal standen sie zusammen hoch oben auf dem Turm des Pong-lai-schan, des berühmten Geisterberges am Ostmeer. Und siehe, da waren die andern Unsterblichen auch. Aber diese waren höchst unwillig über den Genossen, den Li Tiä-Guai mitgebracht hatte. Doch da der Arme so dringlich bat, ließen auch sie sich schließlich erweichen und sagten zu ihm: »Wohlan! Wir springen jetzt hinunter in das Meer; folge uns, dann kanst du auch ein Unsterblicher werden!« Und einer nach dem andern von den Sieben sprang hinab in das Meer. Als aber die Reihe an den Mann kam, bekam er Angst und wollte den Sprung nicht wagen. Da sagte der Lahme zu ihm: »Wenn du dich fürchtest, kannst du auch kein Unsterblicher werden.«

»Was soll ich nun anfangen«, jammerte der Mann; »meine Heimat ist weit fort, und ich habe kein Geld!« Der Lahme brach ein Stückchen Stein von der Mauerzinne los und drückte es dem Manne in die Hand; danach sprang er selbst vom Turm hinunter und war gleich den sieben andern im Meer verschwunden.

Wie nun der Mann den Stein in seiner Hand näher betrachtete, da war er von reinem Silber. Das reichte ihm als Reisegeld, bis er nach vielen Wochen wieder in seiner Heimat war. Da war dann aber auch das Silber gerade aufgebraucht, und er war ebenso arm wie vorher.

33. Die beiden Scholaren

Es waren einmal zwei Scholaren. Der eine hieß Liu Tschen, und der andere hieß Yüan Dschau. Die waren beide jung und schön. An einem Frühlingstag gingen sie miteinander in das Tiän Tai-Gebirge, um Heilkräuter zu pflücken. Da kamen sie an einen Berghang, wo auf beiden Seiten die Pfirsichbäume in üppiger Blüte standen. Mitten drin öffnete sich eine Höhle, da standen zwei Jungfrauen unter den blühenden Bäumen, die eine in roten Kleidern, die andere in grünen. Die waren über alle Maßen schön. Sie winkten den beiden Scholaren mit der Hand.

»Seid ihr da?« fragten sie. »Wir haben lange auf euch gewartet.«

Dann führten sie sie in die Höhle und warteten ihnen mit Tee und Wein auf.

»Ich bin für den Herrn Liu bestimmt«, sagte die Jungfrau in

dem roten Gewand, »und meine Schwester für den Herrn Yüan.«

So wurden sie Mann und Frau. Täglich betrachteten sie die Blumen oder spielten Schach, so daß die beiden ganz der Erdenwelt vergaßen. Sie sahen nur, wie draußen vor der Höhle die Pfirsichblüten bald sich öffneten, bald wieder fielen. Auch fühlten sie sich unvermutet oft kalt, oft warm, so daß sie jederzeit die Kleider wechseln mußten. Die beiden fanden das im stillen wunderbar.

Eines Tages plötzlich kam sie Heimweh an. Die beiden Mädchen wußten schon darum.

»Wenn euch Herren erst das Heimweh aufsteigt, kann man euch nicht länger halten«, sagten sie.

Am Tage darauf bereiteten die Mädchen ein Abschiedsmahl; dann gaben sie noch Zauberwein den beiden mit und sprachen: »Wir sehen uns wohl wieder. Zieht nur hin!«

Unter Tränen nahmen die Scholaren Abschied.

Als sie nach Hause kamen, da waren Tor und Türen längst verschwunden. Die Leute in dem Dorfe waren ihnen alle unbekannt. Sie drängten sich um sie und fragten, wer sie wären.

»Wir sind Liu Tschen und Yüan Dschau«, antworteten sie. »Wir gingen ins Gebirge und suchten Kräuter. Es mag wohl ein paar Tage her sein.«

Da kam mit schnellen Schritten ein Diener hergeeilt und sah sie lange an. Endlich fiel er hocherfreut vor Liu Tschen nieder und sagte: »Ja, Ihr seid wirklich mein Herr. Seit Ihr wegginget und uns im ungewissen ohne Nachricht ließet, ists nun wohl siebzig Jahre oder mehr.«

Darauf zog er den Scholaren Liu zu einem hohen Tore, das mit Buckeln und einem Ring im Löwenmaule reich verziert war, wie es bei hohen Herrschaften so Sitte ist.

Als er in den Saal trat, da kam eine alte Frau mit weißem Haar und krummem Rücken auf einen Stab gestützt hervor und fragte: »Was ist das für ein Mann?«

»Unser Herr ist wieder da«, erwiderte der Knecht. Und

dann, zu ihm gewendet, fügte er hinzu: »Das ist die gnädige Frau. Sie ist schon hundert Jahre alt. Zum Glück ist sie noch kräftig und wohlauf.«

Der alten Frau traten vor Freuden und Kummer die Tränen in die Augen.

»Seit du weggingst unter die Unsterblichen, dachte ich, wir würden uns in diesem Leben nicht mehr wiedersehen«, sagte sie. »Welch großes Glück, daß du nun doch wiedergekommen bist!«

Noch ehe sie ausgeredet hatte, da kam die ganze Familie, Männer und Frauen, herbeigeströmt und begrüßten ihn in dichtem Gedränge draußen vor dem Saal.

Die Frau deutete einzeln auf sie und sagte: »Das ist der und der, das ist die und die.«

Als damals der Scholar verschwunden war, da hatte er nur ein winziges Knäblein hinterlassen, erst ein paar Jahre alt. Der war nun schon ein achtzigjähriger Greis. Er hatte in hohem Amt dem Reich gedient und sich bereits zur Altersruhe in die heimatlichen Gärten zurückgezogen. Enkel waren drei da, lauter berühmte Minister; Urenkel über zehn, von denen fünf die Doktorprüfung schon bestanden; Ururenkel über zwanzig, von denen der älteste nach wohlbestandener Magisterprüfung soeben erst zu Hause angekommen war. Die kleinen Kinder erst, die noch auf den Armen getragen wurden, waren ohne Zahl. Die Enkel, die im Amte auswärts waren, als sie hörten, daß ihr Ahn zurückgekommen sei, erbaten alle Urlaub und kamen heim. Die Enkelinnen, die in andere Familien verheiratet waren, kamen ebenfalls herbei. Da ward er hocherfreut und bereitete ein Familienmahl im Saale, und alle seine Nachkommen mit ihren Frauen und Männern saßen rings um ihn her. Er selbst aber und seine Frau saßen oben in der Mitte, die Frau weißhaarig, ein runzliges, altes Weiblein. Der Scholar aber hatte noch immer das Aussehen eines zwanzigjährigen Jünglings, so daß alle Jungen im Kreise umherblickten und lachten.

Da sprach der Scholar: »Ich habe ein Mittel, das Alter zu vertreiben.«

Damit nahm er den Zauberwein hervor und gab ihn seiner Frau zu trinken. Als sie drei Gläser getrunken hatte, da ward ihr weißes Haar allmählich wieder schwarz, die Runzeln glätteten sich, und sie saß an der Seite ihres Mannes stattlich als junge Frau. Da kamen der Sohn und die älteren Enkel herbei und verlangten alle von dem Wein zu trinken. Wer auch nur einen Tropfen davon bekam, der wurde aus einem Greis wieder zum Jüngling. Die Sache wurde ruchbar und kam bis vor den Kaiser. Der Kaiser wollte ihn an seinen Hof berufen. Er aber lehnte dankend ab. Doch sandte er ihm von dem Zauberweine zum Geschenk. Der Kaiser ward darüber hocherfreut und verlieh ihm eine Ehrentafel, darauf geschrieben stand:

»Gemeinsames Heim von fünf Geschlechtern.«

Außerdem sandte er ihm drei Zeichen, die er mit seinem eigenen Pinsel geschrieben hatte:

»Freude langen Lebens.«

Dem andern der beiden Scholaren, Yüan Dschau, war es nicht so gut ergangen. Als er nach Hause kam, da waren Weib und Kind längst gestorben, und seine Enkel und Urenkel waren meist unbrauchbare Menschen. So blieb er denn nicht lange, sondern kehrte in das Gebirge zurück. Liu Tschen aber weilte mehrere Jahre unter den Seinen; dann nahm er seine Frau mit sich und ging abermals in den Tiän Tai-Berg und ward nicht mehr gesehen.

34. Der Priester vom Lauschan

Es war einmal ein Mann namens Wang, ein Sohn einer alten Familie, der von Jugend an die Lehren des Taoismus hochschätzte. Er hörte, daß im Lauschan viele Unsterbliche lebten. So nahm er seine Bücherkiste auf den Rücken und wanderte dorthin.

Als er einen Gipfel erstiegen hatte, erblickte er einen einsamen Tempel. Ein Taoist saß auf einem runden Strohkissen. Langes Haar fiel ihm über den Nacken herab.

Er machte eine Verbeugung vor ihm und begann mit ihm zu reden. Seine Lehren schienen ihm tief und geheimnisvoll, darum bat er, ihn als Schüler anzunehmen.

Der Taoist sprach: »Ich fürchte, du bist zu zart und verweichlicht, um harte Arbeit zu tun.«

Er aber antwortete, er könne es wohl.

Die Schüler des Alten waren sehr zahlreich. Als sie am Abend sich alle versammelt, begrüßte sie Wang nach feierlichem Brauch. Darauf ward er in das Kloster aufgenommen.

Als der Morgen noch kühl war, rief ihn der Priester. Er gab ihm ein Beil und hieß ihn mit den andern hinausgehen, um Reisig zu sammeln. Wang tat eifrig, wie ihm gesagt.

Ein guter Monat war vergangen. Seine Hände und Füße waren voll Beulen und Schwielen. Er hielt es fast nicht mehr aus und erwog im geheimen den Gedanken an die Rückkehr.

Eines Abens kamen sie heim. Da sahen sie zwei Männer mit ihrem Meister beim Weine sitzen. Die Sonne war schon untergegangen, doch waren Lampen und Kerzen noch nicht angezündet. Da schnitt der Meister mit der Schere aus Papier eine runde Scheibe wie einen Spiegel. Die klebte er an die Wand. Plötzlich leuchtete der Mond an der Wand auf mit so hellem Schein, daß man das kleinste Härchen sehen konnte. Alle Schüler eilten herbei und hörten im Kreise den Alten zu.

Der eine der Gäste sprach: »An einem solchen schönen Abend, wo die Freude siegt, muß man gemeinsam genießen.«

Damit nahm er eine Kanne Wein vom Tisch, den Schülern Wein auszuteilen. Und er redete ihnen zu, sie sollten ordentlich trinken.

Wang dachte bei sich: ›Für sieben, acht Leute soll eine Kanne Wein ausreichen!‹ Sie eilten alle, Becher zu holen, und drängten sich herzu, um zuerst an die Reihe zu kommen, nur besorgt, die Kanne möchte sich leeren. Aber er goß und goß, und der Wein wurde nicht weniger. Darüber wunderte sich Wang im stillen.

Nun sprach der zweite Gast: »Du hast uns einen schönen Mondschein verschafft; aber wir trinken da so still vor uns hin. Wie wärs, wenn wir die Mondfee riefen?«

Damit nahm er ein Eßstäbchen und warf es in die Mondscheibe. Da sah man ein schönes Mädchen aus dem Glanze hervorkommen. Erst war sie kaum einen Fuß hoch; als sie die Erde berührte, erreichte sie Menschengröße. Schlanke Hüften, ein zierliches Hälschen, wallende Gewänder: so tanzte sie den Regenbogentanz. Dann begann sie zu singen:

> »Ihr wollt entfliehen, Unsterbliche alle,
> Mich einsam verlassen in eisiger Halle!«

Ihre Stimme klang rein und klar wie eine Flöte. Nachdem das Lied zu Ende war, erhob sie sich wirbelnd und sprang auf den Tisch. Während alle erstaunt nach ihr hinblickten, war sie schon wieder zum Eßstäbchen geworden.

Die drei Alten brachen in lautes Gelächter aus.

Da sagte wieder einer der Gäste: »Wir sind heut abend recht fröhlich zusammen. Doch werd ich des Weines nicht länger Herr. Wie wäre es, wenn ihr mich zum Abschiedstrunk ins Mondschloß begleitet?« Die drei verließen nun ihre Matten und gingen allmählich in den Mond hinein. Die Schüler alle sahen die drei im Monde sitzen. Bart und Augenbrauen, alles sah man deutlich wie ein Spiegelbild.

Nach einiger Zeit wurde der Mond allmählich trübe. Die Schüler gingen, um Licht zu machen. Als sie wiederkamen, saß der Priester allein da, die Gäste waren verschwunden; aber die Reste des Essens lagen noch auf dem Tisch. Der Mond an der Wand hing noch da als rundes Stück Papier.

Der Priester fragte sie: »Habt ihr genug getrunken?«

Sie sagten: »Genug.«

»Nun, wenn ihr genug habt, so müßt ihr früh schlafen gehen, damit ihr die Arbeit morgen nicht versäumt.«

Die Schüler zogen sich gehorsam zurück. Wang ward durch diese Sache aufs neue ermutigt, und die Heimwehgedanken verschwanden.

Wieder verging ein Monat. Die Mühen waren unerträglich, und der Priester hatte ihm nicht ein einziges Geheimnis überliefert.

Da hielt ers nicht mehr länger aus, sondern verabschiedete sich: »Hundert Meilen weit bin ich hergekommen, um Eure Belehrung zu empfangen. Nun sehe ich, daß ich das Geheimnis der Unsterblichkeit doch nicht erlangen kann. Doch hättet Ihr mir vielleicht irgend etwas Kleineres mitteilen können, um mein lernbegieriges Gemüt zu befriedigen. Zwei, drei Monate sind vergangen ohne andere Beschäftigung, als morgens hinauszugehen zum Reisigsammeln und abends müde heimzukommen. Ein solches Leben war ich zu Hause nicht gewöhnt.«

Der Priester sagte lächelnd: »Ich hab dirs ja gleich gesagt, daß du der harten Arbeit nicht gewachsen seist. Nun ist es wirklich so. Morgen früh will ich dich entlassen.«

Wang sprach: »Ich habe Euch lange gedient, Ihr könntet mir wenigstens ein kleines Kunststück mitteilen, daß ich nicht ganz umsonst gekommen bin.«

»Und welches Kunststück möchtest du denn lernen?« fragte der Priester.

»Wenn ich Euch gehen sah, so merkte ich, daß Wände und Mauern Euch nicht behindern können. Wenn ich nur dieses Kunststück könnte, so wäre ich schon zufrieden.«

Der Priester sagte lächelnd zu und lehrte ihn einen Zauberspruch, mit dem Wang sich segnen mußte.

Dann rief er: »Nun zu!«

Wang stand mit dem Gesicht nach der Wand, aber wagte nicht hineinzugehen.

Der Priester sprach: »Probier es doch, hineinzugehen!«

Da ging er gemächlich auf die Wand zu, aber sie hielt ihn auf.

Der Priester sprach: »Du mußt den Kopf neigen und einfach frisch drauflosrennen ohne ängstliches Bedenken.«

Wang nahm einen Anlauf von einigen Schritten und rannte auf die Wand zu. Als er an die Wand kam, da gab sie nach, als wäre nichts an der Stelle. Er blickte sich um, und richtig war er draußen. Da war er hocherfreut, ging wieder hinein und bedankte sich.

Der Priester sprach: »So, nun geh heim! Du mußt es aber vorsichtig wahren, sonst verliert sich die Kraft.«

Darauf gab er ihm Wegzehrung und entließ ihn.

Zu Hause angekommen, rühmte sich Wang, daß er einen Heiligen getroffen habe und daß die stärksten Wände für ihn kein Hindernis mehr seien. Seine Frau glaubte es nicht. Da wollte er ihr seine Kunst vor Augen führen, trat einige Schritte von der Mauer zurück und lief darauf zu. Er stieß mit dem Kopf an die harte Wand, prallte ab und brach zusammen. Die Frau hob ihn auf und sah nach ihm. Da hatte er an seiner Stirn eine Beule von der Größe eines Eies. Die Frau machte sich über ihn lustig. Er aber war beschämt und wütend und schalt auf den alten Priester als einen gewissenlosen Menschen.

35. Der geizige Bauer

Es war einmal ein Bauer, der führte Birnen nach dem Markt. Weil sie sehr süß und duftend waren, hoffte er einen guten Preis dafür zu bekommen. Ein Bonze in zerrissener Mütze und zerfetzten Kleidern trat an den Wagen heran und bat um eine. Der Bauer wies ihn ab, doch der Bonze ging nicht. Da ward der Bauer böse und begann ihn zu beschimpfen. Der Bonze sprach: »In Eurem Wagen habt Ihr viele hundert Birnen. Ich bitte Euch ja nur um eine. Das bringt Euch doch nicht großen Schaden. Warum werdet Ihr gleich so böse?«

Die Umstehenden sagten, er solle ihm doch eine der geringeren geben und ihn gehen lassen. Aber der Bauer wollte durchaus nicht. Ein Handwerker sah es von seinem Laden aus, und weil ihm der Lärm lästig war, so holte er Geld, kaufte eine und gab sie dem Bonzen.

Der Bonze bedankte sich und sprach: »Unsereiner, der die Welt verlassen hat, darf nicht knickrig sein. Ich habe schöne Birnen und lade Euch alle ein, mitzuessen.« Es sagte einer: »Wenn du Birnen hast, warum ißt du denn nicht deine eigenen?« Er sprach: »Ich brauche erst einen Kern zum Stecken.« Damit begann er die Birne schmatzend aufzuessen. Als er fertig war, hielt er einen Kern in der Hand, nahm seine Hacke von der Schulter und grub ein Loch von ein paar Zoll. Er steckte den Kern hinein und bedeckte ihn mit Erde. Dann verlangte er von den Marktleuten Suppe, um ihn zu begießen. Ein paar Neugierige holten in einer Straßenherberge heißes Wasser, und der Bonze begoß damit den Kern. Tausend Augen waren auf die Stelle geheftet. Schon sah man einen Keim herauskommen. Allmählich wuchs er und war im Augenblick zu einem Baum geworden. Zweige und Laub sproßten hervor. Er blühte, und alsbald waren die Früchte reif: lauter große, duftende Birnen, die in dichten Mengen am Baum hingen. Der Bonze stieg auf den Baum und gab sie den Umstehenden. Im Augenblick war der Baum leergegessen. Da nahm er seine Hacke und hackte den Baum ab. Krach, krach ging es eine Weile, da war er ab. Er nahm den Baum auf die Schulter und ging mit gemächlichen Schritten weg.

Als der Bonze seinen Zauber hatte spielen lassen, da hatte auch der Bauer sich unter die Zuschauer gemischt. Mit langem Hals und stieren Augen hatte er dagestanden und seinen Birnenhandel ganz vergessen. Als der Bonze weg war, da sah er sich nach seinem Wagen um. Die Birnen waren alle fort.

Da merkte er, daß, was jener verteilt hatte, seine eignen Birnen gewesen waren. Er sah näher zu, da fehlte an dem Wagen auch die Deichsel. Man konnte ganz deutlich sehen, daß sie frisch abgehackt war. Er ward aufgebracht und lief, so schnell er konnte, dem Bonzen nach. Als er um eine Ecke kam, lag das fehlende Stück der Deichsel unten an der Stadtmauer. Da merkte er, daß der abgehackte Birnbaum seine Deichsel war. Der Bonze war nirgend zu finden. Und der ganze Markt brach in lautes Gelächter aus.

36. Strafe des Unglaubens

Es war einmal ein Mann, der hieß We Be Yang. Er ging mit drei Jüngern in den Wald und kochte dort das Lebenselixier. Da er wußte, daß nicht alle seine Jünger von ganzem Herzen seinen Lehren glaubten, beschloß er, sie zu prüfen.

Er sprach zu ihnen: »Das Lebenselixier ist nun zwar fertig, doch weiß ich noch nicht, ob es Kraft hat. Ich will zuerst davon dem Hunde geben, um zu sehen, wie es wirkt.«

Er gab dem Hunde davon, der starb.

Da sprach We Be Yang: »Wie schwierig ist es, das Lebenselixier fertig zu bekommen! Nun hab ich's fertig, und der Hund stirbt daran. Das ist ein Zeichen, daß es mir nicht vergönnt ist, Unsterblichkeit zu erlangen. Weib und Kind habe ich verlassen und bin in die Berge gegangen, um geheimen Sinn zu verstehen. Ich schäme mich, nun wieder heimzukehren. Lieber will ich sterben.«

Danach aß er auch von dem Lebenselixier. Kaum hatte er es im Munde, so war er tot.

Seine Jünger sahen sich erschrocken an und sprachen: »Man macht das Lebenselixier, um ewig zu leben; statt dessen bringt es nur den Tod, wie geht das zu?«

Es war aber einer unter den Jüngern, der sagte: »Unser Meister ist kein gewöhnlicher Mensch. Vielleicht hat er nur unseren Glauben prüfen wollen.«

Er aß auch von dem Lebenselixier, aber auch er verschied.

Da sagten die beiden anderen Jünger untereinander: »Die Sache ist unheimlich, wir wollen lieber gehen.«

So kehrten sie denn heim, um Särge zu kaufen für die beiden Toten. Kaum waren sie weg, so erhob sich We Be Yang, er brachte auch den Jünger und den weißen Hund zum Leben zurück, und alle drei gingen miteinander zur Unsterblichkeit ein. Unterwegs aber erschienen sie den beiden andern Jüngern. Als die sie sahen, beklagten sie ihre Torheit. Aber ihre Reue kam zu spät.

37. Morgenhimmel

Es war einmal ein Mann, der war schon zweihundert Jahre alt; aber er war noch immer frisch und stark wie ein Jüngling. Da gebar ihm seine Frau ein Kind, und als das Kind drei Tage alt war, starb sie. Der Vater gab das Kind der Nachbarin und sagte, sie solle dafür sorgen. Dann ging er fort von Hause und verschwand. Als das Kind der Nachbarin ins Haus gebracht ward, da wurde es gerade am Morgenhimmel hell. Darum nannten sie es Morgenhimmel. Als das Kind drei Jahre alt war, sah es oft zum Himmel hinauf und sprach mit den Sternen. Eines Tages war es fort, und es dauerte viele Monate, bis es wieder nach Hause kam. Die Frau gab ihm Schläge. Aber es ging wieder fort und kam erst nach einem Jahr wieder heim. Die Mutter war erschrocken und fragte es: »Wo bist du denn das ganze Jahr gewesen?« Der Knabe sprach: »Ich war nur geschwind am Purpurmeer. Dort wurden meine Kleider vom Wasser rot. Deshalb ging ich an die Quelle, wo die Sonne einkehrt, und wusch sie mir. Am Morgen ging ich weg. Zu Mittag kam ich wieder. Was sprichst du denn von einem Jahr?«

Die Frau fragte weiter: »Und wo kamst du denn vorüber?«

Der Knabe sprach: »Als ich meine Kleider gewaschen hatte, da ruhte ich ein wenig in der Totenstadt und schlief ein. Der Königvater des Ostens gab mir rote Kastanien und Morgenrotsaft zu essen. Nun war ich satt. Dann ging ich zum dunklen Himmel und trank vom gelben Tau. So war auch mein Durst gestillt. Ich begegnete einem schwarzen Tiger. Auf dem wollte ich heimreiten. Ich schlug ihn aber zu sehr. Da biß er mich ins Bein. Deshalb kam ich hierher, um es dir zu erzählen.«

Noch einmal lief der Knabe von Hause weg viel tausend Meilen weit, bis er an den Sumpf kam, wo der große Urnebel wohnt. Dort begegnete er einem Manne mit gelben Augenbrauen und fragte ihn, wie alt er sei. Der Alte sprach: »Ich habe mir das Essen abgewöhnt und lebe von Luft. Die Pupillen in meinen Augen haben allmählich einen grünen Schein bekommen, mit dem kann ich alle geheimen Dinge sehen. Alle tausend Jahre drehe ich meine Knochen um und wasche das Mark. Alle zweitausend Jahre schabe ich meine Haut, daß die Haare abgehen. Ich habe schon dreimal mein Mark gewaschen und fünfmal meine Haare abgeschabt.«

Morgenhimmel diente später dem Kaiser Wu vom Hause Han. Der Kaiser, welcher Zauberkünste liebte, war ihm sehr zugetan. Eines Tages sagte er zu ihm: »Ich möchte gern, daß meine Lieblingsfrau nicht alt wird. Kann man das?«

Morgenhimmel sprach: »Nur ich weiß ein Mittel, nicht alt zu werden.«

Der Kaiser fragte, welche Kräuter man essen müsse. Morgenhimmel erwiderte: »Im Nordosten wächst der Lebenspilz. Die dreibeinige Krähe in der Sonne möchte immer herunter und davon fressen. Der Sonnengott aber hält ihr die Augen zu und läßt sie nicht weg. Wenn Menschen davon essen, werden sie unsterblich, wenn Tiere davon essen, werden sie betäubt.«

»Und woher weißt du das?« fragte der Kaiser.

»Als Knabe bin ich einmal in einen tiefen Brunnen gefallen,

aus dem ich viele Jahrzehnte lang nicht mehr herauskonnte. Da war ein Unsterblicher, der führte mich zu diesem Kraut. Man muß aber durch ein rotes Wasser, das ist so schwach, daß keine Feder darauf schwimmen kann. Alles, was darauf kommt, sinkt in die Tiefe. Der Mann zog einen Schuh aus und gab ihn mir. Auf dem Schuh fuhr ich über das Wasser, pflückte das Kraut und aß es. Die Leute an jenem Ort weben Matten aus Perlen und Edelsteinen. Sie führten mich in einen Raum, davor war ein Vorhang aus einer bunten, dünnen Haut. Sie gaben mir ein Kissen, aus schwarzem Nephrit geschnitzt, darauf waren Sonne und Mond, Wolken und Donner eingeschnitten. Sie deckten mich zu mit einer feinen Decke, die war aus den Haaren von hundert Mücken gesponnen. Diese Decke ist ganz kühl und im Sommer sehr erfrischend. Ich befühlte sie mit der Hand, da schien sie mir aus Wasser zu sein; als ich aber näher zusah, da war es lauter Licht.«

Einst berief der Kaiser alle seine Magister, um mit ihnen über die Gefilde der Seligen zu reden. Auch Morgenhimmel war dabei und erzählte: »Ich wanderte einmal am Nordpol und kam zum Feuerspiegelberg. Dort scheint weder Sonne noch Mond. Es ist aber ein Drache da, der hält einen feurigen Spiegel im Maul, das Dunkel zu erleuchten. Auf dem Berge ist ein Park; darinnen ist ein See. Dort wächst das Schimmerstengelgras, das leuchtet wie eine goldene Lampe. Bricht man es ab und braucht es als Kerze, so kann man alle sichtbaren Dinge sehen und dazu die Gestalt der Geister. Auch das Innere der Menschen kann man damit durchleuchten.«

Morgenhimmel ging einst nach Osten ins Land der Glückswolken. Von da brachte er das Götterroß mit. Das war neun Fuß hoch. Der Kaiser fragte, wie er es gefunden.

Da erzählte er: »Die Königinmutter des Westens hatte es an ihren Wagen gespannt, als sie den Königvater des Ostens besuchte. Man band das Pferd an auf dem Feld der Lebenspilze. Aber es zertrat mehrere Hundert davon. Da ward der

Königvater böse und trieb das Pferd an den Himmelsfluß. Dort fand ich es und ritt darauf nach Hause. Dreimal ritt ich damit um die Sonne, weil ich auf dem Rücken des Pferdes eingeschlafen war. Und eh ich mich's versah, war ich schon hier. Dies Pferd kann den Sonnenschatten einholen. Als ich es fand, war es ganz mager und traurig wie ein alter Esel. Da mähte ich das Gras vom Glückswolkenland, das alle zweitausend Jahre einmal am Neunquellenberge wächst, und fütterte das Pferd damit, so wurde es wieder munter.«

Der Kaiser fragte, was denn das Glückswolkenland sei. Morgenhimmel erwiderte: »Dort ist ein großer Sumpf. Die Leute weissagen aus Luft und Wolken Glück und Unglück. Steht in einem Hause Glück bevor, so bilden sich in den Zimmern fünffarbene Wolken, die lassen sich auf Gras und Bäumen nieder und werden zu farbigem Tau. Der Tau schmeckt süß wie Most.«

Der Kaiser fragte, ob er von diesem Tau bekommen könne. Morgenhimmel sprach: »Auf meinem Roß kann ich in einem Tage viermal hin.«

Und richtig war er am Abend wieder da und brachte Tau von allen Farben in einer kristallnen Flasche mit. Der Kaiser trank davon, da wurden seine Haare wieder schwarz. Er gab seinen höchsten Beamten davon, da wurden die Alten wieder jung und die Kranken wieder gesund.

Als einst ein Komet am Himmel erschien, da gab Morgenhimmel dem Kaiser das Sterndeuterholz. Der Kaiser deutete mit dem Holz nach dem Kometen, da erlosch er.

Morgenhimmel konnte sehr gut pfeifen. Sooft er in langgezogenen, vollen Tönen pfiff, tanzten die Sonnenstäubchen nach seinem Pfeifen.

Er sagte auch einmal zu einem Freunde: »Kein Mensch weiß, wer ich bin, außer dem Sterndeuter.«

Als Morgenhimmel gestorben war, berief der Kaiser den Sterndeuter und fragte: »Kanntest du Morgenhimmel?« Der sagte: »Nein.«

Der Kaiser fragte: »Was verstehst du denn?«

Der Sterndeuter sagte: »Ich kann nach den Sternen sehen.«

»Sind alle Sterne an ihrem Platz?« fragte der Kaiser.

»Ja. Nur den Stern des großen Jahres habe ich achtzehn Jahre nicht gesehen. Jetzt aber ist er wieder sichtbar.«

Da blickte der Kaiser zum Himmel auf und seufzte: »Achtzehn Jahre lang war Morgenhimmel mir zur Seite, und ich wußte nicht, daß er der Stern des großen Jahres war.«

38. Der König Mu von Dschou

Zur Zeit des Königs Mu von Dschou kam aus dem äußersten Westen ein Magier, der konnte durchs Wasser und Feuer gehen, Metall und Steine durchdringen, Berge und Flüsse verkehren, Städte und Burgen versetzen, ins Leere steigen, ohne zu fallen, gegen Festes stoßen, ohne ein Hindernis zu finden; tausenderlei Wandlungen verstand er in unerschöpflicher Fülle. Und nicht nur der Dinge Gestalt vermochte er zu verändern, sondern auch der Menschen Gedanken konnte er wandeln. Der König ehrte ihn wie einen Gott und diente ihm wie seinem Herrn. Er räumte seine Gemächer, ihn zu beherbergen, ließ Opfertiere herführen, sie ihm darzubringen, und wählte Sängerinnen aus, ihn zu ergötzen. Dem Magier waren die Gemächer in des Königs Schloß zu dürftig, um darin zu wohnen, die Speisen aus des Königs Küche zu übelriechend, um sie zu genießen, die königlichen Haremsmädchen zu häßlich, um ihnen zu nahen. Der König Mu ließ nun für ihn einen neuen Palast bauen. Der Maurer und Zimmerleute Arbeit, der Maler und Tüncher Malerei, nichts ließ an Geschicklichkeit zu wünschen übrig. Die Schatzkammern waren leer, als der Turm seine volle Höhe erreichte. Tausend Klafter war er hoch und ragte noch über den Gipfel des Berges vor der Hauptstadt empor. Er suchte Jungfrauen aus, die schönsten und zartesten, gab ihnen Wohlgerüche, ließ sie die

Augenbrauen schön geschwungen ziehen und schmückte sie mit Haarschmuck und Ohrgehänge. Er kleidete sie in feine Tücher und ließ sie von weicher Seide umflattern, das Gesicht weiß, die Brauen schwarz schminken, Armringe aus Edelsteinen anziehen und duftende Kräuter mischen. Sie füllten den Palast und sangen die Lieder der alten Könige, um ihn zu erfreuen. Jeden Monat brachte man ihm die köstlichsten Kleider und jeden Morgen die feinsten Speisen. Der Magier ließ es sich gefallen; weil er nicht anders konnte, nahm er damit vorlieb.

Nicht lange danach lud er den König ein, mit ihm zu reisen. Der König hielt sich an des Magiers Ärmel. So fuhren sie in die Höhe bis mitten in den Himmel. Als sie anhielten, da waren sie am Schloß des Magiers angelangt. Das Schloß des Magiers war aus Gold und Silber gebaut und mit Perlen und Edelsteinen geschmückt. Es ragte über Wolken und Regen empor; man wußte nicht, worauf es ruhte. Es erschien dem Blick wie aufgetürmte Wolken. Was den Sinnen sich bot, war alles anders als die Dinge der Menschenwelt. Dem König war es, als sei er leibhaftig inmitten der purpurnen Tiefen der Ätherstadt, der Sphärenharmonie des Himmels, wo der große Gott wohnt. Der König blickte nach unten, da sah er seine Schlösser und Lusthäuser wie Erdhügel und Strohhaufen. Der König weilte nun einige Jahrzehnte hier und dachte nicht mehr an sein Reich.

Da lud der Magier den König abermals ein, mit ihm zu reisen. An dem Ort, an den sie kamen, sah man oben nicht Sonne noch Mond, unten nicht Flüsse noch Meer. Die Lichtgestalten, die sich zeigten, konnte der König geblendeten Auges nicht erkennen; die Klänge, die herankamen, konnte der König betäubten Ohres nicht vernehmen. Sein Leib schien vor Verwirrung sich aufzulösen, seine Gedanken wurden irre, und das Bewußtsein drohte ihm zu schwinden. Da bat er den Magier, zurückzukehren. Der Magier berückte ihn, da war es dem König, wie wenn er ins Leere hinabfiele.

Als er zu sich kam, saß er an demselben Platz wie zuvor. Die aufwartenden Diener waren dieselben wie zuvor. Er blickte vor sich, da waren der Becher noch nicht leer und die Speisen noch nicht kalt.

Der König fragte, was sich begeben habe. Da antworteten die Diener: »Der König saß eine Weile schweigend da.« Da geriet der König außer sich, und es dauerte drei Monate lang, ehe er wieder zurechtkam. Dann befragte er den Magier. Der Magier sprach: »Ich wandelte im Geist mit dir, o König – was braucht sich da der Leib zu bewegen? Wo wir damals geweilt, das war nicht weniger wirklich als dein Schloß und deine Gärten. Du bist nur gewöhnt an dauernde Zustände; daher findest du solche plötzlich sich auflösenden Erscheinungen wunderbar.«

Der König wars zufrieden. Er kümmerte sich nicht mehr um die Reichsgeschäfte und hatte keine Lust mehr zu seinen Dienern und Weibern, sondern entschloß sich, in die Ferne zu reisen. Er ließ die acht berühmten Rosse anspannen und fuhr mit wenigen Getreuen tausend Meilen weit. Da kam er ins Land der großen Jäger. Die großen Jäger brachten dem König das Blut der Schneegans als Trank und wuschen seine Füße in der Milch von Pferden und Rindern. Als sie getrunken, fuhren sie weiter und übernachteten am Abhang des Kunlun-Berges im Süden des Roten Wassers. Am andern Tag bestiegen sie den Gipfel des Kunlun-Berges und schauten nach dem Schloß des Herrn der gelben Erde. Dann reisten sie weiter zur Königinmutter des Westens. Ehe sie dahin kamen, mußten sie über das Schwache Wasser. Das ist ein Fluß, dessen Wellen nicht Floß noch Schiffe tragen. Alles, was darüberfährt, versinkt in die Tiefe. Als der König an das Ufer kam, da schwammen Fische und Schildkröten, Krebse und Molche herbei und bildeten eine Brücke, so daß er mit dem Wagen hinüberfahren konnte.

Von der Königinmutter des Westens heißt es, sie trage wirre Haare, habe einen Vogelschnabel, Tigerzähne und sei geschickt im Flöten. Doch ist das nicht ihre wahre Gestalt, sondern nur ein dienender Geist, der über den westlichen Himmel waltet. Den König Mu bewirtete sie in ihrem Schloß an der Jaspisquelle. Sie gab ihm von dem Felsenmark zu trinken und speiste ihn mit den Früchten der Jaspisbäume. Dann sang sie ihm ein Lied und lehrte ihn einen Zauber, durch den man langes Leben erreicht. Die Königinmutter des Westens versammelt um sich die Unsterblichen, die sie mit den Pfirsichen des langen Lebens bewirtet; die kommen dann herbei auf Wagen mit purpurnen Baldachinen, die von fliegenden Drachen gezogen werden. Gewöhnliche Sterbliche versinken im Schwachen Wasser, wenn sie hinüberwollen. Dem König Mu dagegen war sie wohlgesinnt.

Als er von ihr schied, da kam er noch an den Ort, wo die Sonne einkehrt, die täglich dreitausend Meilen läuft. Dann kehrte er zurück in sein Reich.

Als er hundert Jahre alt geworden war, da nahte sich die Königinmutter des Westens seinem Palast und führte ihn mit sich in die Wolken.

Seit jenem Tag ward er nicht mehr gesehen.

39. Weibertreu (Dschuang Dsï und seine Frau)

Es war einmal ein großer Gelehrter, der hieß Dschuang Dsï. Er ging zu Laotse in die Lehre. Einst schlief er bei Tage ein; da träumte ihm, er sei ein Schmetterling und flatterte zwischen den Bäumen und Blumen des Gartens umher in ungetrübter Freude. Er erzählte diesen Traum dem Laotse.

Der sprach zu ihm: »Im Anfang, als die Welt entstand, warst du ein weißer Schmetterling. Der fand den Sinn und wurde Geist. Da naschtest du vom Blütenstaub der Pfirsiche am Nephritteich und wurdest zur Strafe dafür vom grünen Pfau, der unten am Throne der Königinmutter sitzt, zu Tode gepickt. Nun aber bist du als Mensch wieder zur Welt gekommen.«

Als Dschuang Dsï diese Worte vernahm, da erinnerte er sich nebelhaft seines früheren Lebens und faßte den festen Entschluß, seinen Wandel zu pflegen. Laotse bemerkte, wie klug er war, und weihte ihn daher in die Geheimnisse des Buches vom Sinn und Leben ein.

Von jener Zeit ab verstand es Dschuan Dsï, als Doppelgänger zu erscheinen, sich unsichtbar zu machen und jede beliebige Gestalt anzunehmen. Er zog sich von der Welt zurück ins Blütenland des Südens.

Als er eines Tages in den Bergen wanderte, da sah er eine junge Frau in Trauerkleidung, die saß vor einem frischen Grab, hielt einen seidenen Fächer in der Hand und fächelte unaufhörlich dem Grabe Luft zu.

Dschuang Dsï fragte erstaunt, was sie tue.

»Mein dummer Mann«, erwiderte die Frau, »ist unglückseligerweise gestorben. Zu seinen Lebzeiten war er immer gut zu mir. Bei seinem Tode ermahnte er mich, daß, wenn ich einen andern heiraten wollte, ich warten müsse, bis die Erde seines Grabes trocken sei. Nun sage ich mir, daß frisch gehäufte Erde nicht plötzlich trocken werden kann. Darum fächle ich das Grab.«

»Ihr möchtet wohl«, sprach Dschuang Dsï lachend, »daß das neue Grab bald trocken würde? Nichts leichter als das! Darf ich Euch ein wenig helfen?«

Damit nahm er den Fächer, sprach im geheimen einen Zauberspruch, fächelte ein paarmal nach dem Grabe, und schon war auch die Erde trocken.

Die junge Frau war hocherfreut, bedankte sich bei Dschuang Dsï, schenkte ihm noch zum Abschied ihren seidenen Fächer und ging fröhlich ihrer Wege.

Dschung Dsï kam heim und setzte sich ins Gartenhaus. Er hielt den Fächer in der Hand und blickte ihn an. Er fühlte sich innerlich unbehaglich und seufzte fortwährend.

Seine Frau war eine geborene Tiän. Sie stammte aus dem alten Fürstengeschlecht von Tsi. Sie war jung und schön. Es war seine dritte Frau. Die erste war gestorben, die zweite hatte er verstoßen, und als dritte hatte er sie genommen.

Sie fragte ihn: »Wo hast du denn den Fächer her, und warum seufzest du so unaufhörlich?« Da erzählte ihr Dschuang Dsï die Geschichte von der jungen Frau am Grab.

Seine Frau ward sehr erbost und sprach: »Dieses treulose Weib wollte schon wieder heiraten, nachdem noch nicht einmal die Erde des Grabes trocken war! Das ist doch eine Schamlosigkeit.«

Dschuang Dsï sang ein Liedchen vor sich hin:

»Solang man lebt, spricht jede nur von Liebe,
Ist man erst tot, so fächelt sie das Grab.
Das äußere Fell nur zeigt das Bild des Tigers,
Bei Menschen kennt man das Gesicht, doch nicht das Herz.«

Dadurch ward seine Frau noch mehr erbost; sie spuckte ihm ins Gesicht und sprach: »Es gibt doch verschiedene Menschen auf der Welt. Wie kannst du um der einen willen das ganze weibliche Geschlecht verunglimpfen?«

»Versündige dich nicht mit leeren Worten!« sagte Dschuang Dsï zu ihr. »Nimm einmal an, ich hätte das Unglück und würde sterben; daß du mir ewige Treu hieltest, davon will ich ganz schweigen, ich fürchte, du würdest es nicht einmal ein paar Jahre lang aushalten.«

»Ein treuer Knecht kann nicht zwei Herren dienen. Ein gutes Weib heiratet nicht zum zweiten Mal. Wenn mich je dieses Unglück treffen sollte, ich würde niemals einem anderen angehören.«

Da geriet die Frau in solche Wut, daß sie in Tränen ausbrach.

»Wir Frauen sind doch treuer als ihr Männer. So ein herzloser Gesell wie du! Die erste starb dir weg, da nahmst du eine zweite. Die zweite schicktest du fort, da nahmst du mich. Und nun denkst du, daß wir Frauen auch so seien. Du bist ja

noch gar nicht tot. Wie kannst du deine eigenen Schlechtigkeiten andern in die Schuhe schieben!«

Damit riß sie demDschuang Dsï den seidenen Fächer aus der
Hand und zerbrach ihn in tausend Stücke.

»Mein Liebchen«, sagte Dschuang Dsï, wenn du wirklich so
gesinnt bist, so kann es mir ja nur recht sein. Warum mußt du
denn gleich so böse werden?«

So hatte das Gespräch ein Ende.

Nach ein paar Tagen wurde Dschuang Dsï plötzlich krank,
und es ward von Tag zu Tag schlimmer. Da wandte er sich
unter Tränen an seine Frau.

»Es steht schlimm mit mir«, sagte er, »jeden Augenblick kann
ich sterben. Wie schade, daß du den seidenen Fächer schon
zerbrochen hast! Hättest du ihn noch, so könntest du mit ihm
mein Grab fächeln.«

Da brach die Frau in lautes Weinen aus und schwur ihm
ewige Treue.

»Daran erkenn ich deine Liebe«, sprach Dschuang Dsï. »Bin
ich erst tot, hab ich die Augen zu.«

Als er das gesagt, da stand sein Atem still.

Die Frau ließ nun einen Sarg machen und legte Trauerkleidung an. Tag und Nacht schrie und schluchzte sie. So trieb
sie es sieben Tage lang.

Da kam plötzlich ein junger Bakkalaureus. Er hatte ein Gesicht wie Milch und Blut. Er trug ein Purpurkleid und gestickte Schuhe, ein ungewöhnlich hübscher Jüngling. Er
brachte einen alten Diener mit, sagte, er sei ein Prinz von
Tschu und habe sich seit einem Jahre vorgenommen, daß er
bei Dschuang Dsï Schüler werden wollte. Unglücklicherweise
sei nun der Meister tot.

Darauf zog er Trauerkleider an, kniete vor dem Sarge nieder
und betete zu dem Geiste des Verstorbenen: »Es war vom
Schicksal mir versagt, deine Worte, o Meister, zu hören.
Hundert Tage will ich an deinem Sarge trauern, um meine
Verehrung zu bezeugen.«

Als er ausgebetet hatte, vergoß er Tränen und stand wieder auf. Darauf bat er, der Witwe vorgestellt zu werden. Die lehnte ab.

Jedoch der Prinz sprach: »Wenn Freunde beieinander wohnen, so erlauben sie einander, auch ihre Gattinnen zu sehen. Wieviel mehr gebührt sich das, da ich doch mit dem Meister verabredet hatte, sein Schüler zu werden.«

Da empfing ihn die Witwe.

Auf den ersten Blick erkannte sie, daß der Prinz ein feiner Herr war. So empfand sie denn Mitleid mit ihm.

»Ich möchte hier ein Zimmer entlehnen«, sagte der Prinz, »um die Trauerzeit für meinen Lehrer zu verbringen. Außerdem bitte ich um die hinterlassenen Schriften des Meisters, damit ich mich aus ihnen belehren kann.«

Die Witwe war damit einverstanden und richtete das Gartenhaus für ihn als Wohnung ein. Auch holte sie die hinterlassenen Schriften ihres Mannes heraus und gab sie dem Prinzen. Der bedankte sich und machte sich an der Seite des Sarges einen Platz zurecht, wo er die Schriften las.

Die Witwe aber kam täglich, vor dem Sarge zu weinen. Und so gab sichs ganz von selber, daß sie mit dem Prinzen zuweilen ins Gespräch kam. Allmählich wurden sie vertrauter, und mancher zärtliche Blick verriet die Gefühle des Herzens. Endlich hielt es die Witwe nicht länger aus. Sie rief den alten Diener zu sich ins Zimmer, setzte ihm vom besten Weine vor und bat ihn, den Heiratsvermittler zu machen.

Der Alte kam mit der Nachricht zurück, daß sein Herr beglückt sei von der Aussicht auf diese Verbindung. Nur stehe ihr entgegen, daß der Verstorbene sein Lehrer gewesen. Es sei zu fürchten, daß die Leute sich darüber aufhalten würden.

Die Witwe aber sprach: »Das war ja nur eine vorläufige Abmachung. In Wirklichkeit war dein Herr nie der Schüler meines Mannes. Ich bitte dich inständig, wenn du deinen Herrn siehst, die Sache irgendwie zum Abschluß zu bringen.«

Der Alte ging.

Sie wartete bis zum nächsten Tag. Als sie noch immer keine Antwort hatte, da rief sie den Alten wieder und fragte ihn aus.

Der sprach: »Mein Herr ist so entzückt von Eurer Schönheit, daß das Verhältnis zwischen Lehrer und Schüler weiter keine Rolle spielt. Aber es sind noch drei Punkte nicht erledigt, die Euch wohl allzu schwer fallen dürften. Erstens: im Nordzimmer steht der Sarg. In seinem Anblick die frohe Feier zu begehen, bringt er nicht über sich, und es sieht auch nicht gut aus. Zweitens: Ihr habt mit Eurem verstorbenen Mann in glücklicher Ehe gelebt. Mein Herr kommt ihm an Bildung und Begabung bei weitem nicht gleich. Da möchtet Ihr über dem neuen den alten nicht vergessen können. Drittens: mein Herr hat keinen Heller in der Tasche, um Hochzeitsgeschenke und das Festmahl zu bezahlen. Aus diesen drei Gründen ist zu befürchten, daß die Sache nicht zustande kommt.«

Die Witwe sprach: »Wenn es weiter nichts ist! Im Hinterhause ist ein leeres Zimmer, da kann man den Sarg hinstellen. Was den zweiten Punkt anlangt, so war ich die dritte Frau meines früheren Mannes. Eine war ihm gestorben, eine hat er verstoßen, und jedermann lachte ob seiner Lieblosigkeit. Der König von Tschu hat ihn einmal anstellen wollen, aber er wußte nur zu gut, daß seine Kenntnisse dazu nicht ausreichten; darum entfloh er hierher, um sich zu verstecken. Wie kann man da von besonderer Begabung reden! Außerdem ist Euer Herr ein Prinz, und ich bin auch aus königlichem Geschlecht, so passen wir unseren Familien nach zueinander. Auch unsere Lebensjahre stimmen sehr gut überein. Was das dritte anlangt, so ist das noch leichter zu erledigen. Ich habe mir zwanzig Lot Silber zusammengespart, die reichen aus für die Kosten der Feierlichkeit. Heute abend ist eine gute Stunde zur Hochzeit, darum sorgt dafür, daß alles fertig wird.«

Dann hieß sie den Alten Leute suchen, um den Sarg beiseite zu schaffen. Das Gartenhaus wurde als Hochzeitskammer eingerichtet. Hohe Kerzen wurden angezündet und prächtige Vorhänge aufgehängt. Die Witwe kleidete sich in Brokat und Seide und schmückte sich kunstvoll – die Trauerkleider hatte sie schon vorher abgelegt. So blieb dem Prinzen denn nichts anderes übrig, als nachzugeben. Er machte ihr seine Verbeugung, ging mit ihr zusammen ins Hochzeitszimmer und trank mit ihr zusammen den Hochzeitswein.

Als sie aber eben schlafen gehen wollten, stieß der Prinz einen lauten Schrei aus und fiel auf das Bett nieder. Die Frau umarmte ihn zärtlich und fragte, was er habe. Der Prinz aber brachte vor Schmerzen kein Wort heraus.

Der Alte antwortete statt seiner: »Mein Herr leidet zuweilen an Herzkrämpfen. Ein berühmter Arzt hat ihm ein seltsames Rezept geschrieben. Man muß ihm das Hirn eines lebenden Menschen mit Wein vermischt zu trinken geben, dann wird es besser. Früher einmal, als die Krankheit ausbrach, da hat der König von Tschu einen Verbrecher hinrichten lassen und aus dessen Hirn die Medizin bereitet. Aber können wir hier ein Menschenhirn bekommen? Es ist aus mit meinem Herrn! Was tun? Was tun?«

Die Frau erwiderte: »Tuts auch das Hirn eines Toten?«

»Wenn er noch nicht länger als fünf Wochen gestorben ist«, sagte der Alte, »kann mans noch gebrauchen.«

»Mein Mann ist noch keine vierzehn Tage tot«, erwiderte die Frau. »Wie wärs, wenn wir den Sarg aufschlügen und es holten?«

»Ich fürchte nur, Ihr bringts nicht über Euch«, erwiderte der Alte.

»Ich liebe den Prinzen so sehr, daß ich mein Leben für ihn gebe«, sprach die Frau, »was sollt ich diese toten Knochen schonen!«

Dann trug sie dem Alten auf, doch ja recht besorgt zu sein für den Prinzen. Sie selber aber nahm ein Beil zur Hand und ging ins Hinterhaus. Dann stellte sie die Lampe neben sich, faßte das Beil mit beiden Händen und schlug mit aller Kraft den Sargdeckel entzwei. Als der Sarg offen war, hörte sie, wie Dschuang Dsï einen langen Seufzer ausstieß, dann streckte er sich und richtete sich auf. Die Frau verließen vor Schrecken die Kräfte. Sie fiel zu Boden, und das Beil lag neben ihr. Dschuang Dsï aber ging hinüber ins Gartenhaus. Schließlich raffte sich die Frau zusammen und trocknete sich den Schweiß von der Stirn. Sie ging ihm nach in das Häuschen. Der Prinz und sein Begleiter waren verschwunden.

So suchte sie sich denn herauszureden: »Seitdem du gestorben warst, habe ich Tag und Nacht an dich gedacht. Vorhin hörte ich nun im Sarge einen Laut, da dachte ich mir, in alten Zeiten ist es ja auch schon vorgekommen, daß Tote wieder auferstanden. Darum nahm ich das Beil und öffnete den Sarg. Nun lebst du wirklich wieder! Ich bin überglücklich!«

Dschuang Dsï sprach: »Vielen Dank für deine Güte! Die Trauerkleidung hast du aber nicht lange anbehalten! Du stehst ja da in Samt und Seide.«

»Ich hoffte auf mein Glück bei der Öffnung des Sarges, darum habe ich mich festlich geschmückt und die Trauerkleidung abgelegt zum guten Vorzeichen.«

»Warum stand denn der Sarg nicht am Ehrenplatz?« fuhr Dschuang Dsï fort, »das war wohl auch um der guten Vorbedeutung willen?«

Die Frau verstummte errötend. Dschuang Dsï aber hieß sie Wein herbeibringen und fing an zu trinken.

Die Frau gab ihm tausend gute Worte, denn sie wollte gerne bei ihm bleiben; aber Dschuang Dsï betrank sich und sang ein Liedchen:

>»Nun bin ich aller Bürden ledig;
>Du möchtest noch, ich laß es sein!
>Würd ich mit dir zusammenbleiben,
>Du schlügst mir noch den Schädel ein.«

Dann brach er in lautes Gelächter aus und sprach: »Ich will dir deinen neuen Gatten zeigen.«

Damit streckte er die Hand aus, und die Frau sah plötzlich den Prinzen und den Alten zur Tür hereinkommen. Sie erschrak heftig und blickte sich um, da war Dschuang Dsï verschwunden. Sie wandte abermals den Kopf, da waren der Prinz und sein Begleiter weg. Da merkte sie, daß Dschuang Dsï seine Zauberkünste hatte spielen lassen, um sie auf der Tat zu ertappen. Vor Scham und Verzweiflung erhängte sie sich.

Da trommelte Dschuang Dsï auf einer Schüssel und sang:

>»Sie hat mich wollen betrügen,
>Ich war ihr zu gescheit.
>Was nützt mir dann mein Rößlein,
>Wenn drauf ein andrer reit't?
>Läg ich heut noch im Sarge,
>Sie hätt' einen andern gefreit.
>Und ich wär' mausetot –
>Ach Jammers und ach Not!«

Damit verließ er sein Haus und wanderte in Muße. Er erlangte die Unsterblichkeit und verschwand.

40. Der König von Huai Nan

Der König von Huai Nan war ein Weiser aus dem Hause Han. Da er aus königlichem Geblüte war, war er vom Kaiser mit einem Land belehnt worden. Er pflegte Verkehr mit Gelehrten; auch konnte er Zeichen deuten und die Zukunft vorhersagen. Mit diesen Gelehrten zusammen hat er das Buch verfaßt, das unter seinem Namen geht.

Eines Tages kamen acht Greise, ihn zu sehen. Alle hatten weißen Bart und weiße Haare. Der Torwart meldete sie beim König. Der König wollte sie versuchen und sandte den Torwart, ihnen den Eintritt zu erschweren. Der sprach zu ihnen: »Unser König sucht die Kunst des ewigen Lebens zu erlangen. Ihr Herren seid alt und schwach. Was könnt ihr ihm dabei helfen? Es ist unnötig, daß ihr ihn besucht.«

Die acht Alten sagten lächelnd: »So, sind wir dir zu alt? Nun, dann wollen wir uns jung machen!« Und ehe sie zu Ende gesprochen, hatten sie sich in Knaben von vierzehn, fünfzehn Jahren verwandelt. Ihre Haarknoten waren schwarz wie Seide und ihr Gesicht wie Pfirsichblüten. Der Torwart erschrak und meldete es schleunigst dem König. Als der König es hörte, nahm er sich nicht die Zeit, erst in die Schuhe zu schlüpfen, sondern eilte barfuß hinaus, sie zu empfangen. Er führte sie in seinen Palast, ließ brokatne Teppiche ausbreiten, Betten von Elfenbein herrichten, duftende Kräuter verbrennen und Tische von Gold und Edelsteinen vor sie stellen. Dann verneigte er sich vor ihnen, wie es Schüler vor ihrem Lehrer tun, und sagte ihnen, wie er sich über ihr Kommen freue.

Die acht Knaben verwandelten sich wieder in Greise und sprachen: »Willst du von uns lernen, o König? Jeder von uns hat seine besondere Kunst. Einer kann Wind und Regen machen, Wolken und Nebel entstehen lassen, Flüsse fließen und Berge sich türmen lassen, wie er will. Der zweite kann hohe Berge bersten machen und große Ströme in ihrem Laufe hemmen, Tiger und Panther zähmen und Schlangen und Drachen beruhigen; Geister und Götter stehen ihm zu Gebote. Der dritte kann Doppelgänger entsenden, sich verwandeln, sich unsichtbar machen, ganze Heere verschwinden lassen und Tag und Nacht verkehren. Der vierte kann durch Luft und Wolken schreiten, auf den Meereswogen wandeln, Wände und Felsen durchdringen und in einem Atemzuge tausend Meilen machen. Der fünfte kann ins Feuer, ohne zu verbrennen, ins Wasser, ohne zu ertrinken, Schwert und Messer verwunden ihn nicht, Winterfrost kältet ihn nicht, Sommerhitze brennt ihn nicht. Der sechste kann nach Belieben lebende Wesen schaffen und wandeln. Vögel und Tiere, Gräser und Bäume kann er gestalten, Häuser und Schlösser kann er versetzen. Der siebente kann Lehm backen, daß Gold daraus wird, und Blei kochen, daß es zu Silber wird; er kann Wasser mit Stein vermischen, daß die Blasen sprudeln und sich in Perlen verwandeln. Der achte kann auf Drachen und Kranichen reiten nach den acht Polen der Welt, mit den Unsterblichen reden und vor den großen Reinen treten.«

Der König behielt sie vom Morgen bis zum Abend bei sich, beherbergte sie und brachte ihnen Wein dar und ließ sich zeigen, was sie konnten. Und richtig machten sie alles genau so, wie sie es gesagt hatten. Der König kochte nun mit ihrer Hilfe das Lebenselixier. Es war fertig; aber noch hatte er es nicht gegessen, da kam ein Unglück über seine Familie. Sein Sohn hatte mit einem Höfling gespielt und war von ihm aus Unvorsichtigkeit verwundet worden. Der Höfling, der sich vor der Rache des Prinzen fürchtete, tat sich mit andern Unzufriedenen zusammen, und sie erregten einen Aufruhr. Der Kaiser aber, der davon hörte, sandte einen Feldherrn, um zwischen dem König und den Empörern zu richten.

Die acht Greise sprachen: »Nun ist es Zeit zum Gehen. Dies Unglück hat dir der Himmel geschickt, o König. Wärst du nicht davon betroffen worden, so hättest du es nicht über dich gebracht, die Pracht und Herrlichkeit dieser Welt zu verlassen.«

Sie führten ihn auf einen Berg. Dort opferten sie dem Himmel und vergruben Gold in der Erde. Dann stiegen sie am hellen Tag zum Himmel auf. Die Fußspuren der acht Greise und des Königs haben sich in die Steine des Berges eingedrückt und sind dort noch zu sehen bis auf diesen Tag. Ehe sie das Schloß verließen, hatten sie aber das übrige Lebenselixier in einer Schüssel auf den Hof gestellt. Hühner und Hunde leckten und pickten es auf, und alle flogen zum Himmel empor. In Huai Nan hört man noch bis auf diesen Tag manchmal am Himmel droben Hähne krähen und in den Wolken Hunde bellen, und man sagt, das seien die Tiere, die dem König damals nachgefolgt.

Es war aber ein Diener des Königs, der war ihm auch nachgefolgt bis auf eine Insel im Meer; dort hatte er ihn zurückgeschickt. Der erzählte, daß der König selbst noch nicht zum Himmel aufgestiegen sei, sondern nur die Unsterblichkeit erlangt habe und auf der Welt umherwandere. Als der Kaiser von der Sache hörte, da reute es ihn sehr, daß er dem König Soldaten in das Land geschickt hatte und ihn dadurch vertrieben. Er berief Magier um sich, in der Hoffnung, auch den acht Greisen zu begegnen. Aber obwohl er sichs große Summen kosten ließ, gelang es ihm doch nicht. Die Magier betrogen ihn nur.

41. Der alte Dschang

Es war einmal ein Mann, den nannte man den alten Dschang. Er lebte in der Nähe von Yangdschou auf dem Lande als Gärtner. Sein Nachbar namens We hatte ein Amt in Yangdschou. Seine Tochter war eben im Alter, daß sie heiraten sollte. Darum berief er eine Ehevermittlerin und trug ihr auf, einen hübschen Bräutigam zu suchen. Der alte Dschang hörte das und war erfreut. Er richtete Wein und Speisen zu, lud die Ehevermittlerin ein und sagte zu ihr, sie solle ihn als Bräutigam empfehlen. Die Alte aber ging scheltend und keifend weg.

Am andern Tag lud er sie wieder ein und gab ihr Geld. Die Alte sprach: »Ihr wißt nicht, was Ihr begehrt. Wie sollte die schöne Tochter eines großen Herrn sich dazu hergeben, einen armen, alten Gärtner zu heiraten! Selbst wenn Ihr steinreich wäret, so würdet Ihr mit Eurem weißen Haar und kalten Blut nicht zu ihr passen. Es kann keine Rede von der Heirat sein.«

Der alte Dschang ließ nicht ab, sie inständig zu bitten: »Versucht es nur einmal, mich zu nennen! Wenn sie nicht auf Euch hören, so muß ich mich mit meinem Schicksal zufrieden geben.«

Die Alte hatte Geld von ihm angenommen; darum wußte sie sich nicht zu helfen, und obwohl sie fürchtete, gescholten zu werden, redete sie zu dem Herrn We von ihm. Der wurde böse und wollte die Alte hinauswerfen.

»Ich wußte, Ihr würdet mirs übelnehmen«, sprach die Alte, »aber weil der Greis mich so bedrängte, so konnte ich nicht anders, als Euch von seiner Absicht sagen.«

»Sprich du zu dem Greis, wenn er mir heute noch zwei weiße Jaspissteine und vierhundert Lot gelbes Gold bringe, dann wolle ich ihm meine Tochter zur Frau geben.«

Er wollte aber nur die Torheit des Alten verspotten; denn er wußte, daß jener das doch nicht herbeischaffen konnte. Das Weib ging zum alten Dschang und sagte es ihm an. Der wars zufrieden und brachte sofort das Gold und die Edelsteine vollzählig in das Haus des Herrn We. Der erschrak sehr, und als seine Frau davon hörte, begann sie laut zu jammern und zu klagen. Das Mädchen sprach ihrer Mutter zu: »Mein Vater hat das Wort einmal gesprochen und darf es nicht brechen. Ich weiß mein Schicksal zu ertragen.«

So gab der Herr We seine Tochter dem alten Dschang. Der gab auch nach der Hochzeit seine Gärtnerei nicht auf. Er schleppte Dünger, hackte das Feld und verkaufte Gemüse wie bisher. Seine Frau mußte selber Wasser holen und Feuer machen zum Kochen. Sie tat das alles, ohne sich zu schämen. Ihre Verwandten machten ihr Vorwürfe; aber sie ließ sich nicht abhalten.

Einst kam ein vornehmer Verwandter zu dem Herrn We und sprach: »Wenn Ihr wirklich arm seid, so gab es doch genug junge Herren in der Gegend für Eure Tochter. Warum mußtet Ihr sie gerade an solch einen alten, verrunzelten Gärtner verheiraten? Nun habt Ihr sie einmal weggeworfen, da wäre es besser, die beiden zögen aus der Gegend fort.«

Da bereitete der Herr We ein Mahl und lud seine Tochter und den alten Dschang zu sich. Als sie tüchtig Wein getrunken hatten, ließ er den Gedanken ein wenig durchblicken.

Der alte Dschang sprach: »Ich bin nur hier geblieben, weil ich dachte, Ihr würdet Euch nach Eurer Tochter sehnen. Da Ihr unser überdrüssig seid, will ich gerne weg. Hinter den Bergen hab ich ein kleines Landhaus. Morgen in aller Frühe wollen wir reisen.«

Am andern Morgen, als es eben dämmerte, kam der alte Dschang mit seiner Frau, Abschied zu nehmen. Herr We sprach: »Wenn wir später Heimweh haben, kann ja mein Sohn nach Euch fragen.« Der alte Dschang setzte seine Frau auf einen Esel und gab ihr einen Strohhut auf den Kopf. Er selber nahm einen Stock zur Hand und ging hinterdrein.

Es vergingen ein paar Jahre, ohne daß Nachricht von den beiden kam. Herr We und seine Frau hatten Heimweh nach ihrer Tochter und sandten ihren Sohn, nach ihr zu fragen. Als der hinter den Bergen angekommen war, traf er einen Knecht, der mit zwei gelben Stieren pflügte. Er fragte ihn: »Wo ist das Landhaus des alten Dschang?«

Der Knecht ließ den Pflug stehen, verneigte sich und sprach: »Ihr seid lange nicht gekommen, Herr. Das Dorf ist nicht weit von hier. Ich will Euch den Weg zeigen.«

Sie kamen über einen Berg. Unten an dem Berge floß ein Bach. Als sie den Bach überschritten, mußten sie wieder einen Berg hinauf. Allmählich änderte sich die Gegend. Vom Gipfel aus zeigte sich ein Tal, in der Mitte eben, von schroffen Bergen umschlossen und von grünen Bäumen beschattet, zwischen denen Häuser und Türme hervorlugten. Das war das Landhaus des alten Dschang. Vor dem Dorfe floß ein tiefer Bach mit blauem, klarem Wasser. Sie gingen über eine steinerne Brücke, dann kamen sie an das Tor. Blumen und Bäume standen in dichtem Gewirr. Pfauen und Kraniche flogen umher. Von weitem hörte man Flöten- und Saitenspiel. Reine Töne stiegen zu den Wolken auf. Ein Bote in purpurnem Kleid empfing den Gast am Tor und führte ihn in einen Saal, der überaus herrlich war. Fremde Düfte füllten die Luft, und Perlenglöckchen klangen. Zwei Dienerinnen kamen heraus und begrüßten ihn. Ihnen folgten zwei Reihen schöner Mädchen in langem Zuge. Hinter ihnen kam ein Mann in einem weichen Turban, in Scharlachseide gekleidet, in roten Pantoffeln schwebend heran. Der Gast begrüßte ihn. Er war ernst und würdevoll und dabei doch jugendlich frisch. Erst kannte er ihn nicht; als er aber näher zusah, da wars der alte Dschang. Der sagte lächelnd: »Ich freue mich, daß du den weiten Weg nicht gescheut hast. Deine Schwester kämmt sich eben die Haare. Sie wird dich gleich empfangen.« Dann ließ er ihn sitzen und Tee trinken.

Nach einer kleinen Weile kam eine Dienerin und führte ihn in die hinteren Gemächer zu seiner Schwester. Die Balken ihres Gemachs waren aus Sandelholz, die Türen aus Schild-patt, die Fenster mit blauem Jaspis eingelegt, die Vorhänge aus Perlenschnüren, und die Stufen waren aus grünem Nephrit. Seine Schwester war prächtig gekleidet und noch viel schöner als früher. Leichthin fragte sie, wie es ihm gehe und was die Eltern machten. Doch war sie nicht besonders herzlich. Nach einer herrlichen Mahlzeit richteten sie ihm eine Wohnung zu.

»Meine Schwester will mit der deinen einen Ausflug machen nach dem Feenberg«, sagte der alte Dschang zu ihm. »Um Sonnenuntergang sind wir wieder zurück. Du kannst so lange hier ausruhen.«

Da erhoben sich farbige Wolken im Hof, und eine liebliche Musik ertönte. Der alte Dschang bestieg einen Drachen, seine Frau und seine Schwester ritten auf Phönixen, das Gefolge auf Kranichen. So stiegen sie in die Luft und verschwanden nach Osten zu. Nach Sonnenuntergang erst kamen sie zu-rück.

Der alte Dschang und seine Frau sagten zu ihm: »Dies ist ein Haus der Seligen. Du darfst hier nicht allzulange weilen. Morgen wollen wir dir das Geleite geben.«

Am andern Tag beim Abschied gab ihm der alte Dschang achtzig Lot Gold und einen alten Strohhut. »Wenn du Geld brauchst«, sagte er, »kannst du nach Yangdschou gehen und in der Nordvorstadt nach der Apotheke des alten Wang fragen. Dort kannst du zehn Millionen Kupferstücke holen. Dieser Hut ist die Anweisung darauf.« Dann befahl er einem Knecht, ihn wieder heimzubringen.

Von den Leuten zu Hause, denen er seine Erlebnisse erzählte, dachten manche, der alte Dschang sei ein Heiliger, andere hielten das Ganze für einen Zauberspuk.

Nach fünf, sechs Jahren war das Geld des Herrn We zu Ende. Da ging sein Sohn mit dem Strohhut nach Yangdschou und fragte dort nach dem alten Wang. Der stand gerade in seiner Apotheke und mischte Kräuter. Als er von seinem Anliegen hörte, da sagte er: »Das Geld ist da. Ist der Hut auch echt?« Er nahm den Hut und sah ihn prüfend an. Ein junges Mädchen kam aus dem inneren Zimmer hervor und sprach: »Ich hab den Hut für den alten Dschang selber geflochten, es muß ein roter Faden drin sein.« Und richtig war es so. Da gab er die zehn Millionen Kupferstücke dem jungen We, und dieser glaubte nun dran, daß der alte Dschang wirklich ein Heiliger war. Darum ging er wieder über die Berge, um nach ihm zu sehen. Als er auf den Gipfel kam, da war der Weg verschwunden. Er fragte die Wildheuer, aber sie wußten auch nichts. Traurig kehrte er um und wollte sich beim alten Wang erkundigen, doch auch der war weg.

Nach mehreren Jahren kam er wieder einmal nach Yangdschou und ging auf dem Anger vor dem Tor spazieren. Dort traf er den Knecht des alten Dschang. Der fragte ihn: »Wie gehts, wie stehts?« und zog zehn Pfund gelbes Gold hervor; die gab er ihm und sprach: »Meine Herrin hat mir gesagt, ich soll Euch das bringen! Mein Herr trinkt gerade Wein mit dem alten Wang dort in der Herberge.« Er ging dem Knecht nach und wollte den Schwager begrüßen. Als er aber zur Herberge kam, war dort niemand zu sehen. Er wandte sich um, da war auch der Knecht verschwunden. Seither hat niemand mehr etwas vom alten Dschang erfahren.

Es war einmal ein Mann, der hieß Du Dsï Tschun. Er war in seiner Jugend verschwenderisch und kümmerte sich nicht um sein Vermögen. Er war dem Wein ergeben und trieb sich den ganzen Tag herum. Als er seinen Besitz durchgebracht hatte, verstießen ihn die Seinen. Eines Tages in der harten Winterszeit ging er mit leerem Magen, zerrissenen Kleidern und barfuß in der Hauptstadt umher. Der Abend brach herein, und er hatte noch immer nichts gegessen. Ohne Ziel und Zweck wanderte er auf dem Markt. Es hungerte ihn, und die Kälte war schier unerträglich. Da blickte er nach oben und klagte laut.

Plötzlich stand ein Greis vor ihm, auf einen Stab gelehnt, und sprach: »Was fehlt dir denn, daß du so klagst?«

»Ich bin am Hungerssterben«, sprach Du Dsï Tschun, »und kein Mensch hat Mitleid mit mir.«

Der Alte sprach: »Wieviel Geld brauchst du denn, um reichlich leben zu können?«

»Wenn ich fünfzigtausend Kupferstücke hätte, wäre mir schon geholfen«, antwortete Du Dsï Tschun.

Der Alte sprach: »Das reicht nicht.«

»Nun dann eine Million.«

»Auch das ist noch zu wenig.«

»Dann also drei Millionen.«

Der Alte sprach: »Nun ist's gut!« Er holte tausend Kupferstücke aus seinem Ärmel hervor und sagte: »Das ist für heute abend. Morgen um die Mittagsstunde erwarte mich am persischen Basar!«

Zur angegebenen Zeit ging Du Dsï Tschun hin, und richtig war der Alte da und gab ihm drei Millionen Kupferstücke. Dann verschwand er, ohne seinen Namen zu nennen.

Als Du Dsï Tschun das Geld in der Hand hatte, erwachte aufs neue seine Verschwendungssucht. Er ritt auf fetten Pferden, kleidete sich in das feinste Pelzwerk, betrank sich im

Wein und hatte immer Sängerinnen um sich. So ging das Geld allmählich denn zu Ende. Statt in feinen Brokat mußte er sich in Baumwolle kleiden und kam vom Pferd auf den Esel. Schließlich hatte er wieder zerrissene Kleider an, und er lief zu Fuß wie einst und wußte nicht, wie er seinen Hunger stillen solle. Seufzend stand er wieder auf dem Marktplatz.

Schon war der Alte da, nahm ihn bei der Hand und sagte: »Bist du wieder soweit? Es ist doch seltsam! Ich will dir noch einmal helfen.«

Du Dsï Tschun schämte sich und wollte es nicht annehmen. Der Alte aber drang in ihn und führte ihn mit sich nach dem persischen Basar. Dort gab er ihm diesmal zehn Millionen Kupferstücke, und voll Beschämung dankte Du Dsï Tschun.

Als er das Geld hatte, da ließ er sichs angelegen sein, zu rechnen und zu sparen, um steinreich zu werden. Aber wie es so geht, angeborene Fehler lassen sich schwer verbessern. Allmählich kam er wieder in das Verschwenden hinein und ließ seinen Lüsten den Lauf. Und wieder leerte sich sein Beutel. Nach ein, zwei Jahren war er so arm wie je.

Abermals begegnete er dem Alten. Er schämte sich so vor ihm, daß er sein Gesicht verhüllte und an ihm vorüber wollte.

Der Alte hielt ihn am Ärmel fest und sprach: »Wohin, wohin? Ich will dir noch einmal dreißig Millionen geben. Wenn du dich aber immer noch nicht besserst, dann ist dir nicht zu helfen.«

Voll Dankbarkeit verneigte sich Du Dsï Tschun und sprach: »In meinen armen Tagen haben meine reichen Verwandten sich nicht nach mir umgesehen. Nur Ihr habt mir dreimal geholfen. Das Geld, das Ihr mir heute gebt, will ich nicht wieder verschwenden, ich schwöre es; sondern ich will gute Werke damit tun, um Eure große Güte zu vergelten. Wenn ich damit fertig bin, so will ich Euch nachfolgen, und sei es auch durch Feuer und durch Wasser.«

Der Alte sprach: »So ist es recht! Wenn du diese Dinge in

Ordnung gebracht hast, so frage nach mir im Tempel des Laotse unter den beiden Wacholderbäumen.«

Du Dsï Tschun nahm das Geld und ging nach Yangdschou. Dort kaufte er hundert Morgen vom besten Land und baute ein hohes Haus an der Landstraße mit vielen hundert Zimmern. Darin ließ er Witwen und Waisen wohnen. Dann kaufte er einen Begräbnisplatz für seine Ahnen und unterstützte seine bedürftigen Verwandten. Unzählige Leute verdankten ihm den Lebensunterhalt.

Als er alles vollendet, da ging er, nach dem Alten zu fragen im Tempel des Laotse. Der Alte saß im Schatten der Wacholderbäume und flötete. Er nahm ihn nun mit sich auf die wolkigen Gipfel des heiligen Berges im Westen. Vierzig Meilen waren sie im Gebirge gegangen, da sah er ein Haus, das war reinlich und schön. Bunte Wolken umgaben es, Pfauen und Kraniche flogen umher. In dem Hause stand ein Kräuterofen, der war neun Fuß hoch. Das Feuer brannte in purpurner Flamme, und sein Schein hüpfte an den Wänden umher. Neun Feen standen bei dem Ofen, ein grüner Drache und ein weißer Tiger kauerten daneben. Der Abend brach herein. Der Alte war nicht mehr gekleidet wie ein gewöhnlicher Mensch, sondern trug eine gelbe Mütze und hatte weite, wallende Gewänder. Er nahm drei Kugeln von weißem Stein, tat sie in einen Becher Wein und gab sie dem Du Dsï Tschun zu trinken. Er breitete ein Tigerfell aus im inneren Zimmer an der westlichen Wand und ließ ihn mit dem Angesicht nach Osten darauf niedersitzen. Dann sprach er zu ihm: »Nun hüte dich, ein Wort zu sprechen! Was dir auch begegnet, starke Götter oder gräßliche Teufel, wilde Tiere oder Oger, alle Qualen der Hölle, und wenn du deine eigenen Verwandten in Schmerz und Leiden siehst: alles sind nur Trugbilder. Du brauchst dich nicht zu fürchten. Sie könen dir nichts schaden. Nur denke an mein Wort und sei ruhig im Geist!« Als er das gesagt, verschwand der Alte.

Du Dsï Tschun sah nun nur noch einen großen Steinkrug voll

klaren Wassers vor sich stehen. Feen, Drachen und Tiger waren alle verschwunden. Plötzlich hörte er einen lauten Krach, daß Himmel und Erde erbebte. Es erschien ein Mann, über zehn Fuß hoch. Der nannte sich den großen Feldherrn. Er und sein Pferd waren in goldene Panzer gehüllt. Er war umgeben von über hundert Soldaten, die spannten die Bogen und schwangen die Schwerter und machten in dem Hofe halt.

Der Riese fuhr ihn an: »Wer bist du? Geh mir aus dem Weg!« Du Dsï Tschun rührte sich nicht. Auf seine Fragen gab er keine Antwort.

Da wurde der Riese wild und schrie mit Donnerstimme: »Haut ihm den Kopf herunter!«

Aber Du Dsï Tschun blieb unbewegt. Da ging der Riese grimmig weg.

Dann kamen ein wilder Tiger und eine giftige Schlange brüllend und zischend daher. Sie taten, als wollten sie ihn beißen, und sprangen über ihn hinweg. Aber Du Dsï Tschun blieb unerschrocken im Geiste, und nach einer Weile lösten sie sich auf.

Plötzlich kam ein großer Regen in Strömen hernieder. Es donnerte und blitzte unaufhörlich, daß ihm die Ohren gellten und die Augen geblendet wurden. Es schien, als müßte das Haus zusammenstürzen. Das Wasser schwoll in wenigen Augenblicken und strömte bis an den Platz heran, auf dem er saß. Aber Du Dsï Tschun blieb unbeweglich sitzen und kümmerte sich nicht darum. Da ließ das Wasser wieder nach.

Dann kam ein großer Teufel mit einem Ochsenkopf. Der stellte einen Kessel im Hofe auf, darinnen kochendes Öl sprudelte. Er faßte ihn mit einer eisernen Gabel am Hals und sagte: »Wenn du mir sagst, wer du bist, so laß ich dich los!«

Du Dsï Tschun schloß die Augen und schwieg. Da packte ihn der Teufel mit der Gabel und schleuderte ihn in den Kessel. Er verbiß den Schmerz, und das sprudelnde Öl tat ihm nichts. Schließlich holte ihn der Teufel wieder heraus und schleppte ihn unten an die Stufen des Hauses vor einen Mann mit rotem Haar und blauem Gesicht, der aussah wie der Höllenfürst. Der schrie: »Schleppt sein Weib herbei!«

Nach einer Weile ward seine Frau gefesselt angebracht. Ihre Haare waren zerzaust, und sie weinte jämmerlich.

Der Teufel deutete auf Du Dsï Tschun und sprach: »Wenn du deinen Namen sagst, so lassen wir sie laufen.«

Aber er erwiderte kein Wort.

Da ließ der Höllenfürst die Frau auf alle Weise peinigen. Die Frau flehte ihn an: »Zehn Jahre lebe ich schon mit dir zusammen. Willst du nicht ein einziges Wörtlein reden, um mich zu retten? Ich halte es nicht mehr aus!« Dann stürzten ihr die Tränen stromweise aus den Augen. Sie schrie und schalt. Doch er redete kein Wort.

Da rief der Höllenfürst: »Haut sie in Stücke!« Und wirklich wurde sie vor seinen Augen unter Winseln und Kreischen in Stücke zerhackt. Aber Du Dsï Tschun rührte sich nicht.

»Das Maß dieses Schurken ist voll!« schrie der Höllenfürst. »Er darf nicht länger unter den Lebenden weilen. Schlagt ihm den Kopf herunter!«

Sie töteten ihn, und er fühlte, wie seine Seele entwich. Der Ochsenkopf schleppte ihn nun in die Hölle, wo er alle Qualen einzeln über sich ergehen lassen mußte. Aber Du Dsï Tschun blieb der Worte des Alten eingedenk. Die Qualen schienen auch nicht unerträglich. So schrie er nicht und redete kein Wort.

Nun wurde er wieder vor den Höllenfürsten geschleppt. Der sprach: »Dieser Mensch soll zur Strafe für seine Verstocktheit als Weib wiedergeboren werden.«

Die Teufel zerrten ihn zum Lebensrad, und er kam als Mädchen wieder zur Welt. Er war viel krank und mußte fortwährend Arzneien schlucken und sich stechen und brennen lassen. Auch fiel er oft ins Feuer oder ins Wasser. Doch gab er nie einen Laut von sich. Allmählich wuchs er heran zu einer wunderschönen Jungfrau. Weil er aber nie redete, so hieß man ihn das stumme Mädchen. Ein Gelehrter verliebte sich in die Schönheit und heiratete sie. Sie lebten in Liebe und Eintracht beieinander, und sie gebar ihm einen Sohn, der schon mit zwei Jahren über alle Maßen klug und verständig war.

Eines Tages hatte ihn der Vater auf dem Arm. Da sprach er scherzend zu der Gattin: »Wenn ich dich so ansehe, so kommt es mir vor, als wärst du nicht stumm. Willst du nicht ein einziges Wörtchen mit mir reden? Wie schön wäre es, wenn du meine sprechende Rose sein wolltest!«

Die Frau blieb stumm. Wie er ihr auch schmeichelte und sie zum Lachen zu bringen suchte, sie gab ihm keine Antwort.

Da veränderten sich seine Mienen: »Wenn du nicht mit mir redest«, sagte er, »so ist es mir ein Zeichen, daß du mich verachtest; dann fang' ich auch nichts mit einem Sohne an.« Damit ergriff er den Knaben und schlug ihm den Kopf an einen Stein, daß das Hirn herausspritzte.

Weil Du Dsï Tschun das Knäblein so sehr liebgehabt, vergaß er die Warnung des Alten und rief: »Oh, oh!«

Aber noch ehe der Laut verklungen war, erwachte er wie aus einem Traum und saß an seinem alten Platz. Der Alte war auch zugegen. Es war etwa um die fünfte Nachtwache. Aus dem Ofen aber schlugen purpurne Flammen wild heraus und flackerten zum Himmel empor. Das ganze Haus wurde erfaßt und brannte lichterloh.

»Du hast mich betrogen!« rief der Alte. Dann nahm er ihn bei den Haaren und steckte ihn in den Wasserkrug. Und im Augenblick war auch das Feuer erloschen. Der Alte sprach: »Freude und Zorn, Trauer und Furcht, Haß und Lust hast du zwar überwunden; aber die Liebe hast du noch nicht ausgerottet. Wenn du nicht geschrien hättest, als das Kind getötet wurde, so wäre mein Elixier zustande gekommen, und auch du hättest die Unsterblichkeit erlangt. Im letzten Augenblick hast du versagt. Nun ist's zu spät. Jetzt kann ich mein Elixierbrauen wieder von vorne anfangen, und du bleibst ein sterblicher Mensch.«

Du Dsï Tschun sah, wie der Ofen zersprungen war, und statt des Steins der Weisen stak ein Stück Eisen darin. Der Alte warf die Kleider ab und zerhackte es mit einem Zaubermesser. Du Dsï Tschun nahm Abschied und kehrte nach Yangdschou zurück, wo er in großem Reichtum lebte.

In seinem Alter tat es ihm leid, daß er damals sein Werk nicht vollendet. Er ging wieder nach jenem Berg, um den Alten zu suchen. Aber der war spurlos verschwunden.

43. Wie einer den Höllenfürsten beschimpfte

Zur Zeit, als die Gin-Tartaren in das chinesische Reich einzubrechen begannen, dessen Nordhälfte sie an sich rissen, so daß der Sungdynastie nur noch der Süden verblieb, da lebte der treue und tapfere Feldherr Yüo Fe. Der hatte dem Heer der Tartaren schon manche Niederlage beigebracht und war im Begriff, sie gänzlich zu besiegen. Es war aber ein verräterischer und hinterlistiger Minister in China namens Tsin Gui. Der hatte mit den Feinden einen geheimen Bund gemacht und betrieb den Friedensschluß. Auf sein Anstiften wurden dem Feldherrn Yüo Fe zwölf goldene Tafeln vom Kaiser geschickt, die ihn und sein Heer zurückberiefen. Nachher schmiedete der Verräter Tsin Gui mit dem bösen Me Ki Siä und seiner Frau, der Langzunge, geheime Pläne, um den Feldherrn Yüo Fe ins Gefängnis zu bringen. So heimlich gingen sie dabei vor, daß die Langzunge um Mitternacht, wenn sie mit ihrem Manne zusammen war, nicht zu reden wagte, sondern ihre schwarzen Gedanken mit einem Eßstäbchen in die Asche schrieb und immer gleich wieder verwischte. Schließlich gelang es ihr, ein Todesurteil gegen den edlen Feldherrn und seinen Sohn zu erwirken.

Von diesen Geschichten hörte später ein Gelehrter namens Hu Di. Der knirschte vor Wut darüber mit den Zähnen. Eines Tages, als er betrunken war, drang er in den Tempel des Höl-

lenfürsten Yän Lo (Yama) ein. Da sah er an der Wand vier
Zeilen stehen, die vor voreiligem Reden warnten:

> Der blaue Himmel alles weiß,
> Ihm kann man nicht entgehen.
> Und Gut und Bös wird recht belohnt,
> Mags oft auch lang anstehen.

Hu Di hatte Anstoß genommen an dem Schicksal des Feldherrn Yüo Fe. Darum ließ er sich von dem Priester einen Pinsel geben und änderte jene Worte ab:

> Der blaue Himmel ist so fern,
> Der Gute stirbt, der Böse siegt.
> Wenn wirklich es Vergeltung gibt,
> Wie käms, daß Treue unterliegt?

Dann deutete er auf das Götterbild im Tempel und begann
zu schelten: »Du blindes und taubes Götzenbild von Holz
und Lehm! Fälschlich nennen dich die Menschen den Herrn
der Unterwelt. Umsonst wird dir das Weihrauchopfer dargebracht. Ich werde dich von deinem Stuhle stoßen!«
Mit diesen Worten begann er, dem Bilde mit Fußtritten zu-
zusetzen, und nur mit Mühe gelang es dem Priester, ihn zu-
rückzuhalten. Weil er aber in heftiger Wut war, so stieg ihm
der Wein zu Kopf; er fiel auf den Boden und blieb liegen.
Ehe er sichs versah, hatte sein Geist die leibliche Hülle verlassen, und plötzlich sah er einen Teufel mit rotem Haar und
blauem Gesicht und hervorstehenden Augen, die blitzten und
leuchteten. In der Hand hielt er eine Tafel und sprach mit
barschem Ton: »König Yän beruft dich!« Damit nahm er aus
dem Ärmel eiserne Fesseln hervor, legte sie um seinen Hals
und schleppte ihn hinter sich her.
Vor sich sah er nichts als lauter gelben Sand, des Himmels
Sonne konnte er nicht erkennen. Als sie da lange gegangen
waren, kamen sie an einen großen Berg, wo ein kalter Wind
bis ins Mark der Knochen blies.

Er fragte, was das für eine Gegend sei.

»Das ist der Totenberg«, antwortete der Teufel, »die Grenze zwischen Menschenwelt und Unterwelt.«

Die Felsen bildeten eine ungeheure Öffnung. Darüber stand geschrieben: Geistertorpaß. Da erst wurde Hu Di gewahr, daß er gestorben sei. Mit Sehnsucht dachte er an seine Heimat zurück.

Plötzlich entdeckte er auf einem Berg eine Platte: Männer und Frauen stiegen in dichten Scharen hinauf und hinab, und alle weinten bitterlich.

Der Teufel sprach: »Das ist die Platte Heimatblick.«

Er führte ihn hinauf, und als er von der Platte einen Blick ins Land herniederwarf, da sah er seine Haustür greifbar nahe vor seinen Augen. Seine alte Mutter war auf einen Stab gestützt und weinte. Weib und Kind trugen Trauerkleider und einen Strick um den Leib und standen schluchzend vor der Tür. Wie er sie so stehen sah, da gings ihm wie ein Messer durchs Herz, und er wollte sich losmachen und hinunterspringen. Aber der Teufel hielt ihn fest an seiner Kette und zerrte ihn von der Platte wieder herunter. Dann holte er aus dem Ärmel einen Stachelhammer hervor und trieb ihn damit vor sich her.

Als sie an dem Berg vorüber waren, da kamen sie an einen großen Fluß. Seine Wogen waren trübe und rot. An der Furt standen zahllose böse Teufel, die Peitschen und Gabeln in den Händen hielten und damit die Seelen der Abgeschiedenen ins Wasser hinunterstießen. Alte und Junge, Weiber und Kinder zu Hunderttausenden schwammen darin umher, bald bis über den Scheitel untertauchend, bald den Kopf herausstreckend. Und es war ein Geschrei und Heulen zum Herzzerreißen. Über den Fluß ging eine Regenbogenbrücke in goldnem Flimmerglanz. Darauf gingen vier oder fünf Leute. Sie alle trugen um den Kopf einen runden Heiligenschein und schritten mit den Füßen auf farbigen Wolken.

Der Teufel sprach: »Das ist der Höllenfluß. Die Sünder und

Übeltäter müssen durchs Wasser, die Guten aber gehen über die goldene Brücke. Da es noch nicht bestimmt ist, ob du zu den Verdammten gehörst oder nicht, so will ich dich hinübergeleiten.«

Mit diesen Worten nahm ihn der Teufel am Arm und wandelte auf dem Wasser zum jenseitigen Ufer hinüber.

Als Hu Di den Höllenfluß überschritten hatte, da erblickte er ein Dorf, aus dem mehrere Dutzend böse Hunde hervorkamen, die ihn unter wildem Bellen umringten, ihn in die Beine bissen und ihm die Kleider zerrissen. Erst als der Teufel sie mit aller Kraft verscheuchte, blieben sie zurück.

Dann sagte er zu ihm: »Das ist das Böse-Hunde-Dorf.«

Wieder gingen sie einige Meilen weit, da sah er eine Stadt mit hohen Toren und Türmen; darauf stand geschrieben: Die Totenstadt.

Der Teufel sprach: »Nun sind wir da.«

Sie gingen in die Stadt und kamen an ein Amtsgebäude. Da waren Knechte und Torhüter, gerade wie in der Menschenwelt. Verbrecher in Fesseln und Banden wurden zitternd und bebend hineingeschleppt und kamen heulend und zähneklappernd wieder heraus in zahllosen Scharen. Die teuflischen Amtsdiener übten Erpressungen und ergingen sich in allerlei Quälereien, gerade wie sie es auch in der Menschenwelt machen.

Der Teufel, der den Hu Di anbrachte, ging mit seiner Tafel zuerst hinein.

Er selbst mußte lange warten, bis von drinnen der Ruf erscholl: »Der Hu Di soll kommen!«

Ein Teufel schleppte ihn hinein durch die erste Halle, die zweite Halle bis zur innern Halle. Dort hing eine große Tafel, auf der in roter Schrift geschrieben stand: Fünfter Höllenpalast. In der Halle saß ein König mit Fransenhut und einem Zepter in der Hand in dunkler Kleidung und mit roten, viereckigen Schuhen. Sein Angesicht war schwarzviolett und glänzend. Haar und Augenbrauen waren rot, und sein Schnurrbart hing wie lange Troddeln herunter. Er stützte sich auf seinen Tisch und saß aufgerichtet da. Zu seiner Rechten und Linken standen der Ochsenkopf und das Pferdegesicht auf ihre Lanzen gelehnt. Abseits davon stand im Seidenhut und blauen Mantel ein rotgesichtiger Richter, der das Buch des Lebens in der Hand hielt. Unten an den Stufen standen zwei Reihen von teuflischen Amtsdienern mit Peitschen und Prügeln in der Hand, die finster dreinsahen. Rechts und links waren vier Paar Ölkessel aufgestellt, in denen das Öl wie kochendes Wasser brodelte, und eine acht Fuß hohe, eherne, glühende Säule, aus der die roten Feuerflammen emporschlugen. Ein Teufel spießte mit einer eisernen Gabel eine nackte Frau auf und warf sie in den Kessel. Zwei Männer mußten die Säule umfassen, und wenn sie losließen, wurden sie mit Stacheleisen geschlagen. Peitschen- und Prügelstrafen waren nur für die leichtesten Vergehen.

Als Hu Di vor die Halle geführt wurde, blieb er stehen, ohne niederzuknien.

Der König sagte zornig: »Du bist also Hu Di! Weshalb hast du mich beschimpft? Schnell in den Ölkessel mit ihm!«

Hu Di aber lachte und sprach: »Ich habe gehört, wen man einen Gott nennt, der ist weise und gerecht, belohnt das Gute und straft das Böse, um so das Gewissen der Menschen zu schärfen. Nun war Yüo Fe der treueste Diener seines Staates und wurde doch mit seinem Sohn zusammen in Schmach und Tod gebracht. Tsin Gui aber, der seinen Herrn verraten hat um seiner eigenen Ehre willen, genießt des Reichtums und der Würde. Wenn das der Weg des Himmels ist, dann ist es wahrlich besser, tot zu sein als zu leben. Du, o großer König, aber findest es nicht der Mühe wert, das Recht ans Licht zu bringen, sondern denkst nur darauf, deinem eigenen Zorne Luft zu machen wegen einer unbesonnenen Äußerung von mir. Daran erkenne ich, daß die Finsternis in der Unterwelt noch schlimmer ist als die bei den Menschen und daß deine Grausamkeit, o großer König, nicht zurücksteht hinter der der irdischen Tyrannen. Ich aber fürchte mich nicht vor deinen Strafen.«

Mit diesen Worten raffte er seine Kleider zusammen, verließ die Halle und begab sich zu dem Kessel.

Da erhob sich der König, hielt ihn zurück und sprach: »Bakkalaureus Hu, du bist ein gerechter Mann, ich will mit dir über Yüo Fes Sache reden. Das Leben eines Menschen dauert nur einen Augenblick. Nur wer sich einen treuen, ehrfürchtigen, reinen und gerechten Namen gemacht, dem wird ewiges, himmlisches Leben zuteil. Du mußt nicht Schmerz und Freude, die den Menschen in ihrer verweslichen Hülle begegnen, für wirkliches Glück und Unglück halten! Yüo Fe war in seinem Leben treu und gut, nach seinem Tode ward er unter die lichten Götter versetzt und genießt Schlachtopfer tausend Jahre lang und Weihrauchdüfte durch hundert Geschlechter. Tsin Gui dagegen, wenn er auch reich und angesehen ist und ein ruhiges Ende findet, so sind im Himmel doch seine Übeltaten aufgezeichnet, und der Richter der Unterwelt hat schon seine Strafe notiert. Er muß die achtzehn Höllen der zehn dunklen Örter durchlaufen und alle Arten von Schmerzen erdulden. Dann kommt er wieder auf die Welt zurück als Tier, und auch in der Menschenwelt wird er bespien und beschimpft zehntausend Geschlechter lang. So sind im Himmel, in der Hölle und auf Erden die Übeltäter verhaßt, und ihr Lohn ist wahrlich nicht gering. Du hast es wohl gut gemeint, aber doch des Himmels Sinn nicht verstanden, als du mir fluchtest.«

Als der Höllenfürst ausgeredet hatte, schwieg Hu Di. Doch war er innerlich noch immer unwillig. Da ließ jener durch den Richter das Buch des Lebens herbeibringen und gab es dem Hu Di zum Durchsehen. Da standen nun alle die Sünden und Schlechtigkeiten des Tsin Gui und die Art, wie er den Yüo Fe ins Verderben gebracht, ausführlich beschrieben.

Der König sprach: »Tsin Guis Lebensfrist ist noch nicht zu Ende. In zehn Jahren muß er sterben.«

Dann deutete er im Westen der Halle auf einen Spiegel und ließ Hu Di sich drin bespiegeln. Der blickte lang hinein. Von frühester Jugend ab bis zur Zeit, da er erwachsen war, alles, was er getan hatte, ob er auch nur ein Mückchen getötet oder eine Ameise zertreten oder aber die kleinste gute Tat vollbracht hatte, auch was er im dunklen Kämmerlein einsam mit sich selbst gesprochen hatte: nichts, das nicht im Spiegel zu sehen war.

Der König sprach: »Das ist der Sündenspiegel. Die Menschen können mich über Gut und Böse, das sie getan, nicht betrügen.«

Dann befahl er einem Teufel, den Hu Di auf eine hohe Terrasse zu führen, darauf stand geschrieben: Der Blick auf die Unsterblichen. Wenn man in die Höhe blickte, so sah man die Himmelsstadt mit ihren Türmen und Hallen aus Nephrit. Mitten drin sah er den Yüo Fe und seinen Sohn; beide schritten auf Wolken und waren bekleidet mit pupurnen Hüten und Drachengewändern und trugen weiße Nephritzepter in der Hand, und Wächter gingen ihnen zur Seite mit Federn und Speeren, mit Trommeln und Posaunen, und Berittene folgten ihnen hintennach. So schritten sie einher wie die Könige. Um den Scheitel hatten sie einen runden Schein, der strahlend die Augen blendete.

Der Teufel sprach: »Das ist Yüo Fe und sein Sohn. Sie sind schon unter die Unsterblichen versetzt, Ihr braucht Euch nicht weiter über sie zu beunruhigen, Bakkalaureus!«

Als sie von der Terrasse herabgekommen, öffnete sich vor ihnen ein weiter Raum, darinnen stand ein ungeheures Rad, das mehrere Dutzend Fuß im Durchmesser hatte. Es drehte sich knarrend, und Feuerflammen blitzten rings empor. Darunter standen lange Reihen zahlloser abgeschiedener Geister. Einige von ihnen waren in kaiserliche und königliche Gewänder gekleidet, wieder andere in seidene Beamtentracht, andere in Helm und Panzer, andere mit Gold und Edelsteinen in den Händen, andere als Gelehrte, als Bauern, als Handwerker, als Kaufleute, als Buddhistenmönche und Taoistenpriester, als Arme und Bettler. Wiederum waren andere da, die hatten Häute von Tieren und Vögeln übergeworfen, und noch andere solche von Schlangen und Würmern. Männer und Frauen waren also aufgestellt, in sechs Reihen geteilt. Neben dem Rad stand ein Topf mit gelbem Wasser. Der Wärter des Rades ließ die abgeschiedenen Seelen von dem Wasser trinken. Es ward genannt der Trank der Vergessenheit. Wer von dem Wasser trank, vergaß, was er in seinem früheren Leben erfahren hatte. Nachdem die Abgeschiedenen getrunken hatten, halfen ihnen Teufel, das Rad zu besteigen. Es drehte sich, und sie waren verschwunden – zu neuer Geburt auf der Oberwelt.

Darauf wurden ihm die zehn Hallen mit ihren achtzehn Höllen gezeigt. Da war der Eisberg mit den Messerbäumen. Da stand ein ungeheurer Teufel, der warf die Seelen auf den Berg, daß sie sich an den Messern aufspießten und ihnen die Gedärme aus dem Leib drangen. Wiederum war da die Sägehölle. Da wurden sie zwischen zwei Bretter gespannt und mit einer Säge von Kopf bis zu den Füßen zertrennt. Alles war mit Blutspuren befleckt.

Sein Begleiter sagte: »So geht es denen, die zwei Herren gedient, und den Frauen, die zwei Männer geheiratet.«

Da war die Zungenausreißhölle, wo denen, die die Menschen untereinander aufgehetzt hatten, die Zunge ausgerissen wurde. Da war die Hölle, wo sie umgekehrt aufgehängt wurden an einem Haken, der ihnen in den Rücken geschlagen wurde, also daß es aussah, wie wenn man Waren wiegt. Diese Hölle war für die, die unrecht Maß und Gewicht gebraucht. Wieder eine andere Hölle enthielt Mörser und Mühlen, in denen sie zerstoßen und zermahlen wurden, daß Blut und Fleisch nur so herausspritzte. Bluthunde, so groß wie Löwen, drängten sich herbei und fraßen die Abfälle. Die Hölle war für die, die Blutsverwandte auseinandergebracht und anderen geheime Fallstricke gestellt.

Wieder eine war die Hungerhölle. Darin schmachteten die, die hartherzig gegen die Armen nur für den eigenen Leib gesorgt hatten.

Diese Hölle war es gewesen, in die einst der Buddhistenpriester Muliän eingebrochen war, um seine Mutter zu erlösen. Seine Mutter nämlich saß in dieser Hölle. Muliän aber hatte es durch gute Werke dazu gebracht, daß er ein Buddha wurde. Dann ging er geradeswegs in die Unterwelt, um seine Mutter zu befreien. Er schlug mit seinem eisernen Stabe die Tore der Hölle entzwei und trug seine Mutter empor zum westlichen Himmel. Dabei brachen dreitausend hungrige Seelen aus dieser Hölle hervor und wurden auf der Oberwelt geboren. Die haben dann den Aufstand veranlaßt, in dem die Tang-Dynastie ihr Ende fand.

Dann kam Hu Di in die Blutschüsselhölle. Da waren große und kleine Schüsseln, mit blutigem Wasser gefüllt, und eine Anzahl von Frauen, die klagten und weinten.

In ihrer Mitte erblickte er plötzlich seine erste Frau, die weinend zu ihm sprach: »Ich habe während meines irdischen Lebens keine schweren Sünden begangen. Nur bei der Geburt meiner Kinder habe ich das reine Wasser befleckt, indem ich ihr Blut darin abwusch. Nun hat mir der Höllenfürst befohlen, dieses Wasser auszutrinken, und erst wenn ich fertig damit bin, kann ich aufs neue als Mensch geboren werden. Ich bitte dich herzlich, daß, wenn du hinaufkommst, du aus Papier und Stroh einen Wasserbüffel machst und ihn verbrennst, daß er für mich das blutige Wasser austrinkt. Auch empfehle ich dir meine Kinder an, daß sie nicht das Leid von Stiefkindern erfahren müssen.«

Sie beschwor ihn aufs inständigste, und Hu Di versprach ihr alles. Dann nahmen sie unter Tränen voneinander Abschied.

Hu Di fragte seinen Begleiter: »Und wo sind die Orte, wo die Mörder von Menschen und Haustieren sich aufhalten?«

Der Teufel sprach: »Sie müssen durch verschiedene Höllen gehen und werden schließlich als Tiere wiedergeboren. Die ihren Eltern ungehorsam waren, die ihre Brüder im Stiche ließen, die Geld und Gut liebten, die ihre eigenen Frauen und Kinder unrechtmäßig begünstigten, werden entsprechend der Schwere ihrer Schuld bestraft; es gibt keine eigene Hölle für sie. Aber da ist noch eine für solche, die andere um Geld und Gut gebracht und als Beamte das Fett des Volkes gefressen haben. Denen wird geschmolzenes Kupfer in den Magen und in die Gedärme gegossen, auch zieht man ihnen die Haut ab.«

Hu Di trat wieder vor den Höllenkönig.

»Und bist du nun zufrieden?« sprach der König. »Du wirst nicht mehr sagen können, daß es keine Vergeltung gebe.«

Darauf ließ er durch den Richter das Lebensalter des Hu Di nachschlagen.

Der sprach: »Mit achtzig Jahren wird er ohne Krankheit sterben, nachdem er es zum Kreishauptmann gebracht.«

Darauf nahm er ein Losstäbchen, schrieb einen Vermerk darauf mit roter Farbe und befahl, ihn wieder auf die Oberwelt zurückzubringen. Da kamen zwei Teufel und nahmen ihn mit sich. Sie fuhren dahin wie ein Sturmwind, und ehe er sichs versah, waren sie an seinem Hause angelangt. Seine ganze Familie stand im Kreise umher und weinte. Ein Mann aber lag mit dem Gesicht nach oben auf dem Bett, und wie er hinsah, war es sein eigener Leichnam. Da versetzten ihm die Teufel einen kräftigen Stoß, und schon schlug er die Augen auf und kam wieder zu sich.

Zwei Tage hatte er tot dagelegen. Als seine Leute von dem Ereignis im Tempel des Höllenfürsten gehört hatten, hatten sie ihn nach Hause geschafft. Weil aber in seiner Herzgrube noch ein wenig Wärme zu spüren war, war er noch nicht eingesargt worden. Nun aber wurde er wieder lebendig, und er erzählte die Geschichte, die hier aufgeschrieben ist.

Muliän war ein berühmter Buddhist aus der Tangzeit. In früher Jugend ging er ins Kloster und erwachte zur Erkenntnis des Sinns und ward zum Buddha. Seine Mutter aber war roh und neidisch in ihrem Wesen. Sie mißachtete die Gottesgaben, trat das Brot mit Füßen; Nahrungsreste lagen allenthalben bei ihr auf dem Boden umher. Und wenn ein Bettler kam und Essen erbat, so achtete sie seiner nicht. Darum bekam sie Schlingbeschwerden und mußte lange Tage Hunger leiden. Dann starb sie. Zwei Teufel schleppten sie fort. Auf dem Weg ins Jenseits gings über den Tatenberg und den Fluß der Unterwelt, und die Teufel quälten sie auf jegliche Weise. Als sie in der Unterwelt ankam, war der Totengott sehr zornig und befahl, sie in die Hungerhölle zu sperren. Vor Hunger knurrten ihr die Eingeweide wie der Donner; aber kein Körnchen bekam sie zu essen. Jedesmal, wenn sie vor Hunger schrie, so stimmten alle hungrigen Geister ein. Darum hefteten die Schergen ihr die Zunge mit einer eisernen Ahle fest, daß sie keinen Laut mehr von sich geben konnte, und zündeten ihr zwei Lampen vor den Augen an, daß sie nichts mehr sah. Gerne wäre sie noch einmal gestorben; aber es ward ihr nicht zuteil.

Zu jener Zeit hatte Muliän die Stufe des Buddha erreicht. Er wußte, daß seine Mutter tot war. So stieg er hinunter in die Unterwelt und trat vor den Totengott. Er wollte seiner Mutter eine Almosenschüssel voll Reis zum Essen bringen. Der Totenfürst gab die Erlaubnis, doch sagte er: »Ich fürchte, sie wird essen wollen, aber es wird ihr nicht gelingen. Der Strafe, die man sich selber zugezogen, entgeht man nicht.«

Muliän ging nun zu der Hungerhölle und verlangte, seine Mutter zu sehen. Da löschten die Schergen die Lampen vor ihren Augen und lösten ihre Zunge. Als Muliän seine Mutter erblickte, warf er sich schluchzend vor ihr nieder, und auch die Mutter weinte und sprach: »Ich bin sehr hungrig.«

Muliän brachte ihr in seiner Almosenschale Essen dar. Aber wie sie es schlucken wollte, da schlug das Feuer in ihrem Leib ihr zum Munde heraus, so daß sie nichts zu sich nehmen konnte. Darauf schleppten die Schergen sie wieder in die Hölle zurück und schlossen die Tür hinter ihr zu.

Muliän war schmerzlich ergrimmt und schlug aus aller Kraft mit seinem Eisenstabe gegen die Kerkertür, bis sie barst. Dann nahm er seine Mutter auf den Rücken und trug sie zum Himmel empor. Aber hinter ihm drängten sich Hunderttausende von hungrigen Teufeln nach, die sich nach allen Richtungen zerstreuten und sich wieder ins Leben stahlen. Der schrankenlosen Kraft eines Buddha wagte der Totengott sich nicht entgegenzusetzen; doch ließ er durch den Gott des Großen Berges dem Herrn des Himmels Meldung machen. Der entschied: »Muliän hat seine Mutter gerettet. Dabei zeigte er eine lobenswerte kindliche Gesinnung. Deshalb soll seiner Mutter verziehen sein. Er hat aber auch die eingesperrten Verbrecher alle herausgelassen, die über die lebenden Menschen Unheil bringen. Darum muß Muliän auf die Erde hinunter, um alle die hungrigen Teufel wieder zur Hölle zu bringen; dann erst darf er wieder in den Himmel zurück.«

Am Ende der Tang-Zeit brach der Aufstand Huang Tschaus aus, in dem viele Hunderttausende von Menschen ums Leben kamen. Das waren die hungrigen Teufel, die sich in die Welt gestohlen hatten. Huang Tschau aber war Muliän, der seine Aufgabe auf diese Weise erfüllte.

45. Die Blumenelfen

Es war einmal ein Gelehrter, der hatte sich von der Welt zurückgezogen, um geheimen Sinn zu erlangen. Er lebte einsam in der Verborgenheit. Um sein Häuschen herum hatte er allenthalben Blumen und Bambus und andere Bäume gepflanzt. Ganz versteckt lag es da im dichten Blumenhain.

Nur einen Knaben hatte er bei sich als Diener, der wohnte in einer besonderen Hütte, um seine Befehle auszuführen. Ungerufen durfte er nicht eintreten. Der Gelehrte liebte die Blumen wie sein Leben. Nie setzte er den Fuß über die Grenzen seines Gartens hinaus.

Nun war einmal ein schöner Frühlingsabend. Blumen und Bäume standen in voller Blüte, es wehte ein frischer Wind, und der Mond schien hell. So saß er bei einem Becher Wein und freute sich des Lebens.

Plötzlich sah er im Mondschein ein Mädchen in dunklen Kleidern herbeitrippeln. Sie machte ihm eine tiefe Verbeugung, begrüßte ihn und sprach: »Ich bin deine Nachbarin. Es ist hier eine Gesellschaft von Mädchen, die sind unterwegs, um die achtzehn Tanten zu besuchen. Sie möchten hier in diesem Hofe ein wenig rasten und lassen um Erlaubnis bitten.«

Der Gelehrte merkte, daß es sich hier um etwas Außerordentliches handle, darum stimmte er freudig zu. Das Mädchen bedankte sich und ging.

Nach einer kleinen Weile brachte sie eine ganze Schar von Mädchen, die Blumen und Weidenzweige trugen. Sie begrüßten alle den Gelehrten. Sie waren hübsch und fein im Gesicht und schlank und zart von Gestalt. Wenn sie die Ärmel bewegten, so strömten sie einen lieblichen Duft aus. Es gab nicht ihresgleichen in der Menschenwelt.

Der Gelehrte lud sie ein, im Zimmer ein wenig zu sitzen. Dann fragte er sie: »Wer gibt mir eigentlich die Ehre? Kommt ihr aus dem Schloß der Mondfee oder von der Nephritquelle der Königinmutter des Westens?«

»Wie könnten wir uns so hoher Abkunft rühmen«, sprach lächelnd ein Mädchen in grünem Gewande. »Ich heiße Salix.« Dann stellte sie eine andere, Weißgekleidete vor und sagte: »Das ist Fräulein Prunophora«, dann eine Rosagekleidete: »und diese hier ist Persica«, schließlich eine in tiefrotem Gewande: »und das ist Punica. Wir alle sind Schwestern und wollen heute die achtzehn Zephirtanten besuchen. Heute abend scheint der Mond so schön, und es ist so reizend hier im Garten. Wir sind recht dankbar, daß du dich unser ange- nommen hast.«

»Ja, ja«, sagte der Gelehrte.

Da meldete plötzlich die dunkel gekleidete Dienerin: »Die Zephirtanten sind auch schon gekommen.«

Sogleich standen die Mädchen auf und gingen ihnen an die Tür entgegen.

»Eben wollten wir die Tanten besuchen«, sagten sie lächelnd.

»Der Herr hier hat uns ein wenig zum Sitzen eingeladen. Wie hübsch trifft es sich, daß die Tanten nun auch hierher kom- men. Es ist heute so eine schöne Nacht, da müssen wir einen Becher auf das Wohl der Tanten leeren.«

Darauf befahlen sie der Dienerin, die Geräte zu bringen.

»Kann man sich hier setzen?« fragten die Tanten.

»Der Hausherr ist sehr gut«, erwiderten die Mädchen, »und der Ort ist still und verborgen.«

Darauf stellten sie ihnen den Gelehrten vor. Er redete mit den achtzehn Tanten ein paar freundliche Worte. Sie hatten etwas Unbeständiges und Luftiges in ihrem Wesen. Ihre Worte sprudelten sie nur so heraus, und in ihrer Nähe fühlte man einen fröstelnden Hauch.

Unterdes hatte die Dienerin schon Tisch und Stühle herbeige- bracht. Die achtzehn Tanten saßen obenan, die Mädchen folgten, und der Gelehrte setzte sich zu ihnen auf den unter- sten Platz. In kurzem stand der ganze Tisch voll mit den köstlichsten Speisen und herrlichsten Früchten, und duftender Wein füllte die Becher. Es waren Genüsse, die die Menschen- welt nicht kennt. Der Mond schien hell, und die Blumen sandten betäubende Düfte aus. Als sie vom Wein heiter ge- worden, standen die Mädchen auf und tanzten und sangen. Lieblich klangen die Töne durch die dämmernde Nacht, und ihr Tanz glich Schmetterlingen, die um Blumen flattern. Vor Entzücken wußte der Gelehrte nicht mehr, ob er im Himmel oder auf Erden sei.

Als der Tanz zu Ende war, setzten sich die Mädchen wieder an den Tisch und tranken bei kreisendem Becher auf das Wohl der Tanten. Auch des Gelehrten wurde in einem Trinkspruch gedacht, und er erwiderte in zierlichen Worten.

Die achtzehn Tanten aber waren in ihrem Wesen etwas leichtsinnig. Auch begann der Wein schon zu wirken. Als eine daher den Becher erhob, zitterte sie ein wenig mit der Hand, und ehe sie sichs versah, goß sie der Punica etwas Wein auf die Kleider. Punica, die jung und feurig war und ein reinliches Wesen hatte, stand ärgerlich auf, als sie ihr rotes Kleid von dem Wein befleckt sah.

»Ihr seid doch gar zu unvorsichtig«, sagte sie zürnend. »Die andern Schwestern haben Angst vor euch, ich fürchte euch nicht.«

Da wurden die Tanten auch böse und sagten: »Wie kann das junge Ding da wagen, uns zu beleidigen!«

Damit rafften sie ihre Kleider zusammen und standen auf.

Alle Mädchen drängten sich um sie und sprachen: »Die Punica ist jung und unerfahren. Sie hat sich betrunken und weiß nicht, was sie tut. Ihr müßt es ihr nicht übelnehmen. Morgen soll sie mit einer Rute sich bei euch einfinden und ihre Strafe entgegennehmen.«

Doch die achtzehn Tanten hörten nicht auf sie und gingen. Darauf verabschiedeten sich auch die Mädchen, zerstreuten sich in den Blumenbeeten und verschwanden. Noch lange saß der Gelehrte in traumverlorener Sehnsucht da.

Am andern Abend kamen die Mädchen alle wieder.

»Wir wohnen alle in deinem Garten«, sagten sie zu ihm. »Jedes Jahr werden wir von bösen Winden übel gequält und haben darum immer die achtzehn Tanten gebeten, uns zu beschützen. Gestern wurden sie von der Punica beleidigt, und wir fürchten, daß sie uns künftig nicht mehr helfen werden. Wir wissen aber von dir, daß du uns Schwestern schon immer freundlich zugetan warst, wofür wir dir von Herzen dankbar sind. Wir haben nun eine große Bitte, daß du jedesmal am Neujahrstag eine kleine, scharlachrote Flagge machst und darauf Sonne, Mond und die fünf Planeten malst und sie im Osten des Gartens aufstellst. Dann haben wir Schwestern Frieden und sind vor allem Leid geborgen. Da diesmal aber Neujahr schon vorüber ist, so bitten wir dich, daß du sie am Einundzwanzigsten dieses Monats aufrichtest; denn da kommt der Ostwind, und durch die Flagge sind wir dann geschützt.«

Der Gelehrte versprach es ihnen bereitwillig, und die Mädchen sagten wie aus einem Munde: »Wir danken dir für deine große Güte und wollens dir vergelten.« Damit schieden sie, und ein süßer Duft erfüllte den ganzen Garten.

Der Gelehrte aber machte eine solche rote Flagge, und als an dem genannten Tag frühmorgens tatsächlich der Ostwind zu wehen anfing, da stellte er sie schnell im Garten auf.

Plötzlich erhob sich ein wilder Sturm, der die Wälder beugte und die Bäume brach. Nur im Garten die Blumen bewegten sich nicht.

Da merkte der Gelehrte, daß Salix die Weide war, Prunophora die Pflaume, Persica der Pfirsich und die vorlaute Punica der Granatapfel, dessen kräftigen Blüten der Wind nichts anhaben kann. Die achtzehn Zephirtanten aber waren die Geister des Windes.

Am Abend darauf kamen die Blumenelfen alle und brachten ihm zum Dank leuchtende Blumen dar.

»Du hast uns gerettet«, sprachen sie, »wir haben sonst nichts, das wir dir schenken könnten. Iß diese Blumen, so wirst du lange leben und das Alter meiden. Wenn du uns dann alljährlich schirmst, so werden auch wir Schwestern lang am Leben bleiben.«

Der Gelehrte tat nach ihren Worten und aß die Blumen. Da verwandelte sich seine Gestalt, und er ward wieder jung wie ein zwanzigjähriger Jüngling. Im Laufe der Zeit erlangte er geheimen Sinn und ward unter die Unsterblichen versetzt.

46. Der Bergelf

Bergelfen sind Berggeister; sie wohnen in Bäumen und Felsen und lieben es, die Menschen zu erschrecken.

Es war einmal ein Gelehrter, der hatte sich in einen Bergtempel zurückgezogen, um zu studieren. An einem Sommerabend saß er im Hofe, der Kühlung genießend. Plötzlich hörte er einen Windstoß, und das Tor des Tempels fuhr weit auf. Es kam ein Ungetüm hervor, das sah aus wie ein Oger. Es war zehn Fuß hoch und setzte sich auf das Dach. Seine gespreizten Beine waren dick wie Baumstämme, sein Haar war wie ein Grasgestrüpp. Der Gelehrte versteckte sich in seinem Zimmer, machte die Tür zu und kroch auf sein Bett. Krach, da ging die Tür auf, und das Ungetüm kam herein in den von der Lampe erleuchteten Raum. Sein Gesicht war mehrere Fuß lang und schwarz wie Rauch und Kohle. Es tappte auf das Bett zu. In seiner Todesangst nahm der Mann, der sich nicht anders mehr zu helfen wußte, ein Schwert und wollte es ihm in den Bauch stoßen; aber es glitt knirschend ab wie an hartem Stein. Da wurde der Geist böse, riß ihm das Schwert aus der Hand und zerbrach es wie ein dürres Zweiglein. Der Mann hüllte sich in seine Decken ein, und der Geist packte ihn mit seiner ungeheuren Faust, gerade als griffe man nach einer Mücke oder einem Floh. Weil aber seine Finger allzu ungefügig waren, entwischte ihm der Mann und verbarg sich unter dem Bett. So hatte der Geist nur die Decke in der Hand, als er wegging.

Wie der Morgen angebrochen war, da kehrte der Gelehrte schleunigst nach Hause zurück und wagte nie wieder in den Bergtempel zu kommen.

47. Der Geist vom Wuliän-Berg

Im Westen der Kiautschou-Bucht ist der Wuliän-Berg, wo es viele Geister gibt. Dort lebte einmal ein Scholar, der spät in der Nacht noch auf war und las. Als er vors Haus trat, erhob sich plötzlich ein Sturm, und ein Ungetüm streckte die Klauen nach ihm aus und packte ihn beim Haar. So hob es ihn in die Luft und trug ihn weg. Es fuhr mit ihm am Meerblickturm vorbei. Das ist ein buddhistischer Tempel im Gebirge. Da sah er aus der Ferne in den Wolken eine Göttergestalt in goldner Rüstung stehen. Die Gestalt glich ganz dem Weto-Bilde, das im Turme war. In der rechten Hand hatte sie die eiserne Keule, mit der linken deutete sie auf das Ungetüm und sah es zornig an. Da ließ das Ungetüm den Schüler fallen, gerade auf die Spitze des Turmes, und verschwand. Der Heilige im Turm war ihm wohl zu Hilfe gekommen, weil seine ganze Familie den Buddha fromm verehrte.

Als die Sonne aufging, da kam der Priester und erblickte ihn auf seinem Turm. Er häufte auf dem Boden Heu und Stroh auf; so konnte der Schüler herunterspringen, ohne sich zu verletzen. Man brachte ihn nach Hause zurück; doch blieb sein Haar an den Stellen, wo das Ungetüm zugepackt hatte, steif und unbiegsam. Nach einem halben Jahr erst wurde es wieder besser.

48. Der Roßberg-Geist

Am Fuß des Roßbergs ist ein Dorf. Da war ein Bauer, der vom Getreidehandel lebte. Alle fünf Tage ging er in den Flecken östlich vom Dorf auf den Markt. Jener Markt war etwa eine Meile weit und von dem Dorfe durch einen Felsrücken getrennt.

Eines Tages kam er etwas betrunken vom Markte heim. Er ritt auf seinem Maultier und kam eben bei dem Felsrücken vorüber, als er plötzlich an einem Bach ein Ungeheuer sitzen sah. Sein riesiges Gesicht war blau, und die Augen traten aus dem Kopf hervor wie bei einer Krabbe. Sie leuchteten mit funkelndem Schein. Das Maul klaffte ihm bis an die beiden Ohren und sah aus wie eine Schüssel voll Blut. Darinnen standen in dichtem Gewirr zwei, drei Zoll lange Zähne. So hockte es am Bach; es hatte sich eben niedergebeugt und schlürfte Wasser. Man hörte ganz deutlich, wie das Wasser gluckste.

Der Bauer erschrak entsetzlich. Zum Glück hatte ihn das Ungetüm noch nicht gesehen. Das machte er sich zunutze und schlug den Umweg ein, der am Nordhang des Felsens vorbeiführt. Dieser Weg ist eben, aber etwas weiter. Die Leute aus dem Dorf benützten ihn, wenn sie Schubkarren zu schieben hatten. Der Bauer gab seinem Maultier die Peitsche und galoppierte, so schnell er konnte.

Als er eben um die Ecke bog, da hörte er jemand hinter sich rufen: »Nachbar, wartet auf mich!«

Er blickte sich um, da war es sein Nachbarssohn. Er machte halt und wartete.

Der Nachbar sprach: »Der alte Li ist ernstlich krank. Er wirds wohl nicht mehr lange treiben. Sein Sohn hat mich gebeten, in den Marktflecken zu gehen und einen Sarg zu bestellen. Eben komm ich zurück.« Der Bauer wußte, daß der alte Li schon lange krank war, und so glaubte er ihm.

Der Nachbar redete weiter: »Ihr geht doch für gewöhnlich immer den nächsten Weg über den Berg; warum macht Ihr heute diesen Umweg?«

Der Bauer sagte etwas unbehaglich: »Ich wollte auch heute über den Berg; aber da sah ich ein Ungetüm, häßlich und fürchterlich, darum ist mir der Umweg nicht zu weit.«

Der Nachbar sprach: »Wenn ich Euch so reden höre, so kommt mich selbst die Furcht an, und ich getrau mich nicht allein nach Hause. Wie wäre es, wenn Ihr mich hinter Euch auf Euer Maultier sitzen ließet?«

Der Bauer wars zufrieden, und der Nachbar setzte sich hinter ihm auf das Maultier.

Nach ein paar Schritten fing er wieder an: »Wie sah das Ungetüm eigentlich aus, das Ihr gesehen habt? Erzählt einmal!«

Der Bauer sprach: »Es ist mir noch nicht so recht geheuer zumut. Zu Hause will ich Euch dann alles sagen.«

»Wenn Ihr nicht reden wollt«, erwiderte der andere, »so dreht Euch einmal um und seht mich an, ob ich so aussehe wie das Ungetüm.«

Der Bauer sprach: »Ihr müßt keine schlechten Späße machen! Ein Mensch ist doch kein Teufel.«

Aber der andere blieb dabei: »Seht mich nur einmal an!« Damit zerrte er ihn gewaltsam am Arm.

Der Bauer drehte den Hals und guckte sich nach ihm um, und richtig war es das Ungetüm, das er am Bach getroffen hatte. Vor Schrecken fiel er vom Maultier und blieb bewußtlos liegen.

Das Maultier wußte den Weg und kam nach Hause. Den Leuten zu Hause ahnte nichts Gutes, und sie verteilten sich auf den verschiedenen Wegen, ihn zu suchen. So fanden sie ihn schließlich an der Ecke des Felshanges und trugen ihn heim. Um Mitternacht kam er erst wieder zu sich und erzählte, was ihm begegnet war.

49. Der Ameisenkönig

Es war einmal ein Gelehrter. Er wanderte aus seiner Heimat aus und zog nach Emsendorf. Dort war ein Haus, von dem die Rede ging, daß es nicht ganz geheuer sei. Doch war es schön gelegen und von einem hübschen Garten umgeben. Darum mietete er sich dort ein. Eines Abends saß er über seinen Büchern. Plötzlich kamen mehrere hundert Ritter in das Zimmer hereingesprengt. Die waren winzig klein, und

ihre Pferde waren etwa so groß wie Fliegen. Sie hatten Jagdfalken und Hunde bei sich so groß wie Mücken und Läuse.

Sie kamen auf das Bett in der Ecke und hielten dort eine
große Jagd ab. Bogen und Pfeile, Netze und Schlingen: alles
war ganz deutlich zu sehen. Sie erlegten auch eine unzählige
Menge von Vögeln und Wild. Dieses Wild war aber alles
nicht größer als Reiskörnchen.

Als die Jagd zu Ende war, da kam ein langer Zug mit Fahnen
und Standarten herein. Sie trugen Schwerter an der Seite und
schwangen Speere in den Händen. Sie machten halt in der
Nordwestecke des Zimmers. Ihnen folgten einige hundert
Knechte. Die brachten Vorhänge und Decken, Zelte und
Stangen, Kessel und Töpfe, Teller und Tassen, Tische und
Stühle herbei. Wieder einige hundert Diener trugen alle mög-
lichen feinen Gerichte, wie Wasser und Land sie bieten, auf.
Wieder einige Hundert liefen fortwährend hin und her, um
die Straßen zu überwachen und Nachrichten zu vermitteln.

Der Gelehrte gewöhnte sich allmählich an den Anblick. Obwohl die Männer winzig klein waren, konnte er doch alles
ganz deutlich unterscheiden.

Nicht lange, so kam eine bunte Flagge. Hinter ihr ritt einer
in scharlachfarbenem Hut und purpurnen Kleidern. Es umgab ihn ein Gefolge von mehreren Tausenden. Vor ihm
schritten Läufer mit Peitschen und Stangen, die den Weg säu-
berten.

Ein Mann in eisernem Helm und einer goldenen Axt in der
Hand rief mit lauter Stimme: »Seine Hoheit geruht, die
Fische im Purpurteich zu betrachten!« Darauf stieg der mit
dem Scharlachhute vom Pferde und kam mit einem Gefolge
von einigen hundert Mann auf die Tuschschale des Gelehrten. Auf der Tuschschale wurden Zelte aufgeschlagen und ein
Festmahl bereitet. Da saßen Gäste in großer Zahl, Musikan-
ten und Tänzer standen bereit. Pupurn und scharlachfarben,
rot und grün mischten sich die Gewänder. Pfeifen und Flöten, Geigen und Pauken ertönten, und die Tänzer schwangen

sich im Tanz dazu. Die Musik war zwar ganz leise; doch konnte man deutlich die Melodien unterscheiden. Auch alles, was gesprochen wurde, Tischreden und Befehle, Antworten und Rufe, konnte man ganz genau verstehen.

Nach drei Gängen sprach der im Scharlachhut: »Marsch, bereitet die Geräte zum Fischen!«

Im Nu warfen sie die Netze aus in dem Schüsselchen, in dem das Wasser zum Anreiben der Tusche war. Und sie fingen Hunderttausende von Fischen. Der Scharlachhut selber begnügte sich damit, die Angel auszuwerfen in den seichten Gewässern der Tuschschale. Er fing wohl ein Dutzend roter Karpfen.

Da befahl er dem Küchenmeister, die Fische zu kochen. Die verschiedensten Speisen wurden daraus bereitet. Und der Duft des Fetts und der Gewürze durchdrang das ganze Zimmer.

Der Scharlachhut wollte sich in seinem Hochmut einen Spaß machen. Er deutete auf den Gelehrten und sprach: »Ich weiß nichts von allen den Schriften und Gebräuchen der Heiligen und Weisen und bin doch ein König hochgeehrt. Dieser Gelehrte da müht sich sein ganzes Leben ab über seinen Büchern, und er bleibt doch arm und bringt es zu nichts. Wenn er es über sich gewinnt, mir als Beamter treu zu dienen, so soll er auch zu unserem Mahle zugelassen werden.«

Das ärgerte den Gelehrten, und er schlug mit seinem Buch nach ihnen. Da stoben sie auseinander und krabbelten zur Tür hinaus. Er ging ihnen nach und grub die Erde auf an dem Platz, wo sie verschwunden. Da kam er auf ein Ameisennest, groß wie eine Tonne. Darin krabbelten zahllose grüne Ameisen herum. Er machte ein Feuer und räucherte sie aus.

50. Der kleine Jagdhund

In Schansi lebte ein Scholar, dem war es in der Gesellschaft der anderen zu lärmend. Darum schlug er seine Wohnung in einem Buddhistentempel auf. Er hatte jedoch sehr darunter zu leiden, daß in dem Raum Wanzen, Mücken und Flöhe in großer Zahl waren, so daß er die ganze Nacht nicht schlafen konnte.

Einst ruhte er nach dem Essen auf dem Bette aus. Da kamen plötzlich zwei kleine Ritter herein mit Federbüschen auf den Helmen. Sie mochten ungefähr zwei Zoll groß sein und ritten auf Pferden so groß wie Heuschrecken. An der Hand trugen sie Fausthandschuhe und hielten Jagdfalken in der Größe von Fliegen. Sie ritten im Zimmer umher in großer Geschwindigkeit. Eben hatte der Scholar seine Blicke auf sie gerichtet, da trat ein anderer herein, der ebenso gekleidet war wie die ersten, aber Bogen und Pfeile umhängen hatte und einen Jagdhund mit sich führte so groß wie eine Ameise. Ihm folgten Fußgänger und Reiter in dichtem Gedränge, wohl mehrere hundert. Auch Jagdfalken und Hunde hatten sie zu Hunderten. Da flogen die Mücken und Fliegen auf; aber sie wurden alle von den Jagdfalken erlegt. Die Jagdhunde stiegen auf das Bett und spürten der Wand entlang den Läusen und Flöhen nach und fraßen sie auf. Was sich in den Ritzen verborgen hatte, erschnüffelten sie und trieben es heraus, so daß sie in kurzer Zeit fast alles Ungeziefer getötet hatten.

Der Scholar stellte sich schlafend und sah ihnen zu. Da ließen sich die Falken auf ihm nieder, und die Hunde krochen auf seinem Leib herum. Kurz darauf kam ein gelb gekleideter Mann mit einer Krone wie ein König, stieg auf ein leerstehendes Bett und ließ sich dort nieder. Im Augenblick kamen auch die Berittenen alle herbei, stiegen von den Pferden und brachten ihm das Geflügel und Wild dar. Dann sammelten sie sich in dichten Scharen zu seiner Seite und redeten in einer fremden Sprache mit ihm.

Nicht lange, so bestieg der König einen kleinen Wagen, und seine Leibwächter ließen in größter Eile ihre Pferde satteln. Und mit tausend Rufen sprengten sie hinaus, daß es aussah, wie wenn man Bohnen streut, und eine dichte Staubwolke erhob sich hinter ihnen.

Schon waren sie fast alle weg, und noch immer hielt der Scholar seine Blicke auf sie gerichtet voll Schrecken und Staunen und wußte nicht, woher sie gekommen waren. Er schlüpfte in seine Schuhe und spähte nach; aber sie waren spurlos verschwunden. Er wandte sich zurück und blickte im Zimmer nach allen Seiten umher; aber nichts war zu sehen. Nur auf einem Backstein an der Wand hatten sie noch ein kleines Hündchen zurückgelassen. Der Scholar fing es schnell. Es war ganz zahm. Er setzte es in seinen Tuschkasten und besah es von allen Seiten. Es hatte ein ganz glattes, feines Fellchen, und um den Hals hatte es ein kleines Halsband. Er wollte es mit ein paar Brosamen füttern; aber es schnüffelte nur daran und ließ sie liegen. Dann sprang es auf das Bett und suchte in den Nähten der Kleider einige Nissen und Läuse, die es auffraß. Dann kam es wieder zurück und legte sich nieder. Als die Nacht vergangen war, da fürchtete der Scholar, es möchte weggelaufen sein; aber es lag noch zusammengerollt da wie vorher. Immer wenn er schlafen ging, stieg es auf sein Bett und biß alles Ungeziefer tot, das es finden konnte. Keine Fliege oder Mücke wagte mehr, sich niederzulassen. Der Scholar liebte es wie ein Kleinod.

Einmal aber war er bei Tag eingeschlafen, und das Hündchen hatte sich ihm zur Seite verkrochen. Er erwachte, drehte sich um und stützte sich dabei auf seine Hüfte. Da fühlte er etwas und fürchtete, es könnte sein Hündchen sein. Schleunigst stand er auf und sah nach; aber es war schon tot und plattgedrückt wie aus Papier ausgeschnitten.

Doch von dem Ungeziefer war auch nichts mehr übriggeblieben.

51. Der Drache nach dem Winterschlaf

Es war einmal ein Gelehrter, der las im oberen Stockwerk seines Hauses. Es war ein wolkiger Regentag und trübes Wetter. Da sah er ein kleines Ding, das leuchtete wie ein Glühwurm. Es kam auf den Tisch gekrabbelt. Wo es gegangen war, hinterließ es schwarze Brandspuren, gekrümmt wie die Spuren eines Regenwurms. Allmählich schlängelte es sich auf das Buch, und auch das Buch wurde schwarz. Da fiel ihm ein, daß das wohl ein Drache sein könnte. Darum brachte er es auf dem Buche vor die Tür hinaus. Er stand eine gute Weile da; aber es blieb aufgeringelt sitzen, ohne sich im mindesten zu regen.

Da sprach der Gelehrte: »Man soll nicht von mir sagen, daß ich es an Ehrerbietung habe fehlen lassen.« Mit diesen Worten trug er das Buch zurück und legte es wieder auf den Tisch. Dann zog er Feierkleidung an, machte eine tiefe Verbeugung und geleitete es hinaus.

Kaum war er aus der Tür, so sah er, wie es den Kopf hob und plötzlich sich streckte. Mit einem zischenden Laut flog es vom Buche auf, indem es einen leuchtenden Streifen bildete. Es wandte sich noch einmal nach dem Gelehrten um, da war sein Kopf schon so groß wie ein Faß, und sein Leib maß wohl ein Klafter an Umfang. Noch eine Schlangenwindung: da krachte ein schrecklicher Donnerschlag, und der Drache fuhr in die Lüfte.

Der Gelehrte ging dann zurück und sah nach, welchen Weg das Tierchen gekommen war. Hin und her gingen die Spuren bis zur Bücherkiste.

52. Die Geister des Gelben Flusses

Die Götter des Gelben Flusses heißen Daiwang (Großkönig). Seit vielen hundert Jahren nämlich berichten die Flußaufseher fortwährend, daß in den Wellen des Flusses sich allerlei Ungetüme zeigen, zuweilen in der Gestalt von Drachen, zuweilen in der Form von Rindern und Pferden, und immer, wenn solch ein Wesen sich zeigt, folgt eine große Überschwemmung. So baute man denn dem Fluß entlang Tempel. Die höchsten der Flußgeister werden als Könige verehrt, die niederen als Feldherrn, und es vergeht fast kein Tag, da nicht Opfer oder Schauspiele ihnen zu Ehren dargebracht werden. Jedesmal, wenn nach einem Dammbruch es gelingt, die Öffnung zu schließen, so entsendet der Kaiser Beamte mit Opfern und zehn Stangen großen tibetanischen Weihrauchs. Dieser Weihrauch wird in einem sehr großen Opferkessel im Tempelhof verbrannt, und die Flußaufseher und ihre Untergebenen gehen alle in den Tempel, um den Göttern für ihre Hilfe zu danken. Diese Flußgötter, heißt es, sind treue und gerechte Diener früherer Herrscher, die bei ihren Mühen um Eindämmung des Flusses gestorben sind. Nach ihrem Tode wurden ihre Geister Flußkönige; ihre leibliche Gestalt aber gleicht Eidechsen, Schlangen und Fröschen.

Der mächtigste unter diesen Flußkönigen ist der goldene Drachenkönig. Er erscheint häufig in der Gestalt einer kleinen goldenen Schlange mit viereckigem Kopfe, niedriger Stirn und roten Punkten über den Augen. Er kann sich nach Belieben groß und klein machen und kann das Wasser steigen und fallen lassen. Unversehens erscheint und verschwindet er. Er lebt an den Mündungen des Gelben Flusses und des Kaiserkanals. Außer ihm gibt es aber noch Dutzende von Flußkönigen und Feldherrn, von denen jeder seinen bestimmten Platz hat. Die Schiffer auf dem Gelben Flusse haben alle ausführliche Listen, in denen das Leben und die Taten dieser Flußgeister einzeln aufgeführt sind.

Einer dieser Flußkönige heißt der Stauer. Vor zweihundert Jahren hatte der Gelbe Fluß ein Loch in den Damm gerissen, und immer, wenn es gerade daran war, daß man die Öffnung zufüllte, brach das Wasser wieder durch. Der Flußaufseher ging in den Tempel zu beten. Da hatte er bei Nacht einen Traum.

Er hörte eine Stimme, die sprach: »Der Stauer muß kommen, dann erst wird es gehen. Der ist ein Knabe aus dem Volk und heuer dreizehn Jahre alt.«

Als der Aufseher erwachte, da wunderte er sich über den Traum.

Eines Tages ging er wieder hinaus, um die Arbeit an den Dämmen zu beaufsichtigen. Abends kam er zurück.

Da hörte er plötzlich eine Frau rufen: »Stauer, komm!«

Sofort ließ er nachfragen, und es stellte sich heraus, daß das der Name eines armen Knaben war, den seine Mutter zum Abendessen gerufen hatte. Er kaufte ihn seinen Eltern ab für dreißig Lot Silber, und am andern Tag wurde Stauer mit hinausgenommen an den Fluß. Man warf ihn in das Wasser, und Tausende von Arbeitern mußten sofort Erde darüberschütten. Im Augenblick hatten sich die Öffnung im Damm geschlossen und die Strudel beruhigt. Dann aber sah man mitten im Fluß eine ungeheure Hand hervortauchen, die war wohl ein paar Klafter lang. Die Menge der Arbeiter schrie vor Entsetzen auf. Der Flußaufseher aber und seine Beamten warfen sich auf die Knie und beteten an. Daraufhin wurde der Knabe zum Flußgott ernannt.

Vor etwa hundert Jahren riß der Gelbe Fluß abermals ein Loch in die Dämme. Dem Flußaufseher wurde zur Strafe sein Rangknopf genommen, und er ward verurteilt, den Damm wieder auszubessern. Aber die Öffnung schloß und schloß sich nicht. Der Mann war treu und ehrlich und beaufsichtigte Tag und Nacht die Arbeit. Immer, wenn man gerade dabei war, die letzte Öffnung zuzuschütten, da sank der Damm wieder zusammen, und das Wasser brach aufs neue durch. Starr stand der Beamte daneben, ohne sich zu regen. Seine Diener mußten ihn beim Arme nehmen und nach Hause führen.

Es war Abend geworden, und die Flußarbeiter hatten sich zerstreut. Da schlich er sich heimlich aus dem Hause und stürzte sich in den Fluß. Seine Diener eilten ihm nach, erreichten ihn jedoch nicht mehr. Am Tag darauf schloß sich der Dammbruch. Die Tat ward später bei Hofe bekannt, und der Beamte ward zum Feldherrn des Gelben Flusses ernannt.

Die Flußgeister lieben es, Schauspielen zuzusehen. Jedem Tempel gegenüber ist eine Schaubühne errichtet. In der Halle steht das Geistertäfelchen des Flußkönigs, auf dem Altar davor eine kleine Goldlackschale mit reinem Sand gefüllt. Wenn man darin ein Schlänglein erblickt, so ist der Flußkönig da. Die Priester schlagen dann die Glocke und rühren die Pauke und lesen aus den heiligen Büchern vor. Sofort wird dem Beamten Nachricht überbracht, und er bestellt eine Schauspielertruppe. Vor Beginn des Spiels steigen die Schauspieler zum Tempel empor, beugen ein Knie und bitten den König, ein Spiel zu bezeichnen; dann sucht der Gott eines aus und deutet mit dem Kopf darauf. Sonst schreibt er wohl auch mit dem Schwanze Zeichen in den Sand. Die Schauspieler beginnen dann sofort mit dem gewünschten Stück.

Er fragt nicht nach Glück und Unglück der Menschen. Plötzlich kommt er, plötzlich geht er, wie es ihm gefällt.

Es war einmal ein Bauer, der ging mit seinem Schubkarren auf den Markt. Plötzlich erschien der Flußkönig auf dem Strohhut des Bauern, ohne daß dieser es merkte. Die Leute, die ihm auf der Straße begegneten, riefen ihm zu und verneigten sich vor dem Gott. Darauf wurde der Strohhut in den Tempel gebracht und ein Schauspiel gegeben.

Zwischen dem äußeren und dem inneren Damm des Gelben Flusses sind viele Ansiedlungen. Oft kommt es nun vor, daß das gelbe Wasser bis an den Rand der inneren Wälle geht. Senkrecht aufgerichtet wie eine Mauer, so rückt es allmählich vor. Wenn die Leute es sehen, so verbrennen sie schleunigst Weihrauch und verneigen sich betend gegen das Wasser und versprechen dem Flußgott ein Schauspiel. Dann zieht das Wasser sich zurück, und es geht die Rede: »Der Flußgott hat wieder ein Schauspiel verlangt.«

In jener Gegend steht ein Dorf. Da wohnte einst ein reicher Mann. Der baute rings um das Dorf eine steinerne Mauer, zwanzig Fuß hoch, um das Wasser abzuhalten. Er glaubte nicht an die Flußgeister, sondern verließ sich auf die feste Mauer und war ganz unbesorgt.
Eines Abends kam plötzlich das gelbe Wasser heran und stand senkrecht vor dem Dorfe. Der Reiche ließ mit Kanonen darnach schießen. Da wuchs das Wasser wild und umgab rings die Mauern so hoch, daß es bis an die Öffnungen der Zinnen reichte. Das Wasser brauste und zischte und war nahe daran, sich über die Mauern zu ergießen. Da geriet das ganze Dorf in großen Schrecken. Man schleppte den reichen Mann herbei; er mußte niederknien und um Verzeihung bitten. Man versprach ein Schauspiel, es half nichts; man versprach, dem Flußgott einen Tempel zu bauen mitten im Dorfe und regelmäßig Schauspiele aufzuführen, da sank das Wasser nach und nach und wich zurück. Das Getreide vor dem Dorf hatte keinen Schaden erlitten; sondern es gab, gedüngt von dem gelben Schlamme, eine doppelte Ernte.

Ein Gelehrter ging einst mit einem Freunde über Feld, um seine Verwandten zu besuchen. Da kamen sie an einem Flußgott-Tempel vorbei, wo gerade ein neues Schauspiel gegeben wurde. Der Freund forderte ihn auf, mit hinzugehen und sich die Sache anzusehen. Sie traten in den Tempelhof, da sahen sie oben an den beiden Vordersäulen zwei grüne Schlangen, die sich um die Säulen gewickelt hatten und den Kopf hervorstreckten, als sähen sie dem Schauspiel zu. In der Tempelhalle stand der Altar mit der Sandschale. Darin lag ein Schlänglein mit goldenem Leib, grünem Kopfe und roten Punkten auf der Stirn. Es hatte den Hals emporgereckt, und seine blitzenden Äuglein waren unverwandt nach der Schaubühne gerichtet. Der Freund verneigte sich, und der Gelehrte tat es ihm nach.

Leise fragte er dann seinen Freund: »Wie heißen denn die drei Flußgötter?«

»Der im Tempel«, war die Antwort, »ist der goldene Drachenkönig. Die beiden auf den Säulen sind zwei Feldherren. Sie wagen es nicht, mit dem König zusammen im Tempel zu sitzen.«

Der Gelehrte verwunderte sich darob und dachte in seinem Herzen: ›Solch ein kleines Schlänglein! Wie kann das Götterkraft besitzen! Es müßte erst seine Macht beweisen, ehe ich es verehre.‹

Noch hatte er diese geheimen Gedanken nicht ausgesprochen, da sah er plötzlich, wie das Schlänglein in der Schale den Kopf über den Altar herausstreckte. Vor dem Altar brannten zwei riesige Kerzen. Sie waren über zehn Pfund schwer und dick wie kleine Bäume. Ihr Feuer brannte wie Fackelschein. Die Schlange streckte nun den Kopf mitten in die Kerzenflamme hinein. Die Flamme war wohl einen Zoll breit und brannte rot. Plötzlich wurde ihr Schein blau und teilte sich in zwei Zungen. So riesig war die Kerze und so heiß das Feuer, daß auch Kupfer und Eisen darin geschmolzen wären; aber der Schlange tat es nichts.

Dann kroch sie in den Weihrauchkessel. Der Weihrauchkessel war von Eisen, so groß, daß man ihn mit beiden Armen eben umfassen konnte. Der Deckel zeigte in durchbrochener Arbeit ein Drachenornament. Die Schlange kroch durch die Löcher dieses Deckels hin und her und wand sich durch alle durch, so daß es aussah wie eine Stickerei von Goldfäden. Schließlich waren alle Öffnungen des Deckels, groß und klein, von der Schlange durchzogen. Sie mußte sich dazu wohl mehrere Dutzend Fuß lang gemacht haben. Dann streckte sie den Kopf oben heraus und sah dem Schauspiel weiter zu.

Da erschrak der Gelehrte, verneigte sich zweimal und betete: »Großer König, du hast dich meinethalb bemüht. Ich ehre dich von Herzen.«

Kaum hatte er diese Worte gesprochen, da war im Augenblick das Schlänglein wieder in der Schale und war so klein wie zuvor.

In Dsiningschou wurde im Tempel des Flußgottes Geburtstag gefeiert. Man brachte dem Gott als Geburtstagsgeschenk ein Schauspiel dar. Die Zuschauer standen dicht gedrängt wie eine Mauer. Da kam ein einfältiger Bauer vom Lande vorüber, der sprach mit lauter Stimme: »Das ist doch nur ein ganz kleiner Wurm. Es ist eine große Dummheit, den als König zu verehren!«

Aber ehe er fertig gesprochen hatte, da flog die Schlange aus dem Tempel heraus. Sie wuchs und wuchs und wickelte sich dreimal um die Schaubühne. Sie ward dick wie ein großer Eimer, und ihr Haupt glich einem Drachen. Die Augen sprühten wie goldene Lampen, und mit der Zunge spie sie rote Flammen aus. Sie streckte sich und zog sich wieder zusammen, da zitterte die Schaubühne, und es sah aus, als wollte sie einstürzen. Die Schauspieler unterbrachen die Musik und fielen auf der Bühne anbetend nieder. Die ganze Menge ward von Entsetzen gepackt und verneigte sich zur Erde. Dann kamen einige Älteste, die warfen den Bauern zu Boden und peitschten und pufften ihn halbtot. Da warf er sich vor der Schlange nieder und betete zu ihr. Es entstand ein Geräusch, wie wenn Feuerwerk abgebrannt würde. Das dauerte eine Zeit, dann war die Schlange verschwunden.

Im Osten von Schantung liegt die Stadt Döngdschoufu. Dort ist ein Aussichtsturm mit großem Tempel. Zu seinen Füßen liegt die Wasserstadt, die hat im Norden ein Meertor, zu dem die Flut in die Stadt hereinkommt. Ein Lager der Strandwache liegt an diesem Tore.

Es war einmal ein Offizier, der war als Hauptmann hierher versetzt worden. Er gehörte früher zum Landheer und war noch nicht lange auf diesem neuen Posten. Er gab einigen Freunden ein Gastmahl. Vor dem Pavillon lag ein großer Stein, der hatte die Form eines Tisches. Plötzlich sah man auf diesem Stein ein Schlänglein sich ringeln, das war grün gefleckt und hatte auf dem viereckigen Kopfe rote Punkte. Die Soldaten wollten das Tierchen töten. Der Hauptmann seinem alten Freunde zu sehen.«

Dann sprach er lachend: »Ihr dürft ihm nichts tun! Das ist der Flußkönig von Dsiningdschou. Als ich in Dsiningdschou stand, hat er mich manchmal besucht, und ich habe ihm zu Ehren dann immer Opfer und Schauspiele dargebracht. Nun kommt er eigens her, um mir Glück zu wünschen und nach seinem alten Freunde zu sehen.«

In dem Lager war eine Musikkapelle; die Leute konnten singen und tanzen wie eine richtige Schauspielertruppe. Der Hauptmann ließ schleunigst ein Schauspiel beginnen und richtete ein anderes Festmahl mit Wein und köstlichen Speisen her und bat den Flußgott, Platz zu nehmen.

Es ward allmählich Abend, und der Flußgott machte noch keine Miene zu gehen.

Da trat der Hauptmann mit einer Verbeugung zu ihm und sprach: »Wir sind hier weit vom Gelben Fluß entfernt, und die Leute haben noch nie Euren Namen nennen hören. Es war mir eine große Ehre, daß Ihr mich besucht habt. Aber die Weiber und Toren, die sich da gaffend versammelt haben, fürchten sich, von Euch zu hören. Ihr habt nun Euren alten Freund ja besucht und mögt nun wieder zurückkehren.«

Mit diesen Worten ließ er eine Sänfte kommen; man schlug

die Pauken und verbrannte Feuerwerk, schließlich schoß man noch neun Kanonenschüsse ab, um ihm das Geleite zu geben. Da stieg das Schlänglein in die Sänfte, und der Hauptmann folgte hinten nach. So kam man an den Hafen, und als man eben Abschied nehmen wollte, da schwamm die Schlange schon im Wasser. Sie war viel größer geworden als vorher, nickte dem Hauptmann mit dem Kopfe zu und verschwand.

Da gabs ein Zweifeln und Fragen: »Der Flußgott wohnt doch tausend Meilen weit von hier, wie kommt er denn hierher?« Der Hauptmann aber sprach: »Der ist so mächtig, daß er überall hin kann, und außerdem führt ja von dort ein Wasserweg ins Meer. Diesen Weg herunterzukommen und durchs Meer zu schwimmen, das bringt der im Augenblick fertig.«

53. Die Drachenprinzessin

Im Dungting-See ist ein Berg. In dem Berge ist ein Loch. Es ist so tief, daß es keinen Boden hat.

Einst ging ein Fischer dort vorüber, der glitt aus und fiel hinein. Er kam in eine Gegend voll gewundener Wege, die über Berg- und Talhänge führten mehrere Meilen weit. Schließlich kam er an ein Drachenschloß, das auf einer großen Ebene lag. Dort gab es grünen Schlamm, der reichte ihm bis an die Knie. Er ging zum Tor des Schlosses. Ein Drache bewachte es; der spie Wasser, das in lichten Nebel zerstäubte. Innerhalb des Tores war ein kleiner, ungehörnter Drache, der hob den Kopf und zeigte ihm die Krallen und ließ ihn nicht hinein.

Der Fischer brachte mehrere Tage in der Höhle zu. Er stillte seinen Hunger mit dem grünen Schlamm, der wie Reisbrei schmeckte. Schließlich fand er sich wieder heraus. Er erzählte, was ihm begegnet, dem Amtmann; der berichtete es dem Kaiser. Der Kaiser berief einen Weisen und befragte ihn darüber.

Der Weise sprach: »Diese Höhle hat vier Gänge. Der eine Gang führt an das Südwestufer des Dungting-Sees, der zweite Gang führt in ein Tal des Vierstromlandes, der dritte Gang mündet in einer Höhle des Lofuberges, der vierte auf einer Insel im Ostmeer. In dieser Höhle wohnt die siebente Tochter des Drachenkönigs vom Ostmeer, die über seine Perlen und Schätze wacht. Vor alter Zeit traf es sich einmal, daß ein Fischerknabe ins Wasser tauchte und eine Perle unterm Kinn eines schwarzen Drachens hervorbrachte. Der Drache hatte geschlafen; darum hatte der Knabe die Perle unverletzt heraufgebracht. Die Schätze nun, die die Drachentochter in Verwahrung hat, sind Tausende und Millionen solcher Kleinodien. Einige tausend kleiner Drachen behüten sie in ihrem Dienste. Die Drachen haben die Eigenheit, daß sie das Wachs scheuen. Sie lieben schöne Jaspissteine und Hohlgrün und essen gern Schwalben. Wenn man einen Boten sendet mit einem Brief, so kann man kostbare Perlen erhalten.«

Der Kaiser war hocherfreut und setzte eine große Belohnung aus für den, der fähig sei, als Bote in das Drachenschloß zu gehen.

Erst meldete sich ein Mann namens So Pi-Lo. Der Weise aber sprach: »Ein Urahn vor dir hat einmal über hundert Drachen des Ostmeeres getötet und wurde schließlich von den Drachen umgebracht. Die Drachen sind deinem Geschlecht feind, du darfst nicht gehen.«

Dann kam ein Mann aus Canton, Lo Dsï-Tschun, mit zwei Brüdern, der berichtete, daß Vorfahren von ihm mit dem Drachenkönig verschwägert gewesen seien. Sie seien daher mit den Drachen auf gutem Fuß und wohlbekannt und bäten, die Botschaft übernehmen zu dürfen.

Der Weise fragte: »Habt ihr den Stein noch, der die Drachen zwingt?«

»Ja«, sprachen sie, »wir haben ihn hier mitgebracht.«

Der Weise ließ sich den Stein zeigen; dann sprach er: »Dieser Stein taugt nur, den Drachen, der Wolken macht und Regen niedersendet, zu bezwingen: er taugt nicht für den Drachen, der des Meerkönigs Perlen wahrt.« Dann fragte er weiter: »Habt ihr Drachenhirnduft?«

Als sie verneinten, sprach der Weise: »Wie wollt ihr da den Drachen zwingen?«

Der Kaiser sprach: »Was tun?«

Der Weise erwiderte: »Im Westmeer gibt es fremde Kauffahrer, die mit Drachenhirnduft handeln. Man muß hingehen und es bei ihnen versuchen. Auch weiß ich einen Heiligen, der verstand die Kunst der Drachen und hat zehn Pfund des Drachensteins bereitet. Auch danach muß man jemand schicken.«

Der Kaiser sandte Boten aus. Die trafen einen Schüler jenes Heiligen und erlangten von ihm zwei Splitter Drachenstein.

Der Weise sprach: »Das ist der Rechte.«

Abermals vergingen einige Monate, da ward auch eine Pille Drachenhirnduft herbeigeschafft. Der Kaiser war hocherfreut und ließ durch seine Juweliere aus dem feinsten Jaspis zwei kleine Büchsen schneiden. Die wurden mit der Asche des Wutung-Baumes poliert. Dann ließ er aus dem besten Hohlgrün eine Essenz bereiten, die mit Meerfischleim verklebt und im Feuer gehärtet wurde. Zwei Vasen wurden daraus gemacht. Dann ließ er die Boten sich an Leib und Kleidern mit Baumwachs einreiben und gab ihnen fünfhundert geröstete Schwalben mit.

So gingen sie in die Höhle hinein. Als sie ans Drachenschloß kamen, da roch der kleine Drache, der die Tür verwahrte, das Baumwachs. Er duckte sich und tat ihnen nichts. Da gaben sie ihm hundert geröstete Schwalben als Bestechung, daß er sie bei der Drachentochter meldete. Sie wurden vorgelassen und brachten die Hohlgrünvasen und die Jaspisbüchsen und die vierhundert gerösteten Schwalben als Geschenk dar. Die Drachentochter nahm sie gnädig auf, und sie entfalteten den Brief des Kaisers.

Im Schlosse war ein tausendjähriger Drache, der konnte sich in einen Menschen verwandeln und verstand es, die Men-

schensprache zu dolmetschen. So erfuhr denn die Drachentochter, daß der Kaiser ihr das Geschenk gemacht, und sie erwiderte es mit einer Gabe von drei großen Perlen, sieben kleinen Perlen und einem ganzen Scheffel gewöhnlicher Perlen.
Die Boten verabschiedeten sich, ritten auf einem Drachen mit
ihren Perlen davon und waren im Augenblick am Ufer des
Yangtsekiang angelangt. Sie begaben sich nach Nanking, der
kaiserlichen Hauptstadt, und übergaben dort die Perlen-
kleinodien.

Der Kaiser war hocherfreut und zeigte sie dem Weisen. Der
sprach: »Von den drei großen Perlen ist eine eine göttliche
Wunschperle dritten Ranges, und zwei sind schwarze Dra-
chenperlen mittlerer Güte. Von den sieben kleinen Perlen
sind zwei Schlangenperlen, und fünf sind Muschelperlen. Sie
alle sind ersten Ranges. Die übrigen Perlen sind teils Meer-
kranichperlen, teils Schnecken- und Austernperlen. Sie kommen den großen Perlen an Wert nicht gleich, doch finden sich
auf Erden wenig ihresgleichen.«

Der Kaiser zeigte sie darauf auch allen seinen Dienern. Die
hielten die Worte des Weisen für leeres Gerede und glaubten
nicht daran.

Der Weise sprach: »Die Wunschperlen ersten Ranges leuchten vierzig Meilen weit, die mittleren Ranges zwanzig Meilen und die dritten Ranges zehn Meilen. Soweit ihr Schein
reicht, kommt nicht Wind noch Regen, noch Donner, noch
Blitz, noch Wasser, noch Feuer, noch Waffen. Die Perlen des
schwarzen Drachens sind neunfarbig und leuchten bei Nacht.
Soweit ihr Schein reicht, ist das Gift von Schlangen und Ker-
fen wirkungslos. Die Schlangenperlen sind siebenfarbig, die
Muschelperlen fünffarbig. Sie alle leuchten bei Nacht. Die
fleckenlosen sind die besten. Sie entstehen im Bauche der
Muschel und nehmen mit dem Monde zu und ab.«

Als einer fragte, wie man die Schlangen- und die Kranichperlen unterscheiden könne, da sprach der Weise: »Die Tiere
selbst erkennen sie.«

Der Kaiser ließ nun heimlich eine Schlangen- und eine Kranichperle auswählen und tat sie unter einen ganzen Scheffel
gewöhnlicher Perlen und goß sie auf dem Hofe aus. Dann
holte man eine große gelbe Schlange und einen schwarzen
Kranich und setzte sie unter die Perlen. Sofort nahm der
Kranich die Kranichperle in den Schnabel und begann zu
singen und zu tanzen und umherzuflattern. Die Schlange
aber schnappte nach der Schlangenperle und ringelte sich in
vielen Windungen umher. Als das die Leute sahen, da fügten
sie sich der Rede des Weisen. Auch mit dem Schein der großen und der kleinen Perlen verhielt es sich genau so, wie der
Weise es gesagt hatte.

Die Boten hatten in dem Drachenschlosse eine feine Kost bekommen wie Blumen, wie Kräuter, wie Salbe, wie Zucker.
Einen Rest davon hatten sie in die Hauptstadt mitgebracht;
doch wie sie an die Luft kam, ward sie fest wie Stein. Der
Kaiser befahl, sie in dem Schatzhaus aufzuheben. Dann verlieh er den drei Brüdern Rang und Titel und beschenkte jeden
mit tausend Rollen feinen Seidenzeugs. Er ließ auch nachfor-
schen, warum wohl jener Fischer, als er in die Höhle geriet,
von den Drachen nicht umgebracht worden war. Da stellte
sich heraus, daß seine Fischerkleidung mit Leinöl und Baumwachs getränkt war. Die Drachen hatten sich vor dem Geruch gefürchtet.

54. Hilfe in der Not

Zwanzig Meilen östlich von Gingdschou ist der Mädchensee. Er hat einige Meilen im Geviert. Er ist von dichtem
grünem Gebüsch und hohen Wäldern rings umgeben. Sein
Wasser ist klar und tiefblau. Oft zeigt sich darin allerlei
Wundergetier. Die Leute der Umgegend haben dort einen
Tempel errichtet für die Drachenprinzessin. In dürren Zeiten
wallfahrten sie alle da hin um zu beten.

Westlich von Gingdschou, zweihundert Meilen weit, ist ebenfalls ein See, dessen Gott Tschauna heißt und viele Wunder wirkt. Zur Tang-Zeit war in Gingdschou ein Beamter namens Dschou Bau. In seiner Amtszeit begab es sich, daß im fünften Monat plötzlich Wolken sich erhoben, die sich wie Berge auftürmten und zwischen denen Drachen und Schlangen sich wanden; die fluteten hin und her zwischen den beiden Seen. Sturm und Regen, Donner und Blitz erhoben sich, also daß Häuser einfielen und Bäume entwurzelt wurden. Auch wurden Menschen getötet und am Getreide großer Schaden angerichtet. Dschou Bau nahm die Schuld auf sich und betete zum Himmel um Verzeihung für das Volk.

Am fünften Tage des sechsten Monats saß er in seinem Rathaus und sprach Recht. Da fühlte er sich plötzlich müd und schläfrig. Er nahm den Hut ab und legte sich aufs Kissen. Kaum hatte er die Augen geschlossen, da sah er einen Krieger in Helm und Panzer mit einer Hellebarde in der Hand vor den Stufen des Saales stehen, der meldete: »Eine Dame ist draußen, die einzutreten wünscht.« Dschou Bau befragte ihn: »Wer bist du denn?« Die Antwort war: »Ich bin Euer Torwart. In der unsichtbaren Welt pflege ich dieses Dienstes schon viele Jahre.« Unterdessen kamen zwei Grünröcke die Stufen herauf, knieten vor ihm nieder und sprachen: »Unsere Herrin ist gekommen, Euch zu besuchen.« Dschou Bau erhob sich. Da sah er liebliche Wolken, aus denen feiner Regen herunterrieselte, und ein fremder Duft bezauberte ihn. Plötzlich sah er eine Frau in einfachem Gewand, aber von ausnehmender Schönheit aus der Höhe herniederschweben mit einem Gefolge von vielen Dienerinnen. Sie alle waren reinlich und schmuck und dienten der Frau wie einer Prinzessin. Als sie in den Saal trat, erhob sie die Arme zum Gruß. Dschou Bau trat ihr entgegen und lud sie zum Sitzen ein. Von allen Seiten strömten farbige Wolken heran, und purpurner Äther erfüllte den Hof. Dschou Bau ließ Wein und Speisen auftragen und bewirtete sie aufs prächtigste. Die Göttin aber saß mit gerunzelten Brauen starr blickend da und sah recht traurig aus. Dann erhob sie sich, trat vor ihn und sagte errötend: »Ich wohne hier in der Nähe seit vielen Jahren. Unbill, die mir widerfahren ist, läßt mich die Schranken des Ziemlichen überschreiten und gibt mir den Mut, Euch eine Bitte vorzutragen. Doch weiß ich nicht, ob Ihr mich retten wollt.«

»Darf ich hören, worum es sich handelt?« antwortete Dschou Bau. »Ich stehe Euch, wenn ich helfen kann, gerne zur Verfügung.«

Die Göttin sprach: »Mein Geschlecht wohnt seit Jahrhunderten in der Tiefe des Ostmeers. Da traf uns das Unglück, daß unsere Schätze den Neid der Menschen erregten. So Pi-Los Ahn hat unsern Stamm durch Feuer fast gänzlich ausgerottet. Unsere Vorfahren mußten flüchten und sich verbergen, von einer Rache konnte keine Rede sein. Vor kurzem hat noch dazuhin unser Feind So Pi-Lo selbst einen kaiserlichen Brief in der Höhle des Dungting-Sees abgeben wollen. Unter dem Vorwand, Perlen und Schätze zu erbitten, wollte er in das Drachenschloß eindringen und unsern Stamm ausrotten. Zum Glück hat ein Weiser seine verräterische Absicht erkannt und ihn verhindert, hinzugehen. Statt seiner wurden Lo Dsï-Tschun und seine Brüder ausgesandt. Dennoch fühlen sich die Unsern vor künftigem Schaden nicht sicher. Darum verzogen sie zum fernen Westen. Mein Vater hat sich viel Verdienste um die Menschen erworben und ist dort hochgeehrt. Ich bin seine neunte Tochter. Mit sechzehn Jahren ward ich dem jüngsten Sohn des Felsdrachens vermählt. Mein guter Mann war hitzigen Wesens; darum verstieß er öfters gegen gute Sitte, und ehe ich ein Jahr mit ihm zusammenwohnte, traf ihn des Himmels Strafe. Einsam blieb ich übrig und kehrte in mein Elternhaus zurück. Mein Vater wollte mich zum zweiten Male verheiraten; doch ich wollte meinem Gatten die Treue wahren und tat einen Schwur, meinem Vater nicht zu folgen. Die Eltern wurden böse, und ich mußte mich vor ihrem Groll hierher zurückziehen. Drei Jahre sind es her. Wer konnte denken, daß der gemeine Drache Tschauna, der für seinen jüngsten Bruder eine Gattin sucht, mir mit Gewalt die Hochzeitsgabe überbrachte. Ich sträubte mich, sie anzunehmen; aber Tschauna wußte sich bei meinem Vater wohl dranzumachen und war entschlossen, sein Vorhaben auszuführen. Mein Vater, unbekümmert, ob ich wollte oder nicht, sprach mich ihm zu. Nun kam der Drache Tschauna mit seinem jüngsten Bruder und wollte mich mit Waffengewalt entführen. Ich trat mit meinen fünfzig Getreuen ihm entgegen, und wir kämpften auf dem Anger vor der Stadt. Wir wurden besiegt, und ich fürchte, daß der Bube mir Schande antun wird, so daß ich mich vor meinem verstorbenen Gatten nicht mehr sehen lassen könnte. Darum habe ich ein Herz gefaßt, Euch anzuflehen, ob Ihr mir Söldner leihen wollt, die Feinde abzuwehren, um meinen Witwenstand zu wahren. Wenn Ihr mir helft, so will ich Euch bis ans Ende der Tage dankbar sein.«

Dschou Bau erwiderte: »Ihr seid von einem edlen Stamme; habt Ihr denn keine Anverwandten, die Euch in Eurer Not zu Hilfe eilen, daß Ihr an einen sterblichen Menschen Euch wenden müßt?«

»Wohl ist mein Stamm berühmt und zahlreich. Wenn ich ihnen Briefe schickte und sie zu Hilfe kämen, so würden sie den Tschauna, diese Schuppe, zerreiben, wie man Knoblauch reibt. Doch hat mein verstorbener Gatte sich gegen den Himmel versündigt; und noch ward ihm Verzeihung nicht zuteil. Auch steht der Wille meiner Eltern mir entgegen, so daß ich mich an meine Sippe um Hilfe nicht wenden kann. Ihr werdet meine Not verstehen.« Da sagte Dschou Bau ihr seine Hilfe zu, und die Prinzessin dankte und nahm Abschied.

Als er erwachte, seufzte er lange noch ob des seltsamen Erlebnisses. Am andern Tage sandte er fünfzehnhundert Soldaten ab, am Mädchensee die Wacht zu halten.

Am siebenten Tage des sechsten Monats stand Dschou Bau früh auf. Es war noch dunkel vor den Fenstern; doch kam es ihm vor, als sähe er einen Mann vor dem Vorhang stehen. Er fragte, wer er sei. Der sprach: »Ich bin der Ratgeber der Prinzessin. Gestern hattet Ihr die Güte, Soldaten uns zu schicken, um uns aus unserer Not zu retten. Doch sind das alles lebende Menschen. Sie können nicht mit Unsichtbaren fechten. Ihr müßt uns verstorbene Soldaten schicken, dann erst ist uns geholfen.

Dschou Bau besann sich eine Weile, dann fiel ihm ein: ›Natürlich ist es so.‹ So ließ er den Feldschreiber in den Listen nachsehen, wie viele von seinen Soldaten im Kampf gefallen waren. Man zählte zweitausend Mann Fußtruppen und fünfhundert Reiter. Er ernannte einen verstorbenen Offizier Mong Yüan zum Anführer, schrieb den Befehl auf ein Papier, das er verbrannte, um sie auf die Weise der Prinzessin zur Verfügung zu stellen. Die lebenden Soldaten rief er zurück. Als er im Hofe sie nach ihrer Rückkehr musterte, fiel ein Soldat plötzlich bewußtlos nieder. Am andern Morgen in der Frühe kam er erst wieder zu sich. Man fragte ihn, und er erwiderte: »Ich sah einen Mann in roter Kleidung auf mich zukommen, der sprach zu mir: ›Unsere Prinzessin ist für die gütige Hilfe Eures Herrn dankbar. Doch hat sie noch eine Bitte; darum soll ich Euch rufen.‹ Ich folgte ihm bis zu dem Tempel. Die Prinzessin hieß mich vortreten und sagte zu mir: ›Ich bin Eurem Herrn für die Entsendung der Geistersoldaten von Herzen dankbar. Nur der Anführer Mong Yüan ist nicht tüchtig. Die Räuber kamen gestern mit dreitausend Leuten, und Mong Yüan wurde von ihnen geschlagen. Wenn Ihr zurückkommt und Euren Herrn seht, so sagt zu ihm, ich lasse ihn sehr bitten, einen tüchtigen Führer zu senden. Vielleicht kann mir dann geholfen werden.‹ Darauf ließ sie mich zurückbringen, und ich kam wieder zu mir.«

Als Dschou Bau diese Worte vernommen hatte, die mit seinem Traum merkwürdig zusammentrafen, da wollte er einen Versuch machen, ob die Sache stimme. Darum wählte er seinen siegreichen Feldherrn Dschong Tschong-Fu aus, an die

Stelle des Mong Yüan zu treten. Am Abend zündete er Weihrauch an, spendete Wein und übergab die Seele dieses Feldherrn der Prinzessin.

Am Sechsundzwanzigsten des Monats kam aus dem Lager des Feldherrn die Nachricht, daß er am Dreizehnten um Mitternacht plötzlich verschieden sei. Dschou Bau erschrak und sandte einen Mann, nach ihm zu sehen. Der berichtete, daß die Herzgrube des Verstorbenen noch nicht kalt sei. Auch sei der Leichnam trotz des heißen Sommerwetters von allen Spuren der Verwesung frei. So gab er den Befehl, ihn nicht zu bestatten.

Eines Nachts erhob sich nun ein eisiger Geisterwind, der Sand und Steine aufwirbelte, Bäume zerbrach und Häuser einwarf. Das Korn des Feldes wurde alles umgeweht. Den ganzen Tag hörte es nicht auf. Schließlich ertönte krachend ein Donnerschlag, der Himmel wurde wieder klar, die Wolken zerstreuten sich. Um diese Stunde begann der tote Feldherr röchelnd auf dem Bett zu atmen, und als die Seinen nach ihm schauten, da war er zum Leben zurückgekehrt.

Sie fragten ihn nun aus, und er erzählte: »Erst sah ich einen Mann in purpurnem Gewand auf schwarzem Pferd, der mit großem Gefolge herbeikam. Vor der Tür stieg er ab. Er hielt in der Hand eine Ernennungsurkunde und gab sie mir, indem er sprach: ›Unsere Prinzessin bittet Euch ehrerbietig, ihr Feldherr zu werden. Ich hoffe, Ihr lehnt nicht ab.‹ Dann tat er Geschenke hervor und häufte sie vor der Treppe auf. Jaspis, Brokat und seidene Kleider, Sättel, Pferde, Helme und Panzer türmte er im Hofe auf. Ich wollte ablehnen; aber er ließ es nicht zu und drängte mich, mit ihm einen Wagen zu besteigen. Wir fuhren hundert Meilen weit, da kam ein Zug von dreihundert gepanzerten Reitern, mich einzuholen. Sie führten mich nach einer großen Stadt. Vor der Stadt war ein Zelt errichtet, in dem eine Musikbande spielte. Ein hoher Beamter kredenzte mir Wein zum Willkomm. Als ich die Stadt betrat, da standen die Zuschauenden wie Mauern gedrängt. Diener liefen ab und zu und überbrachten Befehle. Es ging wohl durch ein Dutzend Tore, bis wir an ein Schloß kamen. Dort ward ich gebeten, abzusteigen und die Kleider zu wechseln, um vor die Prinzessin zu treten. Die Prnzessin wollte mich als ihren Gast empfangen. Ich hielt die Ehre für zu hoch und begrüßte sie unten an den Stufen. Sie aber lud mich ein, bei ihr im Saale Platz zu nehmen. Aufrecht saß sie da, von unvergleichlicher Schönheit, umgeben von geschminkten Dienerinnen in reichem Schmuck. Sie schlugen die Saiten und bliesen auf Flöten. Eine Schar von Dienern stand umher mit goldenen Gürteln und purpurnen Quasten, der Befehle gewärtig. Unzählbare Scharen standen vor dem Palast. Fünf, sechs Besucherinnen saßen im Kreise um die Prinzessin, und ein Feldherr führte mich auf meinen Platz. Die Prinzessin sprach zu mir: ›Ich habe Euch hergebeten, um Euch die Führung meines Heeres zu übergeben. Wenn Ihr die Kraft meines Feindes brecht, will ich Euch reichlich belohnen.‹ Ich sagte Gehorsam zu. Da wurde Wein herbeigeschafft und unter den Klängen der Musik das Mahl aufgetragen. Unter dem Essen kam ein Bote. ›Der Räuber Tschauna ist mit Zehntausenden zu Fuß und zu Pferd in unserm Lande eingebrochen und naht sich auf verschiedenen Straßen unserer Stadt. Rauch und Feuersäulen zeichnen seinen Weg.‹ Die Gäste alle entfärbten sich vor Schreck, als sie die Nachricht hörten. Und die Prinzessin sprach: ›Das ist der Feind, um dessentwillen ich Euch gebeten. Rettet mich aus meiner Not!‹ Dann gab sie mir zwei Schlachtrosse, einen goldenen Panzer und die Abzeichen des Feldherrn und verneigte sich vor mir. Dankend ging ich von ihr, berief die Führer, ließ das Heer antreten und zog vor die Stadt. An einigen entscheidenden Punkten legte ich Truppen in den Hinterhalt. Schon nahte sich der Feind mit großer Macht, unbesorgt und leichten Sinns, berauscht von seinen früheren Siegen. Ich schickte erst die untüchtigsten meiner Soldaten voran, die sich schlagen ließen, um ihn heranzulocken. Leichtbewaffnete traten ihm dann entgegen und zogen sich plänkelnd vor ihm zurück. So fiel er in den Hinterhalt. Pauken und Trommeln ertönten zugleich. Von allen Seiten schloß sich der Kreis, und das Heer der Räuber erlitt eine große Niederlage. Wie Hanfstengel lagen die Toten umher; doch gelang es dem kleinen Tschauna durchzubrechen. Ich schickte leichte Reiterei ihm nach, die ihn vor dem feindlichen Feldherrnzelt ergriff. Eiligst sandte ich der Prinzessin Nachricht. Vor ihrem Palast nahm sie die Gefangenen entgegen. Alles Volk, hoch und niedrig, strömte herbei, ihr Glück zu wünschen. Der kleine Tschauna sollte auf dem Markte hingerichtet werden. Da kam unversehens ein reitender Bote daher mit einem Befehl vom Vater der Prinzessin, man solle ihm verzeihen. Die Prinzessin wagte nicht, den Gehorsam zu weigern. So entließ sie ihn in seine Heimat, nachdem er vorher feierlich allen frevlen Gedanken abgeschworen hatte. Ich wurde für meinen Sieg mit Gnaden überhäuft. Ein Lehensgut mit dreitausend Bauern wurde mir zugewiesen. Ich erhielt einen Palast, Wagen und Pferde, alle Arten von Kleinodien, Knechte und Mägde, Gärten und Wälder, Fahnen und Rüstungen. Und auch die Unterführer wurden nach Verdienst belohnt. Am andern Tage ward ein Festmahl gehalten, zu dem auch die edlen Frauen, die auf Besuch waren, sich einfanden. Bis tief in die Nacht dauerte das Trinkgelage. Die Prinzessin füllte eigenhändig ihren kostbaren Becher, ließ ihn durch eine Dienerin mir überbringen und sprach zu mir: ›Frühe verwitwet, widersetzte ich mich dem Willen meines strengen Vaters und floh vor ihm an diesen Ort. Da bedrängte mich der Schurke Tschauna und hätte beinahe Schmach und Schande über mich gebracht. Wenn nicht Eures Herrn große Güte und Eure Tapferkeit mir zu Hilfe gekommen wären, so wäre mir das Los jener Königstochter zugefallen, die, gewaltsam zum Weibe genommen, stumm blieb bis an ihr Lebensende.‹ Dann fing sie an sich zu bedanken, und vor Rührung rollten ihr reichliche Tränen nieder. Ich verneigte mich vor ihr und bat um Urlaub, um nach den Meinen zu sehen. Ein Monat ward mir gewährt. Am andern Tage entließ sie mich mit einem reichen Gefolge. Vor der Stadt war ein Pavillon errichtet, um mir den Abschiedstrunk darzubringen. So ritt ich weg, und als ich vor unserem Tore ankam, ertönte krachend ein Donnerschlag, und ich erwachte.«

Darauf schrieb der Feldherr einen Bericht an Dschou Bau, in dem er den Dank der Prinzessin übermittelte. Er kümmerte sich von da ab nicht mehr um die Weltgeschäfte, sondern bestellte sein Haus und übergab es seiner Frau und seinem Sohn. Als ein Monat vorüber war, starb er ohne Krankheit.

An jenem Tage war einer seiner Offiziere unterwegs. Plötzlich sah er, wie eine dichte Staubwolke aufwirbelte und Flaggen und Fahnen die Sonne verdunkelten. Tausend Ritter gaben einem Manne das Geleite, der stolz und heldenhaft zu Pferde saß. Als er ihm ins Gesicht sah, war es der Feldherr Dschong-Fu. Eilig trat er an den Rand der Straße, um Platz zu machen, da sah er den Zug vorüberreiten. Sie ritten nach dem Mädchensee, wo sie verschwanden.

55. Die verstoßene Prinzessin

Zur Tangzeit lebte ein Mann namens Liu I, der war in seiner Doktorprüfung durchgefallen. So reiste er wieder nach Hause zurück. Sechs, sieben Meilen hatte er hinter sich, da flog im Feld ein Vogel auf. Sein Pferd ward scheu und rannte über zehn Meilen weit, ehe es sich halten ließ. Da sah er eine Frau, die hütete Schafe am Abhang eines Berges. Er blickte sie an; sie war wunderschön, doch drückten ihre Mienen geheimen Kummer aus. Verwundert fragte er sie, was ihr fehle.

Die Frau begann zu schluchzen und erzählte: »Das Glück hat mich verlassen; ich kam in Not und Schande. Da Ihr die Freundlichkeit habt, mich zu fragen, will ich Euch offen alles sagen. Ich bin die jüngste Tochter des Drachenfürsten vom Dungting-See und war verheiratet an den zweiten Sohn des Drachenkönigs von Ging Dschou. Mein Gatte war leichtsinnig und hielts mit einer ränkevollen Magd. So hat er mich verstoßen. Ich klagte meine Not den Schwiegereltern, die aber hatten eine blinde Liebe für den Sohn und taten nichts. Als ich sie dringender noch bat, da wurden beide böse, und ich ward hier herausgeschickt und muß die Schafe hüten.« Als sie ausgeredet hatte, brach sie vor Schmerz in lautes Weinen aus und konnte sich gar nicht mehr fassen. Dann fuhr sie fort: »Der Dungting-See ist so weit von hier, doch habe ich erfahren, daß Ihr auf Eurer Heimreise dort vorbeikommt. Ich möchte Euch einen Brief an meinen Vater mitgeben; ich weiß nicht, ob es angeht?«

Liu I erwiderte: »Eure Worte haben mich im tiefsten Herzen gerührt. Ich wollte, ich hätte Flügel und könnte mit Euch von dannen fliegen. Den Brief an Euren Vater will ich gerne überbringen. Doch der Dungtin-See ist groß und weit, wie kann ich ihn da finden?«

»Am südlichen Ufer des Sees steht ein Orangenbaum«, erwiderte die Frau, »die Leute nennen ihn den Opferbaum. Wenn Ihr dorthin kommt, müßt Ihr Euren Gürtel lösen und dreimal ihn gegen den Orangenbaum schwingen, so wird jemand erscheinen, dem mögt Ihr folgen. Wenn Ihr meinen Vater seht, so erzählt ihm, in welcher Not Ihr mich getroffen, und daß ich seine Hilfe heiß ersehne.«

Dann holte sie aus ihrem Busen einen Brief und gab ihn dem Liu I. Sie verneigte sich vor ihm und blickte seufzend nach Osten. Auch dem Liu I rollten unversehens die Tränen herab. Er nahm den Brief und steckte ihn in seinen Beutel.

Dann fragte er: »Ich verstehe nicht, warum Ihr Schafe hüten müßt. Schlachten die Götter denn auch Tiere?«

»Das sind keine gewöhnlichen Schafe«, sagte die Frau; »es sind Regenknechte.« »Was sind denn Regenknechte?«

»Es sind die Donnerböcke«, sprach die Frau.

Und als er näher zusah, da sah er, daß die Tiere stolz und wild einherschritten, ganz anders als gewöhnliche Schafe.

Liu I fügte dann noch hinzu: »Wenn ich den Brief für Euch nun überbringe und Ihr künftig wohlbehalten zum Dung-ting-See zurückkehrt, müßt Ihr mich aber nicht wie einen Fremdling behandeln.«

Die Frau erwiderte: »Wie sollte ich Euch fremd behandeln! Ihr sollt mir der liebste Freund sein!«

Nach diesen Worten schieden sie.

Nach einem Monat kam Liu I an den Dungting-See und fragte nach dem Orangenbaum, und richtig fand er ihn. Er löste seinen Gürtel und schlug dreimal gegen den Baum. Sofort tauchte ein Krieger aus den Wellen des Sees hervor.

Er fragte: »Woher kommt Ihr, werter Gast?«

Er sprach: »Ich habe einen wichtigen Auftrag und will den König sehen.«

Der Krieger winkte nach dem Wasser zu, da ward es zur festen Straße und er führte ihn hinein. Das Drachenschloß türmte sich vor ihnen auf mit tausend Toren. Wunderblumen und seltene Gräser sproßten in üppiger Fülle. Der Krieger hieß ihn an der Seite eines großen Saales warten.

Er fragte: »Wie heißt dieser Ort?«

»Es ist die Geisterhalle«, war die Antwort.

Liu I sah sich um: Alle Kleinodien der Menschenwelt waren in verschwenderischer Pracht vorhanden. Die Säulen waren aus weißem Quarz mit grünem Jaspis eingelegt; die Sitze waren aus Korallen, die Vorhänge aus wasserklarem Bergkristall, die Fenster aus geschliffenem Glas mit reichem Gitterwerk verziert. Bernsteingeschmückt schwangen sich in weitem Bogen die Balken der Decke. Ein fremder Duft erfüllte den Raum, der sich in geheimnisvollem Dunkel verlor.

Lange mußte er auf den König warten. Auf seine Fragen belehrte ihn der Krieger: »Der Herr geruht, jetzt eben auf dem Korallenturm mit dem Sonnenpriester über das heilige Buch des Feuers zu reden. Es wird wohl bald zu Ende sein.«

Liu I fragte weiter: »Was hat es mit dem heiligen Buch des Feuers auf sich?«

Die Antwort war: »Unser Herr ist ein Drache. Die Drachen sind groß durch die Kraft des Wassers. Mit einer Woge können sie Berg und Tal bedecken. Der Priester ist ein Mensch. Die Menschen sind groß durch die Kraft des Feuers. Mit einer Fackel können sie die größten Paläste verbrennen. Feuer und Wasser bekämpfen sich, da sie in ihrer Wesensart verschieden sind. Darum bespricht sich unser Herr nun mit dem Priester, um einen Weg zu finden, wie Feuer und Wasser sich ergänzen können.«

Noch ehe sie ausgeredet, erschien ein Mann in purpurnem Gewand, der trug ein Jaspiszepter in der Hand.

Der Krieger sprach: »Das ist mein Herr.«

Liu I verneigte sich vor ihm.

Der König sprach: »Seid Ihr denn nicht ein lebender Mensch? Was führt Euch hierher?«

Liu I nannte seinen Namen und erzählte: »Ich war in der Hauptstadt und fiel dort in der Prüfung durch. Als ich am Ging Dschou-Fluß vorüberkam, da sah ich Eure geliebte Tochter, wie sie Schafe weidete in der Wildnis. Der Wind zauste ihre Haare, und der Regen netzte sie. Ich konnte diese Trübsal nicht mit ansehen und sprach sie an. Sie klagte mir, daß sie von ihrem Gatten verstoßen sei, und weinte bitterlich. Dann gab sie mir einen Brief mit. Darum bin ich gekommen, Euch, o König, zu besuchen.«

Mit diesen Worten holte er den Brief heraus und überreichte ihn dem König. Als der ihn durchgesehen hatte, verhüllte er sein Antlitz mit dem Ärmel und sagte seufzend: »Das ist meine Schuld. Ich habe ihr einen schlechten Gatten ausgewählt. Ich wollte meine Tochter recht früh verheiraten und hab sie nun in der Ferne in Schmach und Schande gebracht. Ihr seid ein Fremder und habt Euch doch bereitgefunden, in ihrer Not ihr beizustehen; dafür bin ich Euch herzlich dankbar.« Dann begann er abermals zu schluchzen, und alle Umstehenden vergossen Tränen. Der Fürst gab nun den Brief einem Diener, der ihn ins Innere des Palastes trug. Nach einer kleinen Weile erhoben sich im Innern des Palastes laute Klagen.

Der Fürst erschrak und wandte sich an einen der Beamten: »Geh hin und sage denen drinnen, sie sollen nicht so laut weinen; ich fürchte, Tsiän Tang könnte es hören.«

»Wer ist denn Tsiän Tang?« fragte Liu I.

»Es ist mein geliebter Bruder«, sprach der Fürst. »Er war früher der Herrscher des Tsiän-Tang-Flusses. Jetzt ist er abgesetzt.«

Liu I fragte: »Warum soll er nicht von der Sache hören?«

»Er ist so wild und unbändig«, war die Antwort, »daß ich fürchte, er könnte großes Unheil anrichten. Die Sintflut, die damals zur Zeit des Kaisers Yau neun Jahre lang auf Erden war, hat er in seinem Zorne angerichtet. Weil er mit einem Himmelsfürsten uneins war, hat er eine Wasserflut erregt, die bis über die Gipfel der fünf großen Berge ging. Da wurde der Herr zornig auf ihn und hat ihn mir in Gewahrsam übergeben. Ich mußte ihn an eine Säule des Palastes fesseln.«

Aber noch ehe er ausgeredet hatte, erhob sich plötzlich ein ungeheures Getöse, daß der Himmel zerriß und die Erde erbebte und der ganze Palast in Erschütterung geriet und Rauch und Wolken qualmend aufzischten. Ein roter Drache, tausend Fuß lang, mit blitzenden Augen, blutroter Zunge, scharlachnen Schuppen und feurigem Barte kam daher. Die Säule, an der er angefesselt war, schleppte er an seiner Kette durch die Luft. Blitz und Donner brausten um seinen Leib; Schloßen, Schnee, Regen und Hagel wirbelten durcheinander. Ein Donnerschlag, und er fuhr zum Himmel auf und verschwand.

Liu I fiel vor Schrecken zur Erde. Der König half ihm mit eigener Hand wieder auf und sagte: »Keine Angst! Das ist mein Bruder, der in seinem Zorn nach Ging Dschou eilt. Bald wird gute Nachricht da sein.«

Darauf ließ er Wein und Speisen bringen, den Gast zu bewirten. Als der Becher dreimal die Runde gemacht hatte, da erhob sich säuselnd ein Zephirwind, und feiner Regen sprühte nieder. Ein Jüngling in purpurnem Gewand und hohem Hut trat ein. An der Seite trug er ein Schwert. Er sah männlich und heldenhaft aus. Hinter ihm ging ein Mädchen in strahlender Schönheit und nebelduftigem Gewand. Als er sie ansah, da war's die Drachenprinzessin, der er unterwegs begegnet war. Eine Schar von rotgekleideten Mädchen empfing sie unter Lachen und Kichern und führte sie ins Innere des Palastes. Der Herrscher aber stellte ihm den Jüngling vor und sagte: »Das ist Tsiän Tang, mein Bruder.«

Tsiän Tang bedankte sich bei ihm für die Überbringung der Botschaft. Dann wandte er sich an seinen Bruder und sprach: »Ich habe mit den verruchten Drachen gekämpft und sie gründlich besiegt.«

»Wie viele hast du umgebracht?«

»Sechshunderttausend.«

»Kamen Felder zu Schaden?«

»Achthundert Meilen weit.«

»Und wo ist der herzlose Gatte?«

»Ich habe ihn gefressen.«

Da sprach der König bestürzt: »Was der lose Knabe getan, war freilich nicht zu dulden. Doch bist du gar zu roh gewesen. In Zukunft darfst du so etwas nicht wieder tun.« Tsiän Tang versprach's.

An jenem Abend wurde Liu I im Schloß festlich bewirtet. Musik und Tanz verschönten das Mahl. Tausend Krieger mit Fahnen und Speeren in der Hand traten hervor. Posaunen und Trompeten erschallten, Pauken und Trommeln wirbelten. So führten sie einen Kriegstanz auf. Die Musik brachte zum Ausdruck, wie Tsiän Tang die feindlichen Reihen durchbrochen. Dem Gast, der das hörte, sträubten sich vor Furcht die Haare. Dann wieder ertönten Saitenspiel, Flöten und goldene Glöckchen. In roter und grüner Seide tanzten tausend Mädchen einen Reigen. Die Rückkehr der Prinzessin wurde durch die Töne ausgedrückt. Sie klangen wie Gesang, wie Schluchzen, wie Trauer, wie Klagen, und alle, die sie hörten, wurden zu Tränen gerührt. Der König vom Dungting-See war hocherfreut. Dann hob er den Becher und trank dem Gaste zu, bis sie vom Weine aller Sorgen ledig wurden. Die beiden Herrscher dankten dem Gaste in Versen, und auch Liu I erwiderte in einem gereimten Trinkspruch. Die Höflingsscharen im Palaste riefen Beifall. Dann nahm der König vom Dungting-See einen blauen Wolkenkasten hervor, in dem das wasserzerteilende Nashorn lag. Tsiän Tang tat eine Platte von rotem Bernstein hervor mit einem Karfunkelstein darauf. Die schenkten sie dem Gaste, und auch die andern im Palast häuften an seiner Seite Stickereien, Brokate und Perlen auf. Von Glanz und Schimmer umflossen saß Liu I da und bedankte sich lächelnd nach allen Seiten. Als das Mahl zu Ende war, schlief er im Schloß des gefrorenen Glanzes.

Tags darauf wurde wieder ein Mahl gehalten. Tsiän Tang, der etwas betrunken war, saß lässig da und sprach: »Die Königstocher vom Dungting-See ist fein und hübsch. Sie hat das Unglück gehabt, von ihrem Gatten verstoßen zu werden. Heute ist ihre Ehe gelöst. Ich möchte nun einen andern Mann für sie haben. Wenn Ihr einverstanden wäret, so wäre es auch für Euch von Vorteil. Seid Ihr aber nicht gewillt, so möget Ihr Eure Straße ziehen, und wenn wir uns einmal wiedertreffen sollen, so kennen wir uns nicht mehr.«

Liu I ward böse über die lässige Art, mit der Tsiän Tang zu ihm sprach. Das Blut stieg ihm zu Kopf, und er erwiderte: »Ich habe den Boten gemacht, weil ich Mitleid hatte mit der Prinzessin, nicht aber, um mir selbst einen Vorteil dabei zu verschaffen. Den Gatten töten und die Frau entführen, so etwas tut ein rechter Mann nicht. Bin ich auch nur ein gewöhnlicher Mensch, so will ich lieber sterben, als nach Euren Worten handeln.«

Tsiän Tang stand auf, entschuldigte sich und sprach: »Meine Worte waren allzu übereilt. Ich hoffe, Ihr nehmt mir's nicht übel.« Und auch der Herr vom Dungting-See sprach ihm gütlich zu und tadelte Tsiän Tang wegen seiner rohen Rede. Von der Heirat wurde nicht mehr gesprochen.

Tags darauf verabschiedete sich Liu I, und die Königin vom Dungting-See gab zum Abschied noch ein Festmahl.

Die Königin sprach unter Tränen zu Liu I: »Meine Tochter ist Euch zu tiefem Dank verpflichtet, und wir haben keine Gelegenheit gehabt, es Euch zu vergelten. Nun geht Ihr weg, und wir lassen Euch mit schwerem Herzen ziehen.«

Darauf befahl sie der Prinzessin, sich zu bedanken.

Die stand errötend auf, verneigte sich vor ihm und sprach: »Wir werden uns wohl niemals wiedersehen!« Dann erstickte ihre Stimme in Tränen.

Liu I hatte wohl dem stürmischen Drängen des Oheims sich widersetzt, doch wie er nun die Prinzessin in all ihrer Lieblichkeit vor sich stehen sah, da tat es ihm von Herzen leid; allein er bezwang sich und ging weg. Der Schätze, die er mitbekam, waren unermeßlich viele. Der König selbst mit seinem Bruder gab ihm das Geleite bis zum Fluß.

Als er zu Hause ein Hundertstel von dem, was er bekommen, verkaufte, da zählte sein Vermögen schon nach Millionen, und er ward reicher als alle seine Nachbarn. Zweimal verheiratete er sich, doch starben beide Frauen nach kurzer Zeit. So wohnte er denn allein in der Hauptstadt. Er suchte nach einer neuen Gattin. Eine Vermittlerin kam zu ihm und erzählte ihm, daß im Norden eine Witwe mit ihrer Tochter lebe. Der Vater habe sich in späteren Jahren dem Taoismus ergeben und sei in den Wolken verschwunden, ohne wiederzukehren. Die Mutter lebe nun mit ihrer Tochter in ärmlichen Verhältnissen; doch weil das Mädchen über alle Maßen schön sei, so suche sie nach einem vornehmen Eidam.

Liu I war's zufrieden, und die Hochzeit wurde festgesetzt. Als er am Hochzeitsabend seine Braut entschleiert sah, da glich sie ganz der Drachenprinzessin. Er fragte sie, sie aber lächelte und sagte nichts.

Nach einem Jahr gebar sie einen Sohn. Da sagte sie zu ihrem Manne: »Heute will ich dirs gestehen: ich bin wirklich die Prinzessin vom Dungting-See. Als du meines Oheims Antrag verschmäht hattest und weggegangen warst, da ward ich krank vor Sehnsucht und kam dem Tode nahe. Meine Eltern wollten nach dir schicken; aber sie fürchteten, du möchtest an meiner Herkunft Anstoß nehmen. So ward ich denn, als Menschenmädchen verkleidet, dir vermählt. Bisher wagte ich es dir nicht zu gestehen. Nun hab ich dir einen Sohn geboren, und ich hoffe, daß du die Liebe zu ihm auf seine Mutter überträgst.«

Da kam Liu I wie aus tiefer Betäubung zu sich. Und die beiden liebten sich von Herzen.

Eines Tages sprach die Frau: »Wenn du ewig mit mir zusammenleben willst, so können wir nicht in der Menschenwelt wohnen bleiben. Wir Drachen werden zehntausend Jahre alt, und du sollst teil an diesem Alter haben. Komm mit mir zurück in den Dungting-See!«

Zehn Jahre waren darüber vergangen, und niemand wußte, wohin Liu I verschwunden war. Da kam zufällig ein Verwandter von ihm über den Dungting-See gefahren. Plötzlich tauchte ein blauer Berg aus den Wassern hervor.

Die Schiffer riefen bestürzt: »An dieser Stelle ist kein Berg, es muß ein Wasserdämon sein!«

Während sie noch deuteten und Ausschau hielten, da nahte sich der Berg dem Schiff, und von seiner Spitze glitt ein buntes Boot ins Wasser nieder. Zu beiden Seiten standen Feen. In der Mitte saß ein Mann. Es war Liu I. Er winkte seinem Vetter mit der Hand; der raffte seine Kleider auf und stieg zu ihm ins Boot. Als er jedoch das Boot betrat, da hatte es sich in einen Berg verwandelt. Auf dem Berge stand ein prächtiges Schloß, und in dem Schlosse stand Liu I, umgeben von Saitenspiel und leuchtenden Farben.

Sie begrüßten sich, und Liu I sprach zu seinem Vetter:
»Kaum einen Augenblick sind wir auseinander, und du hast
schon graues Haar.«
Der Vetter sprach: »Du bist ein seliger Gott; ich habe verweslichen Leib. So will's das Schicksal.«
Da gab ihm Liu I fünfzig Pillen und sprach: »Jede Pille ver-
längert dein Leben um ein Jahr. Wenn diese Jahre voll sind,
so komm und verweile nicht länger in der Welt des Erdenstaubs, wo nur eitel Not und Mühsal ist.«
Dann brachte er ihn noch über den See und war verschwunden. Sein Vetter aber zog sich von der Welt zurück, und nach
fünfzig Jahren, als er die Pillen alle gegessen hatte, da verschwand er auch auf Nimmerwiedersehen.

56. Das Fuchsloch

Im Westen der Kiautschoubucht ist ein Bergdorf, das heißt
das Fuchsdorf. Östlich von dem Dorfe steht ein hoher Fels.
Mitten durch den Fels geht eine Höhle, rund wie der Voll-
mond. Die Höhle führt wie ein Tunnel wohl eine halbe Meile
lang durch den ganzen Berg und kommt auf der andern Seite
wieder heraus. Die alten Leute sagen, es wohnen viele Füchse
und Wiesel darin. Darum getraut sich niemand hinein, und
das Dorf hat von dieser Höhle seinen Namen.
Einst gingen zwei Bauern aus der Gegend in die Stadt.
Als sie am Fuchsloch vorbeikamen, da deuteten sie auf den
Eingang der Höhle, und der eine sagte im Scherz: »Wenn
man da ein ordentliches Feuer anzündet, so würden die
Füchse und Wiesel alle miteinander verbrennen.«
Der andere, der ein Pächter war, brach in lautes Gelächter
aus und sagte: »Wenn vorne das Feuer brennt und hinten der
Rauch rauskommt, das wäre ein Spaß!«
Als sie von der Stadt zurückkamen, da fing der Pächter auf
einmal bitterlich zu weinen an. Er nannte sich mit seinem

eigenen Namen, und eine verstellte Stimme sprach aus ihm: »Ich bin dein Vater. Ich bin jämmerlich ums Leben gekommen. Heute ist mir's vergönnt, einmal zu Hause wieder einen Besuch zu machen.« Dann rief die Stimme nach der Mutter des Pächters, und als sie kam, da nahm er sie bei der Hand und weinte bitterlich und redete mit ihr über die Geschichte seines früheren Lebens. Dann sagte er noch: »Ich bin sehr hungrig. Laß mir schnell Wein und Speise schaffen! Aber es muß ein Huhn sein.«

Die Mutter des Pächters glaubte wirklich, es sei der Geist ihres Mannes, weil er mit ihr von Dingen sprach, die sonst niemand wußte. So begann sie denn auch vor Rührung zu weinen. Der Frau des Pächters aber kam die Sache nicht ganz geheuer vor, und weil er durchaus ein Huhn zum Essen wollte, argwöhnte sie, ihr Mann sei vielleicht von einem Fuchse besessen.

Darum fing sie kurz und bündig an: »Wir haben keinen Wein im Haus, und die Hühner brüten gerade. Ich will dir Grütze kochen. Du bist ja ein seliger Geist, lieber Schwiegervater, da ist es deine Pflicht, uns zu helfen und uns nicht unnötige Kosten zu machen.«

Da klang es aus ihrem Mann sehr zornig: »Das Frauenzimmer da hat keine Ehrfurcht. Was ihr dort in dem großen Faß zusammengebraut habt, ist denn das kein Wein? Und Hühner habt ihr eine ganze Herde. Täglich füttert ihr ihnen einen Scheffel Hirse. Warum wollt ihr nicht ein einziges hergeben, um eurem verstorbenen Vater eine Freude zu machen?«

Die Mutter brachte es nicht länger über sich. Sie befahl der Schwiegertochter, Huhn und Wein zu bringen, und der Besessene begann zu essen und zu trinken. Wie er aber aß, da mummelte er mit spitzen Lippen wie ein Wiesel, und alle, die es sahen, mußten heimlich lachen.

Nun war in der Nachbarschaft ein Bursche, der war groß und stark; er nahm ein Messer und rief: »Bist du nicht das alte Wiesel und stellst du dich nur so, als wärest du der verstorbene Vater? Wenn du nicht gleich die Wahrheit sagst, so bringe ich dich um.«

Auf diese Worte hin verzog sich das Gesicht des Pächters in Schreck und Furcht: »Ich bin freilich nicht der alte Vater«, sprach er; »aber der da ging heute mit einem Bauern an unsrer Höhle vorüber und führte schlimme Reden und sagte, er wolle unser ganzes Geschlecht ausräuchern. Deswegen bin ich gekommen, um es ihm heimzuzahlen. Es ist noch einer mit mir gekommen, der hat den Bauern besessen gemacht. Da ihr mir aber nun eine Mahlzeit hergerichtet habt, so will ich gehen und auch meinen Genossen abholen.«

Nach diesen Worten fiel der Pächter aufs Bett und kam allmählich wieder zu sich.

Im Haus des Bauern war es ähnlich ergangen. Als der nach dem Nachtessen schlafen gehen wollte, wurden plötzlich seine Augen starr, und er ward wirr im Geiste. Es warf ihn auf den Boden, und dann sprang er wieder auf und hüpfte mehrere Fuß hoch auf der Erde umher, so daß er den Kopf an die Balken stieß. Dann schlug er sich auf die Brust und begann sich selber zu beschimpfen. »Seit alten Zeiten wohnen wir in der Berghöhle, und ihr wolltet uns ausräuchern!« kam es aus ihm hervor. Dann sprang er wieder in die Höhe, und niemand konnte ihn halten. Die Eltern begannen Gebete aufzusagen, ließen Weihrauch verbrennen und Wein zum Opfer herbeibringen. Aber es wurde nicht besser, bis jener Bauernbursche mit seinem Messer hereinkam.

Der redete ihn an: »Die beiden haben ja nur Scherz gemacht. Es ist ihnen nicht eingefallen, euch wirklich ausräuchern zu wollen. Ihr habt ihnen schon zur Genüge vergolten. Draußen wartet dein Kamerad auf dich. Marsch fort, sonst sollst du mein Messer zu kosten bekommen!«

Da kam es mit ängstlicher Stimme aus dem Bauern heraus: »Ich gehe ja schon, ich gehe ja schon.«

Von da ab hatten die beiden wieder Ruhe.

57. Fuchsfeuer

Es war einmal ein Bauer, der war jung und stark und kam eines Abends spät vom Markte heim. Der Weg führte an dem Garten eines reichen Herrn vorbei, in dem viel hohe Gebäude standen. Plötzlich sah er drinnen etwas Helles in die Höhe schweben, das leuchtete wie eine Kristallperle. Er wunderte sich darüber und stieg über die Mauer in den Garten, aber da war kein Mensch zu sehen; nur von weitem erblickte er ein Ding, das sah aus wie ein Hund und schaute nach dem Mond empor. Immer wenn es den Atem ausstieß, kam eine Feuerkugel aus seinem Maul heraus, die stieg empor bis zum Mond. Wenn es den Atem einzog, so senkte sich die Kugel wieder herunter, und es fing sie mit dem Maule wieder auf. So ging es unaufhörlich fort. Da merkte der Bauer, daß es ein Fuchs war, der das Lebenselixier bereitete. Er versteckte sich nun im Gras und wartete, bis die Feuerkugel wieder herunterkam, ungefähr in die Höhe seines Kopfes. Da trat er eilends hervor und nahm sie weg. Sofort verschluckte er sie. Er fühlte, wie es heiß ihm die Brust hinunterging bis in die Gedärme hinein. Als der Fuchs es merkte, wurde er böse. Er blickte ihn wütend an, doch fürchtete er sich vor seiner Stärke; darum wagte er nicht, ihn anzugreifen, sondern ging zornig weg.

Von da ab konnte der Bauernbursche sich unsichtbar machen, er konnte Geister und Teufel sehen und hatte Verkehr mit der andern Welt. Er konnte in Krankheitsfällen, wenn die Leute bewußtlos waren, ihre Seelen wieder zurückrufen und wenn sich jemand versündigt hatte, für ihn eintreten. Er verdiente sehr viel Geld auf diese Weise.

Als er sein fünfzigstes Jahr vollendet hatte, da zog er sich von all diesen Dingen zurück und übte seine Künste nicht mehr aus. An einem Sommerabend saß er in seinem Hof, um der Kühlung zu genießen. Er trank für sich allein einen Becher Wein um den andern. Um Mitternacht war er vollkommen betrunken. Er stemmte die Hände auf den Boden und erbrach sich. Da war es ihm plötzlich, als ob ihm jemand auf den Rücken klopfte. Das Erbrechen wurde heftiger, und schließlich sprang die Feuerkugel ihm zum Halse heraus.

Der andere nahm sie in die Hand und sprach: »Dreißig Jahre lang hast du meinen Schatz entlehnt. Aus einem armen Bauernburschen bist du ein reicher Mann geworden. Nun hast du genug. Ich möchte ihn wieder zurückhaben.«

Da ward der Mann vollkommen nüchtern. Aber der Fuchs war weg.

58. Der Fuchs und der Donner

Es heißt, daß, wenn der Fuchs das Lebenselixier bereitet, er sich verwandeln kann. Er muß aber dreimal dem Schicksal des Todes durch den Donner entgehen, ehe er es zur Vollendung bringt. Das gelingt ihm nicht leicht. Er hat aber mehrere Arten, dem Schicksal zu entgehen. Manchmal verbirgt er sich im Hause eines vornehmen Mannes oder unter dem Bette eines Gelehrten oder Mönches.

Wer ihm in solcher Gefahr das Leben rettet, dem vergilt er es reichlich, und die ganze Familie hat es zu genießen. Wer ihn grundlos tötet, dem trägt er unauslöschlichen Haß nach, und er ruht nicht eher, als bis jener Mensch und sein ganzes Haus zugrunde gerichtet sind. So zeigen die Füchse deutlich ihre Zu- und Abneigung. Manche sind aber den Menschen auch überlegen, indem sie wissen, daß sie es in solchen Fällen mit einem unausweichlichen Schicksal zu tun haben, für das sie niemand anders verantwortlich machen.

Es war einmal ein Jäger. Der suchte an einem heißen Sommertage in einem Melonenfelde Kühlung. Plötzlich stiegen ringsum schwarze Wolken auf. Donner und Blitz folgten sich ohne Unterbrechung. Eine feurige Kugel stieg aus der Erde auf, einen Schwefelgeruch hinterlassend. Sie flog bis zum Gipfel eines Baumes; dann fiel sie wieder herab. Als der

Jäger näher zusah, da erblickte er in den Zweigen des Baumes einen riesigen Fuchs, der in den Vorderpfoten ein kleines rotes Fähnchen hielt. Kam der feurige Blitz ihm nahe, so strich er mit dem Fähnchen darüber hin, und sofort sank das Feuer wieder zu Boden. So ging es wohl eine Stunde lang, und der Donner konnte dem Fuchs nichts anhaben.

Der Jäger hatte noch immer seine Blicke auf das seltsame Schauspiel gerichtet, da kam eine schwarze Wolke zur Erde herab. Darin ringelte sich ein Drache. Er zeigte sich zu seinen Häupten. Dann wandte er sich nach dem Baum. Darauf kehrte er wieder um bis in seine Nähe.

Der Jäger erschrak zuerst, dann fiel ihm ein: »Der bittet mich wohl, daß ich ihm helfe.« So lud er denn seine Flinte und legte an. Der Drache erhob sich wieder zum Gipfel des Baumes, und der Blitz fuhr hinter ihm her. Aber der Fuchs wehrte ihn wieder mit dem Fähnchen ab. Unversehens feuerte der Jäger seine Flinte ab und traf den Fuchs. Das rote Fähnchen fiel zu Boden. Zugleich ertönte ein heftiger Donnerschlag, und der Fuchs war vom Feuer verzehrt.

Der Jäger hob das Fähnchen auf und sah es an. Es war aus einem alten Weiberrock gemacht. Offenbar hatte der Drache wegen seiner Unreinheit sich davon ferngehalten.

59. Der freundliche und der schlimme Fuchs

Es war einmal ein Mann, der ehrte die Füchse sehr. In seinem Zimmer hatte er einen Altar für sie errichtet; da zündete er täglich Weihrauch an. Und an allen Festtagen des Jahres brachte er als Speis- und Trankopfer Hühner und Wein dar. So ward sein Besitz von Tag zu Tag gemehrt. Trieb er Handel, so machte er stets reichen Gewinn. Bebaute er das Feld, so hatte er stets doppelte Ernten.

Zur Zeit der Taipingrebellion brachte der Mann seine ganzen Kornvorräte nach der Stadt in das Haus eines Verwandten, um der Plünderung zu entgehen. Im Hause seines Verwandten aber war ein Sohn. Der war dem Trunk und Spiel ergeben. Er stahl immer von dem Korn des Mannes. Er verkaufte es und brachte das Geld im Handumdrehen durch. Im ganzen nahm er wohl an die hundert Scheffel. Als die Räuber sich aus der Gegend verzogen hatten, brachte der Bauer sein Getreide wieder nach Hause. Nun hätte man denken sollen, daß er beim Messen des Getreides bemerkt hätte, daß es sich verringert habe. Aber es hatte sich nicht nur nicht verringert, sondern noch dazuhin um beinahe hundert Scheffel vermehrt. Von da ab ward der Mann erst recht reich, so daß man in der ganzen Gegend von ihm sprach als dem reichen Mann von der Füchse Gnaden.

Er hatte einen Nachbarn, der war von Hause aus wohlhabend. Er war stark und mutig und in allen Fechtkünsten geübt. Sechs Männer konnte er zusammen in die Luft heben und wegtragen. Er trank gerne Wein und liebte den Verkehr, und alle Krieger, die in die Gegend kamen, besuchten ihn. Sein Haus war immer voll von Gästen, so daß im Laufe der Zeit sich sein Vermögen doch etwas verringerte. Schließlich wurde er alt, und seine Kräfte verfielen. Da suchte ein Fuchs sein Haus heim. Aber dieser Fuchs zeigte sich nicht durch Besessenheit eines Menschen, sondern richtete ohne weiteres allerlei Unfug an. Er ließ die Hausleute nicht zur Ruhe kommen. Bald zeigte sich vor dem Fenster eine Teufelsfratze, bald streckte sich zur Tür eine blaue Hand herein, die Speisen wegnahm, bald flog der Mühlstein in die Höhe und stürzte kreisend auf den Boden mit lautem Krachen, bald sah man in den Speisen, wenn sie eben anfingen, gar zu werden, Hunde- oder Hühnerdreck, bald fielen, wenn die Frauen im Hause arbeiteten, handgroße Lehmstücke von der Decke herunter ihnen auf den Kopf, bald zeigte sich am Dachrand ein Schein, und rief man ihn an, so brachen die hellen Flammen hervor. Die Hausfrau war erbost darüber und fing zu schimpfen an, da schlugen ihr die Flammen unterm Rock hervor. Beständig kam es vor, daß die Leute im Hause krank wurden vor Schreck.

Als der Spuk begann, da wurden alle Familienglieder davon betroffen, nur an den Hausherrn selbst wagte er sich nicht heran. Doch konnte dieser auch nichts dagegen tun.

Nun war ein Zauberer im Nachbardorf, von dem hieß es, er könne die Füchse austreiben. Er wurde gebeten. Aber ehe er kam, mußte man ihm zehn Lot Silber darwägen.

Dann begann er seinen Zauber im Saal. Er malte Runen und sagte Zaubersprüche her. Schließlich hörte man den Fuchs bellen.

Er packte mit der Hand nach ihm, dann sprach er überrascht: »Er ist mir entwischt. Ich habe ihm nur ein Büschel Haare herausgerissen.«

Und richtig hatte er ein Büschel Haare in der Hand.

Kaum hatte der Zauberer jedoch das Haus verlassen, da fing der Spuk aufs neue an. Vermutlich hatte er selbst das Bellen des Fuchses hervorgebracht und die Haare vorher im Ärmel versteckt.

Der Hausherr hatte sich's aber in den Kopf gesetzt, unter allen Umständen des Fuchses habhaft zu werden. So bewaffnete er denn seine Söhne und Knechte mit Flinten. Zeigte sich irgendwo ein Spuk, so schossen sie darnach. Solange man schoß, hörte es auf; aber kaum hatte man aufgehört zu schießen, so fing es wieder an. Kurz, man konnte der Sache nicht beikommen.

Ein Pächter der Familie hatte eine Frau, die war Hexe; die sagte eines Tages: »Der Fuchsgott freut sich, wenn die Menschen ihn verehren. Ihr müßt ihn nicht bekämpfen. Ihr müßt ihm eine Mahlzeit als Opfer darbringen, dann will ich den Fuchsgott bitten, daß er mit euch Frieden schließt und alles Leid in Freude sich verwandelt.«

Der Hausherr war für nichts zu haben. Aber die Hausfrau verabredete sich im geheimen mit der Hexe. Ein Nebenzimmer wurde hergerichtet, darin wurden feiner Wein und köstliche Speisen aufgestellt, und die Hexe verbrachte allein die Nacht in diesem Raum. Als der Tag zu dämmern begann, da ging man hin und sah nach ihr. Speisen und Wein waren fort, und die Hexe war sinnlos betrunken.

Lallend erzählte sie: »Es ist eine ganze Anzahl großer Götter gekommen, die saßen da, genossen Wein und Speisen und freuten sich gar sehr. Sie ließen mich auch mitessen. Ich erzählte ihnen von der guten Absicht des Hausherrn und riet ihnen, Frieden zu schließen. Die Götter haben's auch versprochen.«

Aber noch ehe sie ausgeredet hatte, flog von draußen ein Stein herein; der fiel gerade auf den Tisch und zertrümmerte alle Teller und Tassen. Da hielt die Hexe die Hand vors Gesicht und wischte hinaus.

Bei Nacht hatte sie ein Knecht belauscht. Es war aber nichts zu sehen gewesen, daß sie gebetet hätte, sondern die Hexe hatte heimlich ihren Sohn bestellt; mit dem hatte sie sich zusammen vollgetrunken und -gegessen, und was übriggeblieben, hatte der Sohn in einem Korbe weggetragen.

Eine junge Magd wurde schließlich auch besessen; sie mußte Nahrungsmittel und Schmuckgegenstände stehlen. Dafür wurde sie von der Hausfrau geschlagen. Nun kam es über sie, daß sie sich in der Mühle aufhängte. Mehrere Male rettete man sie. Schließlich erhängte sie sich doch. Der Vater der Magd fing einen Prozeß an. Darüber ging das ganze Besitztum der Familie verloren, und der Hausherr kam an den Bettelstab.

Er mußte das Haus verkaufen, und man bezog eine einfache Strohhütte.

Eines Abends saß der Hausherr bei einem Becher Wein allein im Hofe. Da sah er auf der Mauer etwas Schwarzes hocken, das war so groß wie ein Hund, und seine Augen funkelten wie Blitze. Der Hausherr tat, als bemerkte er es nicht, und griff heimlich nach seiner Hetzpeitsche. Dann schlug er mit aller Macht darnach und traf es gerade auf die Stirn. Es machte einen Purzelbaum und fiel jenseits der Mauer auf den Boden. Als man darnach suchte, war es schon verschwunden. Von da ab hatte der Spuk ein Ende; aber die Familie war darüber verarmt.

60. Der große Vater Hu

Der große Vater Hu ist ein Fuchsgeist. Wenn die Füchse mit der Bereitung des Lebenselixiers beinahe fertig sind, so können sie Wunder tun. Sie werden dann in die kaiserlichen Opferlisten eingetragen.

Als die Mandschus nach China kamen, da machten sie Mukden zu ihrem Ahnensitz und errichteten daselbst einen großen Tempel, der einem hohen Würdenträger zum Schutze anvertraut wurde. Alles ist genauso wie an dem kaierlichen Tempel in Peking.

In diesem Tempel sind Dreifüße und Opfergefäße aufgestellt: alle aus Gold, Silber und Edelsteinen gemacht, die viele Millionen wert sind. Die Diebe tragen wohl großes Verlangen nach ihnen; aber sie kommen nicht heran.

Unter dem Kaiser Hiän Fong lebten drei mächtige Räuber, die konnten über die Dächer fliegen und an den Wänden auf- und abgehen. Wenn sie jemand überraschte, so bliesen sie ihm einen giftigen Rauch ins Gesicht, daß er bewußtlos wurde.

Die brachen bei Nacht im kaiserlichen Tempel ein und stahlen von dem Altar goldene Räuchergefäße, Nephritschalen und silberne Schüsseln. Sie bargen sie an ihren Busen und kletterten damit die Mauer wieder hinauf.

Da sahen sie einen weißbärtigen Greis auf dem Dachfirst des Tempels sitzen. Der deutete mit der Hand nach ihnen. Da mußten die drei rittlings auf der Mauer sitzen bleiben und konnten nicht herunter. Die Beine waren ihnen wie angenagelt.

Als der Morgen dämmerte, fand sie der Tempelaufseher. Er ließ sie herunterholen und verhören. Da gestanden sie, was sich zugetragen hatte. Der Vorsteher des Tempels machte darauf einen Bericht an den Hof und erhielt Antwort, daß dem Fuchs eine Opferstelle gewährt werden solle.

Seitdem tut er große Wunder. Er erhielt allmählich den höchsten Beamtenknopf und die gelbe Reitjacke.

In der Mandschurei sind allenthalben Tempel und Bilder für ihn errichtet. Er wird dargestellt als ein würdiger, hoher Mandschubeamter. Die Leute, die dort um Gewährung von Glück und Abwendung des Leides bitten, sind so zahlreich, daß sie sich auf den Fersen drängen und sich mit den Ellbogen stoßen. Im Tempelhofe steht ein großer Räucherofen. Darinnen stecken ganze Wälder von Weihrauchstäbchen. Der Opferrauch steigt in dichten Schwaden empor, und die Asche des verbrannten Papiergeldes fliegt wie Schmetterlinge umher. Die Betenden halten den Atem an, wenn sie sich niederwerfen, und wagen nicht umherzublicken. Die Leute reden von ihm nur als von dem dritten Vater. Sie wagen das Wort Fuchs nicht auszusprechen. Neuerdings hat seine Verehrung auch in Ostschantung Eingang gefunden und ist jetzt sehr verbreitet.

61. Die sprechenden Silberfüchse

Die Silberfüchse gleichen den Füchsen; aber sie sind gelb, brandrot oder weiß. Auch sie können die Menschen beeinflussen. Es gibt eine Art, die kann im Laufe der Jahre die Menschensprache erlernen. Man nennt sie die sprechenden Füchse.

Südwestlich von der Kiautschoubucht steht am Meeresstrand ein Berg, der hat die Form eines Turmes und wird daher Turmberg genannt. Auf dem Berg steht ein alter Tempel mit einem Götterbild, das heißt die alte Mutter vom Turmberg. Wenn in den Dörfern ringsumher die Kinder erkranken, so ordnen häufig die Zauberer an, daß man Papierbilder von ihnen hier verbrennt oder Lehmkindchen aufstellt. So ist denn der Altar und seine ganze Umgebung mit Hunderten von Lehmkindern bedeckt. Auch werden der alten Mutter Blumen, Kleider und Schuhe von Papier dargebracht, die ebenfalls in buntem Durcheinander herumliegen. Am dritten Tag des dritten Monats und am neunten Tag des neunten Monats sind die Wallfahrtsfeste. Dabei wird Theater gespielt und in den heiligen Schriften gelesen. Auch findet regelmäßig ein Jahrmarkt statt. Die Frauen und Mädchen der Nachbarschaft verbrennen Weihrauch und bringen ihre Gebete dar. Kinderlose bitten um Söhne. Sie suchen sich unter den Lehmkindern eines heraus und binden ihm einen roten Faden um den Hals, brechen wohl auch im geheimen ein Stückchen von seinem Leibe ab, lösen es in Wasser auf und trinken es. Dann beten sie im stillen, daß das Kind zu ihnen kommen möge.

Hinter dem Tempel ist eine große Höhle, da gab es in früheren Zeiten sprechende Füchse. Sie kamen auch wohl heraus und setzten sich auf die Spitze eines steilen Felsens am Wege. Kam ein Wanderer vorbei, so fingen sie etwa an: »Nachbar, halt ein wenig, rauch erst eine Pfeife!« Die Wanderer sahen sich verwundert um, woher der Laut käme, und gerieten in großen Schrecken. Waren sie nicht besonders beherzt, so brach ihnen der Angstschweiß aus, und sie liefen davon. Dann lachte der Fuchs: »Hihi!«

Am Berghang pflügte einst ein Bauer. Als er aufblickte, sah er einen Menschen im Strohhut und Grasmantel mit einer Hacke auf der Schulter herbeikommen.

»Nachbar Wang«, sagte er, »rauche erst ein Pfeifchen und ruh dich ein bißchen aus! Ich helf dir dann beim Pflügen.«

Dann rief er: »Hü!«, wie's die Bauern tun, wenn sie mit ihren Rindern sprechen.

Der Bauer sah genauer zu, da merkte er, daß es ein sprechender Fuchs war. Er wartete einen günstigen Augenblick ab, dann gab er ihm einen derben Schlag mit der Ochsenpeitsche. Er traf ihn gut. Der Fuchs schrie auf, machte einen Luftsprung und lief davon. Strohhut, Grasmantel und alles ließ er liegen. Wie der Bauer zusah, da war der Strohhut aus Kartoffelblättern geflochten. Er hatte ihn mit der Peitsche entzweigeschlagen. Der Grasmantel war aus Eichenblättern gemacht, die mit dünnen Gräschen verbunden waren. Die Hacke aber war ein Kauliangstengel, an dem ein Ziegelstück befestigt war.

Nach einiger Zeit ward eine Frau im Nachbardorf besessen. Man hängte ein Bild des Taoistenpapstes auf; aber der Geist entfernte sich nicht. Da kein Teufelsbeschwörer in der Nähe war und die Belästigungen unerträglich wurden, besprachen sich die Verwandten der Frau, in den Tempel des Kriegsgottes zu schicken und um Hilfe zu bitten.

Als der Fuchs das hörte, sagte er: »Euren Taoistenpapst und euren Kriegsgott fürchte ich nicht; ich fürchte nur den Nachbar Wang im Ostdorf, der mich mit seiner Peitsche einmal geschlagen hat.«

Das war den Leuten gerade recht. Sie schickten nach Ostdorf und machten dort den Wang ausfindig. Der nahm seine Ochsenpeitsche und trat ein.

Dann sprach er mit tiefer Stimme: »Wo, wo, wo? Ich bin dir schon lang auf der Spur. Jetzt hab ich dich endlich.«

Damit knallte er mit seiner Peitsche. Der Fuchs fauchte und fuhr durchs Fenster hinaus.

Über hundert Jahre erzählte man sich von dem sprechenden Fuchs am Turmberg. Da kam einst ein geschickter Schütze in die Gegend, der sah ein Tier wie einen Fuchs mit einem feuerroten Fell, das auf dem Rücken graumeliert war; das lag unter einem Baum. Er legte an und schoß ihm einen Hinterfuß ab.

Da sprach es mit Menschenstimme: »Durch meine Schlafsucht habe ich mich in diese Gefahr gebracht; aber niemand kann seinem Schicksal entgehen. Wenn du mich fängst, so bekommst du für mein Fell höchstens fünftausend Kupferstücke. Willst du mich nicht lieber loslassen? Ich will dirs reichlich vergelten, daß alle deine Armut ein Ende hat.«

Aber der Schütze hörte nicht darauf, sondern schlug das Füchslein tot. Dann zog er ihm die Haut ab und verkaufte sie, und richtig bekam er fünftausend Kupferstücke dafür.

Von da an hatte der Spuk ein Ende.

62. Der Scherge

In einer Stadt in der Nähe der Kiautschoubucht war einmal ein Scherge namens Dung. Als er eines Tages von der Suche nach Dieben zurückkam, war die Dämmerung schon hereingebrochen. Ehe er den Fluß bei der Stadt durchwatete, setzte er sich am Ufer nieder, steckte sich eine Pfeife an und zog die Schuhe aus. Als er aufsah, sah er einen Mann mit rotem Hut, in der Kleidung eines Schergen, der neben ihm kauerte.

Erstaunt fragte er ihn: »Wer bist du denn? Deiner Kleidung nach gehörst du auch zu unserem Beruf; aber ich habe dich in unserem Kreise noch nie gesehen. Erzähle bitte, wo du herkommst!«

Der andere sprach: »Ich bin von langer Reise müde und möchte mit dir zusammen eine Pfeife Tabak genießen. Ich denke, du wirst nichts dagegen haben.«

Dung reichte ihm Tabak und Pfeife. Er aber sprach: »Das ist nicht nötig. Rauch du nur! Mir ist es genug, wenn ich es rieche.«

So plauderten sie eine Weile miteinander und gingen zusammen durch den Fluß. Sie wurden mählich vertrauter, und der andere sprach: »Ich will dir offen heraus sagen, ich bin der Oberste der Schergen der Unterwelt und stehe unter dem Gott des Großen Berges. Du bist auf der Oberwelt ein Scherge von Ruf. Ich kann mich mit meiner Geschicklichkeit in der Unterwelt wohl sehen lassen. Da wir so gut zueinander passen, möchte ich Brüderschaft mit dir schließen.«

Dung wars zufrieden und fragte: »Was führt dich eigentlich hierher?«

Der andere sprach: »In eurem Kreise wohnt einer namens Wang, der war früher Vorsteher des Getreidewesens und hat damals einen Offizier zum Tode gebracht. Der Mann verklagte ihn nun in der Unterwelt. Der Höllenfürst kann die Sache nicht entscheiden und hat daher den Herrn des Großen Berges gebeten, sie in Ordnung zu bringen. Der Herr des Großen Berges hat ihn nun dazu verurteilt, daß sein Besitz und sein Leben verkürzt werden solle. Erst soll auf der Oberwelt sein Vermögen eingezogen, dann soll seine Seele in die Hölle geschleppt werden. Ich bin vom Richter der Toten gesandt, ihn zu holen. Es ist jedoch fester Brauch, daß, wenn einer geholt werden soll, man erst beim Stadtgott sich zu melden hat. Der Stadtgott erläßt dann einen Haftbefehl und schickt einen seiner Geisterschergen, um die Seele festzunehmen und mir dann zu übergeben. Danach erst darf ich ihn mitnehmen.«

Dung fragte nach den näheren Umständen; doch der andere sprach: »Du wirst alles später selber sehen.«

In der Stadt angekommen, lud Dung den anderen ein, in seinem Haus zu wohnen, und wartete mit Wein und Speisen auf. Der andere aber plauderte nur und berührte weder Becher noch Eßstäbchen.

Dung sprach: »In der Eile konnte ich kein besseres Essen herbeischaffen; es ist dir wohl zu schlecht?«

Der Gast aber sprach: »O nein, ich bin schon satt und betrunken. Wir Geister genießen nur den Duft; wir sind da anders als die Menschen.«

Es war schon tiefe Nacht, als er aufbrach, um in den Stadtgott-Tempel zu gehen.

Kaum dämmerte der Morgen, da war er schon wieder da, um Abschied zu nehmen, und sprach: »Es ist jetzt alles in Ordnung; ich gehe. Nach zwei Jahren wirst du nach Taianfu, der Stadt am Großen Berge, kommen, da werden wir uns wiedersehen.«

Dem Dung wurde es unheimlich bei der Sache. Nach einigen

Tagen kam die Nachricht, daß jener Wang tatsächlich gestorben sei. Der Kreisbeamte reiste nach dem Dorf des Verstorbenen, um sein Beileid zu bezeigen. Dung war in seinem Gefolge. Der Wirt der Herberge war Pächter im Hause des Wang.

Dung fragte ihn: »Als Herr Wang verschied, ist da nichts Sonderliches vorgekommen?«

»Es ging sehr unheimlich zu«, antwortete der Wirt, »und meine Mutter, die in dem Hause viel zu tun hat, kam heim und verfiel in eine hitzige Krankheit. Sie war einen Tag und eine Nacht bewußtlos; ihr Atem war fast nicht mehr zu spüren. Sie kam wieder zu sich, gerade an dem Tag, als die Nachricht von dem Tode des Herrn Wang bekannt wurde. Sie erzählte: ›Ich bin in der Unterwelt gewesen und begegnete ihm dort. Er schleppte Ketten am Halse und wurde von mehreren Teufeln vorwärtsgezerrt. Ich fragte, was er denn getan habe. Er sagte: ‚Ich habe jetzt keine Zeit, es zu erzählen. Wenn du zurückkommst, frage meine Nebenfrau, so wirst du alles erfahren.‘‹ Meine Mutter ging nun gestern hin und forschte nach. Unter Tränen erzählte die Frau: ›Unser Herr war lange Beamter, doch kam er nicht voran. In Nanking war er Vorsteher des Getreidewesens, da war auch ein hoher Offizier, der mit unserem Herrn sehr vertraut war. Sie hatten sogar einander Brüderschaft zugeschworen. Er kam damals immer zu uns ins Haus, und sie tranken und plauderten miteinander. Eines Tages fragte ihn unser Herr: ‚Wir Verwaltungsbeamten haben ein hohes Gehalt und auch sonst ein gutes Einkommen. Du bist Offizier, hast schon die zweite Rangstufe; aber dein Gehalt ist so niedrig, daß du unmöglich damit auskommen kannst. Hast du nebenher noch andere Einkünfte?‘ Der Offizier erwiderte: ‚Wir stehen so gut miteinander, daß ich schon offen mit dir reden kann. Wir Offiziere sind darauf angewiesen, uns Nebeneinkünfte zu verschaffen, um unsere Taschen ein bißchen zu füllen. Bei der Auszahlung des Soldes machen wir kleine Kursgewinne; auch führen wir mehr Soldaten in den Listen, als wirklich da sind. Wollten wir nur von unserem Solde leben, so müßten wir Hungers sterben.' Als unser Herr diese Rede vernommen, da ließ ihn der Gedanke nicht mehr los, daß er durch Aufdeckung dieser verbrecherischen Machenschaften sich um den Staat ein Verdienst erwerbe und daß das seinem Vorankommen sicher nützlich sei. Auf der anderen Seite dachte er auch darüber nach, daß es nicht recht sei, das Vertrauen seines Freundes zu mißbrauchen. Er zog in diesen Gedanken sich in die hinteren Gemächer zurück. Im Hofe stand ein runder Pavillon. In schwere Gedanken versunken, legte er die Hände auf den Rücken und ging lange um den Pavillon herum. Schließlich stampfte er auf die Erde und sagte mit einem Seufzer: ‚Jeder ist sich selbst der Nächste; ich opfere den Freund.' Dann machte er einen Bericht, in welchem er den Offizier zur Anzeige brachte. Ein kaiserlicher Befehl kam heraus. Die Sache wurde untersucht und der Offizier zum Tode verurteilt. Unser Herr aber wurde sofort im Rang erhöht und kam von da an rasch voran. Die ganze Sache hat außer mir niemand erfahren.‹ – Als nun meine Mutter von ihrer Begegnung in der Unterwelt erzählte, da brach die ganze Familie in lautes Weinen aus. Man ließ vier Zelte voll von buddhistischen und taoistischen Priestern kommen, die fasten und Messe lesen sollten fünfunddreißig Tage lang, um ihn zu erlösen. Ganze Berge von Papiergeld, Seide und Strohpuppen wurden verbrannt. Noch immer sind die Feiern nicht zu Ende.«

Als Dung das hörte, erschrak er sehr.

Nach zwei Jahren erhielt er den Befehl, nach Taianfu zu reisen, um dort Räuber dingfest zu machen. Da dachte er bei sich selbst: ›Mein Freund, der Geist, muß doch sehr mächtig sein, daß er diese Reise schon so lange vorher wußte. Ich muß mich nach ihm erkundigen. Vielleicht bekomme ich ihn zu Gesicht.‹

In Taianfu angekommen, suchte er eine Herberge auf.

Der Wirt empfing ihn mit den Worten: »Seid Ihr der Meister Dung, und kommt Ihr von der Kiautschoubucht?«

»Der bin ich«, sagte Dung bestürzt, »woher kennst du mich denn?«

Der Wirt antwortete: »Heute nacht erschien mir der Scherge vom Bergtempel und trug mir auf: ›Morgen kommt von der Kiautschoubucht ein Mann namens Dung, das ist ein guter Freund von mir.‹ Er beschrieb mir dann noch ganz genau Euer Aussehen und Eure Kleidung und sagte, ich solle mirs sorgfältig merken, und wenn Ihr kämet, solle ich Euch zuvorkommend behandeln und keinerlei Bezahlung annehmen, er wolle mirs reichlich vergelten. Als ich Euch nun kommen sah, da stimmte alles mit meinem Traume überein, deshalb erkannte ich Euch. Ich habe schon ein ruhiges Zimmer für Euch hergerichtet und bitte Euch vorliebzunehmen.«

Hocherfreut folgte ihm Dung. Der Wirt bediente ihn mit der größten Aufmerksamkeit und ließ es an Wein und Speisen nicht fehlen.

Um Mitternacht kam der Geist. Ohne die Tür zu öffnen, stand er vor seinem Bett, gab ihm die Hand und fragte ihn, wie es ihm in der Zwischenzeit ergangen sei.

Dung antwortete auf alles und bedankte sich noch dafür, daß er im Traum dem Wirt erschienen sei.

Er blieb einige Tage dort wohnen. Tagsüber ging er auf dem Großen Berg spazieren, und bei Nacht kam sein Freund, um mit ihm zu plaudern. Als er seine Geschäfte erledigt hatte, verabschiedete er sich von ihm. Er fragte dabei auch noch, wie es mit jenem Herrn Wang stehe.

»Sein Urteil ist schon gefällt«, erwiderte der andere. »Dieser Mensch hat Gewissenhaftigkeit geheuchelt und seinen Freund verräterisch zum Tode gebracht. Unter allen Sünden gibt es keine schlimmere als die. Zur Strafe kommt er nun als Tier zur Welt.« Dann fügte er noch bei: »Wenn du nun heimkommst, mußt du stets auf deine Gesundheit achten. Vom Schicksal sind dir achtundsiebzig Lebensjahre bestimmt.

Wenn die Zeit gekommen ist, so will ich dich selber abholen. Ich will dann für eine Stelle als Scherge in der Unterwelt sorgen. Dann können wir immer beisammen sein.«
Als er dies gesagt, verschwand er.

63. Die gefährliche Belohnung

Bei dem Großen Berge lebte ein Mann namens Hu Wu-Bau. Der ging einmal auf dem Berge spazieren. Da traf er unter einem Baume einen Boten in rotem Gewande, der ihm zurief: »Der Herr des Großen Berges möchte dich sehen!« Der Mann erschrak gar sehr, doch wagte er keinen Widerspruch. Der Bote hieß ihn die Augen schließen, und als er sie nach einer kleinen Weile wieder öffnen durfte, da stand er vor einem hohen Palast. Er trat ein, um den Gott zu sehen. Der richtete ihm ein Mahl zu und sprach: »Daß ich Euch heute rufen ließ, hat keinen andern Grund, als daß ich gehört habe, Ihr wolltet nach Westen reisen. Da möchte ich Euch gern einen Brief mitgeben für meine Tochter.«
»Wo ist denn Eure Tochter?« fragte der Mann.
»Sie ist an den Flußgott verheiratet«, war die Antwort. »Ihr braucht nur diesen Brief da mitzunehmen. Wenn Ihr mitten im Gelben Flusse seid, so schlaget an das Schiff und rufet: ›Grünrock!‹ Dann wird jemand kommen, der Euch den Brief abnimmt.«
Mit diesen Worten gab er ihm einen Brief, und er ward wieder an die Oberwelt zurückgebracht.
Als er auf seiner Reise an den Gelben Fluß kam, da tat er nach den Worten des Königs und rief: »Grünrock!« Und richtig kam ein Mädchen in grünen Kleidern hervor, das nahm ihn bei der Hand und hieß ihn auch die Augen schließen. So führte es ihn in den Palast des Flußgotts, und er übergab den Brief. Der Flußgott bewirtete ihn prächtig und bedankte sich aufs beste. Beim Abschied sprach er noch: »Ich

danke Euch, daß Ihr den weiten Weg zu mir gemacht habt. Ich habe nichts, das ich Euch schenken könnte, als dies Paar grüner Seidenschuhe. Wenn Ihr sie tragt, so könnt Ihr gehen, soviel Ihr wollt, und werdet doch nicht müde. Auch werden Eure Augen aufgetan, daß Ihr Geister und Götter sehen könnt.«

Der Mann bedankte sich für das Geschenk und kehrte auf sein Schiff zurück. Er setzte seine Reise fort nach Westen, und nach einem Jahr kam er wieder zurück. Am Großen Berge angekommen, dachte er, es schicke sich doch wohl, wenn er dem Gotte Antwort sage. So schlug er wieder an den Baum und nannte seinen Namen. Schon tauchte auch der rote Bote wieder auf und führte ihn vor den Herrn des Berges. Dem erzählte er, daß er den Brief beim Flußgott abgegeben habe, und wie es dort stehe. Der Berggott dankte sehr. Während des Essens, das der Berggott für ihn bereitet hatte, zog er sich für einen Augenblick an einen stillen Ort zurück. Da sah er plötzlich seinen verstorbenen Vater, gefesselt und in Ketten, der mit mehreren hundert Verbrechern zusammen unwürdige Dienste leisten mußte.

Zu Tränen gerührt, fragte er ihn: »Vater, warum seid Ihr hier?«

Der Vater sprach: »Ich habe während meines Lebens auf Brot getreten; darum ward ich verurteilt, hier an diesem Orte Dienst zu tun. Zwei Jahre sind schon vorüber, doch ist die Bitternis unsäglich. Du bist mit dem Berggott bekannt, da magst du für mich bitten, daß er mir diesen Dienst erläßt und mich zum Ackergott in unserem Dorf ernennt.«

Der Sohn versprach es ihm. Er kehrte wieder zurück und bat den Berggott für seinen Vater. Der zeigte seiner Bitte sich geneigt, doch sprach er warnend: »Tod und Leben haben verschiedene Wege. Es ist nicht gut, dauernd einander nah zu sein.«

Der Mann kehrte heim. Doch als etwa ein Jahr vergangen war, da waren seine Kinder beinahe alle gestorben. In seiner

Herzensangst wandte er sich an den Gott des Großen Berges. Er klopfte an den Baum; der Rotrock kam und führte ihn in den Palast. Da brachte er seinen Jammer vor und bat den Gott um gnädigen Schutz. Der Berggott lächelte: »Ich hab' es Euch ja gleich gesagt, daß Tod und Leben verschiedene Wege haben und daß es nicht gut sei, einander dauernd nah zu sein. Das kommt nun davon.« Doch sandte er einen Boten, den Vater zu holen. Der Vater kam, und der Gott sprach also zu ihm: »Deine Schuld habe ich dir vergeben und habe dich in deine Heimat zurückgeschickt als Ackergott. Da war es deine Pflicht, den Deinen Glück zu bringen. Statt dessen sind deine Enkel fast alle weggestorben, warum?«

Der Alte sprach: »So lange war ich von zu Hause fort, da war ich froh, wieder zurückzukommen. Auch hatt' ich Wein und Speise in Hülle und Fülle. Da dachte ich an meine Enkelchen und rief sie zu mir.«

Der Berggott ernannte darauf einen neuen Ackergott für jenes Dorf und gab dem Vater eine andre Stelle. Von da ab kam kein weiterer Unglücksfall in der Familie vor.

64. Die Rache

Es war einmal ein Knabe namens Ma. Sein Vater unterrichtete ihn selbst im Hause. Das Fenster des oberen Stockwerks ging hinten hinaus auf die Terrasse des alten Wang, der einen Chrysanthemengarten hatte. Eines Tages stand der Knabe frühe auf. Er stand ans Fenster gelehnt und sah zu, wie der Tag zu dämmern begann. Da stieg der alte Wang auf seine Terrasse und begoß seine Chrysanthemen. Wie er eben fertig war und wieder zurück wollte, kam ein Mistträger herauf, der zwei Eimer auf der Schulter trug, und schien beim Gießen helfen zu wollen. Der Greis wurde unwillig und wies ihn zurück. Aber der Mistträger wollte durchaus herauf. So zerrten sie sich am Rande der Terrasse hin und her. Es war regnerisches Wetter, die Terrasse war glatt, der Rand schmal und hoch, und als der Greis den Mistträger mit der Hand zurückstieß, verlor dieser das Gleichgewicht, glitt aus und stürzte hinunter. Nun eilte der Greis hinab, um ihm aufzuhelfen; aber die beiden Eimer waren ihm auf die Brust gefallen, und er lag mit ausgestreckten Beinen da. Der Greis erschrak aufs äußerste. Ohne einen Laut von sich zu geben, nahm er den Mistträger bei den Füßen und schleppte ihn zur Hintertür hinaus an das Ufer des vorbeifließenden Flusses. Darauf holte er die Eimer und stellte sie zur Seite der Leiche nieder. Dann ging er heim, schloß die Tür und legte sich wieder zu Bett.

Der junge Ma dachte trotz seiner Jugend, daß es besser sei, über eine solche Sache, wo es sich um ein Menschenleben handle, nicht zu sprechen. Er schloß das Fenster und zog sich zurück. Die Sonne stieg allmählich höher, und er hörte draußen ein Geschrei: »Am Flußufer liegt ein Toter!« Der Büttel machte Anzeige, am Mittag kam der Richter unter Gongschlägen an, der Leichenbeschauer kniete nieder und deckte den Leichnam auf, doch hatte er keine Wunde. Da hieß es: »Er ist ausgeglitten und hat sich zu Tode gefallen.« Der Richter fragte die Nachbarn, die Nachbarn beteuerten alle, sie wüßten von nichts. Da ließ ihn der Richter in einen Sarg tun, drückte sein Siegel darauf und erließ einen Befehl, nach den Verwandten des unbekannten Verstorbenen zu suchen. Dann ging er weg.

Neun Jahre waren seitdem vergangen. Der junge Ma war einundzwanzig Jahre alt und war Bakkalaureus geworden. Sein Vater war tot, die Familie arm. Darum versammelte er in dem Zimmer, wo er früher selbst gelernt hatte, einige Schüler um sich, die er in den Schriften unterrichtete.

Die Zeit der Prüfungen nahte heran. Ma war frühe aufgestanden, um zu arbeiten. Er öffnete das Fenster und sah in einer fernen Gasse einen Mann mit zwei Eimern auf der Schulter allmählich herankommen. Er sah genauer hin, da war es der Mistträger. Aufs äußerste erschrocken, dachte er, er komme, um sich an dem alten Wang zu rächen. Doch ging er an der Tür des Alten vorbei, ohne einzutreten. Er ging einige Schritte weiter bis zum Haus der Familie Li; dann ging er hinein. Die Lis waren reiche Leute, und als nahe Nachbarn pflegten die Familien einander zu besuchen. Die Sache kam ihm bedenklich vor; er machte sich auf, ihm nachzugehen.

Vor dem Tor der Familie Li begegnete er einem alten Diener, der herauskam und sagte: »Unsere Frau sieht ihrer Niederkunft entgegen. Es ist sehr dringend. Ich will eben eine Hebamme holen.«

Er fragte ihn: »Ist nicht gerade eben ein Mann mit zwei Eimern zu euch gekommen?«

Der Diener verneinte. Noch ehe sie ausgeredet hatten, kam eine Magd aus dem Haus und sprach: »Ihr braucht die Hebamme nicht mehr zu rufen, die Frau ist eben mit einem Knaben niedergekommen.« Da ging es dem Ma auf, daß der Mistträger gekommen war, um wiedergeboren zu werden, nicht um sich zu rächen. Nur verwunderte er sich, womit der Mistträger es verdient habe, in einer so reichen Familie geboren zu werden. Er behielt die Sache im Auge und erkundigte sich nach dem Ergehen des Knaben.

Wieder waren sieben Jahre vergangen, und der Knabe wuchs allmählich heran. Er hatte keine Lust am Lernen; doch liebte er es, Vögel zu halten. Der alte Wang war noch immer gesund und rüstig. Er war nun mehr als achtzig Jahre alt, und mit dem Alter hatte seine Liebe zu den Chrysanthemen noch zugenommen.

Eines Tages war Ma wieder einmal frühe aufgestanden und lehnte an seinem Fenster. Da stieg der alte Wang auf seine Terrasse und begoß seine Chrysanthemen. Der kleine Li saß im oberen Stock seines Hauses und ließ seine Tauben fliegen. Plötzlich flogen einige Tauben auf das Geländer der Blumenterrasse. Der Knabe fürchtete, sie könnten davonfliegen, und rief ihnen mehrmals. Die Tauben rührten sich nicht. Der Knabe wußte sich nicht zu helfen; er hob Steine auf und warf nach ihnen. Aus Versehen traf er den alten Wang. Der Alte erschrak, glitt aus und fiel über die Terrasse herunter. Die Zeit verstrich, und er richtete sich nicht auf. Mit ausgestreckten Beinen lag er da. Der Knabe erschrak aufs äußerste. Ohne einen Laut von sich zu geben, schloß er leise das Fenster und ging. Die Sonne stieg allmählich höher, und die Söhne und Enkel kamen alle, den Alten zu suchen. Sie fanden ihn und sprachen: »Er ist ausgeglitten und hat sich zu Tode gefallen.« Und sie begruben ihn, wie es der Brauch war.

65. Der Geisterseher

Es war einmal ein Mann, der mit einigen neugierigen Freunden zusammen Klopfgeister rief. Eines Tages hatte sich ein berühmter Doktor aus dem Mittelalter eingestellt. Aber die Reden, die er führte, waren roh und ungebildet, und seine Gedichte reimten sich nicht recht. Er war immer gleich zur Stelle, wenn man ihn rief.

Einmal, als sie mitten im Fragen und Antworten waren, gab er den Spruch: »Ich will gehen.« Sie fragten, wohin. Da hieß es: »Die Familie Tsiän hat mich zum Essen geladen.« Darauf schwieg die Platte. Die Familie wohnte in der Nähe. Die Freunde waren neugierig; darum gingen sie hin, um sich nach der Sache zu erkundigen. Da hörten sie, daß man dort wegen eines Krankheitsfalles Opfer dargebracht hatte.

Tags darauf kam der Geist wieder. Man fragte ihn: »Warst du bei den Leuten zum Essen?«

»Ja«, kam es heraus.

»War es gut?«

»O ja, ziemlich.«

Da fragten sie ihn höhnisch: »Die Leute haben doch Götter gebeten, nicht berühmte Männer. Sie wollten den Stadtgott oder den Ackergott haben. Wie kann ein so großer Mann wie du dahin gehen, um bei ihnen zu essen?«

In die Enge getrieben, hieß es: »Ich bin gar nicht der Doktor. Ich bin Li Be-Niän aus Schantung.«

»Wer war denn Li Be-Niän?« fragten sie.

»Ich war ein Baumwollhändler zur Zeit Kanghis und starb hier unterwegs. Meine Seele wohnt in dem Tempelchen bei der Brücke. In dem Tempelchen hausen außer mir noch zwölf andere heimatlose Seelen. Weil wir keine besondere Schuld hatten, können wir uns frei bewegen. Die Opfer, die so im Dorf herum gebracht werden, kommen alle uns zugut.«

Sie fragten: »Die Opfer für den Stadtgott und die andern Götter sind doch alle an einen bestimmten Namen gerichtet. Wie könnt ihr namenlosen Seelen euch denn unter diese Götter mischen?«

Da hieß es: »Der Stadtgott und die andern gehen nicht so ohne weiteres in der Leute Häuser. Die Opfer, die man dort bringt, bleiben alle von ihnen unberührt. Das machen wir uns zunutze.«

Nun fragte man: »Wenn ihr Namenlosen die Opfer der himmlischen Götter aufeßt, und die erfahren es, bestrafen sie euch da nicht?«

»Was fragen die himmlischen Götter nach solchen Gebeten! Das sind alles nur Gebräuche und Sitten der törichten Menschen. Kommt es doch vor, daß Dämonen die Leute besessen machen, um Speiseopfer zu erpressen, und es geschieht ihnen selbst dann nichts. Wieviel weniger werden sich die Himmlischen darum kümmern, wenn wir uns Speiseopfer zunutze machen, die wir nicht erpreßt, sondern die die andern von sich aus hingestellt haben. Der Tee und Wein, den ihr mir dargebracht habt, ist ja auch nicht von mir erpreßt worden.«

»Wenn es so ist«, fragte man weiter, »warum hast du dann den Namen jenes berühmten Doktors angenommen?«

»Euer Hausgeistchen hielt die Beschwörung in der Hand und suchte nach einem Geist. Es getraute sich aber nicht, von droben wirkliche Heilige zu erbitten. Es holte immer nur einen von uns dreizehn. Da von uns allen aber nur ich allein ein wenig schreiben kann, so machte ich mich frei, um euren Wünschen zu entsprechen. Wenn ich aber meinen wirklichen Namen Li Be-Niän genannt hätte, hättet ihr mich dann etwa so geehrt? Nun sah ich, daß hier am Ort viele Familien jenen Doktor gebeten hatten, Inschriften für sie zu schreiben; daher wußte ich, daß es ein berühmter Mann war, so kam ich denn unter seinem Namen.«

»Wenn euresgleichen nicht gebunden sind«, fragte man, »warum kehrst du denn dann nicht nach Schantung zurück?«

»An den Pässen, Furten und Brücken sind überall Geister. Wenn man denen kein Geld gibt, lassen sie einen nicht durch.«

»Wenn ich dir hundert Papiergeldstücke verbrenne, daß du heimkannst, ist dir das recht?«

»Ja, ja, vielen Dank! Aber wenn Ihr mir eine Gunst bezeigen wollt, so brauche ich noch weitere hundert Geldstücke, damit ich den Brückengeist, bei dem ich gewohnt, abzahlen kann; sonst komme ich immer noch nicht im guten fort.«

So verbrannte der Mann Papiergeld, um dem Geiste das Geleite zu geben. Er hat aber seitdem keine Geister mehr gerufen.

66. Die Geister der Erhängten

Der große Dichter Su Dung Po liebte es, von Geistern zu erzählen; doch hatte er selber keinen je gesehen. Ein anderer namens Yüan Dschan hat eine Abhandlung geschrieben, daß es keine Geister gebe. Da kam eines Tages ein Gelehrter und begehrte, ihn zu sehen.

»Seit alten Zeiten«, fing er an, »gibt es wahre Geschichten von Göttern und Geistern. Wie kommt Ihr nur dazu, daß Ihr sie leugnet?«

Da setzte ihm Yüan Dschan vernunftgemäß die Gründe auseinander, so daß ein weiterer Widerspruch nicht möglich war.

Da wurde der Gelehrte böse.

»Ich bin doch selbst ein Geist«, sprach er.

Und ehe er ausgeredet, verwandelte er sich in einen Teufel mit grünem Angesicht und rotem Haar, erschrecklich anzusehen und fürchterlich. So sank er in die Erde und verschwand. Nicht lange drauf, da starb Yüan Dschan.

Von Geistern gibt's gar viele Arten. Doch die Geister der Gehängten sind die schlimmsten. Diese Geister sind meistens Frauen und stammen gewöhnlich aus armen Familien auf dem Lande. Die törichten Bauernweiber, wenn sie von ihrer Schwiegermutter schlecht behandelt werden oder Hunger leiden müssen und viele Arbeit haben, sind oft mit ihrem Schicksal unzufrieden. Oder sie kommen in Streit mit ihren Schwägerinnen, oder sie werden von ihren Männern beschimpft. Dann sehen sie sich nicht mehr hinaus und machen aus Verzweiflung ihrem Leben ein Ende. Oft kommt es vor, daß sie Gift nehmen oder in den Brunnen springen. Am häufigsten jedoch erhängen sie sich selbst. Die Großväter und Alten wissen zu erzählen, daß die Geister der Gehängten immer andere Frauen verlocken, sich an den Dachbalken aufzuhängen und so den Tod zu finden. Dann erst wird für sie selbst der Weg zur Unterwelt frei, und sie können von neuem ins Rad der Verwandlungen eingehen. Der Geist der Neugehängten sucht dann wieder Stellvertretung. Darum kommt es so häufig vor, daß törichte Weiber sich erhängen. In Märchen und Geschichten ist viel von Geistern der Erhängten die Rede. Oft mag es Zufall sein. Doch eine Geschichte will ich jetzt erzählen, die ich von glaubhaften Leuten selbst gehört.

In Tsingtschoufu lebte ein Mann, der die militärische Vorprüfung bestanden und nach Tsinanfu mußte, um sich dort zu stellen. Es war zur Regenzeit. So traf sich's denn, daß er, von Schlamm und Regen aufgehalten, nur langsam vorwärtskam, so daß er abends das Herbergsdorf nicht mehr erreichte. Nach Sonnenuntergang kam er an einen kleinen Weiler und bat um Unterkunft. Aber im ganzen Dorf gab es nur ärmliche Familien, die keinen freien Platz in ihren Häusern hatten. So wiesen sie ihn denn nach einem alten Tempel vor dem Dorfe, daß er dort übernachte.

Die Götterbilder in dem Tempel waren ganz verfallen, daß man sie nicht mehr unterscheiden konnte. Dichte Spinnengewebe überzogen die Tür, und zollhoch lag der Staub. So ging er denn hinaus ins Freie. Da fand er eine alte Treppenstufe. Er breitete die Reisetasche auf dem Stein aus, band sein Pferd an einen alten Lebensbaum, holte die Feldflasche aus der Tasche, machte sich's bequem und trank. Der Tag war heiß gewesen. Nach heftigem Regen klärte es sich eben auf. Der neue Mond neigte sich zum Untergang. Er war vom Trinken angenehm benebelt, schloß die Augen und wollte schlafen.

Plötzlich hörte er im Tempel ein raschelndes Geräusch. Ein kühler Wind strich ihm über das Gesicht, daß er zusammenschauerte. Da sah er eine Frau aus dem Tempel herauskommen in alten, schmutzigen roten Kleidern, das Gesicht kreideweiß wie eine getünchte Wand. Vorsichtig schlich sie vorüber, als fürchtete sie, einem Menschen zu begegnen. Dem Soldaten fehlte es nicht an Mut. So stellte er sich schlafend und regte sich nicht. Mit halbgeschlossenen Augen blinzelte er nach ihr. Da sah er, wie sie aus dem Ärmel einen Strick hervornahm und verschwand. Er merkte nun, daß er's mit einem erhängten Gespenst zu tun hatte. Leise erhob er sich und ging ihr auf dem Fuße nach. Richtig ging sie ins Dorf.

Als sie an ein Haus kam, da schlüpfte sie durch eine Türspalte in den Hof. Der Soldat sprang über die Mauer ihr nach. Es war ein Haus mit drei Zimmern. Im hintersten brannte eine Lampe mit trübem Glimmerschein. Er blickte durch die Fensterritze in das Zimmer. Da sah er eine Frau von etwa zwanzig Jahren, die saß auf ihrem Bett und seufzte tief, und von ihren Tränen war ihr Tuch ganz naß geworden.

Neben ihr lag ein kleines Kind, das schlief. Die Frau blickte nach dem Dachbalken hinauf. Bald weinte sie, bald streichelte sie das Kind. Als der Soldat näher hinsah, da war der Geist der Erhängten auf dem Balken. Den Strick hatte sie sich um den Hals gelegt und machte die Bewegung des Erhängens. Sooft sie mit der Hand winkte, sah die Frau zu ihr hinauf. So dauerte es eine lange Zeit.

Endlich sprach die Frau: »Du sagst, es sei am besten zu sterben. Gut, ich will sterben; aber ich kann mich von dem Kind nicht trennen.«

Dann brach sie wieder in Tränen aus. Das Gespenst lachte und lockte sie aufs neue.

Da sprach die Frau entschlossen: »Es ist aus. Ich will sterben.«

Mit diesen Worten öffnete sie ihre Kleiderkiste, zog neue Kleider an und schminkte sich vor dem Spiegel. Dann zog sie eine Bank heran und stieg hinauf. Sie band ihren Gürtel ab und knüpfte ihn an den Balken. Schon hatte sie den Hals ausgestreckt und wollte hinunterspringen, da wachte das Kind plötzlich auf und fing an zu weinen. Die Frau stieg wieder hinunter und säugte ihr Kind und tätschelte es auf den Rücken. Und wie sie tätschelte, da weinte sie, also daß die Tränen wie eine Perlenschnur ihr aus den Augen fielen. Das Gespenst runzelte die Stirn und zischte, als fürchte es, seine Beute zu verlieren. Nach einer kleinen Weile war das Kind fest eingeschlafen, und die Frau begann wieder, nach oben zu blicken. Dann erhob sie sich, stieg auf die Bank und war eben im Begriff, mit der Hand die Schlinge um den Hals zu legen, als der Soldat laut zu schreien und gegen das Fenster zu trommeln begann. Er schlug es entzwei und stieg ins Zimmer hinein. Die Frau fiel zu Boden, und das Gespenst verschwand. Der Soldat brachte die Frau wieder zum Bewußtsein. Er sah von dem Balken einen Strick herunterhängen, wie eine Schleife ohne Ende. Weil er wußte, daß er dem Gespenst der Gehängten gehörte, nahm er ihn an sich.

Dann sprach er zu der Frau: »Gibt gut acht auf dein Kind! Man hat nur *ein* Leben zu verlieren.« Damit ging er hinaus.

Es fiel ihm ein, daß sein Gepäck und sein Pferd noch im Tempel waren. So ging er hin, sie zu holen. Als er vors Dorf hinauskam, da stand auch schon das Gespenst auf dem Weg und wartete auf ihn.

Sie verneigte sich und sprach: »Seit vielen Jahren such ich schon nach einer Stellvertretung, und heute, da es soweit war, habt Ihr mir das Geschäft verdorben. Da ist nichts mehr zu machen. Doch ich habe ein Ding, das ich in der Eile zurückgelassen habe. Sicher habt Ihr's gefunden. Darf ich bitten, mir's zurückzugeben! Wenn ich nur dieses Ding habe, so macht mir's nichts, daß ich keine Stellvertretung finde.«

Da zeigte ihr der Soldat den Strick und sagte lachend: »Das ist wohl jenes Ding? Aber wenn ich dir's zurückgebe, so wird sich sicher jemand erhängen. Das kann ich nicht dulden.«

Mit diesen Worten wickelte er den Strick um den Arm, trieb sie weg und sprach: »Geh! Geh!«

Nun wurde die Frau zornig. Ihr Gesicht wurde grünschwarz, ihr Haar hing wild zerzaust den Nacken herab, blutunterlaufen starrten ihre Augen, die Zunge hing weit aus dem Munde hervor. Sie streckte ihre beiden Hände aus und wollte ihn fassen. Der Soldat schlug mit geballter Faust nach ihr. Aus Versehen schlug er sich dabei selbst an die Nase, so daß das Blut heruntertropfte. Er spritzte einige Tropfen Blut nach ihr, und weil die Geister Menschenblut nicht leiden mögen, so ließ sie ab von ihm, stellte sich einige Schritte von ihm auf und begann zu fluchen. So dauerte es eine gute Weile, bis der Hahn im Dorf krähte. Da verschwand das Gespenst.

Inzwischen hatten auch die Bauern vom Dorf ihn gesucht, um ihm zu danken. Nachdem er nämlich die gerettete Frau verlassen hatte, war deren Mann nach Hause gekommen und fragte seine Frau über das Geschehene aus. Da erst erfuhr er, was sich zugetragen hatte. Die Nachbarn, die die Frau weinen hörten, versammelten sich vor ihrem Hause. So machten sie sich miteinander auf den Weg, um den Soldaten vor dem Dorfe zu suchen. Sie fanden ihn, wie er noch immer mit den Fäusten in der Luft herumfuchtelte und heftig redete. Da riefen sie ihn an, und er erzählte, was ihm begegnet. An seinem nackten Arme sah man noch den Strick; doch war er an dem Arme angewachsen und umgab ihn als ein roter Ring von Fleisch.

Eben dämmerte der Morgen. Er schwang sich auf sein Pferd und trabte davon.

67. Gespenstergeschichten

Wenn ein Mensch stirbt, so legt man den Leichnam zunächst auf das Bett, mit dem Gesicht nach oben. Man zieht ihm neue Kleider an und legt ihm eine Hirseähre zu Häupten und ein Pflugmesser auf die Brust, damit der Leichnam nicht aufsteht. Dennoch hört man zuweilen, daß ein Leichnam aufsteht. Die alten Leute erzählen, ein Leichnam stehe auf, wenn ihn der Atem lebendiger Menschen trifft oder Hund oder Katze ihn beschnüffelt. Dann richtet er sich auf. Sitzt der Mensch, so setzt sich auch der Leichnam, steht der Mensch, so stellt sich auch der Leichnam auf die Beine. Läuft der Mensch in seiner Angst davon, so läuft der Leichnam ihm nach, wie von einer geheimen Kraft angezogen. Doch können solche Leichen nicht sprechen.

Man sagt, solange ein Leichnam noch nicht im Sarge liege, dürfen die Leute, die die Totenwacht halten, nicht mit der Leiche Fuß gegen Fuß sich zum Schlafe niederlegen. Denn während der Mensch schläft, kreist die Kraft des Lichten in seinem Körper bis hinab zu den Fußsohlen. Stößt er dann zufällig an den Fuß der Leiche, so strömt die Kraft des Lichten in den Leichnam ein und mischt sich dort mit der Kraft des Trüben, so daß die Leiche ein scheinbares Leben erhält.

Es kommt auch vor, daß Leichen, die schon begraben sind,

nicht verwesen und bei Nacht aus dem Grab kommen und umgehen. Das sind die Gespenster. Wenn es lang dauert, so verwandeln sie sich allmählich in Geister der Dürre, die lang anhaltende Trockenheit verursachen können. Wenn am Himmel Wolken aufsteigen und es regnen will, so nimmt der Geist der Dürre einen Besen und kehrt die Wolken zusammen, daß sie auf seinem Grab sich sammeln. Dann wird der Himmel wieder klar, und die Sonne kommt wieder heraus. Um diese Geister der Dürre zu erkennen, gibt es ein bestimmtes Mittel: Man forscht nach, ob unter den Gräbern der in der Nachbarschaft kürzlich Beerdigten eines ist, auf dem Regenfeuchtigkeit liegt, während ringsum alles trocken ist. Das muß es sein. Die Ältesten versammeln dann die ganze Mannschaft; man öffnet das Grab und macht den Sarg auf. Wenn man dann sieht, daß die Leiche nicht verwest ist, sondern weiße und grüne Haare auf ihr wuchsen, so wird sie mit Stöcken kräftig geschlagen und mit Feuer verbrannt. Dabei gibt es dann einen zischenden Laut. Darum herrscht auf dem Lande allgemein die Sitte, daß, solange ein Leichnam aufgebahrt ist, man alle Besen sorgfältig versteckt, damit er sie nicht stiehlt und zum Geist der Dürre wird. Treibt ein solcher Geist sein Wesen lange, so verwandelt er sich in einen Werwolf oder in einen Oger, der durch den Himmel fliegt.

Zur Sung-Zeit lebte ein Mann, der einen besonders starken Willen hatte. Der ging nach seinem Tode als Gespenst um und verwandelte sich schließlich in einen goldhaarigen Werwolf. Dieser Werwolf sah aus wie ein Löwe, nur war er viel größer und hatte am ganzen Leib goldene Haare, die über einen Fuß lang waren. Er fraß Menschen und Tiere ohne Zahl. Die Zauberer konnten seiner nicht Herr werden, bis endlich der Heilige Wen Dschu kam. Der brachte ihn zur Unterwerfung, so daß er auf ihm reiten konnte.

Es gibt im Buddhismus drei starke Nothelfer, die man allenthalben abgemalt sehen kann. Sie alle reiten auf Tieren. Der eine ist der heilige Pu Hiän, der reitet auf einem Löwen; der andere ist der Heilige im weißen Gewand, der reitet auf einem Elefanten. Dieser Heilige wird als Guan Yin oder Göttin der Barmherzigkeit auf der Insel Putou im Südmeer verehrt. Der dritte endlich ist eben der heilige Wen Dschu auf dem Werwolf.

68. Das tote Mädchen

Es waren einmal fünf Karrenschieber. Die kamen des Abends an eine Herberge und wollten übernachten. Der Wirt wies sie ab, weil alle Räume überfüllt waren. Doch ließen sie nicht ab mit Bitten. Da führte sie der Wirt in einen inneren Hof. Auf der Ostseite stand ein kleines Häuschen mit drei Zimmern. Im mittleren Zimmer war die Leiche eines Mädchens aufgebahrt, und ihr Gesicht war mit einem weißen Papier bedeckt. Bei diesem Anblick erschraken die fünf und wagten sich nicht hinein.

Der Wirt erklärte ihnen: »Das ist meine Schwiegertochter, die kürzlich verstorben ist. Mein Sohn ist fort, um einen Sarg zu kaufen, und noch nicht wieder da, darum ist sie noch aufgebahrt. Sonst hab ich keinen Platz zum Übernachten. Ihr müßt eben vorliebnehmen.«

Die fünf dachten: »Es ist schon dunkle Nacht und nirgends sonst ein Unterkommen. Da können wir schon eine Nacht hier verbringen. Wir sind ja auch zu fünft, und vor was sollten wir uns schließlich fürchten?«

So gingen sie denn miteinander in das Haus. Im Nebenzimmer war eine gemauerte Schlafstelle, die war groß und bequem. Der Wirt zündete eine Lampe an und brachte ihnen etwas zu essen. Nach dem Essen schliefen vier von ihnen, da sie rechtschaffen müde waren, sogleich ein. Der fünfte aber war ängstlich von Natur. Er legte sich auf die Seite, aber konnte nicht schlafen. Plötzlich hörte er im Nebenzimmer vom Bett der Leiche her ein knitterndes Geräusch. Er machte die Augen auf und blickte hin. Da sah er, wie der Schein der

Lampe völlig grün geworden war. Und schon stand auch das Mädchen auf und kam in das Zimmer herein. Es blies seinen vier Kameraden allen ins Gesicht. Er war starr vor Schrekken, und weil er keinen Ausweg sah, zog er die Decke über das Gesicht und blieb zusammengekrümmt liegen. Die Leiche wandte sich ihm zu. Sie neigte den Kopf und blies ihn an. Dreimal blies sie; dann ging sie wieder hinaus. Er hörte, wie das Bett krachte, öffnete die Decke und blickte verstohlen nach ihr hin. Da lag die Leiche wieder ausgestreckt mit dem Gesicht nach oben. Nun stieß er mit dem Fuß seine Kameraden an; kein einziger wachte auf. Er rüttelte sie am Arm; keiner regte sich. Er hörte genau hin; ihr Atem ging nicht mehr. Da merkte er, daß seine vier Kameraden tot waren. Es überfiel ihn eine entsetzliche Angst, und er dachte, es sei vielleicht am besten, einfach davonzulaufen. Aber kaum hatte er sich bewegt, da hörte er auf dem Bette wieder ein Geräusch. Er richtete sich auf und wollte von seiner Schlafstelle hinab. Da saß auch schon die Leiche aufgerichtet. Er nahm sich keine Zeit mehr, die Kleider zuzuknöpfen oder in die Schuhe zu schlüpfen, sondern riß den Riegel auf und stürzte hinaus. Er kletterte über die Hofmauer und entfloh. Aber die Leiche rannte hinter ihm her. Er wollte den Wirt rufen; doch fürchtete er, sie könnte ihn einholen. Es blieb ihm nichts anderes übrig, als geradewegs ins Feld hinauszulaufen, so schnell er nur konnte. Die Leiche blieb ihm auf den Fersen. So liefen sie wohl eine Meile weit. Da kam er an ein Kloster. In größter Hast schlug er an die Pforte. Der Bonze aber, der in dieser tiefen Nachtstunde den Lärm vernahm, fürchtete, es sei ein Räuber, und zögerte aufzumachen. Schon war der Leichnam herangekommen. In seiner Todesangst erblickte er vor der Klosterpforte eine große Kiefer, die so dick war, daß man sie nicht umfangen konnte. Schleunigst versteckte er sich hinter dem Baum. Die Leiche griff mit beiden Armen um den Baum herum und wollte ihn packen. Da stieg sein Schreck aufs äußerste; er fiel zu Boden und blieb bewußtlos liegen. Da erstarrte auch die Leiche, die noch immer den Baum umfangen hielt.

Als der Bonze hörte, daß draußen plötzlich alles still geworden war, da zündete er ein Licht an, machte die Pforte auf und guckte nach. Da sah er eine Frau, die den Baum umfangen hatte mit geschlossenen Augen, und ein Mann lag dahinter auf dem Boden, laut röchelnd. Er rüttelte ihn am Arm. Da kam er wieder zu sich und erzählte alles, was er erlebt hatte.

Als der Tag zu dämmern anfing, da kam auch der Wirt herbei, der auf der Suche nach dem Leichnam war. Er sagte, die vier Gäste seien alle gestorben, und er wisse sich nicht zu helfen. Der Bonze riet ihm, sofort dem Beamten Anzeige zu erstatten. Der Beamte kam und befahl, daß die Leiche der Frau zurückgebracht werden solle. Aber die Leiche hielt den Baum so fest umfangen, daß man sie nicht losbekommen konnte. Man sah nach, und es zeigte sich, daß die Finger beider Hände tief in das Holz eingedrungen waren. Man mußte alle Kraft anwenden, um sie herauszureißen.

Da begann der Mann zu weinen und sprach: »Wir sind zu fünfen ausgezogen, und ich komme nun allein zurück. Wie soll ich mich von dem Verdacht reinwaschen, daß ich die andern umgebracht?«

So sandte denn der Beamte eine Feststellung des Sachverhalts in die Heimat des Mannes und ließ auch die vier Toten zur Beerdigung dorthin überführen.

69. Der unartige Knabe

In der Nähe von Kiautschou lebte ein Gelehrter. Der war einige Meilen von seinem Heimatort entfernt als Hauslehrer bei einem reichen Manne angestellt. Er hatte einen fünfzehnjährigen Sohn, den er zu Hause zurückließ. Der Knabe hatte die heiligen Schriften schon gelernt und war eben daran, sich im Aufsatzmachen zu üben. Sein Vater befahl ihm, fleißig zu arbeiten. Er gab ihm zwölf Aufsatzthemen und hundert Blätter mit alten Schriftzeichen, die er nachmalen sollte. Nach dem Laternenfest ging er weg, am Frühlingsfest wollte er wiederkommen. Bis dahin sollte der Knabe mit allem fertig sein, und sein Vater wollte die gemachten Arbeiten prüfen. Er schärfte ihm noch ein, daß er die Zeit nicht vertrödeln dürfe, und bestellte seinen Oheim, der ebenfalls ein großer Gelehrter war, ihn zu beaufsichtigen.

Kaum war der Vater weg, so tat der Knabe nichts anderes, als sich draußen herumzutreiben, und ließ seine Aufgaben unberührt liegen. Er war ein sehr begabter Junge, und er meinte, die zwölf Aufsätze und die hundert Seiten Schriftzeichen seien schnell gemacht. Er hatte eine Freude am ungebundenen Umherstreifen und dachte, in den letzten Tagen vor seines Vaters Heimkehr die Arbeiten rasch noch fertigzubringen.

Allein sein Oheim kam dazu, und als er des Knaben Faulheit sah, da wurde er böse und sagte zu ihm: »Ich werde deinem Vater alles erzählen, was du getan hast.«

Da bekam der Knabe Angst; denn sein Vater war unerbittlich streng und hatte ihn schon oft halbtot geschlagen. In seiner Verblendung nahm er Opium und vergiftete sich. Man legte ihn in den Sarg und bestattete ihn vorläufig vor dem Dorfe.

Als sein Vater die Nachricht erhielt, nahm er sich vor, am andern Tag heimzukehren. Um die zweite Nachtwache stand sein Sohn plötzlich da. Er fragte ihn; aber er gab keine Antwort. Der Vater lag schon im Bett, und ehe er sich's versah, schlüpfte der Knabe zu ihm unter die Decke. Sein Leib war kalt wie Eis. Erschrocken stand der Vater auf. Der Knabe hielt ihn fest und weinte. Der Vater, dem es unheimlich wurde, rief die Leute herbei. Man kam, um nachzusehen, doch der Knabe war nur dem Vater sichtbar; die andern Leute sahen nichts. Es dauerte bis gegen Morgen, da verschwand der Knabe.

Der Vater gab nun seine Stelle auf und kehrte eilig heim. Als es Abend wurde, erschien der Knabe wieder im väterlichen Hause. Als er seinen Vater erblickte, trat er ihm zornig entgegen. Die Mutter aber sah und hörte nichts. Der Vater wurde schließlich krank und sah ihn selbst am lichten Tage. Einst ging sein Oheim vor das Dorf. Als er einige Schritte von dem Grab entfernt war, da kam der Knabe plötzlich aus dem Grab hervor, warf mit beiden Händen Steine nach ihm und rief scheltend hinter ihm her. Da bekam der Oheim Angst und lief eilig heim, legte sich nieder und wurde auch krank. Der Knabe war schon frühe mit einem Mädchen aus dem Nachbardorf verlobt worden, und es war auch schon ein Tag für die Hochzeit bestimmt gewesen. In jener Nacht sah das Mädchen plötzlich einen Schüler an ihr Bett treten, der weinend ihre Hand ergriff und sprach: »Ich bin dein Bräutigam. Durch ein Unglück bin ich gestorben. Es tut mir leid, daß unsere Heirat nicht zustande gekommen ist. Heute komme ich, um Abschied von dir zu nehmen. Halte dich immer wert und vergiß mich nicht!« Unter Tränen ging er weg. Von jener Zeit an sahen ihn auch andere Leute als Gespenst umgehen.

So war ein Monat vergangen. Da versammelten sich die Bauern zur Beratung. Sie sprachen: »Das darf man nicht länger mit ansehen.« So beriefen sie denn einen Zauberer, um den Spuk zu bannen. Der Zauberer kam an das Grab und suchte sorgfältig die ganze Umgebung ab. Dann sprach er: »Dieser Knabe ist im Begriff, ein Geist der Dürre zu werden. Er hätte noch schlimmen Schaden getan. Zum Glück ist's noch an der Zeit, und er läßt sich noch leicht bannen.« Dann schnitzte er aus Pfirsichzweigen Nägel, die er an den vier Ecken des Grabes einschlug. Er schrieb mit roter Tusche Zaubersprüche und heftete sie an die Pfirsichnägel, so daß das Gespenst nicht herauskonnte. Dann ließ man einige Dutzend starke Männer kommen, die mit Spießen und Prügeln das Grab umstanden. Acht mutige Leute mußten dann das Grab öffnen. Als der Sarg ans Licht kam, war das vordere Brett aufgerissen. Durch die Öffnung sah man in den Sarg hinein, doch erblickte man den Leichnam nicht. Nur die beiden Schuhe sah man auf dem Boden des Sarges stehen. Der Leichnam selber hing an den Deckel des Sarges gedrückt in der Luft. Die Kleider hatte er ausgezogen, und sie lagen zusammengerollt auf dem Boden. Am ganzen Leibe waren weiße Härchen gewachsen. Man verbrannte nun den Leichnam. Und von jener Zeit an hörte der Spuk auf. Auch der Vater erholte sich wieder von seiner Krankheit.

70. Bestrafte Habgier

Es lebte ein Mann südlich vom Yangtsekiang. Der hatte eine Stelle als Lehrer angetreten in Sütschoufu an der Grenze von Schantung. Als er dort ankam, war das Schulhaus noch nicht fertig. Man hatte in der Nachbarschaft ein zweistöckiges Haus entlehnt, in dem der Lehrer vorläufig wohnen und Schule halten sollte. Das Haus stand außerhalb des Dorfes in der Nähe des Flußufers. Eine weite Ebene, mit wildem Gestrüpp bewachsen, dehnte sich nach allen Seiten aus. Dem Lehrer gefiel die Aussicht.

So stand er eines Abends da und sah, an die Tür gelehnt, dem Sonnenuntergang zu. Der Rauch, der aus den Hütten stieg, mischte sich allmählich mit den Schatten der Dämmerung. Alle Geräusche des Tags waren verstummt. Plötzlich sah er in der Ferne am Flußufer einen Feuerschein aufblitzen. Er eilte hin, um sich die Sache anzusehen. Er fand einen hölzernen Sarg, aus dem der Feuerschein hervorkam. Er dachte bei sich selbst: ›Die Edelsteine, die man den Toten mitgibt, leuchten bei Nacht. Vielleicht sind Kleinodien darin.‹ In seinem Herzen wachte die Gier auf, und er vergaß darüber, daß ein Sarg ein Ruhebett der Toten ist. Er hob einen großen Stein auf und schlug damit den Sargdeckel entzwei. Er bückte sich nieder, um genauer zuzusehen. Da erblickte er im Sarg einen Jüngling ausgestreckt liegen. Sein Gesicht war weiß wie Papier. Auf dem Kopf hatte er einen Trauerhut; hänfene Kleider umhüllten den Leib, und Strohsandalen trug er an den Füßen. Der Lehrer erschrak aufs äußerste und wandte sich, um wegzugehen. Aber schon hatte sich der Leichnam aufgerichtet. Da packte ihn die Angst, und er lief davon. Der Leichnam stieg aus dem Sarg und lief ihm nach. Zum Glück war das Haus nicht weit entfernt. Er lief, was er konnte, rannte die Treppe empor und schloß die Tür hinter sich zu. Allmählich kam er wieder etwas zu Atem. Draußen war kein Laut zu hören. So dachte er, die Leiche sei vielleicht nicht mitgekommen. Er öffnete das Fenster und spähte nach unten. Die Leiche lehnte an der Mauer des Hauses. Plötzlich sah sie, daß das Fenster offen war. Mit einem Satz sprang sie in die Höhe zum Fenster hinein. Vor Schreck erstarrt fiel der Lehrer die Haustreppe hinunter und blieb unten bewußtlos liegen. Da fiel auch oben die Leiche zu Boden.

Die Schüler waren um jene Zeit alle schon nach Haus gegangen. Der Hausherr wohnte in einem andern Hause, so daß kein Mensch die Geschichte bemerkte. Am andern Morgen kamen die Schüler in die Schule. Die Tür war verschlossen. Sie riefen, niemand antwortete. Da schlugen sie die Tür ein und fanden ihren Lehrer auf der Erde liegen. Sie besprengten ihn mit Ingwersuppe; aber es dauerte lange, bis er wieder zu sich kam. Auf Befragen erzählte er dann, was ihm begegnet war. Alle miteinander stiegen sie dann nach oben und schafften die Leiche herab. Man brachte sie vor das Dorf und verbrannte sie. Die Knochenreste tat man dann wieder in den Sarg. Der Lehrer aber sagte seufzend: »Um der Gewinnsucht eines Augenblicks willen wäre ich beinahe ums Leben gekommen.« Er gab seine Stelle auf und kehrte heim und hat in seinem Leben nie wieder von Gewinn geredet.

Es war einmal ein Kaufmann, der mit seinen Waren vom Süden nach Schantung wanderte. Es war etwa um die zweite Nachtwache, da erhob sich ein heftiger Nordsturm. Er sah zur Seite der Straße eine Herberge, deren Lichter eben angezündet wurden. Er ging hinein, um einen Trunk zu sich zu nehmen, und bestellte Nachtquartier. Die Leute in der Herberge machten Einwände. Ein alter Mann hatte Mitleid mit seiner peinlichen Lage und sprach zu ihm: »Wir haben eben ein Mahl aufgetragen für Krieger, die von weither kommen, und haben keinen Wein für Euch übrig. Hier neben ist aber noch ein Zimmerchen, in dem Ihr übernachten könnt.« Mit diesen Worten führte er ihn hinein. Der Kaufmann konnte vor Hunger und Durst nicht schlafen. Er hörte draußen Lärm von Menschen und Pferden. Da ihm die Sache nicht recht geheuer vorkam, stand er auf und sah durch den Spalt in der Tür, wie die ganze Herberge voll war von Soldaten, die auf der Erde saßen, tranken und aßen und von Kriegszügen redeten, von denen er gar nichts wußte. Nach einer Weile riefen sie einander zu: »Der Feldherr kommt!« Und ganz in der Ferne hörte man die Rufe der Leibwache. Alle eilten hinaus, ihn zu empfangen. Er sah dann einen Zug von vielen Papierlaternen, und in ihrer Mitte ritt ein langbärtiger Mann von kriegerischem Aussehen. Er stieg vom Pferde, trat ein und setzte sich obenan. Die Soldaten standen an der Türe, seiner Befehle gewärtig; der Wirt trug Wein und Essen auf, das er schmatzend verzehrte.

Als er fertig war, traten seine Offiziere herein, und er sprach zu ihnen: »Ihr seid nun schon lange ausgerückt. Geht zu euren Leuten zurück; ich will auch ein wenig ausruhen. Es ist Zeit genug weiterzugehen, wenn der Aufbruchsbefehl eintrifft.«

Die Offiziere nahmen den Befehl entgegen und entfernten sich. Dann rief er: »Atsi soll kommen!« Darauf kam ein junger Offizier von links her aus dem Hause. Die Leute in der Herberge schlossen das Tor und zogen sich zurück. Atsi geleitete den Langbart zu der Tür links hinein, durch deren Spalt der Schein einer Lampe herausdrang. Der Kaufmann schlich sich aus seinem Zimmer und schaute durch die Türspalte ihnen zu. Drinnen war ein Bett aus Bambus ohne Decken und Kissen. Die Lampe stand auf dem Boden. Der Langbart griff mit den Händen nach seinem Kopf. Der löste sich, und er stellte ihn auf das Bett. Darauf nahm ihn Atsi an den Armen. Die gingen ebenfalls ab, und er legte sie sorgfältig an ihren Platz daneben. Dann warf sich der Alte quer über das Bett. Atsi faßte ihn um den Leib, der unter der Hüfte abbrach und sich in zwei Teile teilte, die zur Erde fielen. Die Lampe erlosch alsbald. Starr vor Schrecken eilte der Kaufmann in größter Hast in sein Zimmer zurück, hielt sich den Ärmel vors Gesicht und legte sich nieder. Die ganze Nacht wälzte er sich schlaflos umher. – In der Ferne hörte er einen Hahn krähen. Er fröstelte. Er nahm den Ärmel vom Gesicht und sah, daß es am Himmel zu dämmern begann. Er blickte um sich, da lag er mitten in dichtem Gestrüpp. Ringsum war Wildnis, nirgends ein Haus, nirgends ein Grab zu sehen. Trotz der Kälte lief er wohl drei Meilen weit, bis er an die nächste Herberge kam. Der Wirt öffnete eben die Tür und fragte verwundert, woher er so früh komme. Er erzählte seine Erlebnisse und forschte nach, was das für eine Stelle sei, wo er die Nacht zugebracht. »In der ganzen Gegend hier herum sind alte Schlachtfelder«, war die Antwort, »man sieht hier manchen Spuk.«

72. Die Grabschänder

In Hangtschou war ein Mann namens Dschu. Der lebte vom Gräberraub. Er hatte sechs, sieben Gesellen um sich versammelt. Zur tiefen Nachtzeit, wenn alles schwarz und dunkel war, nahmen sie die Hacken zur Hand und durchstreiften die Gegend. Sie waren unzufrieden, daß sie viel mehr trockenes Gebein fanden als Gold und Silber. So richteten sie eine Geistertafel her um zu erkunden, wo Schätze verborgen seien.

Eines Tages nahte sich der Bergkönig dem Altar und gab ihnen folgenden Spruch: »Ihr öffnet Gräber und nehmt den Toten ihre Habe. Das ist schlimmer als Raub und Diebstahl. Wenn ihr nicht ablaßt von eurem Wandel, werde ich euch den Kopf abschlagen lassen.«

Dschu erschrak aufs äußerste und stellte sein Gewerbe ein, über ein Jahr lang. Doch weil seine Gesellen nichts zu leben hatten, verleiteten sie ihn, abermals die Geister zu rufen. Um es einmal zu versuchen, tat er, wie sie gesagt. Ein Geist nahte sich, der sprach: »Ich bin ein Wassergeist vom Westsee. Dort steht eine Pagode, an deren Fuß ist ein steinerner Brunnen. Westlich davon ist das Grab eines reichen Mannes. Das könnt ihr öffnen und werdet tausend Silberstücke finden.« Dschu war sehr erfreut und ging mit seinen Gesellen, die Hacke auf der Schulter, hin. Überall suchten sie den steinernen Brunnen, ohne ihn zu finden. Während sie umherstreiften, kam es zu ihnen wie eine Stimme, die ihnen ins Ohr flüsterte: »Ist denn das nicht ein Brunnen, dort unter dem Weidenbaum westlich von der Pagode?« Sie sahen nach, da fanden sie einen zuge-schütteten, trockenen Brunnen. Sie gruben drei, vier Fuß tief, da kamen sie auf einen steinernen Sarkophag von ungeheurer Größe. Aber wie sich die ganze Bande auch anstrengte, sie konnten ihn nicht heben. Da sprachen sie zueinander: »Im Kloster der Stille ist ein Bonze, der hat einen Zauberspruch, durch den man Eisenstangen zum Fliegen bringen kann. Wenn man den hundertmal hersagt, so wird der Sarkophag von selbst sich öffnen.«

Sie gingen zum Bonzen und versprachen ihm einen Teil der Beute. Der Bonze war auch ein Schurke. Als er ihre Worte hörte, da kam er herbeigelaufen. Er sagte seinen Zauber-spruch über hundertmal; da öffnete sich der Sarkophag ein wenig. Dann streckte einer einen schwarzen Arm hervor, wohl ein Klafter lang, zog den Bonzen in den Sarkophag herein, zerriß ihn und fraß ihn auf, daß Fleisch und Blut rings umherspritzten und die Knochen mit dumpfem Klang zur Erde fielen. Dschu und seine Bande liefen vor Schreck davon nach allen Richtungen. – Als sie am andern Tag wiederkamen um nachzuschauen, da war nirgends ein Brunnen zu sehen.

Im Kloster der Stille fehlte ein Bonze. Alle wußten, daß Dschu ihn gerufen hatte. So verklagten sie den Dschu beim Richter. Dschu verlor bei dem Handel sein ganzes Vermögen und hängte sich schließlich im Kerker auf.

73. Go Schu Han

Zur Zeit der Tang-Kaiser lebte ein großer Feldherr namens Go Schu Han. Der wohnte in jungen Jahren in Sianfu. Seine Frau war an einer Krankheit gestorben. Da er sie aber sehr lieb gehabt hatte, stellte er den Sarg in das Westgemach, und da er sich nicht von ihr trennen konnte, schlief er in demselben Raum. Um Mitternacht schien der Mond zum Fenster herein, daß der Boden schneeweiß glänzte. Go Schu Han lag seufzend auf seinem Bett und konnte nicht schlafen.

Plötzlich ward die Tür aufgestoßen, und ein Ungetüm kam herein; das war ein Oger. Es war über zehn Fuß hoch, hatte Hosen an von Leopardenfell, Sägezähne und fliegende Haare. Ihm auf dem Fuße folgten drei Teufel. Sie trugen Perlenketten und tanzten im Mondschein.

Sie sprachen also zueinander: »Der auf dem Bett dort liegt, wird ein berühmter Mann, was ist zu tun?«

Der zweite sprach: »Er schläft schon.«

Darauf packten sie den Sarg und trugen ihn in den Hof hinaus. Sie schlugen ihn mit den Händen auf, nahmen den Leichnam heraus und zerrissen ihn. Dann setzten sie sich im

Kreis umher und begannen, ihn aufzufressen. Das Blut spritzte den ganzen Boden voll, und die Seidenkleider flogen in Fetzen herum.

Go Schu Han ward bei diesem Anblick von Entsetzen erfaßt. Er konnte es aber nicht länger mit ansehen; darum nahm er ein Schwert, warf es nach ihnen hinaus und schrie mit lauter Stimme: »Packt die Teufel!«

Die Teufel erschraken und liefen weg. Er machte sich ihre Furcht zunutze, hob sein Schwert wieder auf und verfolgte sie. Sie flüchteten nach der Südwestecke des Hofes. Dort stiegen sie über die Mauer und verschwanden. Einer blieb zurück, dem schlug er einen Finger ab; der war so dick wie ein Arm, dicht behaart, und das Blut quoll in dicken Tropfen hervor.

Als die Diener den Lärm hörten, kamen sie eilig herbei und fragten, was es gebe. Go Schu Han befahl ihnen, die Knochenreste seiner Frau aufzusammeln. Doch war am Platze der schrecklichen Mahlzeit nichts zu sehen. Sie traten in das Zimmer, da stand der Sarg, unberührt wie zuvor. Die Diener dachten, ihr Herr habe geträumt; doch fand sich an der Mauer Blut, auch waren Fußspuren zu sehen. Niemand konnte sich erklären, was es mit der Sache auf sich habe. Aber nach ein paar Jahren ward Go Schu Han tatsächlich berühmt.

74. Die verwandelte Frau

Südlich vom Yangtsekiang lebte ein Gelehrter, der wandelte häufig im Guai Gi Gebirge umher. Er kehrte in einem Bergdorf ein. Seine Wirtsleute hatten eine Tochter, die ihm gefiel, und er nahm sie als Nebenfrau zu sich. Nach einigen Jahren ward er Beamter und machte sich mit seiner Nebenfrau zusammen auf in seinen Amtsbezirk. Die Frau, die früher immer lieb und sanft gewesen war, fing plötzlich an, unbändig, wild und eigensinnig zu werden. Fortwährend kam es vor, daß sie in Wut geriet, Knechte und Mägde schlug, sie auch wohl blutig biß. Nun erst merkte der Mann, daß seine Frau recht bösartig war, und hegte Argwohn gegen sie in seinem Herzen.

Einst ging er mit einigen Freunden auf die Jagd, und sie erlegten Füchse und Hasen in großer Zahl, die er in die Küche schaffen ließ. Während er seine Gäste bewirtete, schlich sich die Frau in die Küche, nahm die Füchse und Hasen und fraß sie in rohem Zustand auf. Heimlich hinterbrachte es eine Magd dem Mann. Da merkte er, daß seine Frau gar kein menschliches Wesen sei. So mied er sie und schlief in einem andern Zimmer.

Einst hatte sein Diener ein Reh gefangen und es ihm dargebracht. Er gab vor, daß er eine Reise machen müsse, und verließ das Haus. Heimlich aber versteckte er sich und beobachtete das Gebaren seiner Frau.

Nicht lange dauerte es, da sah er die Frau mit fliegendem Haar und nackter Brust und hervorquellenden Augen, gänzlich verwandelt, in den Saal eintreten. In der linken Hand hatte sie das Reh, mit der rechten raufte sie ihm die Haare aus, dann zerriß sie es und fraß es auf, daß die Knochen nur so knirschten.

Der Mann geriet in große Aufregung. Er nahm einige Dutzend seiner Leute mit Schwertern und Stangen zu sich und trat in das Zimmer. Als das Weib ihn kommen sah, da riß sie sich die Kleider vom Leibe. Dann stand sie steif und aufgerichtet da. Sie war ein Oger geworden. Ihre Augen schossen Blitze, Zähne hatte sie wie Schwerter, ihre Muskeln waren straff gespannt, und am ganzen Leibe war sie blau. Die Diener zitterten alle bei dem Anblick und wagten sich nicht, ihr zu nahen. Der Mann aber fiel vor Schreck bewußtlos zu Boden. Da sah das Ogerweib sich scheu nach allen Seiten um, als ob sie sich vor irgend etwas fürchtete. Dann ergriff sie das halbe Reh, stieg über die Mauer und lief weg. So eilig hatte sie's, daß sie eine dichte Staubwolke hinter sich ließ. Wohin sie ging, hat niemand je erfahren.

75. Das Oger-Reich

In Annam lebte ein Mann namens Sü, der fuhr als Kaufmann über das Meer. Plötzlich wurde er von einem großen
Sturme an eine ferne Küste verschlagen. Zerküftete Berge erhoben sich, von üppigem Grün bewachsen. Doch sah er auf
dem Lande etwas, das Menschenwohnungen glich. So nahm
er denn Wegzehrung zu sich und stieg ans Ufer. Kaum war er
ins Gebirge eingetreten, so sah er auf beiden Seiten die
Öffnungen von Höhlen, dicht gereiht wie Bienenkörbe. Er
blieb stehen und sah in eines der Löcher hinein. Da waren
zwei Oger darin, die hatten Zähne wie Speere. Ihre Augen
glichen feurigen Lampen. Mit den Krallen zerrissen sie einen
rohen Hirsch und fraßen ihn auf. Er erschrak bei diesem Anblick aufs äußerste und wollte entfliehen; aber die Oger hatten ihn schon erblickt, fingen ihn ein und nahmen ihn mit sich
in ihre Höhle. Die beiden Wesen redeten miteinander in tieri-
schen Lauten. Sie rissen ihm die Kleider vom Leib und wollten ihn auffressen. Da nahm er eiligst aus seinem Sack Brot
und Dörrfleisch hervor und bot es ihnen dar. Sie teilten es,
aßen es auf, und es schien ihnen zu schmecken. Sie durchsuch-
ten abermals seinen Sack; er aber winkte mit der Hand, um
ihnen anzudeuten, daß er nichts mehr habe.
Dann sprach er: »Laßt mich los! Ich habe in meinem Schiffe
Pfannen und Töpfe, Essig und Würzen. Damit kann ich euch
Speisen kochen.«
Die Oger aber verstanden nicht, was er sagte, und waren
immer noch böse. Da suchte er, sich durch Zeichen mit der
Hand verständlich zu machen, und schließlich schienen sie
ein wenig zu verstehen. Er ging mit ihnen ans Schiff, holte
sein Kochgeschirr in die Höhle, sammelte Reisig, zündete ein
Feuer an und kochte die Überreste des Hirsches. Als es gar
war, gab er ihnen davon zu essen. Die beiden Wesen fraßen
mit großem Behagen. Darauf gingen sie zur Höhle hinaus
und verschlossen die Öffnung mit einem großen Felsblock. In

kurzer Zeit kamen sie wieder und hatten noch einen Hirsch gefangen. Der Kaufmann häutete ihn, holte frisches Wasser, wusch das Fleisch und kochte davon einige Kessel voll. Plötzlich kam eine ganze Herde von Ogern herbei, die fraßen das Gekochte auf. Darüber wurden sie recht munter. Alle deuteten auf den Kessel, der ihnen zu klein zu sein schien. Nach drei, vier Tagen brachte einer der Oger einen großen Kessel auf dem Rücken herbeigeschleppt, der von nun an immer benützt wurde.

Jetzt drängten sich die Oger um den Kaufmann, brachten Wölfe und Hirschantilopen, die er für sie kochen mußte, und wenn sie gar waren, so riefen sie ihm zu, daß er mitessen solle.

So vergingen einige Wochen, und sie wurden allmählich mit ihm vertraut, so daß sie ihn frei herumlaufen ließen. Der Kaufmann hörte mit der Zeit auf die Laute, die sie ausstießen, und lernte sie verstehen. Ja, es dauerte nicht lange, da konnte er selber die Sprache der Oger reden. Darüber waren diese um so mehr erfreut. Sie brachten ein Weibchen her, das sollte der Kaufmann heiraten. Er aber fürchtete sich vor ihr und wagte sich nicht in ihre Nähe. Das Ogermädchen aber nahm ihn mit Gewalt zum Mann und hatte eine große Freude an ihm. Sie schenkte ihm Kostbarkeiten und Früchte, um ihn anzulocken, und sie gewannen einander lieb wie Mann und Frau.

Eines Tages standen alle Oger ganz frühe auf, und alle hatten sich um den Hals eine Kette von leuchtenden Perlen gehängt. Sie befahlen dem Kaufmann, recht viel Fleisch zu kochen. Der Kaufmann fragte seine Frau, was das bedeuten solle.

»Heute ist ein hohes Fest«, sagte sie, »wir haben den großen König zum Essen eingeladen.«

Zu den andern Ogern aber sprach sie: »Der Kaufmann hat keine Perlenkette.«

Da gaben ihr alle Oger jeder fünf Perlen, und sie selbst tat zehn dazu, so daß er über fünfzig Perlen hatte. Die faßte sie an einem Faden auf und hängte sie ihm um den Hals. Jede einzelne von diesen Perlen war mehrere hundert Lot Silber wert.

Der Kaufmann kochte nun das Fleisch; dann ging er mit der ganzen Herde zur Höhle hinaus, um den großen König zu empfangen. Sie kamen in eine weite Höhle; mitten darin lag ein großer Felsblock, der war glatt und eben wie ein Tisch. Ringsum standen steinerne Sitzplätze. Der Ehrenplatz war mit einem Leopardenfell bedeckt, die übrigen alle mit Hirschfellen. Mehrere Dutzend der Oger saßen in Reih und Glied in der Höhle.

Plötzlich erhob sich ein großer Sturm, der den Staub aufwirbelte, und ein Ungeheuer kam herbei, das in seiner Gestalt den Ogern glich. Die Oger kamen alle in großer Aufregung heraus, ihn zu empfangen. Der große König lief in die Höhle hinein, setzte sich mit gespreizten Beinen nieder und blickte mit runden Adleraugen um sich. Die ganze Herde folgte ihm dann in die Höhle. Sie stellten sich zu seinen beiden Seiten, blickten zu ihm empor und legten die Arme auf der Brust in Form eines Kreuzes zusammen, auf diese Weise ihm ihre Ehrfurcht bezeugend.

Der große König nickte mit dem Haupt, blickte sie an und fragte: »Sind von dem Wo-Me-Berge alle da?«

Die ganze Herde bejahte es.

Dann erblickte er den Kaufmann und fragte: »Und woher kommt der?«

Seine Frau antwortete für ihn, und alle erwähnten mit Lob seine Kochkunst. Ein paar von den Ogern brachten gekochtes Fleisch herbei und breiteten es auf dem Tische aus. Der große König fraß sich satt daran und lobte ihn dann mit vollem Munde und befahl, ihm immer diese Speise zu liefern.

Dann blickte er auf den Kaufmann und sagte: »Warum ist denn deine Halskette so kurz?«

Mit diesen Worten nahm er von seinem eigenen Halsband zehn Perlen, groß und rund wie Flintenkugeln. Sein Weib nahm sie rasch für ihn in Empfang und hängte sie ihm um. Der Kaufmann kreuzte die Arme und bedankte sich in der Sprache der Oger. Darauf ging der große König wieder weg, auf dem Sturme davonfahrend wie im Fluge.

Der Kaufmann hatte mit seinem Weibe vier Jahre zusammengewohnt, da gebar sie ihm Drillinge, zwei Knaben und ein Mädchen. Alle hatten Menschengestalt, unähnlich ihrer Mutter.

Eines Tages war der Kaufmann alleine zu Hause; da kam aus einer andern Höhle ein Weib und wollte ihn verführen. Er aber war nicht einverstanden. Da wurde das Ogerweib zornig und packte ihn am Arm. Unterdessen kam seine Frau nach Hause, und die beiden gerieten in ein fürchterliches Handgemenge. Schließlich biß seine Frau der andern ein Ohr ab, da ging sie weg. Von jener Zeit an bewachte nun die Frau den Kaufmann und wich keinen Augenblick von seiner Seite.

Abermals vergingen drei Jahre, und die Kinder lernten allmählich sprechen. Er lehrte sie auch die Menschensprache. Sie wuchsen heran und wurden so stark, daß sie über die Berge liefen wie auf ebenem Grunde.

Eines Tages war sein Weib mit dem einen Knaben und dem Mädchen ausgegangen und war einen halben Tag lang weggeblieben. Der Nordwind wehte stark, und in dem Herzen des Kaufmanns erwachte die Sehnsucht nach seiner alten Heimat. Er nahm seinen Sohn an der Hand und führte ihn zum Meeresufer. Da lag sein altes Schiff noch immer. Er stieg mit seinem Sohn hinein und kam in einem Tag und einer Nacht nach Annam zurück.

Als er zu Hause ankam, hatte sich seine erste Frau inzwischen mit einem andern Manne verheiratet. Er tat zwei von seinen Perlen hervor und gewann dafür eine Menge Goldes, so daß er ein vornehmes Haus führen konnte. Seinem Sohn gab er den Namen Panther. Als er vierzehn Jahre alt war, ward er so stark, daß er ein Gewicht von dreißig Zentnern heben konnte. Doch war er roh und liebte den Streit. Der General von Annam, erstaunt über seine Tapferkeit, ernannte ihn zum Obersten, und bei der Niederwerfung eines Aufstandes erwarb er sich solche Verdienste, daß er mit achtzehn Jahren schon Unterfeldherr wurde.

Um jene Zeit ward ein anderer Kaufmann ebenfalls vom Sturme nach der Insel Wo Me verschlagen.

Als er an Land kam, sah er einen Jüngling, der ihn erstaunt fragte: »Seid Ihr nicht ein Mann aus dem Mittelreich?«

Der Kaufmann erzählte, wie er herverschlagen worden sei, und der Jüngling führte ihn in eine kleine Höhle in einem verborgenen Tal. Dann brachte er Hirschfleisch herbei und plauderte mit dem Manne. Er erzählte ihm, daß sein Vater auch aus Annam gewesen sei, und es stellte sich heraus, daß er ein alter Bekannter des Kaufmanns war.

»Wir müssen warten, bis der Nordwind einsetzt«, sagte der Jüngling, »dann will ich kommen und dir das Geleite geben. Ich will dir auch einen Gruß für meinen Vater und älteren Bruder mitgeben.«

»Warum kommst du denn nicht selber mit«, sagte der Kaufmann, »um deinen Vater aufzusuchen?«

»Meine Mutter stammt nicht aus dem Mittelreich«, antwortete der Jüngling, »sie ist anders in Rede und Aussehen, darum geht es nicht wohl an.«

Eines Tages nun erhob sich der Nordwind mit Macht, und der Jüngling kam und begleitete den Kaufmann auf das Schiff und befahl ihm beim Abschied an, von seinen Worten keines zu vergessen.

Als der Kaufmann zurückkam nach Annam, begab er sich in den Palast Panthers, des Unterfeldherrn, und erzählte alles, was er gesehen.

Als Panther von seinem Bruder erzählen hörte, da schluchzte er in bitterem Leid. Er nahm Urlaub und fuhr mit zwei Soldaten ins Meer hinaus. Plötzlich erhob sich ein Taifun, der die Wellen peitschte, daß sie bis zum Himmel aufspritzten. Das Schiff schlug um, und Panther fiel ins Meer. Da wurde er von einem Wesen gepackt und fortgeschleppt an einen Strand, wo Wohnungen standen. Das Wesen, das ihn gepackt hatte, sah aus wie einer der Oger. Darum redete er ihn in der Ogersprache an. Der Oger fragte ihn erstaunt, wer er wäre, und er erzählte ihm seine ganze Geschichte.

Der Oger sprach erfreut: »Wo Me ist meine alte Heimat. Es liegt von hier achttausend Meilen weit. Dies ist das Reich der Giftdrachen.«

Darauf holte er ein Schiff, und Panther mußte sich hineinsetzen. Dann schob der Oger das Schiff im Wasser vor sich her, daß es wie ein Pfeil die Wogen durchschnitt. Eine Nacht lang dauerte es, da tauchte im Norden ein Gestade auf. Ein Jüngling stand am Meeresstrand und hielt Ausschau. Panther erkannte ihn als seinen Bruder. Er stieg ans Land, sie reichten sich die Hände und weinten. Dann wandte er sich um, dem Oger, der ihn hergebracht, zu danken; doch der war schon verschwunden.

Panther fragte nun nach Mutter und Schwester und erfuhr, daß es beiden gut gehe. Er wollte mit dem Bruder hingehen. Aber der Bruder hieß ihn warten und ging alleine hin. Nicht lange danach, so kam er mit Mutter und Schwester zusammen zurück. Als sie Panther sahen, weinten sie beide vor Rührung und Freude. Panther bat sie nun, ihn nach Annam zu begleiten.

Aber die Mutter sprach: »Ich fürchte, wenn ich ginge, würden mich die Menschen wegen meiner Gestalt verspotten.«

»Ich bin ein hoher Offizier«, antwortete Panther, »die Menschen werden nicht wagen, dich zu beleidigen.«

So gingen sie denn alle zusammen mit ihm aufs Schiff. Ein günstiger Wind füllte die Segel, und pfeilgeschwind fuhren sie dahin. Am dritten Tage kamen sie ans Land. Die Menschen aber, die ihnen begegneten, liefen alle entsetzt davon. Panther zog seinen Mantel aus und teilte ihn unter die drei, damit sie sich bekleiden konnten.

Als sie nach Hause kamen und die Alte ihren Mann wiedersah, da fiel sie mit vielen Scheltworten über ihn her, daß er ihr nichts davon gesagt habe, wie er heimgekehrt sei. Die Glieder der Familie, die nun herbeikamen, um die Frau des Hausherrn zu begrüßen, taten es alle unter Zittern und Beben. Panther aber empfahl seiner Mutter an, die Sprache des Mittelreichs zu lernen, sich in Seidenstoffe zu kleiden und an die menschliche Nahrung zu gewöhnen. Damit war sie sehr einverstanden; aber Mutter und Tochter ließen sich Männerkleidung machen. Bruder und Schwester wurden allmählich weißer im Gesicht und wurden den Menschen des Mittelreichs gleich. Den Bruder nannte man Leopard, die Schwester Ogerkind. Beide waren von großer Körperkraft.

Panther aber war es nicht recht, daß sein Bruder so ungebildet war; darum ließ er ihn studieren. Leopard war sehr begabt. Beim ersten Durchlesen verstand er den Sinn der Bücher, doch hatte er keine Neigung zum Gelehrtenberuf. Schießen und Reiten war ihm das Liebste. So brachte er es in der kriegerischen Laufbahn sehr weit und heiratete schließlich die Tochter eines sehr angesehenen Beamten.

Ogerkind aber fand lange keinen Mann, weil sich alle vor der Schwiegermutter fürchteten. Schließlich starb einem der Untergebenen ihres Bruders seine erste Frau. Der ließ sich dann bereit finden, Ogerkind zu heiraten. Sie konnte die stärksten Bogen spannen; hundert Schritt weit traf sie noch den kleinsten Vogel. Nie fiel ihr Pfeil zur Erde, ohne etwas getroffen zu haben. Wenn ihr Mann in die Schlacht zog, ging sie immer mit, und daß er es schließlich zum General brachte, war zum größten Teile ihr Verdienst.

Leopard war mit dreißig Jahren schon Feldmarschall. Seine Mutter begleitete ihn auf seinen Kriegszügen. Nahte sich ein gefährlicher Feind, so zog sie die Rüstung an und nahm das Messer zur Hand, um ihm statt ihres Sohnes entgegenzutreten. Unter den Feinden, die sie trafen, war keiner, der nicht entsetzt die Flucht ergriffen hätte. Wegen ihres Mutes erhielt sie vom Kaiser den Titel ›Überweib‹. –

In den Geschichtenbüchern heißt es immer, die Oger seien selten. Doch wenn man sichs genau überlegt, so sind sie gar nicht ungewöhnlich. Ein jeder Ehemann hat schließlich in seinem Hause solch ein Ogerchen.

76. Das geraubte Mädchen

Im Westen der alten Hauptstadt Lo Yang lag ein verfallenes Kloster. Dort stand eine ungeheure Pagode, mehrere hundert Stockwerke hoch. Auf ihrer Spitze konnten noch immer drei bis vier Menschen stehen.

In der Nähe wohnte ein schönes Mädchen; die saß eines Tages, als der Sommer heiß war, im Hof, um sich zu kühlen. Plötzlich erhob sich ein heftiger Wirbelsturm, der das Mädchen entführte. Als sie die Augen öffnete, da war sie auf der Spitze der Pagode. Neben ihr stand ein junger Mann in der Tracht eines Scholaren.

Der war gar hübsch und höflich und sprach zu ihr: »Wir sind vom Himmel füreinander bestimmt.«

Darauf nahm er Brot und Wein und feierte mit ihr die Hochzeit. Seitdem war er tagsüber weg und kam abends zurück. Beim Weggehen schloß er mit Steinen die Öffnungen der Pagode. Auch hatte er einige Stufen der Treppe entfernt, so daß sie ihre Behausung nicht verlassen konnte. Wenn er heimkam, brachte er immer Wein und Speisen mit, die er mit dem Mädchen teilte. Auch Schminke und Puder, Kleider und Röcke und allerhand Schmucksachen schenkte er ihr. Er habe sie auf dem Markt gekauft, sagte er. Auch hängte er einen Karfunkelstein auf, so daß es auch bei Nacht ganz hell in der Pagode war. Das Mädchen hatte alles, was ihr Herz begehrte, und dennoch fühlte sie sich nicht wohl.

Im Laufe der Monate war er vertraut mit ihr geworden, und als er eines Tages wegging, vergaß er, das Fenster zu schließen. Das Mädchen spähte ihm heimlich nach, da sah sie, wie

ihr Jüngling sich in einen Oger verwandelte, die Haare rot
wie Krapp, das Gesicht schwarz wie Kohle. Die Augäpfel
quollen aus ihren Höhlen hervor, und der Mund glich einer
Blutschüssel. Aus den Lippen drangen krumme Stoßzähne
heraus, an den Schultern schossen zwei Flügel hervor. Damit
flog er zur Erde und verwandelte sich dann wieder in einen
Menschen.

Das Mädchen ward vom Entsetzen erfaßt und brach in Tränen aus. Sie blickte von ihrer Pagode herunter; da sah sie unten einen Wanderer vorbeigehen. Sie rief ihn an; aber die
Pagode war so hoch, daß die Stimme nicht bis unten drang.
Sie winkte ihm mit der Hand; aber der Wanderer blickte
nicht auf. Sie wußte sich nicht anders zu helfen, als daß sie
ihre alten Kleider, die sie früher getragen, hinunterwarf. Sie
flatterten durch die Luft zu Boden.

Der Wanderer hob die Kleider auf. Dann sah er an der
Pagode hinauf und entdeckte ganz droben auf der Spitze
eine winzige Gestalt, die einem Mädchen glich; doch konnte
er ihre Gesichtszüge nicht unterscheiden. Lange besann er
sich vergebens. Dann ging ihm ein Licht auf.

»Unsere Nachbarstochter«, sprach er bei sich selbst, »wurde
ja von einem Zaubersturm entführt, sollte sie vielleicht da
oben stehen?«

Da nahm er die Kleider mit und zeigte sie den Eltern des
Mädchens. Die Eltern brachen beim Anblick der Kleider in
Tränen aus.

Das Mädchen hatte aber einen Bruder, der war so stark und
mutig wie niemand weit umher. Als der von der Geschichte
hörte, nahm er eine schwere Axt zu sich und ging zu der
Pagode. Dort versteckte er sich im Grase und wartete der
Dinge, die da kommen sollten. Als die Sonne eben untergegangen war, da kam ein Jüngling heran, der stampfte den
Berg herauf. Plötzlich verwandelte er sich in einen Oger,
breitete die Flügel aus und wollte fliegen. Da warf der Bruder seine Axt nach ihm und traf ihn an den Arm. Er stieß ein

lautes Gebrüll aus, dann floh er in die westlichen Berge. Als
der Bruder jedoch sah, daß die Pagode nicht zu ersteigen war,
kehrte er zurück und verabredete sich mit einigen Nachbarn.
Mit denen kam er am andern Morgen wieder, und sie kletterten in der Pagode empor. Die meisten Treppenstufen waren
noch ganz gut erhalten, nur den obersten Teil hatte der Oger
zerstört. Mit einer Leiter konnte man jedoch hinaufgelangen,
und der Bruder holte seine Schwester herunter und brachte
sie glücklich nach Hause zurück.
Seitdem hatte der Spuk ein Ende.

77. Der fliegende Oger

In Sianfu lebte ein alter Buddhistenmönch, der liebte es,
durch einsame Gegenden zu wandeln. Auf seinen Wande-
rungen kam er an den Kuku-Nor. Da sah er einen dürren
Baum, der war tausend Fuß hoch und viele Klafter dick. Innen war er hohl, so daß man von oben das Licht des Himmels
hineinscheinen sah.
Er war einige Meilen weitergegangen, da sah er von ferne ein
Mädchen in rotem Rock, barfuß und mit entblößter Brust.
Mit aufgelösten Haaren lief sie, schnell wie der Wind. Im Nu
stand sie vor ihm.
»Erbarme dich mein und rette mir das Leben!« redete sie ihn
an.
Als der Mönch sie fragte, was es gebe, sprach sie: »Da ist ein
Mensch, der mich verfolgt. Sage ihm, du habest mich nicht
gesehen, so will ich dir mein Lebtag dankbar sein.«
Und damit lief sie auf den Baum zu und kroch hinein.
Der Mönch ging abermals eine Strecke weiter. Da begegnete
er einem, der ritt auf einem gepanzerten Pferd. Er trug ein
goldenes Gewand. Auf dem Rücken hing ihm ein Bogen, an
der Seite ein Schwert. Das Pferd rannte wie der Blitz, mit
jedem Schritt kam es zwei Meilen weit vorwärts. Obs durch

die Luft ging, ob auf dem Boden, das machte keinen Unterschied.

»Hast du das Mädchen in dem roten Rock gesehen?« fragte ihn der Fremde. Und als der Mönch ihm sagte, er habe nichts gesehen, da fuhr er fort: »Bonze, du mußt nicht lügen! Dieses Mädchen ist kein Mensch, sondern ein fliegender Oger. Tausend Arten gibt es von ihnen, die allenthalben die Menschen verderben. Unzählige habe ich schon beseitigt und bin nun so ziemlich mit ihnen fertig. Diese aber ist die Schlimmste. Heute nach habe ich dreimal den Befehl von Gott bekommen und bin daher vom Himmel hergeeilt. Zu achttausend sind wir unterwegs nach allen Richtungen, um diese Unholdin zu fangen. Wenn du die Wahrheit nicht sagst, Mönch, so versündigst du dich gegen den Himmel.«

Da wagte der Mönch nicht, ihn zu hintergehen, sondern deutete auf den hohlen Baum. Der Himmelsbote stieg vom Pferd, trat in den Baum hinein und sah nach ihr. Dann stieg er wieder auf das Pferd, das trug ihn durch die Höhlung in die Höhe. Der Mönch blickte nach oben; da sah er, wie aus dem Gipfel des Baumes ein kleiner roter Schein herauskam. Der Himmelsbote folgte ihm. Sie stiegen auf zu den Wolken und entschwanden den Blicken. Nach einer Weile fiel ein Blutregen. Der Oger war wohl von einem Pfeil getroffen oder gefangen worden.

Der Mönch hat nachmals die Geschichte einem Gelehrten erzählt, der sie aufgezeichnet hat.

78. Giftmischen

Die wilden Miau- und Man-Stämme im Süden züchten häufig Giftschlangen, Skorpione und Tausendfüßler und verstehen es, aus diesen Tieren ein Gift zu bereiten. Von Geschlecht zu Geschlecht vererben sie die Kunst, um Leuten aus andern Ländern Verderben zu bringen. Diese Kunst ist unter dem Namen Giftschießen bekannt. Sie bergen das Gift unter dem Fingernagel, und wenn sie andern Wein oder Tee einschenken, so schnellen sie mit dem Finger etwas davon ins Glas, ganz wenig nur, wie ein Stäubchen. Ehe der andere sichs versieht, hat er so das Gift im Leibe. Schnelles Gift wirkt nach ein paar Tagen, langsames nach Monaten oder Jahren. Wirkt das Gift, so stirbt der Mensch, oder in leichteren Fällen trägt er zum mindesten einen dauernden Schaden davon. Die langsame oder schnelle Wirkung des Giftes haben sie ganz in ihrer Hand, und niemand entgeht ihnen, der ihnen einmal verfallen ist.

Diese Wilden sind untüchtig im Feldbau und ungeschickt im Handel. Darum locken sie häufig Chinesen an, die für sie diese Arbeiten besorgen. Sie geben ihnen wohl auch ihre Töchter zu Frauen, damit sie die Gedanken an ihre Heimat vergessen.

So war einmal ein Mann aus Canton, der trieb Handel in jenen Gegenden. Er fand Wohlgefallen an einem Miau-Mädchen und nahm sie zur Frau. Da er aber großen Besitz zu Hause hatte, sehnte er sich mit der Zeit doch heim. Er wollte mit dem Mädchen zusammen gehen; aber die war nicht einverstanden. Doch ließ sie ihn schwören, daß er wiederkommen wolle, und sie machten eine Zeit aus.

»In drei Jahren soll es sein«, sagte er.

Da gab sie ihm zum Abschied Wein zu trinken und ermahnte ihn dann noch zum Schluß: »Du darfst dein Wort ja nicht brechen! Ich habe dir Gift gegeben, und wenn du zur gesetzten Zeit nicht wiederkommst, so mußt du sterben. Denke nicht, du könntest zu Hause mit Weib und Kind dauernd fröhliche Tage verbringen!«

So kehrte der Mann in seine Heimat zurück. Zwei Jahre vergingen, und nichts Schlimmes zeigte sich.

Da dachte er: »Das Mädchen von Miau hat nur leere Drohungen ausgestoßen, damit ich wieder hin soll. Wo gibt's ein Gift, das man jahrelang im Leib herumtragen kann, ehe es zu wirken anfängt?«

Als nun die Zeit herankam, da brach er sein Versprechen und blieb.

Eines Tages hatte er Wein getrunken und war ein wenig angeheitert. Da merkte er, daß etwas Hartes ihm die Kehle heraufstieg und ihn zu ersticken drohte. Plötzlich erbrach er eine güldne Schlange, das heißt: sie streckte nur den Kopf zu seinem Mund heraus, während der Schwanz im Leibe druntenblieb. Da erschrak er sehr und ward erst inne, daß nun das Gift zu wirken anfing. So ließ er denn eiligst anspannen, um in das Miau-Land zurückzukehren. Und kaum hatte er sich auf den Weg gemacht, da war der Schlangenkopf auch schon wieder verschwunden. Bei der Begrüßung nun gestand er dem Mädchen von Miau seine Schuld und bat sie um Verzeihung. Und sie löste den Zauber. Von da ab hielt der Mann bei seinen Reisen zwischen Miau und Canton hin und her sich immer streng an den Termin und wagte nie wieder, sein Wort zu brechen.

Es geht die Sage, daß, wer also vergiftet sei, trübe und glanzlose Pupillen bekomme. Wenn man innerhalb von sieben Tagen Pfirsichkerne, Realgar und dergleichen Mittel gegen Schlangen und Gifte nehme, sie mit altem Wein koche und sie mit Salzwasser zusammen trinke, so könne man wieder genesen. Nach dieser Zeit jedoch gebe es keine Rettung mehr. Darum warnen sich alle, die das Miau-Land besuchen, gegenseitig, keinen Becher Wasser zu berühren.

79. Schwarze Künste

Die Wilden im Südwesten üben viele schwarze Künste. Häufig locken sie mit ihren Töchtern Leute aus dem Mittelreiche an, indem sie diese ihnen zur Ehe versprechen. Die armen Leute müssen dann Arbeit für sie tun, und die Ehe kommt schließlich doch nicht zustande. So war einmal ein Sohn aus armer Familie, der versprach sich als Schwiegersohn bei einem Wilden. Drei Jahre mußte er Arbeit tun, dann ward ihm die Tochter zur Ehe versprochen. Die Hochzeit wurde gefeiert und ihnen ein besonderes Häuschen als Hochzeitsgemach hergerichtet. Die Braut war über alle Maßen schön und mochte etwa achtzehn oder neunzehn Jahre zählen. Sie ging der Sitte gemäß mit brennender Laterne ins Gemach voran. Als aber der Bräutigam die Bettvorhänge aufhob und das Lager besteigen wollte, da war das Mädchen verschwunden und nirgends zu finden. Tür und Fenster waren wohlverschlossen wie zuvor, und er wußte nicht, wo sie hingekommen war. So ging es über einen Monat lang. Tags war sie da, nachts war sie weg. Aber auch untertags sprach sie kein einziges Wort mit ihm. Da stieg dem Bräutigam der Argwohn auf.

Nun war noch ein kleines Schwesterchen im Hause. Das kam beständig in den Hof zum Spielen. Als sich Gelegenheit ergab, da fragte er sie einmal über die Geschichte aus. Erst wollte sie nichts verraten. Doch mit der Zeit wußte er sie an sich zu gewöhnen durch manche Süßigkeit, die er ihr gab. Da gestand sie ihm, es sei ein Zauberkunststück. Wenn er aber in die vier Ecken des Hauses Blut von Hühnern und Hunden sprengte und rasch die Braut beim Kleid ergreife, so könne sie ihm nicht entwischen. Er tat, wie ihm das Schwesterchen gesagt, und als zur Dämmerungszeit die junge Frau herbeikam, die Tür schloß und ins Bett stieg, da trat er rasch herzu und griff nach ihrem Ärmel. Sie kam in große Not; doch konnte sie ihm nicht entwischen.

Da sprach sie lächelnd: »Das hat dir sicher die flinke Zunge des Schwesterchens verraten. Doch war es ja nicht mein Wunsch, dir nicht Gattin zu sein, sondern der Eltern Befehl, den ich zu übertreten mich nicht getraute. Da es aber nun so gekommen ist, sind wir vom Himmel füreinander bestimmt.«

So wurden sie denn wirklich Mann und Frau und gewannen sich von Tag zu Tag lieber. Die Eltern wußten um die Sache und haßten ihn darob im stillen.

Eines Tages sprach seine Frau zu ihm: »Morgen früh ist meiner Mutter Geburtstag, da mußt auch du ihr deinen Glückwunsch bringen. Nun werden sie dir sicher Wein und Essen geben. Den Wein darfst du wohl trinken, doch vom Essen darfst du nichts berühren. Denk fest daran!«

Am andern Tag ging die Frau mit ihrem Manne in den Saal, und sie brachten ihre Wünsche dar. Die beiden Eltern schienen hocherfreut und warteten mit Wein und Süßigkeiten auf. Der Eidam trank, doch aß er nichts. Mit milden Worten und freundlichen Gebärden forderten ihn die Schwiegereltern beständig auf zuzulangen. Der Eidam wußte nicht, wie er sich retten sollte. Schließlich dachte er, daß sie es wohl nicht böse mit ihm meinen würden. Und wie er so vor sich im Teller die frischen und schönen Garnelen und Krebse sah, da aß er ein ganz klein wenig. Seine Frau warf ihm einen tadelnden Blick zu. Er schützte Betrunkenheit vor und wollte sich verabschieden.

Die Schwiegermutter aber sprach: »Heute ist mein Geburtstag. Du mußt doch auch von den Geburtstagsnudeln kosten!« Darauf stellte sie eine große Schüssel vor ihn hin, mit Nudeln wie Silberfäden anzusehen, mit fettem Fleisch, mit duftenden Pilzen gewürzt. Der Eidam hatte während der drei Jahre, die er im Hause war, noch nie solch köstliche Speise genossen. Verführerisch stieg ihm der Duft in die Nase, und er konnte sichs nicht versagen, die Eßstäbchen zu erheben. Seine Frau schielte nach ihm; er tat, als sähe er's nicht.

Sie hustete bedeutungsvoll; er tat, als hörte er's nicht. Endlich stieß sie ihn unter dem Tisch mit dem Fuße an. Da erst kam er wieder zur Besinnung.

Er hatte noch nicht zur Hälfte ausgegessen und sagte: »Nun bin ich satt!«

Darauf ging er mit seiner Frau zusammen weg.

»Das ist eine schlimme Geschichte«, sagte Frau. »Du hast nicht auf meine Worte gehört, jetzt mußt du sicher sterben.«

Er aber glaubte noch nicht daran, bis er plötzlich im Leibe

heftige Schmerzen spürte, die sich bald ins Unerträgliche steigerten, so daß er bewußtlos zu Boden fiel. Eilig hängte ihn nun seine Frau mit den Füßen nach oben und dem Kopf nach unten am Balken der Zimmerdecke auf und stellte eine Kohlenpfanne mit glühenden Kohlen unter seinen Leib und ein großes Gefäß mit Wasser, in das sie Sesamöl gegossen, vor das Feuer, gerade unter seinen Mund. Als nun das Feuer ihm tüchtig den Leib erwärmte, da gab es in seinem Innern ein donnerähnliches Geräusch, er öffnete den Mund und begann, sich heftig zu erbrechen. Und was für Sachen kamen da heraus! Durcheinander wühlten sich giftige Würmer, Tausendfüßler, Kröten und Kaulquappen hervor, die alle in dem Gefäß mit Wasser untertauchten. Darauf band sie ihn wieder los, trug ihn ins Bett und gab ihm Wein mit Realgar zu trinken. Da ward ihm wieder besser.

»Was du gegessen hast als Garnelen und Krebse,« sprach die Frau zu ihm, »das waren alles Kröten und Kaulquappen, und die Geburtstagsnudeln waren giftige Würmer und Tausendfüßler. Aber noch gilts vorsichtig zu sein! Die Eltern wissen, daß du nicht gestorben bist, sie werden sicher andere Ränke schmieden.«

Nach einigen Tagen sprach der Schwiegervater zu ihm: »Am Felshang vor der Höhle, da wächst ein großer Baum. Dort ist ein Phönixnest. Du bist noch jung und kannst klettern. Geh rasch dorthin und hole mir die Eier!«

Der Eidam ging nach Hause und sagte es seiner Frau.

»Nimm lange Bambusstangen«, sprach sie, »und binde sie zusammen, und oben dran mußt du ein Sichelschwert befestigen. Ich gebe dir hier neun Brote und sieben mal sieben Hühnereier. Die nimmst du in einem Korbe mit. Wenn du an jene Stelle kommst, so wirst du oben in den Zweigen ein großes Nest erblicken. Klettere nicht auf den Baum, sondern schlage es mit dem Sichelschwert herunter! Dann wirf die Stange weg und laufe, was du kannst! Wenn dann ein Ungetüm herankommt und dir folgt, so wirf die Brote nach ihm, drei jedesmal, zum Schlusse wirf die Eier auf die Erde und komm, so rasch du kannst, nach Hause! So magst du der Gefahr entgehen.«

Der Mann merkte sich alles genau und ging hin. Und richtig sah er da ein Vogelnest – groß wie ein runder Pavillon. Da band er sein Sichelschwert an die Stange und schlugs mit aller Kraft herunter. Dann legte er die Stange auf die Erde, sah sich sich nicht um und lief. Plötzlich hörte er das Brüllen eines Donnersturms, das sich über seinem Haupte erhob. Als er aufblickte, da sah er einen großen Lindwurm, der war wohl viele Klafter lang und hatte an zehn Fuß im Umfang. Die Augen blitzten wie zwei Lampen, und aus dem Rachen spie er Feuer und Flammen. Er streckte zwei Fühler tastend nach unten. Da warf der Mann rasch die Brote in die Luft. Der Lindwurm fing sie auf, und es dauerte eine Weile, bis er sie gefressen hatte. Aber kaum war er ein paar Schritte von ihm weg, da kam der Lindwurm wieder hinter ihm hergeflogen. Da warf er wieder nach ihm mit den Broten, und als die Brote dann zu Ende waren, da leerte er den Korb um, daß die Eier auf die Erde rollten. Der Lindwurm hatte sich noch nicht satt gefressen und sperrte weit den hungrigen Rachen auf. Als er nun plötzlich die Eier sah, da ließ er sich herab, und weil die Eier ringsumher zerstreut lagen, so dauerte es eine Zeitlang, bis er sie alle ausgesogen hatte. Unterdessen gelang es dem Manne, nach Hause zu entkommen.

Als er ins Zimmer trat und seine Frau sah, da sprach er schluchzend zu ihr: »Mit knapper Not bin ich davongekommen, daß ich dem Wurm nicht seinen Bauch gefüllt. Wenn das so unaufhörlich weitergeht, so ist es noch mein Tod.«

Mit diesen Worten kniete er nieder und bat die Frau flehentlich, ihm das Leben zu retten.

»Wo ist denn deine Heimat?« sprach die Frau zu ihm.

»Meine Heimat ist von hier wohl hundert Meilen weit im Land der Mitte. Es lebt mir noch eine alte Mutter. Es macht mir nur zu schaffen, daß wir so arm sind.«

Die Frau sprach: »Ich will mit dir entfliehen und deine Mutter suchen. Sei nicht traurig über deine Armut!«

Damit nahm sie, was an Perlen und Edelsteinen im Haus vorhanden war, tat es in einen Sack und hieß den Mann ihn um die Lenden binden. Dann gab sie ihm noch einen Regenschirm, und tief in der Nacht überstiegen sie die Mauer auf einer Leiter und gingen weg.

Sie sagte noch zu ihm: »Nimm den Regenschirm auf den Rücken und laufe, so rasch du kannst! Öffne ihn nicht und sieh dich auch nicht um! Ich will dir im Verborgenen folgen.«

So wandte er sich nach Norden und lief aus Leibeskräften. Einen Tag und eine Nacht war er gelaufen, wohl hundert Meilen weit, und hatte schon der Wilden Grenze überschritten, da ermatteten ihm die Beine und er ward hungrig. Vor ihm lag ein Bergdorf. Er blieb am Eingang dieses Dorfes stehen um zu ruhen, holte etwas Wegzehrung aus der Tasche und aß. Er blickte sich um, ohne seine Frau zu sehen.

Da sprach er bei sich selbst: ›Am Ende hat sie mich betrogen und kommt gar nicht.‹

Als er fertig gegessen hatte, nahm er noch einen Trunk aus einer Quelle, dann schleppte er sich mühsam weiter. Wie der Tag eben am heißesten war, da brach plötzlich ein heftiger Bergregen los. In der Eile vergaß er, was die Frau ihm anbefohlen hatte, und öffnete den Schirm zum Schutze vor dem Regen. Da fiel seine Frau aus dem Schirm heraus, ganz nackt, auf die Erde.

Sie machte ihm Vorwürfe: »Du hast wieder nicht auf mich gehört. Nun ist das Unheil da!«

Rasch hieß sie ihn nach dem Dorfe gehen, um einen weißen Hahn, sieben schwarze Tassen und ein halbes Stück von rotem Nesseltuch zu kaufen.

»Spare die Silberstücke in der Tasche nicht!« rief sie ihm noch nach.

Er ging ins Dorf, besorgte alles und kam wieder zurück. Die

Frau zerriß das Tuch, machte einen Rock daraus und zog ihn an. Kaum waren sie einige Meilen gegangen, da sah man im Süden eine rote Wolke heraufkommen, rasch wie ein fliegender Vogel.

»Das ist meine Mutter«, sagte die Frau.

Im Augenblick war sie auch schon zu ihren Häupten. Da nahm sie die schwarzen Tassen und warf nach ihr. Sieben warf sie, sieben fielen herunter. Da hörte man die Mutter in der Wolke weinen und schelten, dann verschwand sie wieder.

Wieder gingen sie etwa vier Stunden lang. Da hörten sie hinter sich einen Ton, wie wenn man Seide reißt, und schon sahen sie eine Wolke, schwarz wie Tusche, die dem Wind entgegen herankam.

»Wehe, das ist mein Vater!« sagte die Frau. »Da gehts auf Leben und Tod. Der läßt nicht von uns ab. Aus Liebe zu dir muß ich nun die heiligsten Gebote verletzen.«

Mit diesen Worten nahm sie rasch den weißen Hahn, riß ihm den Kopf ab und warf ihn in die Luft. Da zerfloß die schwarze Wolke, und ihres Vaters Leichnam fiel, getrennt von seinem Kopfe, am Rand der Straße nieder. Da weinte die Frau bitterlich, und als sie ausgeweint hatte, begruben sie den Leichnam. Dann gingen sie zusammen weiter nach der Heimat des Mannes. Dort trafen sie die alte Mutter noch am Leben. Sie nahmen nun ihre Perlen und Kostbarkeiten hervor, kauften ein gutes Stück Land, bauten ein schönes Haus und wurden reich und angesehen in der ganzen Gegend.

80. Das treue Mädchen

Unter den Wilden im Süden gibt es sehr viele Stämme. Da gibts die Hui, die Li, die Yau, die Babesifu und viele andere. In Kuangsi haben sie dreiundachtzig Niederlassungen. Die stärksten aber sind die Li. Unter ihnen nun herrscht die Sitte, daß, wenn ein Mädchen mannbar wird, man für sie immer erst einen vorläufigen Ehemann ins Haus nimmt. Nach ein paar Monaten bekommt der Mann dann Aussatz oder sonst einen üblen Ausschlag, und man schickt ihn weg. Dann erst wird mit einer angesehenen Familie desselben Stammes eine eigentliche Ehe vereinbart. Das nennt man: den Aussatz übertragen. Wenn das nicht geschieht, so wird das Mädchen selber krank. Darum ist es nicht möglich, für ein Mädchen, das seinen Aussatz noch nicht auf diese Weise übertragen hat, einen richtigen Ehemann zu finden.

Es war einmal ein junger Mann in Kuilin. Der stammte aus einer reichen Familie. Da jedoch sein Lehrer ihm allzu strenge auf die Finger sah und auch sein Vater ihn zu Zeiten strafte, hielt er's nicht länger aus und lief von Hause fort. Er verirrte sich und kam in eine Niederlassung von Wilden und bat um Essen. Da war ein alter Mann, der hatte Mitleid mit dem Jungen, rief ihn nach seinem Hause und gab ihm reichlich Wein und Speise.

Dann sprach er zu ihm: »Ihr scheint mir nicht so ein gewöhnlicher Landstreicher zu sein. Ich habe eine Tochter, die wartet gerade auf einen Mann, die würd ich gern zur Frau Euch geben.«

Der junge Mann bedachte zwar bei sich, daß er zu Hause eine Braut schon habe. Doch in seiner Not dem Hunger und der Kälte gegenüber sprach er zu allem ja. Der Alte rief nun das ganze Haus zusammen. Ein Brautgemach ward hergerichtet und der junge Mann hineingeführt. Die Braut war auch schon drin. Sie war ausnehmend schön und schien ein gutes Mädchen.

Die Nacht war still und alles schon zur Ruhe. Die beiden saßen verlegen beieinander und wußten nicht, was sagen. Das Mädchen saß abseits, den Kopf auf die Hände gestützt, und seufzte unaufhörlich schwer und tief. Der junge Mann war müde von der Reise und schlief bald ein. Beim ersten Hahnenrufe wachte er wieder auf und sah das Mädchen noch immer abseits sitzen.

»Es ist schon spät, die Nacht ist kalt«, sagte er. »Willst du dich nicht zur Ruhe legen?«

Das Mädchen errötete beschämt und sagte unter Tränen: »Das ist eine schlimme Ehe. Ihr müßt kein Mitleid mit mir haben.«

Dann erzählte sie ihm alles, wie es sich verhielt, und fügte noch hinzu: »Wie ich Euch sah, so jung und schön, da konnt ichs nicht ertragen, Euch den Tod zu bringen. Lieber will ich selber sterben.«

Sie fragte noch nach seinem Namen und Wohnort, alles ganz genau. Als der Tag zu dämmern anfing, gab sie ihm Geld und drängte ihn zu gehen. Und so kehrte er wieder heim.

Nach etwa zwei Jahren ward das Mädchen krank an Aussatz. Die Eltern wurden böse und stießen sie zur Tür hinaus. Das Mädchen dachte: ›Ich will den jungen Mann noch einmal sehen, dann will ich sterben.‹

So trug sie ihre Krankheit und trat die Wanderung an. Bei Tage erbettelte sie Nahrung in Dörfern und Weilern, bei Nacht suchte sie Ruhe in Höhlen und Klüften. Sie kletterte über die Berge und watete durch die Flüsse. Mühselig schleppte sie sich wochenlang dahin. Da kam sie nach Kuilin. Sie suchte das Haus des jungen Mannes, rief seinen Namen und begehrte, ihn zu sehen. Der Torwart wies sie scheltend fort. Da brach sie schluchzend vor der Tür zusammen.

Als der junge Mann damals nach Hause gekommen war, hatte er sich mit großem Eifer ans Lernen gemacht und hatte auch schon die erste Prüfung bestanden. Zu jener Zeit hatten die Eltern eben einen Glückstag ausgewählt zur Heirat. Am anderen Tage sollte Hochzeit sein. Verwandte und Bekannte hatten sich versammelt, um bei dem Fest zu helfen. Der Vater hatte für die Gäste ein Festmahl zugerichtet.

Als nun der junge Mann sich eben mit zu Tische setzte, da hörte er vor der Türe Lärm und Rufen. Er ging hinaus zu sehen, was es wäre. Da saß das Mädchen da, das ganze Gesicht voll Eiterbeulen, die eben am Aufbrechen waren, die

Augenbrauen kahl, die Nase eingefallen, die Lippen aufge-
sprungen und die Stimme heiser. Erschrocken sah er sie an,
doch erkannte er sie nicht.

Das Mädchen sprach: »Gedenkt Ihr nicht mehr an die Zeit
vor zwei Jahren, da Ihr in unsrem Hause weiltet? Jetzt ist
die Krankheit bei mir ausgebrochen, und die Eltern haben
mich verstoßen. Nun ich Euch noch einmal gesehen habe,
sterbe ich gerne.«

Da kam auf einmal die Erinnerung an die Vergangenheit über
ihn, und unter Tränen sagte er zu ihr: »Ihr wart wie eine
Blume so schön, und nun ist das aus Euch geworden! Immerhin, Ihr habt mir große Güte angetan, und ich schwöre, daß
ich Euch nicht verlassen will.« So nahm er denn das Mädchen
bei der Hand und stieg mit ihr zum Saal empor, die Eltern zu
begrüßen und die Verwandten alle.

Dann kniete er nieder, bat ums Wort und sprach: »Hätt ich
dies Mädchen nicht getroffen, wär ich wohl schon längst in
einem Graben verendet. Unser Glück von heute ist alles ihr
Geschenk.«

Hochherzig sprach der Vater: »Auch sie sei meines Sohnes
Frau! Wenn morgen Hochzeit ist, soll sie doppelt gefeiert
werden. Die beiden sollen Schwestern heißen, keine sei
Hauptfrau, keine Nebenfrau!«

Die Freunde und Verwandten waren alle einverstanden und
schenkten Wein ein, um ihm Glück zu wünschen, und das
ganze Gespräch bei Tische war über dieses Mädchens Tugend.
Das Mädchen aber neigte sich tief und sprach unter Tränen:
»Ich bin mit übler Krankheit behaftet und werde heute oder
morgen sterben. Wie hielt ich's aus, Genossin diesem Herrn
zu sein und Hochzeitsfest mit ihm zu feiern? Ich bitte nur,
daß man mir einen Raum gewähre, wo ich in Ruhe sterben
kann.«

Der Vater blickte heimlich auf das Mädchen und sah, daß
ihre Krankheit wirklich übel war, daß sie sich nicht zur
Hochzeitsfeier schicke. So ließ er denn im hintern Hofe ihr

ein Zimmer bereiten, daselbst zu wohnen. Eine Magd kehrte den Boden, führte sie hinein und breitete Decken und Kissen auf dem Lager aus.

Das Zimmer ward für gewöhnlich als Weinkammer benützt. Rings an den Wänden und in den Ecken standen Weinkrüge umher. Das Mädchen befragte die Magd.

Die sprach: »Das ist guter, alter Wein, wenn Ihr durstig seid, mögt Ihr Euch gütlich daran tun.«

Am andern Tage feierte man Hochzeit. Der Klang der Trommeln dröhnte zum Himmel. Flöten und Pfeifen betäubten das Ohr. Das Mädchen hörte den fröhlichen Lärm und ward betrübt. Da fiel ihr der Wein ein. Sie öffnete einen Krug um zu schöpfen. Plötzlich sah sie eine Giftschlange, am ganzen Leibe weiß gezeichnet, die im Kruge zusammengeringelt lag. Erschrocken trat sie zurück. Der Krug war wohl nicht fest verschlossen gewesen, die Schlange war auf der Suche nach Nahrung hineingekrochen und im Weine ertrunken.

Das Mädchen sprach bei sich: ›Ich habe gehört, daß Schlangengift den Menschen tötet. Besser als an der Krankheit zugrunde gehen ist es, ich trinke Gift und sterbe.‹

Sie schöpfte Wein mit einem Becher und trank, soviel sie konnte. Bewußtlos fiel sie auf das Lager, hüllte sich in ihre Decken und schlief ein.

Um Mitternacht brach ihr der Schweiß aus, der in Tropfen an ihr herabrann. In allen Gliedern fühlte sie ein seltsames Jukken. Und wie sie sich auch rieb, sie konnte es fast nicht aushalten. Aber die Aussatzpusteln verschwanden allmählich, es bildeten sich Borken, und als die abfielen, kam die gesunde Haut darunter hervor. Kopfhaar und Augenbrauen wuchsen wieder nach, und ehe eine Woche vorüber war, war aus dem Scheusal wieder eine Schönheit geworden, ganz das hübsche Mädchen, wie sie es vor der Krankheit war.

Auf die Kunde davon kam das ganze Haus herbei, ihr Glück zu wünschen. Der Sohn des Hauses wußte sich nicht zu lassen vor Freude. Es wurde ein zweiter Hochzeitstag gewählt, und aufs neue schloß er mit dem Mädchen ehelichen Bund. Auch seine erste Frau schätzte das Mädchen gar sehr. Sie liebten einander wie Schwestern, und von Anfang bis zum Ende gab es weder Neid noch Streit zwischen ihnen. Die fremde Frau gebar ihrem Mann nach und nach drei Söhne, die alle hohe Ehrenämter errangen, so daß um ihrer Söhne willen auch die Mutter vom Kaiser ausgezeichnet wurde. In der ganzen Nachbarschaft ward ihr Ruhm verbreitet, und jedermann sprach: »Das ist der Lohn der Tugend.«

81. Die bemalte Haut

In Taiyüanfu lebte ein Mann namens Wang. Er ging eines Morgens aus, da traf er ein Mädchen, die trug ein Bündel am Arm und war einsam unterwegs. Sie kam mit ihren kleinen Füßen nur schwer voran. Er beschleunigte den Schritt und holte sie ein. Da war es ein entzückendes Mädchen von etwa sechzehn Jahren.
Sie gefiel ihm recht gut, und so begann er: »Was geht Ihr in dieser frühen Morgenstunde so einsam Euren Weg?«
Das Mädchen sprach: »Fremde können einander nicht ihren Kummer erleichtern. Was bemüht Ihr Euch zu fragen?«
Der junge Mann sprach: »Was habt Ihr für ein Leid? Wenn ich Euch helfen kann, so bin ich gern bereit dazu.«
Das Mädchen antwortete traurig: »Meinen Eltern lag sehr am Geld. Sie verkauften mich als Sklavin an einen reichen Mann. Seine Frau war eifersüchtig, des Morgens schalt sie, und des Abends schlug sie mich. Ich hielts nicht länger aus und lief davon.«
»Und wohin wollt Ihr nun?«
»Verlorene Menschen haben keine Heimat.«
Da sprach der Jüngling: »Mein Haus ist nicht fern von hier. Wollt Ihr Euch hinbemühen und es Euch ansehen?«

Das Mädchen war mit Freuden einverstanden. Der junge Mann nahm ihr das Bündel ab und brachte sie nach Hause.

Das Mädchen sah, daß niemand in dem Zimmer war, und fragte: »Habt Ihr denn keine Frau?«

»Das ist nur mein Studierzimmer«, war die Antwort.

»Der Platz ist schon gut«, sprach das Mädchen. »Wenn Ihr Mitleid mit mir habt und mir das Leben retten wollt, so dürft Ihr niemand etwas sagen, daß ich hier bin.«

Der junge Mann versprach es ihr, und er verbarg sie in dem abgelegenen Zimmer. Tage vergingen, ohne daß jemand etwas davon erfuhr. Schließlich machte er seiner Frau einige Andeutungen. Die hatte Argwohn, daß es eine Sklavin sei aus einem mächtigen Hause, und ermahnte ihn, sie fortzutun. Er aber hörte nicht darauf.

Einst ging er auf den Markt. Da traf er einen Priester, der sah ihn an und war erstaunt. Er fragte, wer ihm begegnet sei.

»Niemand«, gab er zur Antwort.

Der Priester sprach: »Ihr seid rings von unheilvollem Hauch umgeben. Was sagt Ihr denn niemand?«

Der junge Mann leugnete nochmals hartnäckig.

Da ging der Priester und sagte: »Seltsam, daß es Menschen auf der Welt gibt, die ihrem Tod entgegengehen und sich nicht zur Besinnung bringen lassen!«

Den jungen Mann wurmten diese Worte, und das Mädchen kam ihm etwas verdächtig vor. Dann aber wandten sich seine Gedanken: ›Sie ist doch klar und deutlich ein hübsches Mädchen. Wie sollte sie mir Unheil bringen! Ich denke, der Priester hat sich wohl durch Beschwörungen ein bißchen Geld erjagen wollen.‹

So kam er an das Tor seines Hauses. Es war von innen verriegelt, man konnte nicht hinein. Er fragte sich, wer es wohl getan habe. Dann stieg er über die Mauer. Aber auch die Zimmertür war verschlossen. Da schlich er sich ans Fenster und spähte hinein. Er erblickte einen greulichen Teufel, blaugrün im Gesicht, dem die Zähne wie eine Säge im Maule standen.

Der hatte eine Menschenhaut auf dem Bett ausgebreitet und einen Pinsel mit Farbe in der Hand, mit dem er sie bemalte. Als er fertig war, warf er den Pinsel hin, nahm die Haut auf wie ein Kleidungsstück und zog sie an. Da verwandelte er sich in das Mädchen.

Der junge Mann, der diesen Vorgang sah, geriet in große Furcht und kroch auf allen vieren zum Hofe hinaus.

Eiligst suchte er nach dem Priester. Niemand wußte, wo er hingegangen. Er folgte allenthalben seinen Spuren, da traf er ihn endlich auf dem Feld. Er warf sich vor ihm nieder und flehte ihn um Rettung an.

Der Priester sprach: »Wir wollen sie vertreiben. Dieses Wesen ist auch in rechter Not. Eben ist sie im Begriff, einen Stellvertreter zu finden, und ich bringe es nicht über mich, ihr Leben zu verletzen.«

Damit gab er ihm seinen Zauberwedel und befahl, ihn an der Tür des Zimmers aufzuhängen. Beim Abschied bestimmte er ein Wiedersehn im Tempel des grünen Herrn.

Der junge Mann kam heim. Er wagte sich nicht in das Studierzimmer, sondern schlief im innern Zimmer. Den Zauberwedel hängte er auf.

Es mochte wohl um die erste Nachtwache sein, da hörte man vor der Tür ein klirrendes Geräusch. Er selbst getraute sich nicht nachzusehen, sondern schickte seine Frau. Die sah das Mädchen kommen. Als es aber den Wedel erblickte, wagte es nicht einzutreten, sondern blieb stehen und knirschte mit den Zähnen. Es dauerte lang, dann ging es.

Nach einer kleinen Zeit kam es wieder und schalt: »Der Priester will mir bange machen, aber ich laß mir's nicht gefallen. Lieber will ich ihn erst mal fressen und ihn nachher wieder ausspucken.«

Es nahm den Wedel und zerbrach ihn. Dann schlug es die Tür ein und kam. Geradewegs ging es nach dem Bett des Mannes, riß ihm den Leib auf, packte sein Herz und verschwand.

Die Frau rief der Dienerin. Man machte Licht; aber der

Mann war schon tot. Das Blut quoll ihm wild aus der Brust. Die Frau war entsetzt und schluchzte leise. Am andern Morgen schickte sie den Bruder ihres Mannes, um den Priester zu benachrichtigen.

Der Priester war ergrimmt. »Ich habe Mitleid mit ihr gehabt, und nun ist der Teufel von solch einer Frechheit!« Mit diesen Worten folgte er dem Bruder in das Haus. Das Mädchen war verschwunden. Der Priester hob den Kopf und blickte sich nach allen Seiten um.

»Zum Glück ist sie noch nicht weit«, sprach er. »Wer wohnt denn in dem Südhof?«

Der Bruder sprach: »Es ist meine Wohnung.«

»Dort ist sie jetzt«, sagte der Priester.

Der Bruder war erstaunt; denn er wußte nichts davon.

Der Priester fragte: »Ist nicht jemand Fremdes zu Euch gekommen?«

»Ich war eben im Tempel, um Euch zu suchen, ich weiß es nicht. Ich muß erst gehen und fragen.«

Nach einer Weile kam er zurück. »Richtig ist jemand dort. Heute morgen kam ein altes Weib und suchte eine Stellung als Magd für unsere Diener. Die Leute haben sie behalten, und sie ist noch da.«

»Das ist sie«, sagte der Priester.

Dann ging er mit hinüber, ergriff ein hölzernes Schwert, stellte sich in die Mitte des Hofes und rief: »Teufelsbrut, gib mir meinen Wedel wieder!«

Die Magd im Zimmer wurde aufgeregt und erblaßte. Sie kam zur Tür heraus und wollte entfliehen. Da schlug der Priester nach ihr. Die Magd fiel hin. Die Menschenhaut löste sich spröde von ihr ab, und sie verwandelte sich in einen Teufel, der grunzend wie ein Schwein am Boden sich wälzte. Der Priester schlug ihm mit dem Holzschwert den Kopf ab. Da verwandelte sich die Gestalt in einen dicken Rauch, der in dichten Schwaden am Boden aufwirbelte. Der Priester zog eine Melonenflasche hervor, öffnete sie und stellte sie mitten in den Rauch. Der geriet in wogende Bewegung, und wie man mit dem Mund die Luft einzieht, war im Augenblick der Rauch in der Flasche verschwunden. Der Priester schloß sie wieder und steckte sie in seine Tasche. Alle betrachteten die Menschenhaut: Augenbrauen, Augen, Hände und Füße, alles war vollständig und deutlich vorhanden. Der Priester rollte sie zusammen, und es raschelte, wie wenn man ein Bild aufrollt. Dann steckte er sie auch zu sich und wandte sich zum Gehen.

Die Frau hielt ihn an der Türe auf und bat ihn unter Tränen, ihrem Mann das Leben wiederzugeben. Der Priester entschuldigte sich, das gehe über seine Macht. Die Frau begann noch heftiger zu klagen, warf sich zur Erde und blieb so vor ihm liegen.

Der Priester dachte lange nach, dann sprach er: »Meine Kunst reicht nicht aus, Tote zu erwecken; aber ich will Euch einen Mann sagen, der es vielleicht kann. Wenn Ihr hingeht und ihn bittet, werdet Ihr sicher Erfolg haben.« Auf die Frage, wer es sei, antwortete er: »Auf dem Markt ist ein Verrückter, der beständig im Kote herumliegt. Ihr könnt einmal versuchen, ihn durch Eure Bitten zu rühren. Wenn er Euch schmäht und mißhandelt, dürft Ihr nicht zornig werden.« Der Schwager der Frau hatte den Verrückten auch schon gesehen, so verabschiedete sich der Priester denn.

Der Schwager ging mit der Frau zusammen hin. Da begegneten sie einem Bettler, der auf der Straße wie ein Irrsinniger sang. Der Schleim floß ihm aus der Nase, und er starrte vor Schmutz, daß man ihm nicht nahen konnte. Die Frau rutschte auf ihren Knien zu ihm hin. Der Bettler lachte: »Schätzchen, hast du mich gern?« Die Frau klagte ihm ihr Leid. Da begann er zu lachen. »Es gibt doch genug Männer für dich, warum soll man den einen wieder lebendig machen?« Die Frau fuhr fort ihm zu klagen. Da sprach er: »Komisch, wenn einer tot ist, von mir zu verlangen, ich soll ihn wieder lebendig machen. Bin ich denn der Höllenfürst?«

Dann tat er böse und schlug mit seinem Stock nach der Frau. Die verbiß den Schmerz und ließ es sich gefallen. Allmählich sammelten sich die Marktleute und standen dicht wie eine Mauer umher. Der Bettler räusperte sich, spuckte in die Hand. Das hielt er ihr an den Mund und sagte: »Iß es!« Da stieg der Frau die Röte ins Gesicht, und es schien, als würde es ihr zu schwer. Doch eingedenk der Worte des Priesters, bezwang sie sich und schluckte es hinunter. Sie fühlte etwas Hartes die Kehle hinabgleiten wie ein runder Klumpen, das in der Brust steckenblieb.

Da brach der Bettler in lautes Gelächter aus. »Wirklich, Schätzchen, du hast mich gern!« Mit diesen Worten stand er auf, ging weg und bekümmerte sich nicht mehr um sie. Sie folgte ihm. Er ging in einen Tempel. Sie folgte ihm nach, auch dorthin, ihn zu suchen. Er war verschwunden. Man forschte vorn und hinten nach ihm. Keine Spur war vorhanden.

Beschämt und unwillig kehrte sie heim. Voll Trauer über den grausamen Tod ihres Gatten und voll Reue über die Schmach, der sie sich nutzlos unterzogen, brach sie in verzweifeltes Weinen aus, nur den Tod herbeisehnend.

Die Leiche des Mannes sollte gereinigt und zur Beerdigung vorbereitet werden. Die Leute im Haus standen abseits und sahen zu und wagten sich nicht heran. Die Frau aber umarmte die Leiche, ordnete die Eingeweide und weinte dabei. Sie weinte so heftig, daß ihr die Stimme im Hals steckenblieb und würgte. Plötzlich fühlte sie, wie der Klumpen in ihrer Brust nach oben stieg und herauskam, und ehe sie sich abwenden konnte, war er schon in die Brusthöhle des Toten gefallen. Entsetzt sah sie ihn an, da war es ein Menschenherz, das in der Brust hin und her zuckte. Der heiße Lebensatem strömte wie eine Rauchwolke hervor. Sie war aufs äußerste überrascht und schloß mit beiden Händen die Wunde der Brust. Mit aller Macht mußte sie drücken. Ließ sie auch nur ein wenig los, so kam die Luft zur Ritze strömend hervor. Da riß sie ihr seidenes Tuch auseinander und schlang es um ihn.

Als sie dann mit der Hand den Leichnam befühlte, da erwärmte er allmählich. Sie deckte ihn mit einer Decke zu. Und als sie um Mitternacht wieder nach ihm sah, da war Atem in seiner Nase, und bei Tagesanbruch war er zum Leben zurückgekehrt. Nur sagte er, er habe ein verschwommenes Gefühl wie im Traum. Auch fühlte er einen dumpfen Schmerz in der Herzgegend. Die Wunde hatte sich geschlossen. Eine Narbe von der Größe eines Geldstückes hatte sich gebildet. Schließlich ward er wieder ganz gesund.

82. Die Sekte vom weißen Lotos

Es war einmal ein Mann, der gehörte der Sekte vom weißen Lotos an. Er verstand es, durch schwarze Künste die Massen zu betören, und viele, die nach seinen Zauberkünsten begehrten, nahmen ihn zum Lehrer.

Eines Tages wollte der Zauberer ausgehen. Da stellte er in der Halle eine Schüssel auf, die mit einer andern zugedeckt war, und befahl den Lehrlingen, auf sie achtzugeben. Auch warnte er sie, die Schüssel zu öffnen und zu sehen, was darin sei.

Kaum war er fort, da hoben die Lehrlinge den Deckel auf und sahen, daß in der Schüssel reines Wasser war. Auf dem Wasser schwamm ein kleines Schifflein von Stroh mit richtigen Segeln und Masten. Sie verwunderten sich darob und stießen es mit dem Finger an. Da kippte es um. Geschwind setzten sie es wieder zurecht und deckten die Schüssel wieder zu. Aber schon stand auch der Zauberer wieder da und schalt sie zornig: »Warum habt ihr mein Gebot verletzt?«

Die Schüler standen auf und leugneten.

Aber der Zauberer sprach: »Ist doch mein Schiff im Meer gekentert, wie könnt ihr mich betrügen!«

An einem andern Abend zündete er im Zimmer eine riesige Kerze an und befahl ihnen, achtzuhaben, daß sie nicht vom Wind gelöscht werde. Es war wohl um die zweite Nachtwache, und der Zauberer war noch immer nicht zurückgekommen. Sie waren müde und schläfrig, gingen zu Bett und schliefen allmählich ein. Als sie wieder aufwachten, war die Kerze erloschen. Geschwind standen sie auf und zündeten sie wieder an. Aber schon trat auch der Zauberer wieder herein und schalt sie abermals.

»Wir haben wahrhaftig nicht geschlafen. Wie hätte denn das Licht erlöschen können!«

Zornig fuhr der Zauberer auf: »Ihr habt mich fünfzehn Meilen weit im Dunklen gehen lassen, und nun redet ihr immer noch solches Zeug!«

Da gerieten die Lehrlinge in große Furcht.

So trieb er schwarze Künste jeder Art, die sich gar nicht alle erzählen lassen.

Im Laufe der Zeit begab es sich, daß einer der Lehrlinge mit der Lieblingssklavin des Zauberers verbotene Liebe pflegte. Der merkte es wohl, behielt es aber bei sich und sagte gar nichts. Er ließ den Lehrling die Schweine füttern. Kaum hatte der den Schweinestall betreten, da verwandelte er sich in ein Schwein. Der Zauberer rief den Metzger, ihn zu schlachten, und verkaufte sein Fleisch. Niemand erfuhr davon.

Endlich kam der Vater des Schülers, um nach ihm zu fragen, weil er schon lange nicht mehr heimgekommen sei. Er wies ihn ab, indem er sprach, er sei längst nicht mehr da. Der Vater ging nach Hause zurück und erkundigte sich allenthalben nach seinem Sohn, doch konnte er nicht das mindeste erfahren. Allein ein Mitschüler, der heimlich um die Sache wußte, teilte sie dem Vater mit. Der Vater verklagte nun den Zauberer bei dem Amtmann. Der aber fürchtete, daß der Zauberer sich unsichtbar mache, und wagte ihn nicht zu verhaften, sondern berichtete an seinen Vorgesetzten und bat um tausend gewappnete Krieger. Die umringten nun das Haus des Zauberers. Er ward mit seiner Frau und seinem Sohn zugleich ergriffen. Man sperrte sie in hölzerne Käfige, um sie nach der Hauptstadt abzuliefern.

Der Weg führte durch ein Gebirge. Mitten im Gebirge kam ein Riese, der war so groß wie ein Baum, hatte Augen wie Tassen, ein Maul wie eine Schüssel und fußlange Zähne. Die Krieger standen zitternd da und wagten sich nicht zu rühren. Der Zauberer sprach: »Das ist ein Berggeist. Meine Frau kann ihn in die Flucht schlagen.«

Man tat, wie er gesagt, und befreite die Frau von ihren Banden. Die Frau nahm einen Speer und ging ihm entgegen. Aber der Riese wurde wild und verschlang sie mit Haut und Haar. Alle gerieten darob noch mehr in Furcht.

Der Zauberer sprach: »Hat er mir die Frau umgebracht, so muß mein Sohn dran.«

Nun ließ man auch den Sohn heraus. Aber auch er ward gleichermaßen verschlungen. Alle sahen ratlos zu.

Der Zauberer weinte vor Zorn und sprach: »Erst hat er mir die Frau umgebracht und nun den Sohn; würde es ihm doch heimgezahlt! Aber außer mir kann's keiner.«

Und richtig nahmen sie auch ihn aus seinem Käfig heraus, gaben ihm ein Schwert und schickten ihn vor. Der Zauberer und der Riese kämpften eine Zeitlang miteinander. Schließlich packte der Riese den Zauberer, steckte ihn in den Rachen, reckte den Hals und schluckte ihn hinunter. Dann ging er wohlgemut davon.

Die Soldaten aber merkten zu spät, welchen Streich ihnen der Zauberer gespielt hatte.

83. Die drei Übel

Es lebte einst in alten Zeiten ein junger Mann, der hieß Dschou Tschu. Er war über alle Maßen stark, so daß ihm niemand widerstehen konnte. Er war wild und unbotmäßig, und immer gab es Händel und Schlägereien in seiner Nähe. Doch wagten ihn die Ältesten des Ortes nie ernstlich zu bestrafen. Auf dem Kopfe trug er einen hohen Hut, auf den er zwei Fasanenschwänze gesteckt hatte. Seine Kleider waren aus gestickter Seide, und er trug das Drachenquellenschwert um seine Hüften gegürtet. Er war dem Trunk und Spiel ergeben und hatte eine lose Hand. Wers mit ihm verdarb, der war nahen Unheils gewiß. Auch mischte er sich immer ein, wo unterwegs er Streitenden begegnete. So trieb ers jahrelang, und die ganze Gegend seufzte unter ihm.

Als einst ein neuer Amtmann in die Gegend kam, ging dieser erst im stillen auf dem Land umher und fragte nach des Volks Beschwerden. Da hörte er, es gäbe drei große Übel im Lande.

Darauf tat er grobe Kleider an und weinte vor der Tür Dschou Tschus. Der kam soeben aus dem Wirtshause, wo er sich betrunken hatte. Er schlug an sein Schwert und sang mit lauter Stimme.

Als er nach seinem Hause kam, da fragte er: »Wer weint denn da so jämmerlich?«

Der Amtmann sprach: »Ich weine ob der Not des Volks.«

Da sah Dschou Tschu ihn an und brach in lautes Lachen aus.

»Ihr irrt Euch, Freund«, sprach er. »Ringsum kocht der Aufruhr wie das siedende Wasser im Kessel. Nur unser Winkel hier ist ruhig und in Frieden. Die Ernte ist reich, und das Korn ist gut geraten, und jedermann geht fröhlich seiner Arbeit nach. Wenn Ihr von Not mir redet, gleicht Ihr dem Manne, der ohne Krankheit stöhnt. Wer seid Ihr überhaupt, daß Ihr, statt um Euch selbst, um andere Leute trauert, und was tut Ihr hier vor meiner Tür?«

»Ich bin der neue Amtmann«, sprach der andere, »seit ich vom Wagen stieg, hab ich mich in der Gegend umgesehen. Ich fand die Sitten gut und einfach, und jeder hat genug zur Kleidung und zur Nahrung. Das alles stimmt genau, wie Ihr es sagt. Doch rätselhafterweise, wenn die Alten sich versammeln, so seufzen sie und klagen stets. Wenn man sie nach dem Grunde fragt, so sprechen sie: ›Drei Übel sind an unserem Ort.‹ Um die Beseitigung von zweien davon soll ich Euch bitten; vom dritten aber will ich lieber schweigen. Aus diesem Grund wein' ich vor Eurer Tür.«

»Und welches sind die Übel denn?« erwiderte Dschou Tschu. »Sagt frei und offen alles, was Ihr wißt!«

»Das erste«, sprach der Amtmann, »ist der schlimme Drachen bei der langen Brücke, der die Wasser schwellen läßt, daß Mensch und Vieh im Fluß ertrinkt. Das zweite ist der Tiger mit der weißen Stirn im Gebirge. Das dritte Übel seid Ihr.«

Da stieg die Scham dem Manne ins Gesicht, und er sagte sich verneigend: »Ihr seid der Amtmann hier, o Herr, und habet solches Mitleid mit dem Volk. Ich bin am Ort geboren und mache unseren Ältesten nur Kummer. Was bin ich für ein Mensch! Ich bitte Euch, geht nach Hause! Ich will schon sorgen, daß es besser wird.«

Dann lief er spornstreichs ins Gebirge und stöberte den Tiger in der Höhle auf. Der machte einen Luftsprung, daß der ganze Wald erschüttert wurde wie von einem Sturm. Dann kam er brüllend angestürzt. Wild streckte er die Krallen aus, um ihn zu packen. Dschou Tschu trat einen Schritt zurück, da kam der Tiger gerade vor ihm von dem Sprung zur Erde. Mit der linken Hand nun drückte er des Tigers Hals zu Boden, und mit der rechten schlug er unablässig auf ihn ein, bis er ihn tot zur Erde streckte. Er nahm den Tiger auf den Rücken und kehrte mit ihm heim.

Dann ging er nach der langen Brücke. Er zog die Kleider aus und nahm sein Schwert zur Hand. So tauchte er ins Wasser. Kaum war er drinnen, so begann es wild zu brausen und zu zischen, und schäumend tobten die Wogen. Es klang wie rasendes Pferdegetümmel. Nach einer Weile kam ein Blutstrom aus der Tiefe und das ganze Wasser wurde rot. Dann kam Dschou Tschu, den Drachen in der Hand, hervorgetaucht.

Er ging und meldete dem Amtmann mit Verbeugung: »Dem Drachen hab ich den Kopf abgeschlagen, und den Tiger hab ich auch beseitigt. So hab ich glücklich das Gebot erfüllt. Nun will ich auf die Wanderschaft, daß auch des dritten Übels Ihr los und ledig seid. Herr, sorget für mein Land und mahnt die Ältesten, daß sie nun nicht mehr trauern.«

Und als er das gesagt, ging er unter die Soldaten. Er hat sich dann im Kampfe gegen Räuber einen großen Namen gemacht, und als einmal die Räuber, sich zu rächen, ihn hart bedrängten, also daß er sich nicht retten konnte, da neigte er sich nach Osten und sprach: »Der Tag ist nun gekommen, da ich mit meinem Leben meine Schuld bezahlen kann.« Dann bot er seinen Kopf dem Schwert und starb.

84. Wie über zwei Pfirsichen drei Helden zu Tode kamen

Der Herzog Ging von Tsi liebte es im Anfang seiner Regierungszeit, Helden um sich zu sammeln. Darunter waren besonders drei, die außerordentlich tapfer waren. Der erste hieß Gung-Sun Dsiä, der zweite hieß Tiän Kai Giang, der dritte hieß Gu I Dsï. Alle drei wurden vom Fürsten hoch geehrt. Durch diese Ehren aber wurden sie übermütig, lärmten bei Hofe und übertraten die Sitten, die zwischen Fürst und Diener bestehen.

Zu jener Zeit war Yän Dsï Kanzler in Tsi. Mit dem beriet der Herzog, was zu tun sei. Der Kanzler bat, ein Hofmahl zu veranstalten und alle Beamten dazu einzuladen.

Auf der Tafel stand als größte Kostbarkeit ein Teller mit vier herrlichen Pfirsichen.

Entsprechend dem Rat seines Kanzlers stand der Herzog auf und machte kund: »Hier sind herrliche Früchte; ich kann euch nicht allen davon geben. Nur die Würdigsten sollen davon essen. Ich selbst beherrsche das Land und bin das Haupt der Fürsten des Reichs. Es ist mir gelungen, Besitz und Macht zu wahren, das ist mein Verdienst. Darum gebührt mir einer der Pfirsiche. Yän Dsï steht mir bei als Kanzler, er ordnet den Verkehr mit dem Ausland und hält die Bürger in Frieden. Er hat unser Reich stark gemacht auf Erden. Das ist des Kanzlers Verdienst, ihm gebührt der zweite Pfirsich. Nun sind noch zwei Pfirsiche da, doch weiß ich nicht, wer von euch andern die Würdigsten sind. Ihr mögt selbst aufstehen und eure Verdienste erzählen. Wer keine großen Taten vollbracht hat, der unterstehe sich, den Mund zu öffnen.«

Gung-Sun Dsiä schlug an sein Schwert und erhob sich; er sprach: »Ich bin des Fürsten Feldmarschall. Im Süden habe ich das Reich Lu besiegt, im Westen habe ich das Reich Dsin besiegt, im Norden habe ich das Heer von Yän gefangengenommen. Alle Fürsten im Osten kommen hierher an den Hof und erkennen die Führerschaft von Tsi an. Das ist mein Verdienst. Ich weiß nicht, ob ein Pfirsich mir gebührt.«

Der Herzog sprach: »Dein Verdienst ist groß! Es gebührt dir ein Pfirsich.«

Da erhob sich Tiän Kai Giang, schlug auf den Tisch und sprach: »Ich habe im Heere des Fürsten wohl hundert Schlachten geschlagen, ich habe den feindlichen Feldherrn getötet, ich habe die Fahne des Feindes erobert. Ich habe für meinen Fürsten die Grenzen des Landes erweitert, also daß unser Land um tausend Meilen größer wurde. Wie steht es da mit meinem Verdienst?«

Der Herzog sprach: »Dein Verdienst ist groß! Es gebührt dir dieser Pfirsich.«

Da erhob sich Gu I Dsï; seine Augen starrten, und er schrie mit lauter Stimme: »Als einst der Fürst über den Gelben Fluß fuhr, da erhoben sich Wind und Wellen. Ein Flußdrache schnappte das eine Wagenpferd und riß es fort; die Fähre schwankte wie ein Sieb und wollte kentern. Da nahm ich mein Schwert und stürzte mich in den Fluß. Ich kämpfte mit dem Drachen inmitten schäumender Wellen. Meiner Stärke gelang es, den Drachen zu töten; es traten mir vor Anstrengung die Augen aus dem Kopf. So kam ich wieder heraus, in der einen Hand den Drachenkopf, in der andern das gerettete Pferd, und ich hatte den Fürsten vom Ertrinken gerettet. Wenn immer unser Land mit Nachbarländern im Kampfe lag, ich habe mich keines Dienstes geweigert. Ich nahm die Vorhut, ich ging im Einzelkampf voran; niemals kehrte ich dem Feind den Rücken. Einst blieb der Wagen des Fürsten im Schlamme stecken, und von allen Seiten drängten sich Feinde herzu; ich zog den Wagen heraus und scheuchte die feindlichen Söldner zurück. Seitdem ich im Dienste des Fürsten bin, habe ich ihm mehrmals das Leben gerettet. Wohl kommt mein Verdienst dem Fürsten und Kanzler nicht gleich; doch ist es größer als das der beiden andern. Die beiden haben Pfirsiche bekommen, ich gehe leer aus. Das heißt, daß hoher Verdienst nicht belohnt wird und der Fürst mir mißgünstig gestimmt ist. Wie kann ich mich da jemals wieder bei Hofe sehen lassen!«

Mit diesen Worten zog er sein Schwert und stach sich tot.

Gung-Sun Dsiä erhob sich, verneigte sich zweimal und sagte seufzend: »Unser beider Verdienst kommt dem Gu I Dsï nicht gleich, und doch wurden uns die Pfirsiche zuteil. Wir haben uns über Gebühr bezahlen lassen. Das ist eine Schmach. Darum ist es besser zu sterben, als weiterzuleben.«

Er nahm sein Schwert und schwang es, und schon rollte sein eigener Kopf in den Sand.

Tiän Kai Giang blickte auf und stieß einen Laut des Ekels aus. Er blies den weißen Hauch wie einen Regenbogen vor sich hin, und zornig stand ihm das Haar zu Berge. Dann nahm er sein Schwert in die Hand und sprach: »Wir drei haben stets dem Fürsten tapfer gedient. Wir waren verbunden wie Fleisch und Blut. Die beiden sind tot, da ist es meine Pflicht, nicht einzig am Leben zu bleiben.«

Damit stieß er sich das Schwert in die Kehle und verröchelte.

Der Herzog aber seufzte unaufhörlich und befahl, ihnen ein prächtiges Begräbnis zu bereiten.

Einem tapferen Helden geht die Ehre über das Leben. Das wußte der Kanzler; darum hat er es absichtlich so eingerichtet, durch die beiden Pfirsiche sie anzustacheln und so drei Helden zu töten.

85. Wie das Heiraten des Flußgottes aufhörte

Zur Zeit der sieben Reiche lebte ein Mann namens Si-Men Bau, der war Statthalter am Gelben Fluß. In jener Gegend wurde der Flußgott sehr verehrt. Es lebten Zauberer dort und Hexen, die verkündeten: »Der Flußgott will jedes Jahr ein Mädchen freien, die man unter dem Volke aussuchen muß, sonst kommen Wind und Regen nicht zur rechten Zeit, es gibt Überschwemmungen und Mißernten.« Wenn nun in einem reichen Haus ein Mädchen war im richtigen Alter, so sprachen die Zauberer, die sei zu erwählen. Die Eltern, die ihre Tochter schützen wollten, bestachen sie dann mit vielem Geld. So ließen sich die Zauberer denn erweichen und befahlen den reichen Leuten, Geld zusammenzuschießen und ein armes Mädchen zu kaufen, die in den Fluß geworfen wurde. Das übrige Geld behielten sie als Gewinn für sich. Wer aber nicht bezahlen wollte, dessen Tochter ward zur Gattin des Flußgottes bestimmt, und man zwang sie, die Brautgeschenke anzunehmen, die die Zauberer ihr brachten. Das Volk der Gegend seufzte bitter unter diesem Brauch.

Als nun Si-Men sein Amt antrat, da hörte er von dieser Unsitte. Er ließ die Zauberer zu sich kommen und sprach zu ihnen: »Den Hochzeitstag des Flußgottes müßt ihr mir anzeigen. Denn ich will selbst zugegen sein, dem Flußgott meine Ehrung darzubringen, das wird ihn freuen, und er wird zum Lohne meinem Volke Segen spenden.« Damit entließ er sie. Die Zauberer waren voll des Lobes seiner Frömmigkeit.

Wie nun die Zeit erschien, da machten sie ihm Meldung. Si-Men tat Feierkleidung an und stieg zu Wagen und fuhr in festlichem Zuge an den Fluß. Die Ältesten des Volkes sowie die Zauberer und die Hexen waren alle da. Von weither waren Mann und Weib, Kinder und Greise herbeigeströmt, um das Schauspiel anzusehen. Die Zauberer setzten die Flußbraut auf ein Ruhebett, taten ihr den Hochzeitsschmuck an, Pauken und Trommeln und fröhliche Weisen erklangen um die Wette.

Schon waren sie im Begriff, das Bett dem Fluß zu übergeben. Die Eltern des Mädchens nahmen unter Tränen von ihr Abschied. Da gebot Si-Men Halt und sprach: »Nicht so eilig! Ich bin selber erschienen, um der Braut das Geleite zu geben, da muß es feierlich und würdig zugehen. Es muß erst jemand hin ins Schloß des Flußgottes und ihm Nachricht bringen, damit er selber kommt, die Braut zu holen.«

Mit diesen Worten blickte er auf eine Hexe und sagte: »Du kannst gehen!« Die Hexe zögerte; da befahl er seinen Dienern, sie zu nehmen und in den Fluß zu werfen. Dann verging wohl eine Stunde.

»Dies Weib versteht die Sache nicht«, fuhr Si-Men fort, »sonst wäre sie schon längst wieder zurück.« Damit sah er einen Zauberer an und fügte bei: »Gehe hin und mach es besser!« Der Zauberer entfärbte sich vor Angst; aber Si-Men ließ auch ihn packen und in den Fluß werfen. Wieder verging eine halbe Stunde.

Da stellte er sich beunruhigt. »Die beiden machen ihre Sache schlecht«, sprach er, »und lassen die Braut vergeblich warten.« Abermals blickte er auf einen Zauberer und sagte. »Geh du und sieh nach ihnen!« Der Zauberer aber warf sich zur Erde nieder und bat flehentlich um Schonung. Und auch die anderen Zauberer und Hexen knieten der Reihe nach vor ihm nieder und baten um Gnade. Sie taten einen Schwur, daß sie nie mehr für den Flußgott eine Gattin suchen wollten.

Da hielt Si-Men inne und schickte das Mädchen in ihre Heimat zurück, und jene Sitte war für ewig abgetan.

86. Dschang Liang

Dschang Liang stammte aus einem der Staaten, die von dem Kaiser Tsin Schï Huang vernichtet worden waren. Er wollte sich für seinen König rächen und sammelte deswegen Gesellen um sich, den Tsin Schï Huang zu ermorden.

Tsin Schï Huang machte einst eine Reise durch das Land. Als er in die Landsteppe von Bo Lang kam, da bewaffnete Dschang Liang seine Leute mit eisernen Hämmern, um ihn totzuschlagen. Tsin Schï Huang hatte aber immer zwei Reisewagen, die einander ganz gleich waren. In einem saß er selbst, im zweiten saß ein anderer. Dschang Liang und die Seinen trafen auf den falschen Wagen. So mußte Dschang Liang vor der Rache des Kaisers flüchten. Er kam über eine verfallene Brücke. Es wehte ein eisiger Wind, und Schneegestöber wirbelte durch die Luft. Da traf er einen uralten Mann in schwarzem Turban und gelbem Gewand. Der ließ einen seiner Schuhe ins Wasser fallen, blickte Dschang Liang an und sprach: »Kindchen, hol ihn mir!«

Dschang Liang beherrschte sich, holte den Schuh und brachte ihn dem Greis. Der streckte den Fuß aus und ließ ihn sich anziehen. Dschang Liang tat auch diesen Dienst auf ehrerbietige Art. Da freute sich der Greis und sprach: »Kindchen, du bist zu brauchen! Komm morgen früh, ich hab etwas für dich!«

Am andern Tag, als es eben dämmerte, kam Dschang Liang an. Der Greis war schon da und tadelte ihn: »Du kommst zu spät! Heut sag ich nichts. Morgen mußt du früher kommen.«

So gings drei Tage lang, und Dschang Liang ward nicht müde. Da war der Greis zufrieden, holte das Buch von den geheimen Ergänzungen hervor und gab es ihm. »Das mußt du lesen«, sagte er; »dann wirst du der Meister eines großen Kaisers. Wenn du dein Werk vollbracht, so suche nach mir am Fuß des Gu Tschong Berges. Dort wirst du einen gelben Stein finden, das bin ich.«

Dschang Liang nahm das Buch und half dem Ahn des Hauses Han bei der Eroberung des Reiches. Der machte ihn zum Grafen. Von dieser Zeit an enthielt sich Dschang Liang der menschlichen Nahrung und sammelte sich im Geiste. Er pflegte Verkehr mit den vier Weißbärten vom Schangberge und genoß mit ihnen das Abendbrot in den Wolken. Er begegnete einmal ein paar Knaben, die sangen und tanzten. Ein Knabe sang:

> »Grüne Kleider mußt du tragen,
> Dann kommst du ans Himmelstor.
> Mußt die goldne Mutter grüßen
> Und dich vor dem Holzherrn neigen!«

Als Dschang Liang das hörte, verneigte er sich vor dem Knaben und sagte zu seinen Freunden: »Das sind Engelkinder des Königvaters vom Osten. Die goldne Mutter ist die Königin des Westens. Der Holzherr ist der Königvater des Ostens. Das sind die beiden Urkräfte, die Eltern des Männlichen und Weiblichen, die Wurzel und Quelle von Himmel und Erde, denen alles Lebende seine Entstehung und Nahrung verdankt. Der Holzherr ist der Meister der männlichen Heiligen, die goldne Mutter ist die Herrin der weiblichen Heiligen. Wer ewiges Leben erlangen will, muß zuerst die Mutter grüßen, dann vor dem Vater sich neigen. So kann er aufsteigen zu den drei Reinen und vor dem Höchsten stehen. Die Engelkinder zeigen durch das Lied den Weg, wie man geheimen Sinn erlangen kann.«

Zu jener Zeit ließ sich der Kaiser hinreißen, einige seiner treuen Diener zu töten. Da verließ Dschang Liang seinen Dienst und ging nach dem Gu Tschong Berg. Dort fand er bei dem gelben Stein den Alten, erlangte geheimen Sinn und kehrte heim. Er stellte sich krank, löste seinen Körper auf und verschwand.

Als später der Aufruhr der »roten Augenbrauen« ausbrach, öffnete man sein Grab. Man fand aber nur einen gelben Stein darin. Dschang Liang wanderte mit Laotse im Unsichtbaren. Sein Enkel Dschang Dau Ling ging einst zum Kunlun-Berg, um die Königinmutter des Westens zu besuchen. Dort traf er auch Dschang Liang. Dschang Dau Ling erlangte die Macht über Dämonen und Geister. Er war der erste Taoistenpapst. In seiner Familie hat sich das Geheimnis von Geschlecht zu Geschlecht vererbt.

87. Der alte Drachenbart

Zur Zeit des letzten Kaisers der Suidynastie war die Macht in den Händen des kaiserlichen Oheims Yang Su. Der war stolz und verschwenderisch. In seinem Saale waren Chöre von Sängerinnen und Tänzerinnen aufgestellt, und dienende Mädchen waren aller seiner Winke gewärtig. Wenn die Großen des Reiches kamen, ihn zu besuchen, so blieb er gemächlich auf seinem Ruhebett sitzen bei ihrem Empfang.

Es lebte zu jener Zeit ein tapferer Held namens Li Dsing. Der kam in ärmlichem Gewand, Yang Su zu sehen und ihm einen Plan zur Beruhigung des Reiches zu überreichen.

Er machte eine tiefe Verbeugung, die jener nicht erwiderte, dann sprach er: »Das Reich ist im Begriff, in Wirren zu geraten, und allenthalben stehen Helden auf. Ihr seid der höchste Diener des kaiserlichen Hauses; Eure Pflicht wäre es, die Tapferen um den Thron zu scharen. Ihr solltet nicht die Leute durch Euren Hochmut abstoßen.«

Als Yang Su das hörte, da nahm er sich zusammen und erhob sich von seinem Platz und sprach leutselig mit ihm.

Li Dsing überreichte ein Schriftstück, und er ließ sich mit ihm über alles mögliche ins Gespräch ein. Eine Dienerin von außerordentlicher Schönheit stand daneben. Sie hielt einen roten Wedel in der Hand und blickte unverwandt auf Li Dsing. Der verabschiedete sich und ging in die Herberge zurück.

Um Mitternacht hörte er an die Tür klopfen. Er sah hinaus; da stand jemand in Hut und purpurnem Gewande vor der Tür, der trug an einem Stock einen Sack über der Schulter.

Er fragte, wer er sei, und erhielt die Antwort: »Ich bin die Wedelträgerin des Yang Su.«

Darauf trat sie ins Zimmer, zog die Überkleider aus und ihren Hut. Da sah er, daß es ein schönes Mädchen von achtzehn, neunzehn Jahren war.

Sie neigte sich vor ihm, und als er ihren Gruß erwiderte, da hob sie an: »Ich bin schon lange im Hause Yang Sus und habe schon viel berühmte Leute gesehen, aber keinen, der Euch gleichkäme. Ich will Euch dienen, wohin Ihr geht.«

Li Dsing erwiderte: »Der Minister ist mächtig. Ich fürchte, wir stürzen uns ins Unglück.«

»Er ist ein Leichnam, in dem noch ein wenig Atem übrig ist«, sagte das Mädchen, »den braucht man nicht zu fürchten.«

Er fragte sie nach ihrem Namen. Sie sagte, sie heiße Dschang und sei die Älteste.

Wie er sie so ansah mit ihrem mutigen Benehmen und ihren vernünftigen Worten, da merkte er, daß sie ein Heldenmädchen sei, und sie beschlossen, heimlich zu entfliehen. Das Wedelmädchen zog wieder Männerkleidung an; sie setzten sich auf Pferde und ritten weg. Sie wollten nach Taiyüanfu.

Am andern Tage kehrten sie in einer Herberge ein. Sie ließen die Betten zurechtrücken und stellten einen Kochherd auf, um ihr Mahl zu kochen. Das Wedelmädchen stand neben dem Bett und kämmte ihr Haar. Das Haar war so lang, daß es bis auf den Boden reichte, und so glänzend, daß man sich drin spiegeln konnte. Li Dsing war gerade hinausgegangen, die Pferde zu bürsten. Da tauchte plötzlich ein Mann auf, der hatte einen roten, lockigen Schnurrbart wie ein Drache. Er war auf einem lahmen Maultier geritten, warf nun seinen Ledersack vor dem Kochherd auf die Erde, nahm ein Kissen und legte sich aufs Bett und sah dem Wedelmädchen zu, wie sie sich kämmte. Li Dsing erblickte ihn und ward zornig.

Aber das Wedelmädchen hatte ihn sofort durchschaut. Sie winkte dem Li Dsing zu, daß er sich zurückhalten solle; dann kämmte sie rasch ihr Haar zu Ende und drehte es in einen Knoten.

Sie begrüßte den Gast und fragte ihn nach seinem Namen.

Er sagte, er heiße Dschang.

»Ich heiße auch Dschang«, erwiderte sie, »da sind wir also Verwandte.«

Darauf verneigte sie sich vor ihm als ihrem älteren Bruder.

»Wieviel Brüder seid ihr?« fragte sie dann.

»Ich bin der dritte«, war die Antwort. »Und du?«

»Ich bin die Älteste.«

»Wie gut trifft es sich, daß ich heute eine Schwester gefunden habe«, sprach vergnügt der Fremde.

Darauf rief das Wedelmädchen zur Tür hinaus nach ihrem Mann: »Komm her! Ich will dir meinen dritten Bruder vorstellen.«

Da kam Li Dsing herbei und begrüßte ihn.

Dann setzte man sich zusammen, und der Fremde fragte:

»Was habt ihr denn für Fleisch?«

»Hammelbeine«, war die Antwort.

»Ich bin recht hungrig«, sprach der Fremde.

Li Dsing ging auf den Markt, um Wein und Brot zu kaufen. Der Fremde zog seinen Dolch hervor, schnitt das Fleisch auf, und sie aßen zusammen. Als sie fertig waren, da fütterte er mit dem übrigen Fleisch das Maultier.

Dann sprach er: »Der Herr Li scheint mir auch ein armer Ritter zu sein. Wie kommt Ihr denn mit meiner Schwester da zusammen?«

Li Dsing erzählte, was sich zugetragen hatte.

»Und wo wollt Ihr denn jetzt hin?«

»Nach Taiyüanfu«, war die Antwort.

Der Fremde sprach: »Ach, mach mir doch noch eine Schüssel Wein zurecht! Ich hab da eine Würze für den Wein, und ihr könnt mithalten.«

Damit öffnete er den Ledersack und nahm daraus einen Menschenkopf und Herz und Leber hervor. Dann zerschnitt er mit dem Dolch das Herz und die Leber und tat sie in den Wein.

Li Dsing war entsetzt.

Aber der Fremde sprach: »Das war mein schlimmster Feind. Zehn Jahre lang hab ich den Haß mit mir herumgetragen. Heute hab ich ihn umgebracht, und es reut mich nicht.«

Dann sprach er weiter: »Ihr scheint mir kein gewöhnlicher Kerl zu sein. Habt Ihr davon gehört, daß es hier in der Nähe irgendwo einen Helden gibt?«

Li Dsing antwortete: »Ja, ich weiß wohl einen, dem scheint die Herrschaft vom Himmel bestimmt zu sein.«

»Und wer ist das?« fragte der andere.

»Der Sohn des Herzogs Li Yüan von Tang. Er ist erst zwanzig Jahre alt.«

»Könnt Ihr mich ihm einmal vorstellen?« fragte der Fremde. Und als Li Dsing es bejahte, fuhr er fort: »Die Zeichendeuter sagen, in Taiyüanfu sei ein besonderes Zeichen in der Luft. Vielleicht kommt es von jenem Manne her. Morgen könnt Ihr auf mich warten an der Fenyangbrücke.«

Nach diesen Worten stieg er auf sein Maultier und ritt weg, und zwar ging es so rasch, als flöge er davon.

Das Wedelmädchen sprach: »Mit dem ist nicht gut Kirschen essen. Ich bemerkte, daß er anfangs keine gute Absicht hatte. Darum habe ich ihn durch die Verwandtschaft uns verbunden.«

Darauf brachen sie miteinander auf nach Taiyüanfu, und an der genannten Stelle stießen sie richtig auf den Drachenbart. Li Dsing hatte einen alten Freund namens Liu Wendsing, der war ein Zeltgenosse des Prinzen von Tang.

Er stellte den Fremden dem Liu Wendsing vor, indem er sprach: »Dieser Fremde kann aus den Linien des Gesichts weissagen und möchte den Prinzen sehen.«

Liu Wendsing führte ihn daraufhin beim Prinzen ein. Der

Prinz war in ganz einfacher Hauskleidung, hatte aber etwas Eindrucksvolles in seinem Wesen, das gegen alle andern Menschen abstach. Als der Fremde ihn erblickte, da versank er in tiefes Schweigen und wurde aschfahl im Gesicht. Nachdem er einige Becher Wein getrunken hatte, verabschiedete er sich.

»Das ist der wahre Herrscher«, sprach er zu Li Dsing. »Ich bin beinahe ganz sicher darüber, aber mein Freund muß ihn auch noch sehen.«

Dann machte er einen bestimmten Tag mit ihnen aus und eine bestimmte Herberge.

»Wenn Ihr vor dieser Tür dann dieses Maultier seht und daneben noch einen ganz mageren Esel, so bin ich mit meinem Freunde dort.«

Am bestimmten Tag ging Li Dsing hin, und richtig sah er das Maultier und den Esel vor der Tür. Er raffte die Kleider zusammen und stieg ins obere Stockwerk hinauf. Da saßen der Drachenbart und ein Taoist beim Wein. Wie er Li Dsing erblickte, war er hocherfreut, hieß ihn sitzen und mittrinken. Als sie genug getrunken hatten, gingen alle drei zusammen wieder zu Liu Wendsing. Der spielte gerade mit dem Prinzen Schach. Der Prinz erhob sich ehrerbietig und forderte sie zum Sitzen auf.

Sobald der Taoist sein leuchtendes und heldenhaftes Wesen sah, ward er bestürzt und begrüßte ihn mit einer tiefen Verbeugung, indem er sprach: »Das Spiel ist aus!«

Beim Abschied sagte der Drachenbart zu Li Dsing: »Geht weiter nach Sianfu, und wenn die Zeit gekommen ist, so fragt nach mir an dem und dem Ort.«

Damit ging er pustend weg.

Li Dsing und das Wedelmädchen packten ihre Sachen zusammen, verließen Taiyüanfu und gingen nach Westen weiter. Zu jener Zeit starb Yang Su, und es erhoben sich große Wirren im Reich.

Nach einigen Tagen kam Li Dsing mit seiner Frau an den vom Drachenbart bestimmten Ort. Sie klopften an eine kleine Holztür, da kam ein Diener heraus, der sie durch lange Gänge führte. Prächtige Gebäude erhoben sich vor ihnen, vor denen eine Schar von Sklavinnen stand. Sie traten in einen Saal, in dem die kostbarste Aussteuer aufgebaut war, die man sich denken konnte, Spiegel, Kleider, Schmuck, alles war von einer Pracht, wie sie auf Erden sonst nicht zu sehen war. Schöne Sklavinnen führten sie zum Bade, und als sie ihre Kleider gewechselt hatten, wurde ihr Freund gemeldet. Er trat herein, in Seide und Fuchsfelle gekleidet, und glich in seinem Äußeren fast einem Drachen oder Tiger. Erfreut begrüßte er sie und rief auch seine Frau herbei, die von ausnehmender Schönheit war. Ein Festmahl wurde aufgetragen, und die vier setzten sich zu Tisch. Der Tisch war bedeckt mit den kostbarsten Speisen, deren Namen sie nicht einmal kannten. Becher und Teller und alle Eßgeräte waren von Gold und Jaspis, mit Perlen und Edelsteinen geschmückt. Zwei Chöre von Musikantinnen bliesen abwechselnd Flöten und Schalmeien. Sie sangen und tanzten, und es war, als wären sie in den Palast der Mondfee versetzt. Die Regenbogengewänder flatterten, und die Tänzerinnen waren von einer Schönheit, die alles Irdische überstieg.

Als sie einige Runden getrunken hatten, da befahl er den Dienern, Betten herbeizubringen, auf denen gestickte seidene Decken ausgebreitet waren. Nachdem sie sich an allem sattgesehen hatten, überreichte ihnen Drachenbart ein Buch und einen Schlüssel.

Dann sprach er: »In diesem Buche sind die Kostbarkeiten und Reichtümer aufgezeichnet, die in meinem Besitze sind. Ich schenke sie euch beiden zur Hochzeit. Ohne Besitz läßt sich nichts Großes unternehmen, und es ist meine Pflicht, daß ich meine Schwester auch ordentlich ausstatte. Ich hatte ursprünglich vor, das Reich der Mitte in die Hand zu nehmen und hier etwas zu machen. Nun ist aber schon ein Herrscher da, was soll ich da weiter an diesem Orte tun? Der Prinz Tang in Taiyüanfu ist ein rechter Held. In ein paar Jahren wird er

Ordnung geschaffen haben. Ihr beiden müßt ihm beistehen und werdet es sicher zu hohen Ehren bringen. Du, Schwester, bist nicht nur schön, sondern hast auch den rechten Sinn. Niemand anders als du wäre imstande gewesen, den Wert Li Dsings zu erkennen, und niemand anders als Li Dsing hätte das Glück gehabt, dich zu treffen. Du wirst die Ehren deines Mannes teilen, und dein Name wird in der Geschichte genannt sein. Das alles ist kein Zufall. Die Schätze, die ich euch geschenkt, müßt ihr verwenden, um dem wahren Herrn zu helfen. Laßts euch angelegen sein! In zehn Jahren wird ferne im Südosten sich ein Schein erheben, das soll das Zeichen sein, daß ich mein Ziel erreicht. Dann mögt ihr nach Südosten hin Weinspende gießen, um mir Glück zu wünschen.«

Darauf ließ er die Dienerinnen und Knechte der Reihe nach Li Dsing und das Wedelmädchen begrüßen und sprach zu ihnen: »Das sind eure Herrn.«

Nach diesen Worten nahm er seine Frau an der Hand; sie bestiegen die bereit gehaltenen Pferde und ritten weg.

Li Dsing und seine Frau bezogen nun das Haus und waren unermeßlich reich. Sie folgten dem Prinzen Tang, der Ordnung im Reiche schuf, und standen ihm mit ihrem Gelde bei. So ward das große Werk vollbracht, und nachdem das Reich in Frieden war, ward Li Dsing zum Herzog von We ernannt und das Wedelmädchen zur Herzogin.

Nach zehn Jahren aber ward dem Herzog berichtet, daß in dem Reiche ferne über dem Meer tausend Schiffe gelandet seien mit hunderttausend gepanzerten Soldaten. Die hätten das Land erobert, den Fürsten getötet und ihren Führer zum König eingesetzt. Das Reich sei nun in Ordnung.

Da wußte der Herzog, daß der Drachenbart sein Werk vollbracht. Er sagte es seiner Frau. Sie zogen Festgewänder an und spendeten Wein, um ihren Glückwunsch darzubringen. Da sahen sie am Südosthimmel leuchtend einen roten Schein aufstrahlen. Den hatte wohl der Drachenbart entsandt, um ihnen Antwort zu geben. Da waren beide hocherfreut.

88. Wie der Molo die Rosenrot stahl

Zur Zeit der Tangdyastie gab es Schwertmeister verschiedener Art. Die ersten, das waren die Schwertheiligen. Sie konnten sich nach Belieben verwandeln, und ihr Schwert war wie der Blitzstrahl. Ehe sichs die Leute versahen, waren ihre Köpfe schon gefallen. Doch waren diese Männer hohen Sinns und mischten sich nicht leicht in Weltgeschäfte ein. Die zweite Art, das waren die Schwerthelden. Sie pflegten die Ungerechten zu töten und den Bedrängten zu Hilfe zu kommen. Sie trugen einen Dolch an ihrer Seite verborgen und hatten eine Ledertasche um. Durch Zaubermittel vermochten sie Menschenköpfe in Wasser zu verwandeln. Sie flogen über die Dächer und gingen an den Wänden auf und ab. Spurlos kamen und gingen sie. Die unterste Art, das waren Mörder. Sie ließen sich dingen, wenn einer sich an seinen Feinden rächen wollte. Der Tod war ihnen etwas Alltägliches.

Der alte Drachenbart war wohl mitten inne zwischen der ersten und zweiten Art. Der Molo aber, von dem eine andere Geschichte erzählt, war einer der Schwerthelden.

Es lebte zu jener Zeit ein junger Mann namens Tsui. Sein Vater war ein hoher Beamter und Freund eines Fürsten. Der Vater sandte einst seinen Sohn, um seinen Freund, der krank war, zu besuchen. Der Sohn war jung und schön und wohlbegabt. Er ging hin, seines Vaters Befehle auszurichten. Als er in das Haus kam, da standen drei schöne Sklavinnen, die auf goldne Schalen rote Pfirsiche häuften, sie mit Zuckerwasser übergossen und ihm darreichten. Als er gegessen hatte, verabschiedete er sich, und der vornehme Gastfreund befahl einer Sklavin mit Namen Rosenrot, ihn zum Hofe hinauszugeleiten. Beim Gehen sah sich der junge Mann fortwährend nach ihr um. Sie blinzelte ihn lächelnd an und machte ihm mit der Hand Zeichen. Erst streckte sie drei Finger aus, dann drehte sie dreimal die Hand um, und endlich wies sie auf einen kleinen Spiegel, den sie vorn auf der Brust trug. Beim Abschied flüsterte sie ihm noch zu: »Vergiß mein nicht!« Als er heim kam, da war all sein Sinnen und Denken in Verwirrung. Geistesabwesend saß er da wie ein hölzerner Hahn. Er hatte einen alten Knecht namens Molo, das war ein außergewöhnlicher Mensch.

»Was fehlt Euch, Herr«, sprach er zu ihm, »daß Ihr so traurig seid? Wollt Ihrs nicht Eurem alten Sklaven anvertrauen?« Da erzählte ihm der Junge, was ihm begegnet war, und erwähnte auch die geheimen Zeichen, die das Mädchen ihm gemacht.

Molo sprach: »Daß sie drei Finger ausstreckte, das bedeutet, daß sie im dritten Hofe wohnt. Daß sie dreimal die Hand umdrehte, das deutet auf die Zahl von dreimal fünf Fingern. Das gibt zusammen fünfzehn. Daß sie auf ihren kleinen Spiegel zeigte, damit sagte sie, am Fünfzehnten, wenn um Mitternacht der Mond rund ist wie ein Spiegel, sollet Ihr zu ihr kommen.«

Da erwachte der junge Mann aus seinen wirren Gedanken und konnte sich vor Freuden kaum fassen.

Bald aber wurde er wieder traurig und sprach: »Der Palast des Fürsten ist abgeschlossen wie durch ein Meer. Wie sollte es möglich sein, hineinzukommen?«

»Nichts leichter als das«, sagte Molo. »Am Fünfzehnten nehmen wir zwei Stücke dunkler Seide und hüllen uns darein, und ich werde Euch so hintragen. Doch ist ein wilder Hund da, der das Hoftor der Sklavin bewacht, der ist stark wie ein Tiger und wachsam wie ein Gott. Niemand kommt an ihm vorbei. Den muß man erst töten.«

Als der bestimmte Tag gekommen war, da sprach der Diener: »Außer mir ist niemand auf der Welt imstande, diesen Hund zu töten.«

Der Jüngling gab ihm hocherfreut Wein und Fleisch. Dann nahm der Alte einen Kettenhammer und war im Augenblick damit verschwunden.

Und ehe die Dauer einer Mahlzeit vorüber war, war er

schon wieder da und sprach: »Der Hund ist tot, es ist kein Hindernis mehr da.«

Um Mitternacht hüllten sich beide in dunkle Seide, und der Alte trug den Jüngling über die zehnfachen Mauern hinweg, die den Palast umgaben. Sie kamen an das dritte Tor; das war nur angelehnt. Ein Lämpchen sahen sie schimmern und hörten Rosenrot tief seufzen. Der ganze Hof war einsam und still. Der Jüngling hob den Vorhang und trat ein. Rosenrot sah ihn lange prüfend an; dann sprang sie fröhlich von ihrem Ruhebett und faßte ihn bei der Hand.

»Ich wußte doch, daß Ihr klug seid und meine Fingersprache verstandet. Aber welche Zauberkräfte stehen Euch zu Gebote, daß Ihr hierher kamt?«

Der Jüngling erzählte ausführlich Molos Verdienste.

»Und wo ist Molo?« fragte sie.

»Draußen vor dem Vorhang«, war die Antwort.

Dann rief sie ihn herein, gab ihm aus einer Jaspistasse Wein zu trinken und sprach: »Ich bin aus guter Familie fern von hier. Gezwungen nur bin ich Sklavin in diesem Haus. Ich sehne mich hinweg; denn wenn ich auch Jaspisstäbchen habe zum Essen und meinen Wein aus goldenen Kelchen trinke und Samt und Seide um mich schwellen und aller Schmuck mir zu Gebote steht: das alles sind für mich nur Fesseln und Bande. Guter Molo, du hast Zauberkräfte, ich bitte dich, rette mich aus dieser Not, dann will ich gerne deinem Herrn als Sklavin dienen und mein ganzes Leben diese Wohltat nicht vergessen.«

Der Jüngling blickte Molo an. Der war gerne bereit. Er bat um die Erlaubnis, erst in Taschen und Säcken die Aussteuer fortzuschaffen. Dreimal kam er und ging er, ehe es zu Ende war. Dann nahm er seinen Herrn und Rosenrot auf den Rücken und flog mit ihnen über die steilen Mauern hinweg. Keiner der Wächter im Schloß des Fürsten hatte etwas gemerkt. Zu Hause verbarg der Jüngling Rosenrot im stillsten Gemach. Als der Fürst entdeckte, daß ihm eine Sklavin fehlte und einer seiner wilden Hunde totgeschlagen war, da sagte er: »Das hat gewiß ein mächtiger Schwertheld getan.« Dann gab er strengen Befehl, nichts verlauten zu lassen und im geheimen der Sache nachzuforschen.

Zwei Jahre waren vergangen, und der Jüngling dachte nicht mehr an irgendwelche Gefahr. Als daher im Frühling die Blumen blühten, da fuhr Rosenrot auf einem kleinen Wagen vor die Stadt hinaus an den Fluß. Sie ward von einem Diener des Fürsten entdeckt. Der berichtete es seinem Herrn. Der Jüngling mußte zu ihm kommen. Da er die Sache nicht verbergen konnte, so erzählte er alles der Wahrheit gemäß.

Der Fürst sprach: »Rosenrot hat die ganze Schuld. Euch mach ich keinen Vorwurf. Aber da sie nun Eure Frau ist, will ichs ihr auch hingehen lassen. Nur Molo soll mirs büßen.«

Dann befahl er hundert gewappneten Kriegern, mit Bogen und Schwertern das Haus des Jünglings zu umstellen und unter allen Umständen des Molo habhaft zu werden. Molo nahm seinen Dolch und flog die hohe Mauer empor. Er blickte um sich wie ein Falke. Die Pfeile kamen dicht wie Regen; aber keiner traf ihn. In einem Augenblick war er verschwunden, kein Mensch wußte wohin.

Nach mehr als zehn Jahren traf ihn einer der Leute seines Herrn im Süden, wie er Medizin verkaufte. Er sah noch immer aus wie früher.

89. Die goldene Büchse

Zur Tangzeit lebte ein Graf im Lager von Ludschou. Der hatte eine Sklavin, die konnte sehr gut die Laute spielen und war auch im Lesen und Schreiben geübt, so daß der Graf sie gebrauchte, um seine geheimen Briefe zu schreiben.

Einst war im Lager ein großes Fest. Die Sklavin sprach: »Die große Pauke klingt heute so traurig; dem Mann ist sicher ein Unglück begegnet.«

Der Graf ließ den Paukenschläger kommen und fragte ihn.

»Meine Frau ist gestorben«, erwiderte jener, »doch wagte ich nicht, um Urlaub zu bitten; darum klang unwillkürlich meine Pauke so traurig.«

Der Graf ließ ihn nach Hause.

Zu jener Zeit herrschte viel Streit und Eifersucht zwischen den Grafen am Gelben Fluß. Der Kaiser wollte dadurch Frieden schaffen, daß er die Grafen untereinander Familienverbindungen eingehen ließ. So hatte die Tochter des Grafen von Ludschou den Sohn des Grafen von Webo geheiratet. Aber es half nicht viel. Der alte Graf von Webo war lungenleidend, und immer in der heißen Zeit wurde es schlimmer, und er pflegte zu sagen: »Ja, wenn ich Ludschou hätte! Dort ists kühler, da würde mir vielleicht wohler.«

So sammelte er denn dreitausend Krieger um sich, gab ihnen reichlichen Sold, befragte das Orakel um einen glückbringenden Tag und machte sich daran, Ludschou mit Gewalt zu besetzen.

Der Graf von Ludschou hörte davon. Tag und Nacht war er in Sorgen, doch fiel ihm kein Ausweg ein. Eines Nachts, als die Wasseruhr schon aufgestellt war und das Lagertor geschlossen, ging er, auf seinen Stab gestützt, im Hof umher. Nur seine Sklavin folgte ihm.

»Herr«, sprach sie, »seit einem Monat flieht Euch Schlaf und Eßlust. Einsam und traurig lebt Ihr Eurem Leid. Ich müßte mich täuschen, wenn es nicht Webos wegen wäre.«

»Das geht auf Leben und Tod«, sprach der Graf. »Da versteht ihr Frauen nichts davon.«

»Ich bin nur eine geringe Magd«, sagte die Sklavin, »und dennoch habe ich Eures Kummers Grund erraten.«

Der Graf erkannte, daß Sinn in ihren Worten war, und sprach: »Du bist ein außerordentliches Mädchen. Tatsächlich überlege ich mir im stillen einen Ausweg.«

Die Sklavin sprach: »Das ist leicht zu machen. Ihr braucht Euch nicht darum zu kümmern, Herr! Ich will nach Webo gehen und sehen, wie es steht. Jetzt ist die erste Nachtwache. Wenn ich jetzt gehe, so kann ich zur fünften Nachtwache wieder zurück sein.«

»Wenn es dir nicht gelingt«, sprach der Graf, »beschleunigst du mein Unglück.«

»Ein Mißerfolg ist gar nicht möglich«, antwortete die Sklavin.

Dann ging sie in ihr Zimmer und rüstete sich für die Reise. Sie kämmte ihr Rabenhaar, band es in einen Knoten auf dem Scheitel und steckte es mit einer goldenen Nadel fest. Dann zog sie ein purpurgesticktes kurzes Gewand an und gewobene Schuhe aus dunkler Seide. Im Busen barg sie einen Dolch mit Drachenlinien, und an die Stirne schrieb sie sich den Namen des großen Gottes. Dann verneigte sie sich vor dem Grafen und verschwand.

Der Graf goß sich Wein ein, um auf sie zu warten, und als das Morgenhorn erschallte, da senkte sich leicht wie ein schwebendes Blatt die Sklavin vor ihm nieder.

»Ist alles gut gegangen?« sprach der Graf.

»Ich habe meinem Auftrag keine Unehre gemacht«, erwiderte das Mädchen.

»Hast du jemand getötet?«

»Nein, so weit ging ich nicht. Doch hab ich die goldene Büchse zu Häupten seines Lagers zum Pfand mitgebracht.«

Der Graf fragte, was sie alles erlebt habe, und sie begann zu erzählen:

»Zur Zeit des ersten Trommelwirbels brach ich auf und erreichte drei Stunden vor Mitternacht Webo. Als ich durch die Tore schritt, sah ich, wie die Schildwachen in den Wachtstuben schliefen. Ihr Schnarchen ertönte wie der Donner. Die Lagerwachen gingen auf und ab, und ich ging durchs linke Tor ins Schlafzimmer hinein. Da lag Euer Verwandter hinter seinem Vorhang auf dem Rücken in süßem Schlummer. Neben seinem Kissen sah ein kostbares Schwert hervor; dabei stand eine offene goldene Büchse. In der Büchse waren Zettel.

Auf dem einen stand sein Lebensalter und sein Geburtstag, auf dem andern der Name des Gottes des Großen Bären. Weihrauchkörner und Perlen lagen darauf. Die Kerzen im Zimmer gaben einen schwachen Schein, und der Weihrauch vom Räucherbecken war eben im Verglimmen. Die Dienerinnen lagen ringsumher zusammengekrümmt und schliefen. Ich konnte ihnen die Haarpfeile herausziehen und ihnen die Kleider aufheben, ohne daß sie erwachten. Das Leben Eures Verwandten stand in meiner Hand; aber ich brachte es nicht über mich, ihn zu töten. Darum nahm ich die goldene Büchse und kehrte zurück. Die Wasseruhr zeigte die dritte Stunde an, als ich meinen Weg vollendet. Nun müßt Ihr rasch ein schnelles Pferd satteln lassen und einen Mann damit nach Webo schicken, der die goldene Büchse zurückbringt. Dann wird der Herr von Webo schon zur Besinnung kommen und seine Eroberungspläne fallen lassen.«

Der Graf von Ludschou befahl nun einem Offizier, so schnell wie möglich nach Webo zu reiten. Er ritt den ganzen Tag und die halbe Nacht, da kam er an. In Webo war jedermann in Aufregung wegen des Verlustes der goldenen Büchse. Im ganzen Lager wurde alles streng durchsucht. Da klopfte der Bote mit der Reitpeitsche an die Tür und verlangte, den Herrn von Webo zu sehen. Weil er zu so ungewöhnlicher Stunde kam, vermutete der Herr von Webo, daß er eine wichtige Nachricht habe, und kam aus seinem Zimmer, den Boten zu empfangen. Der übergab ihm einen Brief, darin stand geschrieben: »Gestern nacht kam ein Fremder von Webo bei uns an. Er erzählte, daß er mit eigener Hand von Eurem Bette eine goldene Büchse genommen habe. Ich wage sie nicht zu behalten und sende darum diesen Boten, sie Euch schleunigst wieder zurückzuerstatten.« Als der Herr von Webo die goldene Büchse sah, erschrak er sehr. Er nahm den Boten mit in sein eigenes Gemach, bewirtete ihn mit einem köstlichen Mahl und belohnte ihn reichlich.

Am andern Tage fertigte er den Boten wieder ab und gab

ihm dreißigtausend Ballen Seide und fünfzig der besten Vier-
gespanne mit als Geschenk für seinen Herrn. Auch schrieb er
einen Brief an den Grafen von Ludschou:
»Mein Leben stand in Eurer Hand. Ich danke Euch, daß Ihr
mich geschont, bereue meine Absicht und will mich bessern.
Von nun ab soll ewig Fried und Freundschaft zwischen uns
bestehen, und ich werde niemals wieder andere Gedanken
hegen. Die Bürgerwehr, die ich um mich versammelt, soll mir
zum Schutze gegen Räuber dienen. Ich habe sie bereits ent-
waffnet und an die Feldarbeit zurückgeschickt.«
Von da ab herrschte zwischen den beiden Verwandten im
Norden und Süden des Gelben Flusses die herzlichste Freundschaft.
Eines Tages kam die Sklavin und wollte sich von ihrem
Herrn verabschieden. Der sprach: »Du bist hier im Hause
geboren; wohin willst du denn gehen? Auch brauche ich dich
so notwendig, daß ich dich nicht entbehren kann.«
»In meinem früheren Leben«, sprach die Sklavin, »war ich
ein Mann. Ich half als Arzt den Kranken. Da kam einmal
eine Frau in guter Hoffnung zu mir, die litt an Würmern.
Aus Versehen gab ich ihr Seidelbastwein zu trinken, und sie
starb samt ihrem Kinde, das sie trug. Dadurch zog ich mir die
Vergeltung des Herrn der Toten zu, und ich wurde wiedergeboren als Mädchen in geringer Stellung. Doch kam die Erinnerung an mein früheres Leben über mich; ich pflegte eifrig
meinen Wandel und fand auch einen seltenen Lehrer, von welchem ich die Schwerterkunst erlangte. Nun hab ich Euch
schon neunzehn Jahre lang gedient. Ich ging für Euch nach
Webo, um Eure Güte zu vergelten. Ich habe es dadurch erreicht, daß Ihr mit Euren Verwandten nun wieder in Frieden
lebt, und Tausenden von Menschen habe ich so das Leben gerettet. Das ist für eine schwache Frau doch immer ein Verdienst, genügend, meine frühere Schuld zu tilgen. Nun will
ich mich von der Welt zurückziehen und in den stillen Bergen
weilen, um reinen Herzens meine Heiligung zu wirken. Viel-

leicht, daß es mir dann gelingt, in meinen früheren Stand zurückzukehren. Darum bitt ich, laßt mich ziehen!«

Der Graf sah ein, daß er sie nicht mehr länger halten dürfe; darum bereitete er ein großes Festmahl und lud viele Gäste ihr zum Abschied. Manch namhafter Ritter saß bei Tisch. Sie alle feierten sie mit Trinksprüchen und Gedichten.

Der Graf konnte seiner Rührung nicht mehr Meister werden, und auch die Sklavin verneigte sich schluchzend. Dann verließ sie heimlich die Tafel, und kein Mensch hat je erfahren, wo sie hingegangen.

90. *Yang Gui Fe*

Der Kaiser Ming Huang aus dem Hause Tang hatte zur Lieblingsfrau die berühmte Yang Gui Fe. Sie bezauberte ihn so durch ihre Schönheit, daß er alles tat, was sie wollte. Sie brachte ihren Vetter an den Hof, der ein Spieler und Trinker war, so daß sich um seinetwillen ein Murren gegen den Kaiser erhob. Schließlich brach ein Aufstand aus, und der Kaiser mußte fliehen. Er floh mit seinem ganzen Hof nach dem Vierstromland.

An einem Passe aber meuterten seine eigenen Truppen. Sie schrien, der Vetter der Yang Gui Fe sei an allem schuld, man müsse ihn töten, sonst gingen sie nicht weiter. Der Kaiser wußte keinen Rat. Der Vetter wurde ausgeliefert und von den Soldaten umgebracht. Noch waren diese nicht zufrieden. »Solange Yang Gui Fe am Leben ist, wird sie alles tun, um den Tod ihres Vetters zu rächen; auch sie muß sterben!«

Schluchzend flüchtete sie zum Kaiser. Der weinte bitterlich und wollte sie beschützen; doch die Soldaten tobten immer wilder. Schließlich wurde sie von einem Eunuchen an einem Birnbaum aufgehängt.

Der Kaiser sehnte sich so nach Yang Gui Fe, daß er aufhörte zu essen und nicht mehr schlafen konnte. Da erzählte ihm einer seiner Eunuchen von einem Manne namens Yang Schï Wu, der abgeschiedene Geister zitieren könne. Der Kaiser ließ ihn rufen. Yang Schï Wu erschien.

Am selben Abend noch sagte er Zaubersprüche her, und seine Seele verließ den Leib, um die Yang Gui Fe zu suchen. Erst ging er in die Unterwelt, wo die abgeschiedenen Schatten wohnen. Doch wie er auch suchte und fragte, er fand dort keine Spur von ihr. Dann stieg er zum höchsten Himmel auf, wo Sonne, Mond und Sterne kreisen, und forschte nach ihr im leeren Raum. Aber auch dort war sie nicht. Er kam zurück und erzählte es dem Kaiser. Der war unzufrieden und sprach: »Yang Gui Fe war von so himmlischer Schönheit. Wie wäre es möglich, daß sie keine Seele gehabt hätte!«

Der Zauberer sprach: »Zwischen Berg und Tal und stillen Klüften wohnen die Seligen. Ich will noch einmal dorthin gehen und nach ihr fragen.«

Nun wanderte er umher auf den fünf heiligen Bergen, an den vier großen Strömen und auf den Inseln im Meer. Überall war er gewesen. Endlich kam er auch ins Feenland. Dort fragte er eine Fee nach ihr.

Die sagte: »Yang Gui Fe ist eine Selige geworden und wohnt im großen Südpalast.«

Dort ging er hin und klopfte an die Tür. Ein Mädchen kam heraus und fragte, was er wolle. Er erzählte ihr, daß er vom Kaiser geschickt sei, ihre Herrin zu suchen. Sie ließ ihn ein. Es ging durch weite Gärten mit Jaspisblumen und Korallenbäumen voll süßen Duftes. Endlich kam er an einen hohen Turm, und eine Dienerin hob den Vorhang an der Tür. Der Zauberer kniete nieder und blickte auf. Da sah er Yang Gui Fe auf einem Throne sitzen in smaragdenem Kopfschmuck und gelbem Schwanenpelz. Ihr Gesicht erstrahlte in rosigem Schimmer, doch hatte sie sorgenvolle Falten auf der Stirn.

Sie sprach: »Ich weiß wohl, daß der Kaiser Sehnsucht nach mir hat. Doch führt für mich kein Weg zur Menschenwelt. Ich darf nicht mit dir zurück. Vor meiner Geburt war ich eine selige Himmelsfee, und auch der Kaiser war ein seliger Geist. Schon damals liebten wir uns innig. Als dann der Kaiser vom Herrn zur Erde hinabgesandt wurde, da stieg auch ich hernieder zu den Menschen und fand ihn dort. In zwölf Jahren werden wir uns wiedersehen. Einst hat mir der Kaiser am Siebenabend, als wir zur Spinnerin und dem Kuhhirten emporblickten, ewige Liebe geschworen. Er hatte einen Ring, den er zerbrach. Die eine Hälfte gab er mir, die andere behielt er selbst. Nimm nun die Hälfte hin und bring sie dem Kaiser und sage ihm, er solle der heimlichen Worte am Siebenabend nicht vergessen. Doch solle er sich nicht zu sehr um mich grämen.«

Damit gab sie ihm den Ring, mühsam das Schluchzen unterdrückend. Der Zauberer brachte den Ring zurück. Bei seinem Anblick ward der Liebesschmerz des Kaisers wieder neu.

Er sprach: »Was wir an jenem Abend geredet, hat nie ein anderer Mensch erfahren. Du bringst mir nun den Ring zurück; daran erkenne ich, daß deine Worte Wahrheit sind und daß meine Geliebte wirklich eine selige Fee geworden ist.«

Dann steckte er den Ring zu sich und gab dem Zauberer reichen Lohn.

91. Der Arzt

Sun Sï Mo war schon in früher Jugend in aller Weisheit wohl bewandert. Lange hielt er sich im Gebirge versteckt. Erst als der Kaiser Tai Dsung das Tanghaus begründete, kam er hervor. Der Kaiser wollte ihm ein Amt geben; er aber lehnte ab und war als Arzt den Menschen hilfreich. Er trug einen hohlen eisernen Ring, in dem eine Kugel rollte. Den schüttelte er und ging durch Dörfer und Städte. Wenn dann ein Kranker zu ihm kam, so heilte er ihn auf der Stelle, selbst wenn er viele Jahre krank gewesen. Er verstand zu stechen, zu brennen und zu schneiden, und auch die giftigsten Geschwüre wurden unter seinen Händen heil.

Einst kam er an dem Fuße des Südgebirges vorüber. Da trat ein grimmiger Tiger ihm in den Weg. Er faßte den Zipfel seines Kleides mit den Zähnen, wedelte mit dem Schwanze und schien um etwas bitten zu wollen.

»Was fehlt dir denn?« fragte der Arzt. »Zeig einmal her!«

Der Tiger öffnete den Rachen. Da stak ein Rinderknochen ihm im Gaumen. Der hatte ein böses Geschwür erzeugt, so daß er nicht mehr schlucken konnte. Der Arzt sperrte ihm mit seinem Eisenring den Rachen auf und schnitt mit scharfem Messer den Knochen heraus. Dann legte er ihm eine Kräutersalbe auf die Wunde, und gleich war alles gut. Der Tiger machte vor Freuden einen Luftsprung und lief weg.

Abermals begegnete er einem alten Manne, der an Leibschmerzen litt. Der Arzt gab ihm eine Pille, und die Krankheit wurde gut. Da verneigte sich der Alte dankend; dann verwandelte er sich in einen Drachen und verschwand in der Luft. – Seit jener Zeit folgte dem Arzt im verborgenen stets ein Drache und ein Tiger nach.

Abermals wurde eine Prinzessin krank, und man bat den Arzt um Hilfe. Das Mädchen aber war so verschämt, daß es ihm nicht die Hand reichen wollte, um den Puls sich fühlen zu lassen.

Da sprach der Arzt: »Die Kranke soll in jeder Hand drei Seidenfäden halten; daran kann ich schon erkennen, was ihr fehlt.«

Man tat, wie er gesagt, und hinter dem Vorhang kamen sechs Seidenfäden hervor. Der Arzt prüfte sie alle einzeln; dann sagte er: »Die Prinzessin leidet an Melancholie.«

Er gab ihr ein Abführmittel, und die Krankheit war wie weggeblasen.

Einst traf er mit einem andern berühmten Arzt zusammen. Warnend sagte er zu ihm: »Ich sehe an Eurem Äußeren, daß eine schlimme Krankheit in Euch steckt. Ich rate Euch, rechtzeitig vorzubeugen!«

Der andere wurde böse und sagte: »Ich fühle mich ganz

frisch und munter, und es fehlt mir nichts. Was redet Ihr für törichte Worte, alter Mann!«

Aber kaum waren einige Monate vergangen, da fiel jener Arzt in eine hitzige Krankheit und verstarb.

In einem Dorfe war eine junge Frau an einer Geburt gestorben. Man trug sie hinaus zum Begräbnisplatz. Der Arzt begegnete dem Zug. Er sah, wie aus dem Sarge unten ganz leise frisches Blut hervortröpfelte. Da sprach er: »Die Frau ist noch nicht tot. Tragt sie schnell zurück! Ich kann ihr helfen.«

Man folgte seinen Worten und öffnete den Sarg. Er stach der Frau mit einer Nadel in den Leib, und sofort kam schreiend ein Kindlein zur Welt. Mutter und Kind blieben beide am Leben.

Ein andermal kam er an einem Dorfe vorüber. Hinter dem Dorfe lag ein Mann auf der Straße, der war von einem Wolfe totgebissen worden. Sein Bauch war aufgerissen, und die Eingeweide waren alle fort. Ein Dorfhund kam herbeigesprungen und wollte die Überreste auffressen. Der Arzt tötete den Hund, nahm sein Herz und seine Leber heraus und tat sie in den Leib des Mannes. Dann nähte er ihn wieder zu und legte Salben auf. In kurzer Zeit kam der Mann wieder zu sich.

Er stand auf, blickte um sich und fragte den Arzt: »Ich war müde und habe hier ein wenig geschlafen. Ich habe einen Beutel bei mir gehabt. Warum hast du mir den gestohlen?«

Der Arzt sprach: »Du weißt wirklich nicht, wers gut mit dir meint. Du warst von einem Wolfe schon halb aufgefressen, und ich habe dir das Leben gerettet. Nun wirfst du mir Diebstahl vor!«

Aber der andere wollte auf nichts hören und schleppte ihn vor den Richter. Der Richter kannte den Arzt als einen Weisen und erfuhr von ihm, was geschehen war. Er verwies dem Mann seine Frechheit. Aber der war nicht zufrieden, sondern vollführte einen großen Lärm. Die Schergen wurden mit ihm nicht fertig. Da berührte ihn der Arzt mit einem Zauberwedel, und sogleich fiel er tot zu Boden. Man sah nach seinem Leib; der war geborsten. Und wie der Richter ihn untersuchte, da waren richtig Herz und Leber eines Hundes darin.

Seufzend sagte der Arzt: »Ich bedauere nur, daß ich den Hund getötet und dadurch eine Schuld mehr auf mich geladen habe.«

Einst sprach ein Unsterblicher zu ihm: »Du hast durch deine Hilfe in allerlei Krankheiten dir ein großes Verdienst erworben. Aber du gebrauchst in deinen Rezepten viel getötete Tiere. Tiere zu töten, ist eine Sünde. Darum wirst du zwar die Unsterblichkeit erlangen, aber nur, nachdem du dich von deinem Leib getrennt. Es wird dir nicht gelingen, bei Leibesleben zu entschweben.«

Von da ab gebrauchte der Arzt nur noch Kräuter und Pflanzen, um die Krankheiten zu heilen.

Endlich schien er krank zu werden und starb. Doch änderte sich der Ausdruck seines Gesichtes im Tode nicht. Als man den Leichnam zum Sarge trug, da waren nur noch die Kleider übrig, wie die leere Hülle einer Zikade.

Als der Kaiser Ming Huang im Vierstromlande weilte, sah er im Traume einen Greis im weißen Haar und Bart und gelben Kleidern. Der sprach sich neigend: »Ich bin der Arzt Sun Sï Mo. Ich hause auf dem Omi-Berg. Da ich von der Ankunft Eurer Hoheit erfahren, bin ich zum Gruß herbeigeeilt. Auch habe ich eine Bitte. Ich bereite den Stein der Weisen. Dazu brauche ich noch achtzig Lot Realgar vom Vierstromland. Wenn Ihr die Güte habt, sie mir zu schenken, so sendet sie zum Omi-Berg.«

Der Kaiser versprach's und sandte das Gewünschte nach dem Omi-Berg, wo der Arzt erschien und es dankend in Empfang nahm.

»Ich habe hier auf dem Berge kein Papier; darum habe ich meinen Dank auf einen Stein geschrieben. Schreibt ihn bitte ab!«

Der Bote sah richtig einen Stein, der mit rotem Zinnober beschrieben war. Als er die Worte abgeschrieben hatte, verschwand der Greis zusammen mit dem Stein. Von da ab war er bald unsichtbar, bald sichtbar.

Zum letzten Male ward er gesehen, als er einem zehnjährigen Knaben, der sich dem Buddha geweiht hatte, begegnete. Der brachte ihn mit nach Hause. Er nahm nun aus seinem Ärmel ein Pulver hervor, ließ Tee kochen und tat es hinein. Dann trank er selbst davon und ließ auch den Knaben trinken. Der Knabe schwebte zum Himmel empor, und der Greis entschwebte mit ihm zusammen. Als man nach dem Teetopf sah, hatte er sich in gelbes Gold verwandelt.

Sun Sï Mo ward später als König der Ärzte verehrt, und seine Tempel findet man noch bis zum heutigen Tag. Zu seiner Rechten und Linken sieht man einen Tiger und einen Drachen.

92. Der Mönch am Yangtsekiang

Der Buddhismus entstand im südlichen Indien auf der Insel Ceylon. Dort lebte der Sohn eines brahmanischen Königs. Er hatte in seiner Jugend die Heimat verlassen und abgesagt allem Wünschen und Fühlen. Mit großer Selbstverleugnung kasteite er sich, um alle lebenden Wesen zu retten. Mit der Zeit erreichte er geheimen Sinn und wurde Buddha genannt.

Zur Zeit des Kaisers Ming Di der östlichen Handynastie erblickte man im Westen einen goldenen Glanz, der dauernd blitzte und leuchtete.

Eines Nachts träumte dem Kaiser, daß er einen goldenen Heiligen, zwanzig Fuß hoch, mit geschorenem Haupt und nackten Füßen, in indischen Kleidern eintreten sah, der zu ihm sprach: »Ich bin der Heilige aus dem Abendlande. Meine Lehre soll im Morgenlande ausgebreitet werden.«

Als der Herrscher erwachte, wunderte er sich über diesen

Traum und sandte Boten aus in die westlichen Länder, um nachzuforschen, was an der Geschichte sei.

Auf diese Weise kam die Lehre Buddhas nach China und nahm immer mehr an Einfluß zu bis auf die Zeiten der Tangdynastie. Damals waren vom Kaiser und König an bis herunter zu den Bauern in den Dörfern Weise und Toren gleichermaßen von Ehrfurcht vor Buddha erfüllt. Unter den letzten beiden Dynastien jedoch geriet die Lehre immer mehr in Verfall. Die Buddhistenmönche laufen heutzutage in die Häuser der Reichen, sagen ihre Sutren auf und beten gegen Bezahlung. Von den großen Heiligen der alten Zeit ist nichts mehr zu hören.

Zur Zeit des Kaisers Tai Dsung aus der Tangdynastie geschah es, daß einst große Dürre herrschte, also daß der Kaiser und alle Beamten überall Altäre errichteten, um Regen zu erflehen.

Da redete der Drachenkönig des Ostmeers mit dem alten Drachen der Milchstraße und sprach: »Heute bitten sie drunten auf der Erde um Regen, und der Herr hat die Bitten des Königs von Tang erhört. Morgen mußt du drei Zoll Regen fallen lassen.«

»Nein, ich muß nur zwei Zoll Regen fallen lassen«, sprach der alte Drache.

Also gingen die beiden Drachen eine Wette ein, und der, der unrecht hatte, sollte zur Strafe zum Schlammolch werden.

Am Tage darauf kam plötzlich ein Befehl des höchsten Herrn heraus des Inhalts, daß der Drache der Milchstraße die Wind- und Wolkengeister anweisen solle, drei Zoll hoch Regen auf die Erde niederzusenden. Ein Widerspruch war nicht möglich.

Da dachte der alte Drache bei sich selbst: ›Der Drachenkönig kennt die Zukunft doch besser als ich. Wenn ich nun aber ein Schlammolch werden sollte, wäre das gar zu schmählich.‹ So ließ er denn nur zwei Zoll Regen fallen und berichtete dem himmlischen Hofe, daß der Befehl erfüllt sei.

Aber der Kaiser Tai Dsung hatte ebenfalls ein Gebet dargebracht, um dem Himmel zu danken. Darin hieß es: »Das
köstliche Naß wurde uns zuteil in einer Höhe von zwei Zoll.
Wir bitten untertänigst, doch mehr herabzusenden, damit die
dürren Staaten sich erholen können.«

Als der Herr dieses Gebet las, ward er sehr zornig und
sprach: »Der verbrecherische Drache der Milchstraße hat es
gewagt, den von mir bestimmten Regen zu verringern. Er
darf sein schuldiges Leben nicht fortsetzen. Darum soll unter
den Menschen der Feldherr We Dschong ihn enthaupten zur
Warnung für alle lebenden Wesen.«

Des Abends hatte der Kaiser Tai Dsung einen Traum. Er sah
einen Riesen eintreten, der ihn mit verhaltenen Tränen an-
flehte: »Rettet mich, o Kaiser! Der Herr hat, weil ich eigen-
mächtig den Regen verringert habe, in seinem Groll befohlen, daß We Dschong mich morgen um die Mittagsstunde
enthaupten soll. Wenn Ihr nun um diese Zeit den We
Dschong nicht einschlafen laßt und abermals ein Gebet dar-
bringt, um mich zu retten, so kann das Unglück noch einmal
vorübergehen.«

Der Kaiser sagte zu. Jener verneigte sich und ging.

Am andern Tage ließ der Kaiser den We Dschong kommen.
Er trank mit ihm zusammen Tee und spielte Schach. Um die
Mittagszeit wurde We Dschong plötzlich müde und schläfrig; aber er wagte nicht, sich zu verabschieden. Der Kaiser
aber, weil einer seiner Bauern geschlagen worden war,
blickte einen Augenblick nieder auf das Spiel und dachte
nach, und schon schnarchte We Dschong mit donnerähn-
lichem Getöse. Der Kaiser erschrak sehr und rief ihm eilig
zu; doch jener erwachte nicht. Er ließ ihn durch zwei Eunuchen rütteln; aber es dauerte eine lange Zeit, bis er wieder zu
sich kam.

»Was seid Ihr nur so plötzlich eingeschlafen?« sprach der
Kaiser.

»Es träumte mir«, antwortete jener, »der höchste Gott habe

mir befohlen, den alten Drachen zu enthaupten. Eben habe ich ihm den Kopf heruntergeschlagen, und noch immer tut mir der Arm von der Anstrengung weh.«

Noch ehe er fertiggesprochen hatte, fiel plötzlich aus der Luft ein Drachenkopf herab, groß wie ein Scheffelmaß. Der Kaiser erschrak und stand auf.

»Ich habe mich am alten Drachen versündigt«, sagte er, zog sich zurück in die Gemächer seines Schlosses und ward verstört im Geiste. Er blieb auf seinem Lager liegen, schloß die Augen und redete nichts mehr. Ganz schwach nur ging der Atem noch durch seine Nase.

Plötzlich sah er zwei Leute in purpurnen Gewändern, die eine Namenkarte in der Hand hatten. Sie sprachen also zu ihm: »Der alte Drache der Milchstraße hat den Kaiser in der Unterwelt verklagt. Wir bitten, den Wagen anspannen zu lassen.«

Unwillkürlich folgte der Kaiser den beiden nach, und vor dem Schlosse war auch schon der Wagen angespannt. Der Kaiser bestieg ihn, und im Fluge ging es durch die Luft. Im Augenblicke war er in der Totenstadt. Als er eintrat, sah er den Gott des Großen Berges in der Mitte sitzen und die zehn Höllenfürsten rechts und links gereiht. Sie alle erhoben sich, verneigten sich vor ihm und ließen ihn sitzen.

Dann sprach der Gott des Großen Berges: »Der alte Drache der Milchstraße hat wirklich ein strafwürdiges Vergehen auf sich geladen. Doch Eure Majestät hatten versprochen, für ihn zum höchsten Herrn zu bitten, wodurch das Leben des alten Drachen wohl gerettet worden wäre. Daß diese Sache über dem Schachspiel versäumt wurde, dürfte wohl auch ein Fehler sein. Nun beklagt sich der alte Drache unaufhörlich bei mir. Wenn ich bedenke, daß er seit tausend Jahren sich der Heiligung beflissen hat und nun wieder in den Kreislauf der Wandlungen zurückfallen soll, so ist das wirklich traurig. Darum habe ich mit den Fürsten der zehn Hallen mich beraten, einen Ausweg zu finden, und Eure Majestät hierher gebeten, um die Sache zu besprechen. Im Himmel, auf der Erde und in der Unterwelt ist allein Buddhas Lehre ohne Grenzen. Wenn Eure Majestät daher auf die Welt zurückkehren, so mögen für die dreiunddreißig Himmelsherrn große Opfer gefeiert werden. Es sollen dreitausendsechshundert heilige Buddhistenpriester die Sutren verlesen, um den alten Drachen zu erlösen, damit er wieder zum Himmel aufsteigen kann und seine ursprüngliche Gestalt behalten darf. Aber die Schriften und Zaubersprüche in der Menschenwelt sind nicht wirksam genug. Man muß nach dem westlichen Himmel gehen und dort wahre Worte holen.«

Der Kaiser sagte zu, und der Gott des Großen Berges und die zehn Höllenfürsten erhoben sich und sprachen, sich verbeugend: »Wir bitten zurückzukehren!«

Plötzlich öffnete Tai Dsung die Augen wieder, da lag er auf seinem kaiserlichen Bett. Darauf veröffentlichte er ein Bekenntnis seiner Schuld und ließ die heiligsten Buddhistenpriester rufen, um im westlichen Himmel die Sutren zu holen. Es war der Mönch vom Yangtsekiang mit Namen Hüan Dschuang, der, dem Befehle folgend, sich bei Hofe einstellte.

Dieser Hüan Dschuang hieß ursprünglich Tschen. Sein Vater hatte unter der Regierung des vorhergehenden Kaisers die höchste Prüfung bestanden und war mit dem Amt eines Kreisvorstehers am Yangtsekiang betraut worden. Er ging mit seiner Frau zusammen nach seinem neuen Amtsbezirk. Als sie mit ihrem Schiff den Fluß erreicht hatten, begegneten sie einer Räuberbande. Der Häuptling tötete das ganze Gefolge, warf den Vater Tschen in den Fluß, bemächtigte sich seiner Frau und seiner Amtsurkunde und begab sich unter falschem Namen in jene Kreisstadt und übernahm das Siegel. Alle Diener und Knechte, die er mit sich nahm, waren Glieder der Bande. Die geraubte Frau aber schloß er in einem verborgenen Turmgemache ein. Zu jener Zeit war die Frau schon seit drei Monaten guter Hoffnung. Darum blieb sie am Leben, obwohl sie am liebsten gestorben wäre, da sie hoffte, einen Sohn zu bekommen, der den Namen der Familie Tschen fortsetzen und den Frevel rächen könne.

Als nun die Zeit ihrer Niederkunft gekommen war, schützte sie Krankheit vor, damit der Räuber nicht zu ihr komme. Und so gebar sie einen Sohn. Die Diener und Dienerinnen aber waren lauter Vertraute des Räubers. So fürchtete sie denn, die Sache möchte ruchbar werden.

Nun war unten vor ihrem Turm ein kleiner Teich. Aus diesem Teich kam ein Bach hervor, der durch die Mauern floß bis in den Yangtse. Sie nahm ein Körbchen aus Bambus, verklebte die Ritzen und legte das Knäblein hinein. Dann biß sie sich einen Finger ab und schrieb mit ihrem Blute die Stunde und den Tag der Geburt auf einen Seidenstreifen und fügte bei, daß der Knabe, wenn er zwölf Jahre alt sei, kommen und sie retten solle. Dann wickelte sie den abgebissenen Finger in den Seidenstreifen und legte ihn neben den Knaben in das Körbchen, und zur Nachtzeit, als kein Mensch um den Weg war, setzte sie das Körbchen in den Bach. Es schwamm hinaus der Strömung nach bis in den Yangtsekiang. Dort trieb es weiter bis an das Kloster auf dem Goldberge, der als eine Insel mitten im Flusse liegt. Da fand es ein Priester, der gegangen war, um Wasser zu schöpfen. Er fischte es auf und brachte es ins Kloster.

Als der Abt die blutige Handschrift sah, befahl er den Priestern und Lehrlingen, niemand etwas von der Sache zu sagen. Und er zog das Knäblein auf im Kloster.

Als es fünf Jahre alt war, da unterwies er es im Lesen der heiligen Schriften. Der Knabe war klüger als alle seine Mitschüler, verstand bald den Sinn der heiligen Schriften und drang immer tiefer in ihre Geheimnisse ein. So wurde er denn zu den Gelübden zugelassen, und als ihm das Haupthaar geschoren wurde, erhielt er den Namen »der Mönch vom Yangtsekiang.«

In seinem zwölften Jahre war er stark und groß wie ein erwachsener Mann. Der Abt, der wußte, welche Pflicht ihm noch zu erfüllen oblag, berief ihn in ein stilles Zimmer. Dort nahm er die blutige Handschrift und den Finger hervor und gab ihm beides.

Als der Mönch die Schrift gelesen hatte, da warf er sich zur Erde und weinte bitterlich. Dann dankte er dem Abt für alles, was er an ihm getan hatte. Er machte sich auf nach der Stadt, in der seine Mutter wohnte. Er lief rings um das Amtsgebäude herum, schlug auf den Holzfisch und rief: »Erlösung von allem Leid! Erlösung von allem Schweren!«

Seit der Räuber, der seinen Vater ermordet hatte, unter falschem Namen jenes Amt erschlichen, hatte er es sich angelegen sein lassen, durch mächtige Verbindungen sich dauernd in dem Amte festzusetzen. Die Frau aber, die nun schon über zehn Jahre bei ihm ausgeharrt hatte, ließ er allmählich etwas freier.

An jenem Tag war er in Amtsgeschäften auswärts. Die Frau saß zu Hause, und als sie draußen vor der Tür den Holzfisch so eindringlich schlagen hörte und die Erlösungsworte vernahm, da sprach die Stimme des Herzens in ihr. Sie sandte der dienenden Mädchen eines, den Priester hereinzurufen. Er trat zum hinteren Tore ein. Und als sie ihn nun erblickte, wie er Zug um Zug seinem Vater glich, da konnte sie sich nicht länger halten; die Tränen brachen ihr in Strömen hervor. Da merkte der Mönch vom Yangtsekiang, daß es seine Mutter war. Er nahm die blutige Handschrift hervor und gab sie seiner Mutter.

Die streichelte ihn und sagte schluchzend: »Mein Vater ist ein hoher Beamter, der sich von den Geschäften zurückgezogen hat und in der Hauptstadt weilt. Es war mir aber nicht möglich, ihm zu schreiben, weil dieser Räuber mich streng gefangenhält. So habe ich denn mein Leben gefristet, wartend, bis du kämst. Nun eile nach der Hauptstadt und räche deinen Vater, so wird auch mir der Tod kein Leid mehr sein. Du mußt aber schnell machen, damit niemand etwas erfährt.«

Eilends ging nun der Mönch von dannen. Er kehrte zunächst

in sein Kloster zurück, um sich von seinem Abt zu verabschieden; dann ging er nach der Hauptstadt Sianfu.

Zu jener Zeit war sein Großvater schon gestorben. Aber es
lebte ihm noch ein Oheim, der war bekannt bei Hofe. Der
nahm Soldaten und machte dem Räuber ein Ende. Die Mutter
aber hatte sich erhängt.

Seit jener Zeit lebte der Mönch vom Yangtse bei einer
Pagode in Sianfu und war bekannt unter dem Namen Hüan
Dschuang. Als der Kaiser jenen Befehl ergehen ließ, war er
etwa zwanzig Jahre alt. Er trat vor den Kaiser; da ehrte ihn
dieser als Lehrer. Dann machte er sich auf den Weg nach Indien.

Siebzehn Jahre blieb er weg. Drei Sammlungen von Büchern
brachte er mit, und jede Sammlung enthielt fünfhundertvier-
zig Rollen. Damit trat er vor den Kaiser. Der Kaiser war
hocherfreut und schrieb mit eigener Hand ein Vorwort zu
der heiligen Lehre, in dem er all diese Geschichten aufzeich-
nete. Dann wurde das große Opfer veranstaltet, um den
alten Drachen zu erlösen.

93. Der herzlose Gatte

Hangtschou war früher die Hauptstadt des südlichen
China. Deshalb hatten sich viele Bettler dort zusammen-
gefunden. Die Bettler pflegten einen Führer zu wählen, der
amtlich bestätigt wurde zur Aufsicht über die Ausübung des
Bettelns. Er hatte darüber zu wachen, daß die Bettler die Ein-
wohner der Stadt nicht belästigten. Er bekam von allen Bett-
lern ein Zehntel ihrer Einnahmen. Bei Schnee und Regenwet-
ter, wenn man nicht auf den Bettel konnte, hatte er dafür zu
sorgen, daß die Bettler etwas zu essen bekamen, ebenso hatte
er die Hochzeiten und Beerdigungen zu leiten. Die Bettler
aber gehorchten ihm in allen Stücken.

In Hangtschou nun war solch ein Bettlerfürst mit Namen

Gin, in dessen Sippe hatte sich das Amt schon seit sieben Geschlechtern fortgeerbt. Was sie an Bettelpfennigen erhielten, hatten sie auf Zinsen ausgeliehen. So wurde das Haus allmählich wohlhabend und schließlich sogar reich.

Der alte Bettler hatte mit fünfzig Jahren seine Frau verloren. Er hatte nur ein einziges Kind, das war ein Mädchen namens Goldtöchterchen. Sie war überaus schön von Gesicht, und er liebte sie wie einen Schatz. Von Jugend auf war sie in den Büchern bewandert. Sie konnte schreiben, dichten und Aufsätze machen; auch war sie in weiblichen Handarbeiten erfahren, geschickt in Gesang und Tanz, in Flöten- und Zitherspiel. Der alte Bettlerfürst wollte für seine Tochter unter allen Umständen einen Gelehrten als Bräutigam. Aber weil er Bettlerfürst war, so mieden ihn die vornehmen Familien, und mit den geringeren wollte er nichts zu tun haben. So kam es denn, daß das Mädchen achtzehn Jahre alt wurde und noch nicht versprochen war.

Zu jener Zeit lebte in Hangtschou bei der Friedensbrücke ein Gelehrter namens Mosü. Er war zwanzig Jahre alt und allgemein beliebt wegen seiner Schönheit und Begabung. Seine Eltern waren beide tot, und er war so arm, daß er kaum zu leben wußte. Haus und Hof waren längst verpfändet oder verkauft, und er wohnte in einem verlassenen Tempel, und mancher Tag verging, wo er hungrig zu Bett mußte.

Ein Nachbar hatte Mitleid mit ihm.

»Der Bettlerfürst hat ein Kind namens Goldtöchterchen«, sagte er eines Tages zu Mosü, »sie ist über alle Maßen schön. Auch ist er reich und hat Geld und keinen Sohn, der ihn beerbt. Wenn du in seine Familie einheiraten willst, so ist sein ganzes Vermögen dein. Ist das nicht besser, denn als armer Gelehrter Hungers zu sterben?«

Mosü war eben in äußerster Not. Als er daher diese Worte hörte, ward er hocherfreut. Inständig bat er den Nachbar, für ihn den Vermittler zu machen.

Der ging hin und redete mit dem alten Bettlerfürsten. Der

Bettlerfürst besprach die Sache mit Goldtöchterchen, und da Mosü aus guter Familie war und außerdem begabt und gelehrt und nichts dagegen hatte, in die Familie einzuheiraten, so waren beide über die Aussicht sehr erfreut. Sie sagten zu, und die Verlobung ward geschlossen.

So trat Mosü in die Familie des Bettlers ein. Mosü freute sich der Schönheit seiner Frau, auch hatte er immer genug zu essen und gute Kleider anzuziehen. So fühlte er sich über Erwarten glücklich und lebte mit seiner Frau in Frieden und Freude.

Der Bettlerfürst und seine Tochter, denen die Niedrigkeit ihrer Familie schon lang ein Dorn im Auge war, ermahnten den Mosü, doch ja recht fleißig zu studieren. Sie hofften, er werde sich einen Namen machen und so auch ihrer Familie zu Glanz verhelfen. Alte und neue Bücher kauften sie ihm zu den höchsten Preisen. Sie versorgten ihn auch immer reichlich mit Geld, damit er vornehmen Verkehr pflegen konnte. Auch für die Prüfungskosten kamen sie auf. So mehrte sich denn seine Gelehrsamkeit von Tag zu Tag, und sein Ruf erscholl in der ganzen Gegend. Er bestand in rascher Folge seine Prüfungen und ward mit dreiundzwanzig Jahren zum Standesbeamten des Kreises Wu We ernannt. Von der kaiserlichen Audienz kam er in Feiergewändern hoch zu Roß zurück.

Mosü war aus Hangtschou gebürtig; so wußte bald die ganze Stadt, daß er mit Erfolg die Prüfung bestanden, und auf beiden Seiten der Straße drängte sich das Volk, um ihn zu sehen, wie er nach dem Hause seines Schwiegervaters ritt. Alt und jung, Weib und Kind versammelte sich, um das Schauspiel zu genießen, und ein müßiger Gaffer rief mit lauter Stimme:

»Der Schwiegersohn des alten Bettlers ist Beamter geworden!«

Dem Mosü stieg die Scham ins Gesicht, als er diese Rede hörte. Wortlos und mürrisch setzte er sich in sein Zimmer. Der alte Bettlerfürst aber in seiner Freude bemerkte die Mißstimmung nicht. Er richtete ein großes Festmahl her, zu dem er alle seine Nachbarn und guten Freunde einlud. Die Geladenen waren aber meistens Bettler und Arme. Nun wollte er noch dazu, daß Mosü mitesse. Mit Mühe und Not ließ dieser sich überreden, aus seinem Zimmer hervorzukommen. Wie er nun aber die Gäste an der Tafel sah, zerlumpt und schmutzig wie eine Herde hungriger Teufel, da zog er sich unwillig wieder zurück. Goldtöchterchen, die merkte, wie ihm zumute war, suchte auf hunderterlei Weise ihn wieder zu erheitern, aber vergebens.

Einige Tage darauf machte sich Mosü mit Weib und Gesinde auf den Weg nach seinem neuen Amte. Von Hangtschou nach Wu We gehts zu Wasser. So stiegen sie denn ins Schiff und fuhren nach dem Yangtsekiang hinaus. Am ersten Tag kamen sie nach einer Stadt, wo sie Anker warfen. Die Nacht war klar, und glitzernd lag der Mondschein auf dem Wasser. Mosü saß vorne im Schiff und genoß den Mondschein. Plötzlich mußte er an den alten Bettlerfürsten denken. Seine Frau war wohl gut und klug; aber wenn sie ihm Kinder gebar, so waren und blieben sie eben Enkel des Bettlers, und diese Schmach ließ sich auf keine Weise abwischen. Da entstand in seinem Herzen ein Plan. Er rief Goldtöchterchen aus der Kajüte heraus, um den Mondschein anzusehen. Erfreut trat sie zu ihm. Knechte und Mägde und alle Schiffer waren längst schlafen gegangen. Er sah sich nach allen Seiten um: niemand war zugegen. Goldtöchterchen stand eben vorne im Schiff. Sie dachte an nichts Böses, als er plötzlich sie mit der Hand ins Wasser stieß. Dann stellte er sich erschrocken und begann zu schreien: »Meine Frau hat einen Fehltritt getan und ist ins Wasser gefallen!«

Auf seine Worte hin standen die Diener eilig auf und wollten sie herausfischen.

Er aber sprach: »Sie ist schon von der Strömung fortgerissen, ihr braucht euch keine Mühe zu machen.« Dann befahl er schleunigst weiterzufahren.

Wer hätte gedacht, daß ein glücklicher Zufall es wollte, daß gerade in jener Zeit Herr Hü, der Verkehrsbeamte der Provinz, ebenfalls sein Amt antrat und ebenfalls an jenem Platze ankerte. Auch er saß mit seiner Frau am offenen Fenster der Kajüte, des Mondscheins und der Kühlung zu genießen.

Plötzlich hörten sie am Ufer weinen, und zwar schien es ein Mädchen zu sein. Eilig sandten sie Leute zu ihrer Hilfe aus. Die brachten sie an Bord. Es war Goldtöchterchen.

Als sie ins Wasser gefallen war, da fühlte sie etwas unter ihren Füßen, das ihr Halt gab, so daß sie nicht untersank. So ward sie von der Strömung fortgetragen dem Ufer zu. Sie kroch hinauf. Da kam es ihr zum Bewußtsein, daß ihr Mann, nachdem er vornehm geworden, seine frühere Armut vergessen hatte, und wenn sie auch nicht ertrunken war, so kam sie sich doch allein und verlassen vor, und unversehens entströmten ihr die Tränen.

Als Herr Hü sie fragte, was ihr fehle, da erzählte sie ihm weinend ihre ganze Geschichte. Herr Hü sprach ihr Mut zu.

»Du mußt jetzt nicht mehr weinen«, sagte er. »Willst du meine Pflegetochter werden, so wollen wir schon für dich sorgen.«

Goldtöchterchen verneigte sich dankend. Frau Hü aber befahl den Mägden, ihr statt der nassen Kleider andere zu geben und ihr eine Lagerstatt zu bereiten. Den Dienern wurde eingeschärft, daß sie sie Fräulein nennen mußten und keinem Menschen etwas von dem Vorfall sagen durften.

So ging die Reise weiter, und nach ein paar Tagen trat Herr Hü sein Amt an. Wu We, wo Mosü Standesbeamter war, gehörte zu seinem Amtsbereich, und dieser kam denn auch, um seinen Vorgesetzten zu besuchen. Als Herr Hü den Mosü sah, da dachte er bei sich: ›Wie schade, daß ein so begabter Mensch sich so herzlos benommen hat.‹

Als einige Monate vorüber waren, sprach Herr Hü zu seinen Untergebenen: »Ich habe eine Tochter, die ist recht hübsch und gut, und ich möchte einen Schwiegersohn, der in meine

Familie einheiratet. Wißt ihr niemand, der sich dafür eig-
net?«

Die Untergebenen wußten alle, daß Mosü jung war und seine
Frau verloren hatte. So empfahlen sie denn einmütig ihn.

Herr Hü antwortete: »Ich habe auch schon an den Herrn gedacht, doch ist er jung und hat es rasch zu etwas gebracht;
ich fürchte, er hat sich höhere Ziele gesteckt und ist nicht gewillt, als Schwiegersohn in meine Familie einzuheiraten.«

»Er ist von Hause aus arm«, erwiderten die Leute, »und ist
Euer Untergebener. Wenn Ihr ihm diese Freundlichkeit erweisen wollt, so wird er sicher freudig damit einverstanden
sein und sich nicht an dem Einheiraten stoßen.«

»Wenn ihr alle meint, daß es sich machen läßt«, sagte Herr
Hü, »so geht bitte einmal hin und forscht nach, wie er darüber denkt! Aber ihr dürft nicht sagen, daß ich euch geschickt habe.«

So kamen sie denn zu Mosü und erzählten ihm: »Der Herr
Hü hat eine Tochter und sucht einen Schwiegersohn, der in
die Familie einheiratet.«

Mosü, der eben darauf bedacht war, sich bei Herrn Hü gut
dranzumachen, ging mit Freuden darauf ein und bat sie inständig, die Vermittlung in der Sache zu übernehmen, indem
er ihnen reichen Lohn versprach, wenn die Verbindung zustande komme.

So kamen sie denn wieder zurück und berichteten es dem
Herrn Hü.

Der sprach: »Ich freue mich sehr, daß jener Herr die Heirat
nicht verschmäht. Aber ich und meine Frau sind rein verliebt
in diese Tochter; wir können uns kaum entschließen, sie aus
der Hand zu geben. Herr Mosü ist jung und vornehm, und
unser Töchterchen ist recht verwöhnt. Wenn er sie nicht gut
behandelt oder es sich später etwa einmal gereuen ließe, daß
er in eine andere Familie eingeheiratet hat, so würden ich
und meine Frau untröstlich darüber sein. Darum muß alles
vorher klar ausgemacht werden, und erst wenn er sich aus-

drücklich daraufhin verpflichtet, kann ich ihn in meine Familie aufnehmen.«

Die Leute hinterbrachten dem Mosü alle diese Bedingungen, und er erklärte sich zu allem bereit. Dann brachte er Gold und Perlen und bunte Seide als Brautgeschenke dar. Darauf wurde ein günstiger Tag für die Hochzeit ausgewählt.

Herr Hü beauftragte seine Frau, mit Goldtöchterchen zu reden.

»Dein Vater«, sprach sie, »hat Mitleid mit dir, daß du so verlassen bist, deshalb hat er einen jungen Gelehrten für dich ausgesucht.«

Aber Goldtöchterchen sagte: »Ich bin zwar von niedriger Herkunft; aber ich weiß doch, was sich schickt. Ich habe nun einmal mit Mosü den Bund fürs Leben geschlossen. War er auch lieblos gegen mich, ich will doch bis zum Tode keinem andern angehören. Ich bringe es nicht fertig, einen andern Ehebund zu schließen und die Treue zu brechen.«

Nach diesen Worten fiel ein Tränenregen aus ihren Augen. Als Frau Hü sah, daß sie in ihrem Entschlusse nicht wankend zu machen war, da erzählte sie ihr alles, wie es sich verhielt.

»Dein Vater«, sagte sie, »ist entrüstet über die Lieblosigkeit des Mosü. Obwohl er nun dafür sorgen will, daß ihr beiden wieder zusammenkommt, hat er ihm gegenüber nur verlauten lassen, du seiest unser leibliches Kind. Darum war der Mosü mit Freuden zu der Heirat bereit. Wenn heute abend nun die Hochzeit gefeiert wird, mußt du es so und so machen, damit du deinen gerechten Zorn an ihm ein wenig kühlen kannst.«

Als sie das alles gehört hatte, da trocknete Goldtöchterchen ihre Tränen und bedankte sich bei ihren Pflegeeltern. Darauf schmückte sie sich für die neue Hochzeitsfeier.

Am Abend des Tages nun kam Mosü mit Goldblumen auf dem Hut und einer roten Schärpe um die Brust auf festlich geschmücktem Pferde mit großem Gefolge angeritten. Alle seine Freunde und Bekannten kamen mit ihm, um bei der Feier zugegen zu sein.

In Herrn Hüs Hause war ebenfalls alles mit bunten Tüchern und Laternen geschmückt. Mosü stieg vor dem Saal vom Pferde. Herr Hü hatte ein Festmahl bereitet und führte Mosü und seine Freunde zur Tafel. Als sie drei Becher getrunken, da kamen die Dienerinnen und baten den Mosü ins innere Gemach. Die Braut im roten Schleier wurde von zwei Dienerinnen herausgeführt. Nach den Rufen des Festmeisters verehrten sie zusammen Himmel und Erde, dann die Schwiegereltern. Dann gingen sie ins Hochzeitsgemach. Dort brannten bunte Kerzen, und ein Festmahl war aufgetischt. Mosü fühlte sich glücklich wie im neunten Himmel.

Als er jedoch das Gemach betreten wollte, da kamen auf beiden Seiten der Tür sieben, acht Mägde hervor, die hielten Bambusstöcke in der Hand, mit denen schlugen sie unbarmherzig auf ihn ein. Sie schlugen ihm seinen Festhut vom Kopfe, und dann hagelten die Streiche auf Schultern und Rücken.

Mosü rief um Hilfe. Da hörte er im Zimmer eine zarte Stimme sprechen: »Ganz braucht ihr ihn nicht totzuschlagen, den herzlosen Bräutigam. Bittet ihn herein zur Begrüßung!«

Da ließen die Mägde ab von ihm und drängten sich um die Braut, der sie den Hochzeitsschleier abnahmen.

Mosü verneigte sich gesenkten Hauptes und sprach: »Was habe ich denn getan . . .« Aber als er die Augen aufschlug, da stand niemand vor ihm als seine Frau Goldtöchterchen!

Er zuckte vor Schreck zusammen und schrie: »Ein Gespenst! Ein Gespenst!« Aber alle Dienerinnen brachen in lautes Gelächter aus.

Endlich kam Herr Hü mit seiner Frau herein, der sprach: »Mein lieber Schwiegersohn, sei versichert, das ist meine Pflegetochter, die ich auf meiner Reise hierher aufgenommen habe, kein Gespenst.«

Da fiel Mosü eiligst auf seine Knie und sprach: »Ich habe mich versündigt, ich bitte um Gnade!« und machte unablässig Kotau.

»Das geht mich nichts an«, erwiderte Herr Hü, »wenn nur unser Töchterchen gut mit dir auskommt, dann ist alles gut.«
Goldtöchterchen aber spuckte ihm ins Gesicht und fing an: »Du kaltherziger Schurke! Erst warst du arm und dürftig. Wir nahmen dich in unserer Familie auf und ließen dich studieren, daß du es zu etwas brachtest und dir einen Namen machtest. Aber kaum warst du Beamter und angesehen, da verkehrte sich deine Liebe in Feindschaft, und du vergaßest deine Gattenpflicht und stießest mich in den Fluß. Zum Glück habe ich da meinen lieben Pflegevater gefunden, der mich herausgezogen und an Kindes Statt angenommen hat. Sonst hätte ich mein Grab gefunden im Bauch der Fische. Wie konntest du das nur über dich bringen! Und wie kann ich es mit meiner Ehre vereinigen, nun wieder mit dir zusammenzuleben?«
Mit diesen Worten fing sie laut zu heulen an, und einen hartherzigen Schurken nach dem andern warf sie ihm an den Kopf.
Mosü lag in sprachloser Beschämung vor ihr auf den Knien und flehte sie um Verzeihung an.
Als nun Herr Hü bemerkte, daß Goldtöchterchen sich durch Schimpfen genügend Luft gemacht hatte, da half er ihm auf die Beine und redete ihm zu: »Mein lieber Schwiegersohn, wenn du deine Schuld bereust, so wird Goldtöchterchen allmählich auch zu zürnen aufhören. Ihr seid ja wohl ein altes Ehepaar. Aber ihr habt heute in meinem Hause aufs neue einen Ehebund geschlossen, höret, was ich sage. Mosü, du hast eine schwere Schuld auf dich geladen; darum mußt du es deiner Frau nicht übelnehmen, wenn sie etwas ungehalten ist, sondern Geduld mit ihr haben. Ich will meine Frau rufen, damit sie zwischen euch Frieden stiftet.«
Mit diesen Worten ging Herr Hü hinaus und schickte seine Frau, der es endlich mit vieler Mühe gelang, die beiden wieder zu versöhnen, so daß sie aufs neue den Ehebund zusammen schlossen.

Und sie hielten einander lieb und wert, noch einmal so sehr als vorher. Alles war eine Glückseligkeit und Freude. Und als Herr Hü und seine Frau später starben, da trauerten sie um sie wie um ihre leiblichen Eltern.

94. Die schöne Giauna

Es war einmal ein Nachkomme des Konfuzius. Dessen Vater hatte einen Freund, der im Süden Beamter war und den jungen Mann als Sekretär anstellte. Als er aber an dem Orte seines Wirkens ankam, da war der Freund des Vaters schon gestorben. Er war nun in großer Verlegenheit, da er nicht die Mittel hatte, um wieder heimzureisen. So suchte er denn zunächst eine Unterkunft in dem Kloster Puto, wo er für den Abt heilige Bücher abschrieb.

Etwa hundert Schritte westlich von dem Kloster steht ein verlassenes Haus. Eines Tages war großer Schnee gefallen, und als der junge Kung zufällig an der Tür jenes Hauses vorbeikam, da sah er einen Jüngling, gut gekleidet und von hübschem Aussehen. Der machte ihm eine Verbeugung und bat ihn, näher zu treten. Der junge Kung war ein Gelehrter und hatte Sinn für Feinheit des Auftretens. Als er nun in dem Jüngling einen gleichgesinnten Genossen fand, da gewann er ihn lieb und folgte ihm in das Haus. Die Wohnung war ausnehmend reinlich gehalten. Seidene Vorhänge hingen an den Türen, und an den Wänden waren Bilder guter alter Meister. Auf dem Tisch lag ein Buch, das hatte den Titel »Geschichten des Korallenrings«. Korallenring war der Name einer Höhle.

Einst war ein Mönch von Puto, der war überaus gelehrt. Er war von einem Greis in die Höhle geführt worden. Da sah er auf den Büchergestellen eine Menge Bücher. Der Greis sagte: »Das ist die Geschichte der verschiedenen Dynastien.« In einem zweiten Raum war die Geschichte sämtlicher Völker der Erde. Ein dritter Raum war von zwei Hunden bewacht.

Der Greis erklärte: »In diesem Raume sind geheime Berichte der Unsterblichen über die Art, wie sie das ewige Leben erlangt haben. Die beiden Hunde sind zwei Drachen.« Der Mönch blätterte in den Büchern. Es waren alles Werke aus uralten Zeiten, die er noch nie gesehen hatte. Er wäre gerne in der Höhle geblieben; aber der Greis sagte zu ihm: »Es geht nicht an«, und ließ ihn durch einen Knaben wieder hinausführen. Jene Höhle hieß Korallenring, und sie war in dem Buche beschrieben, das auf dem Tische lag.

Der Jüngling fragte den Kung nach Namen und Heimat, und dieser erzählte ihm seine ganze Geschichte. Der Jüngling bedauerte ihn sehr und riet ihm, eine Schule zu eröffnen.

Kung erwiderte seufzend: »Ich bin in der Gegend ganz unbekannt und habe niemand, der mich empfiehlt.«

Der Jüngling sprach: »Wenn Ihr mich nicht für gar zu unwürdig und dumm haltet, so möchte ich Euer Schüler werden.«

Der junge Kung war hocherfreut: »Ich wage nicht, Euer Lehrer zu sein. Aber wir wollen als Freunde zusammen uns der Wissenschaft widmen.« Er fragte ihn dann noch, weshalb das Haus so lange leer gestanden.

Der Jüngling sprach: »Der Eigentümer des Hauses ist auf das Land gezogen. Wir kommen von Schensi und haben das Haus für einige Zeit entlehnt. Erst vor ein paar Tagen sind wir eingezogen.«

Die beiden plauderten und scherzten vergnügt miteinander, und der junge Mann lud ihn ein, über Nacht dazubleiben. Er befahl einem kleinen Knaben, eine Kohlenpfanne anzuzünden.

Dann ging er geschwind ins hintere Zimmer, kam aber bald wieder und sagte: »Mein Vater ist da.«

Während sich Kung erhob, trat ein Greis mit langem weißem Bart und weißen Augenbrauen ins Zimmer und sprach, indem er ihn begrüßte: »Ihr habt Euch bereit erklärt, meinen Sohn zu unterrichten. Ich bin Euch dafür sehr dankbar. Ihr dürft ihn aber nicht als Freund behandeln, sondern müßt strenge mit ihm sein.«

Dann ließ er seidene Gewänder bringen und eine Zobelmütze und ebensolche Strümpfe und Schuhe und bat ihn, die Kleider zu wechseln. Wein und Speisen wurden aufgetragen. Die Polster und Decken der Tische und Stühle waren von Stoffen, die er gar nicht kannte. Ihre schimmernde Farbenpracht blendete das Auge. Nach einigen Bechern Wein zog sich der Greis zurück. Drauf zeigte der Jüngling seine Aufsätze. Sie waren alle im Stil der alten Meister, nicht in der neumodischen achtteiligen Form.

Als er ihn darüber befragte, sagte der Jüngling lächelnd: »Es liegt mir gar nichts daran, in den Staatsprüfungen Glück zu haben.«

Darauf nahm er den Becher und goß ihm wieder ein.

Dann wandte er sich an den Knaben: »Sieh mal nach, ob der alte Herr schon schläft! Schläft er, so kannst du im stillen die kleine Hiang-Nu holen.«

Der Knabe ging. Der Jüngling nahm aus einem gestickten Futteral eine Laute hervor. Gleich darauf kam eine Dienerin herein, die war rot gekleidet und überaus schön. Der Jüngling ließ sie »Die Klage der Geliebten« singen. Die schmelzenden Töne rührten das Herz. Dann ließ er noch einen großen Becher herbeibringen, aus dem sie tranken. Die dritte Nachtwache war herbeigekommen, ehe sie sich schlafen legten.

Am andern Morgen stand man früh auf und machte sich ans Lernen. Der Jüngling war überaus begabt. Was er nur einmal vor sich gesehen, behielt er gleich im Gedächtnis. So machte er denn im Lauf von einigen Monaten bedeutende Fortschritte. Man folgte der alten Sitte, alle fünf Tage einen Aufsatz zu machen und, nachdem er abgegeben war, ein kleines Trinkgelage zu veranstalten. Jedesmal wurde dabei die Hiang-Nu gerufen.

Eines Abends nun, als sie vom Weine schon etwas heiter geworden waren, blickte Kung die Hiang-Nu unverwandt an.

Der Jüngling erriet seine Gedanken und sprach zu ihm: »Ihr habt noch immer keine Frau. Früh und spät muß ich dran denken, wie ich Euch eine hübsche Lebensgefährtin verschaffen kann. Hiang-Nu ist die Dienerin meines alten Herrn, die kann ich Euch nicht geben.«

Kung sprach: »Ich danke Euch für Eure Freundlichkeit. Aber wenn sie nicht ebenso schön ist wie Hiang-Nu, dann will ich lieber keine.«

Der Jüngling lachte. »Ihr seid doch noch recht unerfahren«, sagte er, »daß Ihr die für schön haltet. Euer Wunsch ist leicht zu erfüllen.«

So verging ein halbes Jahr, und es war eben die dumpfe Regenzeit gekommen. Da entstand auf der Brust des jungen Kung eine Geschwulst so groß wie ein Pfirsich, die über Nacht zur Größe einer Tasse anwuchs. Stöhnend vor Schmerzen lag er da und konnte weder essen noch schlafen. Der Jüngling war Tag und Nacht mit seiner Pflege beschäftigt, und auch der alte Herr erkundigte sich nach seinem Befinden.

Da sprach der Jüngling: »Diese Krankheit kann nur das Schwesterchen Giauna heilen. Schick doch bitte hin zur Großmutter, um sie zu holen!«

Der alte Herr war einverstanden und schickte seinen Knaben weg.

Am andern Tag kam der Knabe wieder zurück mit der Nachricht: »Giauna wird kommen. Die Tante und die Base A-Sung kommen mit.«

Kurz darauf führte der Jüngling die Schwester herein. Sie war ungefähr dreizehn oder vierzehn Jahre alt, von berückender Schönheit und schlank wie eine Weide. Als der Kranke sie sah, da hatte er alle Schmerzen vergessen und wurde munter im Geist.

Der Jüngling sprach zu seiner Schwester Giauna: »Dies ist mein bester Freund, den ich wie einen Bruder liebe. Ich bitte dich, Schwesterchen, seine Krankheit zu heilen!«

Das Mädchen errötete verlegen; dann trat sie an das Kran-
kenbett. Während sie ihm den Puls fühlte, da war es ihm, als
entschwebten ihr Orchideendüfte.

Das Mädchen sagte lachend: »Kein Wunder, daß er diese
Krankheit hat! Sein Herz schlägt allzu ungestüm. Die
Krankheit ist schlimm, aber nicht unheilbar. Nur hat sich das
geronnene Blut schon angesammelt, da gehts ohne Schneiden
nicht ab.«

Damit nahm sie ihre goldene Armspange vom Arm und legte
sie auf die schmerzende Stelle. Ganz sachte drückte sie sie
nieder, und die Geschwulst erhob sich wohl einen Zoll hoch
über den Armring hinauf, so daß die ganze Geschwulst von
dem Armring umschlossen war. Dann machte sie das Feder-
messer von ihrem seidenen Gürtel los, das eine Schneide
hatte, so dünn wie Papier. Mit der einen Hand hielt sie den
Ring, mit der andern Hand nahm sie das Messer und fuhr
ganz leicht am Ring unten herum. Schwarzes Blut quoll heraus auf Bett und Matte. Aber der junge Kung war so entzückt von der Nähe der schönen Giauna, daß er nicht nur
keine Schmerzen fühlte, sondern nur fürchtete, die Sache
möchte bald zu Ende sein und sie aus seiner Nähe verschwinden. Im Augenblick war das faule Fleisch abgeschnitten.
Dann ließ sie Wasser kommen und wusch die Wunde rein. Sie
nahm aus dem Mund eine kleine rote Kugel hervor und legte
sie in die Wunde. Sie drehte sie einmal im Kreise, da war es
ihm, als führe die Hitze in Dampf und Flammen heraus. Sie
drehte sie noch einmal, da zuckte und juckte es, und als sie sie'
zum drittenmal gedreht hatte, da war er wieder vollständig
heil.

Das Mädchen nahm die Kugel wieder in den Mund und
sagte: »Es ist gut.«

Dann eilte sie ins innere Gemach. Der junge Kung sprang
auf, ihr zu danken.

Von seiner Krankheit war er nun wohl geheilt; aber seine
Gedanken blieben immer an dem schönen Gesichtchen hän-

gen. Die Bücher ließ er liegen und saß geistesabwesend da. Sein Freund hatte es auch schon bemerkt und sprach zu ihm: »Heute ist es mir endlich gelungen, Euch eine hübsche Lebensgefährtin zu finden.«

Er fragte: »Wen?«

»Die Tochter meiner Tante, A-Sung. Sie ist siebzehn Jahre alt und gar nicht häßlich.«

›Sie ist sicher nicht so schön wie Giauna‹, dachte Kung. Dann summte er den Vers eines Liedes vor sich hin:

> »Hat man das Meer einmal gesehen,
> So ist der Flüsse Wasser seicht.
> Sah man des Wu-Bergs Wolken ziehen,
> So findt man nichts, das ihnen gleicht.«

Der Jüngling lächelte. »Mein Schwesterchen Giauna ist noch zu jung«, sagte er. »Sie ist dazu die einzige Tochter meines Vaters, und er möchte nicht, daß sie nach auswärts heiratet. Aber meine Base A-Sung ist auch nicht häßlich. Wenn Ihr's nicht glaubt, so wartet, bis sie im Garten miteinander spazierengehen, da könnt Ihr sie heimlich erspähen.«

Kung legte sich unter das Fenster auf die Lauer, und richtig sah er Giauna ein anderes Mädchen an der Hand führen, die war so schön, daß es ihresgleichen nicht gab. Sie und Giauna sahen aus wie Schwestern, nur durch das Alter verschieden.

Der junge Kung war hocherfreut und bat seinen Freund, den Heiratsvermittler zu machen. Der sagte zu. Am andern Tag kam er auch schon und brachte unter Glückwünschen die Nachricht, daß alles in Ordnung sei. Es wurde ein besonderer Hof für das junge Paar hergerichtet und Hochzeit gefeiert. Dem jungen Kung war zumute, als habe er eine Fee geheiratet, und die Neuvermählten liebten einander unsäglich.

Eines Tages kam sein Freund aufgeregt zu Kung und sagte: »Der Eigentümer dieses Hauses kommt zurück, und mein Vater will nun wieder nach Schensi reisen. Der Abschied naht; das ist recht traurig.«

Kung wollte mit; aber sein Freund riet ihm, in seine Heimat zurückzukehren.

Kung erwähnte die Schwierigkeiten; aber der Jüngling sagte: »Darum braucht Ihr Euch nicht zu kümmern! Ich werde Euch begleiten.«

Nach einer Weile kam der Vater mit A-Sung und schenkte ihm hundert Lot Gold. Darauf ergriff der Jüngling ihn und seine Frau bei der Hand und ließ sie die Augen zumachen. Dann gings im Sturmwind durch die Luft. Er merkte nur, wie ihm der Sturmwind um die Ohren sauste.

Nach einiger Zeit hieß es: »Nun sind wir da.« Er öffnete die Augen und sah seine alte Heimat. Da wußte er, daß sein Freund kein menschliches Wesen war.

Fröhlich klopfte er an die Tür seines Hauses. Seine Mutter machte ihm auf, und als sie sah, daß er eine so hübsche Frau mitgebracht, da war sie hocherfreut. Er wandte sich nach seinem Freunde um, doch der war schon verschwunden.

A-Sung diente nun ihrer Schwiegermutter mit großer Hingebung, und ihre Schönheit und Tugend waren weit und breit berühmt. Der junge Kung wurde bald darauf zum Doktor gemacht und erhielt ein Amt als Gefängnisaufseher in Schensi. Er nahm seine Frau mit sich; die Mutter aber blieb zu Hause, weil es ihr zu weit war. A-Sung gebar ihm einen Sohn.

Kung war jedoch mit einem durchreisenden Zensor in Unfrieden geraten. Er ward verklagt und seines Amts enthoben.

So trieb er sich eines Tages vor der Stadt umher; da begegnete er einem hübschen Jüngling, der auf einem schwarzen Maultier ritt. Als er genau zusah, wars sein alter Freund. Lachend und weinend fielen sie sich in die Arme, und der Jüngling führte ihn in ein Dorf. Inmitten dichter Bäume, die einen tiefen Schatten gaben, stand ein Haus, dessen Stockwerke bis in die Wolken ragten. Man sah auf den ersten Blick, daß es eine vornehme Wohnung war. Kung erkundigte sich nun nach der Schwester Giauna, und es hieß, sie sei verheiratet. Er blieb über Nacht; dann ging er weg, um seine Frau zu holen.

Giauna war inzwischen auch gekommen; sie nahm das Söhnlein A-Sungs auf den Arm und sagte lachend: »Base, Ihr habt uns fremdes Blut in unsern Stamm gebracht.«

Kung begrüßte sie und bedankte sich nochmals für die Freundlichkeit, mit der sie damals seine Krankheit geheilt.

Lächelnd erwiderte sie: »Ihr seid inzwischen ein angesehner Mann geworden, und die Wunde hat sich längst geschlossen. Habt Ihr den Schmerz noch immer nicht vergessen?«

Dann kam Giaunas Mann, und man lernte sich kennen. Schließlich ging man auseinander.

Eines Tages kam der Jüngling betrübt zu Kung: »Heute droht uns ein großes Unglück«, sprach er. »Ich weiß nicht, ob Ihr uns retten wollt.«

Kung wußte nicht, was es war; aber er sagte seine Hilfe mit Freuden zu. Da winkte der Jüngling die ganze Familie herbei, und sie verneigten sich draußen vor dem Saale.

Dann hub er an: »Ich will Euch die volle Wahrheit sagen: Wir sind Füchse. Es droht uns heute die Gefahr des Donners. Wenn Ihr uns retten wollt, so ist Hoffnung da, daß wir am Leben bleiben; wenn nicht, so nehmt Euer Kind und geht, damit Ihr nicht in die Gefahr verwickelt werdet.«

Kung aber schwor, daß er Leben und Tod mit ihnen teilen wolle.

Da bat er ihn, mit einem Schwert vor der Tür zu stehen, und sprach: »Wenn nun der Donner zu rollen beginnt, bleibt unbeweglich stehen.«

Plötzlich stiegen dunkle Wolken am Himmel auf, und der Himmel verdüsterte sich, als bräche die Nacht herein. Er blickte sich um, da waren die ganzen Gebäude verschwunden, und er sah hinter sich nur einen hohen Grabhügel, in dem eine große Höhle war, die sich im Dunkel verlor. Mitten in seinem Schrecken überraschte ihn der Donnerschlag. Heftiger Regen goß in Strömen, und ein Sturmwind erhob sich, der die größten Bäume entwurzelte. Es flimmerte ihm vor den Augen, und seine Ohren waren betäubt. Aber er hielt sein Schwert in der Hand und blieb unbeweglich stehen wie ein Fels. Plötzlich sah er mitten im schwarzen Rauch und Schein der Blitze ein Ungeheuer mit spitzem Schnabel und langen Klauen, das eine menschliche Gestalt davontrug. Wie er genauer hinblickte, da erkannte er an den Kleidern, daß es Giauna sei. Er sprang nach ihm empor und schlug mit dem Schwerte darnach, und sofort fiel es zur Erde. Ein heftiger Donnerschlag erschütterte den Boden, und tot stürzte Kung zusammen.

Darnach klärte es sich wieder auf, und der blaue Himmel kam wieder hervor.

Giauna war wieder zu sich gekommen, und als sie den Kung neben sich tot liegen sah, da sprach sie schluchzend: »Er ist um meinetwillen gestorben, was soll ich länger leben!«

A-Sung kam auch hervor, und sie trugen ihn miteinander in die Höhle. Giauna hieß die A-Sung ihm den Kopf halten und ihren Bruder ihm den Mund öffnen. Sie selbst faßte ihn am Kinn und holte mit der Zunge ihre rote Kugel hervor. Dann drückte sie ihre Lippen auf die seinigen und hauchte ihn an. Da kam der Atem wieder in seine Kehle mit rasselndem Getön, und nach einiger Zeit kam er wieder zu sich.

So war denn die ganze Familie wieder beieinander, und keines hatte Schaden genommen. Sie erholten sich allmählich von ihrem Schrecken und waren ganz vergnügt, als plötzlich ein kleiner Knabe mit der Meldung kam, Giaunas Mann mit seinem ganzen Hause sei vom Donner getötet. Giauna brach weinend zusammen, und die andern suchten sie zu trösten.

Schließlich sagte Kung: »Es ist nicht gut, dauernd unter den Gräbern zu weilen. Wollt ihr nicht mit mir nach Hause kommen?«

Darauf packten sie ihre Sachen zusammen und kehrten heim. Seinem Freund und seiner Familie wies er einen verlassenen Garten zur Wohnung an, den sie sorgfältig abschlossen. Nur wenn Kung und A-Sung kamen, wurde der Riegel geöffnet. Giauna und ihr Bruder spielten dann mit ihnen Schach, tranken Wein und plauderten wie Glieder einer Familie.

Der kleine Sohn des Kung hatte aber ein etwas spitziges Gesicht, das an einen Fuchs erinnerte, und wenn er durch die Straßen ging, so drehten sich die Leute um und sagten: »Fuchskind.«

95. Ying Ning oder die lachende Schönheit

Wang Dsï Fu aus Lo Tiän in Gü Dschou hatte als Kind seinen Vater verloren. Er war sehr begabt und bestand schon mit vierzehn Jahren sein erstes Examen. Seine Mutter hütete ihn mit Sorgfalt und ließ ihn nicht einmal alleine von Hause fort. Sie verlobte ihn mit einer geborenen Siau, die vor der Hochzeit starb. Es war noch keine neue Verbindung eingeleitet, da traf es sich, daß er am Laternenfest auf Einladung seines Vetters Wu mit diesem ausging, um sich ein wenig zu unterhalten. Vetter Wu wurde noch am Ausgang des Dorfes von einem Diener seines Vaters abberufen. Wang Dsï Fu aber beschloß, klopfenden Herzens, allein diesem Drängen von Wolken lustwandelnder Mädchen zu folgen. Vor ihm ging ein junges Mädchen mit ihrer Dienerin. Ihre Finger spielten an einem Mandelzweig. Keine andre kam ihr gleich an Schönheit. Man hätte ihr lachendes Antlitz fassen wollen. Wie gebannt sah er sie an, unbekümmert um die Neugierde der andern. Da enteilte sie lachend und sprach zu der Dienerin: »Dieser Herr hat blitzende Diebsaugen.« Die Blume ließ sie niederfallen. Voll Sehnsucht nahm er sie an sich; verlorenen Sinnes, voller Unruh kam er heim. Dort barg er seine Blume unter dem Kissen und entschlummerte.

Von da an sprach er nichts und aß auch nichts mehr, recht zur Sorge seiner Mutter. Die opferte und betete für ihn; aber er wurde schmal und kam von Kräften. Wohl gab der Arzt ihm Arznei, das Böse zu vertreiben; doch da verlor er sich erst recht.

Zufällig kam da einmal Wu, und den beauftragte die Mutter, auszuforschen, was denn sei. Als Wu zum Bett des Kranken kam, entrollten dem bei seinem Anblick Tränen. Wu ging herzu und sprach beruhigend auf ihn ein, bis er den ganzen Sachverhalt erzählte. Wu lächelte. »Du bist in deinem Kopf auch gar zu närrisch. Die Erfüllung deines Wunsches ist nicht schwer. Ich werde nach ihr fragen. Wenn sie so zu Fuß dort vor dem Dorf herumspazierte, ist sie kaum aus vornehmer Familie. Ist sie nicht verlobt, so löst sich sicher alles noch zu allgemeinem Wohlgefallen. Andernfalls – denk ich – für gute Gaben wird sie wohl zu deinem Willen sein. Du denk jetzt nur an dein Befinden. Das andre aber überlasse mir!« Als Wang das hörte, mußte er wohl gegen seinen Willen wieder lächeln. Wu ging fort und berichtete der Mutter. Dann begann er diesem Mädchen nachzuforschen. Doch umsonst. Er kam auf keine Spur, so daß die Mutter Wangs sehr traurig wurde und sich keinen Rat mehr wußte. Aber ihres Sohnes Antlitz blieb nun heiter seit den Worten Wus; er konnte sogar wieder essen. Eines Tages kam sein Vetter wieder, und er fragte ihn, was er entdeckt habe. Der hub mit Lügen an: »Gefunden hab ich sie. Sie ist die Tochter meiner Tante, also eine Base auch von dir. Sie ist noch nicht verlobt. Wenn auch im Hinblick auf eine Vermählung Raum für mancherlei Bedenken sein mag wegen eurer nahen Blutsverwandtschaft, ihre Eltern werden sicher einverstanden sein, wenn sie nur erst den ganzen Sachverhalt erfahren.« Da stieg dem jungen Wang die Freude wohl bis zu den Augenbrauen, und er fragte nach der Wohnung. Wu – vermessen, wie er war – erklärte: »Auf dem Südwestberg. Zwei Meilen wohl von hier.« Als Wang ihn dann beschwor, die Sache weiter zu besorgen, versprach ihm jener alles gerad heraus und ging.

Wang schritt nun täglich fort in der Gesundung. Er griff nach der Blume unter seinem Kissen, und er sah sie an. Sie war wohl trocken, aber unversehrt, und er ließ seinem Denken freien Lauf und spielte mit der Blume so, als wäre sie das Mädchen. Er wurde böse, daß sein Vetter so lang ausblieb. Er sandte Botschaft; aber Wu gebrauchte Ausflüchte und kam nicht mehr. Der junge Wang ward mißmutig und beunruhigt. Da besann er sich, daß eigentlich zwei Meilen gar nicht viel bedeuten, daß man darum nicht auf fremde Gnade angewiesen sei. Die Blume in dem Ärmel, machte er sich trotzig auf den Weg.

Es wußte niemand was davon; er ging allein und traf auch niemand, den er hätte nach dem Wege fragen können. Als er zwei Meilen in der Richtung nach dem Südwestberg gegangen war, türmten sich vor ihm die Felsen auf. Erfrischend wirkte dort das helle Grün, es war ganz still, nur die Vögel flogen hin und her. In der Ferne tief im Tal sah man ein kleines Dörfchen wie in einem dichten Garten stehen. Dort ging er hin. Nicht viele Häuser waren da, doch wirkten sie recht hübsch und anmutig unter den Strohdächern. Im Norden stand ein Haus, vor dessen Tür Trauerweiden wuchsen. Pfirsich- und Aprikosenbäume, untermischt mit schlankem Bambus, überragten seine Mauer, hinter der die Vögel zwitscherten und sangen. Er stieg auf einen großen, glatten, reinen Felsblock, der der Tür gegenüberstand, um sich dort auszuruhen. Plötzlich hörte er hinter der Mauer eine weiche, feine Mädchenstimme langgezogen einen Namen rufen, und da sah er auch das Mädchen, gegen Westen gehend, einen Zweig mit Aprikosenblüten in den Händen, den es sich gebeugten Kopfes in das Haar zu stecken mühte. Doch als sie da den Jüngling sah, hielt sie ein wenig an und lächelte und ging ins Haus, und ihre Finger spielten mit dem Zweige. Er konnte sehen, daß es eben jenes Mädchen war, das er auf dem Laternenfest getroffen hatte. Da kam unvermittelt große Freude in sein Herz, nur führte ihn kein Weg zu ihr. In der Tür war niemand, an den er sich da hätte wenden können, und so saß und lag und ging er nun den ganzen Tag umher bis gegen

Abend, vollen Herzens, und er dachte nicht an Durst und Hunger. Manchmal nur sah er ein Mädchen, das wohl nach ihm spähte und sich wunderte, daß er nicht gehe. Plötzlich aber kam, auf einen Stock gestützt, ein altes Weiblein heraus, erblickte ihn und sprach: »Wo kommt Ihr her? Ich höre, daß Ihr seit dem frühen Morgen hier draußen wartet. Was gedenkt Ihr denn zu tun? Habt Ihr keinen Hunger?« Der Jüngling stand rasch auf, verneigte sich vor ihr und sprach: »Verwandte möchte ich besuchen.« Er mußte es zweimal sagen, bis die schwerhörige Alte ihn verstand; dann fragte sie ihn nach dem Namen seiner werten Anverwandten. Als er den nicht wußte, lachte sie und lud ihn zu sich ein: er müsse den Besuch ja doch verschieben. Erfreut ging er der Alten nach durchs Tor und auf dem Weg, der ganz von weißen Steinen war und den in dichten Büscheln rote Blumen rings umsäumten. Die Wände in den Räumen innen waren weiß und glatt wie Spiegel. Durch die Fenster hingen Blütenbüsche eines Apfelbaumes. Kissen, Teppiche, die Tischchen und das Bett, es war da alles rein und schön. Während auf Geheiß der Alten eine Dienerin das Mahl bereitete, erzählte er von sich und seinen Anverwandten. Da fragte ihn die Alte plötzlich: »Heißt Euer Großvater nicht Wu?« Nachdem er es bejahte, erklärte sie: »Dann seid Ihr ja mein Neffe! Eure Mutter ist meine jüngere Schwester. Weil wir diese Jahre her in sehr bescheidenen Verhältnissen leben mußten und keinen Mann im Hause haben, hörte der Verkehr mit der Familie auf. Ihr, mein Neffe, seid so groß geworden, daß ich Euch gar nicht wiedererkannt habe.« Er erwiderte: »Ich bin jetzt gerade wegen der Tante gekommen und habe in der Eile den Namen vergessen.« – »Ich heiße Tsin«, so sagte sie, »und habe keine Kinder. Nur ein kleines Mädchen ist noch da, das von der Nebenfrau geboren wurde. Ihre Mutter hat sich nun wieder vermählt und hat sie mir zum Aufziehen gelassen. Sie ist durchaus nicht dumm; nur hat sie wenig Unterricht genossen und kennt den Ernst des Lebens nicht. Wart ein wenig, und ich will sie holen,

daß sie dich begrüßt.« Da kam die Dienerin und richtete das
Mahl. Er aß, dann rief die Alte nach dem Mädchen. Lange
Zeit verging, dann hörte man von draußen unterdrücktes
Kichern. Die Alte rief: »Ying Ning, es ist dein Vetter da,
hörst du nicht auf mit deinem Lachen draußen!« Die Dienerin schob sie herein. Sie hielt sich ihren Mund zu, konnte aber
nicht im Lachen innehalten. Die Alte machte strenge Augen:
»Ein Gast ist da, und du lachst immerzu. Was soll das heißen!« Da brach das Lachen ab; das Mädchen richtete sich
auf, und Wang verneigte sich vor ihr. Die Alte sprach: »Das
ist dein Vetter. Man gehört zur gleichen Familie und kennt
sich noch nicht. Das ist eine Schande!« Der Jüngling fragte:
»Wie alt ist denn die Base?« Die Alte hörte nicht; da lachte
Ying Ning wieder so, daß sie nicht schauen konnte. Da
sprach die Alte: »Nun siehst du, daß sie nichts gelernt hat!
Sie ist schon sechzehn Jahre alt, und sie benimmt sich närrisch wie ein Kind!« – »So ist sie eben ein Jahr jünger, als ich
bin«, erwiderte der Jüngling. »Dann bist du ja schon siebzehn«, sprach die Alte. »Wer ist deine Frau?« Er sagte ihr,
daß er noch keine habe, worauf sie meinte: »Wie ist denn das
möglich, daß du bei deinen Talenten und deinem Aussehen
nicht verlobt bist? Auch Ying Ning hat keinen Mann, ihr
würdet recht gut zueinander passen. Schade, daß das Hindernis der nahen Verwandtschaft da ist!« Der Jüngling sagte
nichts, er sah nur Ying Ning an und hatte keine Zeit, woan-
ders hinzuschauen. Da flüsterte die Dienerin Ying Ning ins
Ohr: »Die blitzenden Diebsaugen hat er noch immer«, worauf Ying Ning erneut in Lachen ausbrach. Die Dienerin sah
sie an und sagte: »Wir wollen sehen, ob die grünen Pfirsiche
schon blühen!« Darauf erhob sich Ying Ning, hielt sich den
Ärmel vor den Mund und ging mit kleinen Schrittchen zur
Tür hinaus.
Die Alte ließ dann für den Jüngling Bettzeug richten und
sagte: »Wir wollen dich noch ein paar Tage dabehalten.
Wenn du Langeweile hast, so mag der kleine Garten hinterm

Hause dir Zerstreuung bieten. Auch sind Bücher noch zum Lesen da!«

Am andern Tag ging Wang in den Garten. Der Rasen war einem Teppich gleich, und Pappelkätzchen lagen auf dem Weg umher. Ein kleines Gartenhaus stand da, von Blumen und von Büschen dicht umschlossen. Langsam schlenderte er durch die Blumen, als er über sich von einem Baum herab ein Wispern hörte. Er sah auf, und Ying Ning saß dort und fing zu lachen an. Der Jüngling rief ihr zu: »Halt ein! Du fällst!« Sie aber kletterte herab und konnte sich vor Lachen gar nicht halten. Der Jüngling holte die Blume aus seinem Ärmel, sie Ying Ning zu zeigen, und sprach: »Du hast sie beim Laternenfest fallen lassen; deshalb habe ich sie aufbewahrt.« Sie fragte: »Was hast du dabei gedacht?« Da sagte er: »Ich wollte dir so meine Liebe zeigen, die dich nie vergißt. Jetzt aber laß mir Glücklichem Erbarmen widerfahren!« Das Mädchen sprach: »Das ist doch eine Kleinigkeit. Wenn du gehst, so will ich dir durch meine Magd hier von den Blumen aus dem Garten ein recht großes Bündel richten lassen, das du mit dir nehmen kannst.« – »Du bist recht närrisch!« sagte da der Jüngling. »Warum soll ich nun närrisch sein?« – »Ich liebe doch nicht die Blume, sondern jene, die sie in der Hand gehalten hat.« Ying Ning sagte: »Das ist doch selbstverständlich, daß sich Verwandte lieben!« Wang entgegnete: »Die Liebe, von der ich spreche, ist nicht Verwandtenliebe, sondern eine Liebe zwischen Mann und Frau.« – »Ist da ein Unterschied?« – »Gewiß, da ist man nachts beisammen.« Das Mädchen dachte eine gute Weile mit gesenktem Haupte nach und sagte dann: »Ich pflege nicht mit andern Leuten nachts zu schlafen!« Sie hatte noch nicht ausgeredet, da kam die Dienerin herbei; der Jüngling aber ging verwirrt von dannen. Erst später trafen sie sich wieder bei der Mutter. Die fragte, wo sie denn gewesen seien. Das Mädchen sagte: »Der Vetter möchte gern des Nachts mit mir beisammen sein!« Wang warf ihr, sehr verlegen, warnend einen Blick zu, worauf

Ying Ning lächelte und nicht mehr weitersprach. Die Alte hatte wohl zum Glücke nichts verstanden.

Die Mahlzeit war beendet, als von Wangs Familie ausgesandte Leute mit zwei Eseln kamen. Nach langer Irrfahrt hatten sie den Herrn gefunden. Wang bat die Alte, Ying Ning zu erlauben, mit ihm heimzukehren zu der Mutter. Mit Freuden wurde ihm willfahren. »Nicht erst seit heute oder gestern«, hieß es, »war dies meine Absicht; es ist gut, daß du sie zu der Tante führen kannst, sie soll sie kennenlernen.« Dann rief die Alte Ying Ning, hieß sie ihre Sachen packen und mit ihrem Vetter gehen. Sie sorgte noch für Mundvorrat und sagte dann zu Ying Ning: »Die Familie deiner Tante hat Vermögen und kann leicht noch jemand mehr ernähren. Du brauchst gar nicht erst wieder heimzukommen. Lerne dort Anstand und Musik, damit du später deinen Schwiegereltern dienen kannst, und dann bemüh die Tante gleich, dir eine passende Partie zu finden!« So entließ sie Wang und Ying Ning.

Bei ihrer Ankunft war Wangs Mutter sehr erstaunt über das schöne Mädchen und befragte ihren Sohn, wer es denn sei, worauf er sagte, es sei seine Base. Da sprach die Mutter: »Was Vetter Wu dir neulich sagte, war doch nur erlogen. Ich besitze keine Schwester mehr, und ich kann daher auch keine Nichte haben.« Ying Ning aber sagte: »Ich bin nicht das Kind der ersten Frau. Tsin hieß mein Vater. Als er starb, war ich noch in den Windeln, daher weiß ich weiter nichts.« Da sprach die Mutter: »Meine Schwester war an einen Tsin verheiratet, doch sie ist lange tot. Wie sollte sie auf einmal wieder leben?« Da kam der Vetter Wu, und Ying Ning zog sich vor ihm in das Haus zurück. Wu fragte ganz genau nach allem, dachte lange nach und fragte dann: »Das Mädchen heißt Ying Ning?« Befragt, woher er diesen Namen wisse, sagte er: »Es ist das eine unheimliche Sache. Als Tante Tsin gestorben war, da lebte noch der Onkel eine Zeitlang, bis ihn eine Füchsin behexte und er an der Auszehrung zugrunde ging. Die Füchsin aber hatte ihm ein Kind geboren namens Ying Ning, das dort auf dem Bett in seinem Wickelkissen lag und das auch alle die Verwandten sahen. Auch später kam sie öfter wieder. Da hat man einen Teufelsbanner um einen Zauberspruch gebeten, den man an der Wand befestigte. Darauf hat die Füchsin sich das Kind genommen und ist fortgegangen. Sicher ist es das!« Im weiteren Gespräch hörten sie aus einem Zimmer nebenan ein lautes Lachen. Es war Ying Nings Lachen. Vetter Wu wollte sie sehen, und als Mutter sie zu holen kam, da schüttelte das Mädchen sich vor Lachen, daß sie gar nicht schauen konnte. Erst als ihr die Mutter streng befahl, hinauszugehen, konnte sie das Lachen unterdrücken. Doch kaum hatte sie Wu gegrüßt, da kehrte sie auch schon wieder um und brach in ihrem Zimmer wieder in lautes Lachen aus, daß alle in dem Hause darob verwundert waren. Wu ging aus, der Sache nachzuforschen. Er suchte nach dem Dorf und nach dem Grab der Tante Tsin; doch fand er weder Dorf noch Grab. Dann kehrte er zurück. Die Mutter fürchtete, sie sei vielleicht ein Geist. Sie ging zu ihr hinein und sagte ihr von Wus Erzählung. Ying Ning aber zeigte keine Angst; sie war auch nicht gerührt, weil sie nun keine Heimat habe, sondern immer und zu allem lachte sie voll Übermut.

Sie kam an jedem Morgen früh zum Bett der Mutter, um sie zu begrüßen; sie war flink in jeder Handarbeit. Nur war sie stets dem Lachen nah, und ob man es ihr auch verbot, sie konnte es nicht lassen. Freilich war ihr Lachen hübsch: sie lachte toll, doch tat es ihrer Anmut keinen Eintrag. Ein jeder hatte sie darum auch lieb, und in der Nachbarschaft die jungen Frauen und die Mädchen stritten sich, von ihr besucht zu werden. So wählte denn die Mutter einen Tag, der Glück verhieß, um da die Hochzeit abzuhalten. Weil sie aber fürchtete, es wäre am Ende doch ein Geisterwesen, so beobachtete sie sie heimlich in der Sonne. Der Schatten war aber durchaus nicht schwach, nicht anders als gewöhnlich. So kam der

Hochzeitstag. Sie hatte prächtige Gewänder angelegt und war bereit zur Trauungszeremonie. Doch als es anfing, fing sie neuerlich zu lachen an und konnte keinerlei Verbeugung machen, so daß man die Feierlichkeit kürzen mußte.

Jedesmal, wenn die Mutter trübe oder voller Ärger war, so kam und lachte sie und vertrieb alle üble Laune. Hatten in dem Haus die Mägde etwas angestellt und fürchteten sie Schläge, so kamen sie zu ihr und baten um ein gutes Wort bei ihrer Schwiegermutter, dann geschah ihnen kein Leid. Sie hatte eine Liebe zu den Blumen, wahrhaft voller Leidenschaft. In der Verwandtschaft bat sie überall darum; ja sie versetzte sogar ihre goldenen Spangen, um dann besonders schöne Arten einzukaufen. Nach wenigen Monaten war alles voller Blumen, Gartenwege und Treppenstufen, daß es keinen Platz mehr ohne Blumen gab. Eine starke Kletterrose war hinter dem Haus unmittelbar am Nachbargarten. Oft stieg Ying Ning da hinauf, um Blüten abzubrechen für ihr Haar. Eines Tages sah sie dort der Nachbarssohn und starrte unverwandten Blicks nach ihr. Sie wich dem Blick nicht aus; sie lachte noch dazu. Der Nachbar meinte, daß sie einverstanden sei, und so schwoll ihm das Herz noch mehr. Sie deutete auf einen Platz dort unten an der Mauer und stieg dann herab; der Nachbar aber dachte an ein Stelldichein und kam bei Dämmerung erfreut dahin. Er sah sie auch und ging nun auf sie zu; mit einem lauten Aufschrei aber taumelte er zurück: Es war nicht Ying Ning, es war der Schimmer eines faulen Baumes nur, und ein Skorpion in einem Astloch hatte ihn dort gestochen. Der alte Nachbar kam herbei und seine Frau, die fragten ihn, und er erzählte alles; aber in derselben Nacht noch mußte er sterben. Da verklagten denn die Nachbarsleute Wang, weil er mit Ying Ning Hexenkünste treibe. Der Beamte aber wußte, daß Wang ein ehrbarer Gelehrter war. Deshalb erklärte er die Klage seines Nachbars für Verleumdung und wollte ihn zur Strafe prügeln lassen. Weil sich aber Wang für ihn verwendete, entließ er ihn. Wangs Mutter aber sprach zu Ying Ning: »Du mit deinem kecken Wesen! Ich habs wohl gewußt; Übermut tut niemals gut. Der Richter ist von klarem Geist, so sind wir noch verschont geblieben. Aber wäre er dumm, es hätte sicher Weib und Kind nun öffentlich vor dem Gerichte Zeugnis geben müssen. Mit was für einem Antlitz hätte dann mein Sohn vor die Verwandten treten müssen?« Da sah nun Ying Ning ernst drein und lachte nicht mehr wieder. Die Mutter sagte zwar, sie müsse nicht vom Lachen völlig lassen, nur zu seiner Zeit; aber Ying Ning lachte nicht mehr wieder, auch wenn man sie lachen machen wollte. Trotzdem aber ließ sie auch den Kopf nicht hängen.

Eines Abends saß sie ihrem Manne gegenüber, und es rollten ihr die Tränen nieder. Auf seine Frage sagte sie ihm mit erstickter Stimme: »Wenn ich denke, daß ich erst so kurze Zeit bei dir bin, dürfte ich es wohl nicht sagen; denn du könntest ja erschrecken oder Anstoß nehmen. Aber weil ich sehe, daß ihr beide, du und deine Mutter, mich so lieb habt ohne Rückhalt, hoffe ich, daß es nichts tut, wenn ich nun offen mit dir spreche: Ich bin wirklich einer Füchsin Kind. Als meine Mutter starb, hat sie mich dem abgeschiedenen Geiste der verstorbenen Frau meines Vaters anvertraut, der ich es danke, daß ich heute hier bin. Meine alte Pflegemutter liegt verlassen draußen in den Bergen, und es sammelt niemand ihre Gebeine, so daß sie nicht Ruhe finden kann. Wenn du nicht die Mühe scheust, so stille ihren Kummer!« Wang stimmte dem zu, und so fuhren sie mit einem Sarg hinaus. Richtig fanden sie den Leichnam noch und setzten ihn in dem Familiengrab bei.

Von da ab ging das Ehepaar an jedem Totenfest im Frühling zu dem Grabe der Familie Tsin und opferte und ließ es an dem Grab nicht fehlen. Ein Jahr nachher genas die junge Frau von einem Söhnchen, das vor keinem Fremden Scheu empfand und immer nah dem Lachen war, selbst als man es noch auf dem Arme trug. Das hatte es von seiner Mutter.

Wenn man Ying Nings keckes und übermütiges Lachen in Betracht zieht und gar bedenkt, was sie dem Nachbarssohne für Geschichten machte, gleicht sie einem Wesen ohne Herz. Die Art aber, wie sie für die Beerdigung der Pflegemutter sorgte, läßt erkennen, daß sie ihre eigentliche Seele nur verhüllte in dem Lachen.

96. Die Froschprinzessin

Am mittleren Yangtsekiang wird der Froschkönig sehr eifrig verehrt. Er hat einen Tempel; dort gibt es Frösche zu Tausenden und aber Tausenden, zum Teil von riesiger Größe. Wer sich den Zorn des Gottes zuzieht, in dessen Hause treten seltsame Erscheinungen auf: Frösche hüpfen auf Tischen und Betten umher; in schlimmeren Fällen kriechen sie selbst an den glatten Wänden empor, ohne daß sie herunterfallen. Verschiedene Arten von Vorzeichen gibt es; aber alle deuten darauf hin, daß dem Hause Unglück droht. Dann geraten die Bewohner in große Furcht, schlachten ein Rind und bringen es als Opfer dar. So wird der Gott umgestimmt, und es geschieht nichts Weiteres.

In jener Gegend lebte ein Knabe namens Siä Kung-Schong. Er war klug und schön. Als er etwas sechs, sieben Jahre alt war, kam eine grüngekleidete Dienerin in die Wohnung. Sie nannte sich selbst eine Botin des Froschkönigs und teilte mit, daß der Froschkönig seine Tochter dem jungen Siä vermählen wolle. Der alte Siä war ein ehrlicher und beschränkter Mann, und da ihm die Sache nicht paßte, schlug er es ab, weil sein Sohn noch zu jung sei. Trotz dieser Ablehnung wagte man aber doch nicht, nach einer anderen Lebensgefährtin für den Sohn zu sehen.

Einige Jahre waren darüber hingegangen, und der Junge wuchs allmählich heran. Man verabredete eine Heirat mit einem Fräulein Giang.

Der Froschkönig aber teilte ihr mit: »Der junge Siä ist mein Schwiegersohn; wie kannst du dich unterstehen, von verbotenen Früchten zu naschen!« Da fürchtete sich der Vater Giang und nahm sein Wort zurück.

Der alte Siä ward sehr betrübt darüber. Er bereitete ein Opfer und ging in den Tempel zu beten. Er brachte vor, daß er sich unwürdig fühle, mit einem Gotte in Verwandtschaft zu treten. Da er aber ausgebetet hatte, zeigten sich in dem Opferfleisch und Wein große Maden, die wimmelnd umherkrochen. Er goß sie aus, bat um Verzeihung und kehrte voll schlimmer Ahnungen heim. Er wußte sich nun nicht mehr zu helfen und ließ den Dingen ihren Lauf.

Eines Tages ging der junge Siä auf der Straße. Da trat ein Bote auf ihn zu, der ihm den Auftrag des Froschkönigs überbrachte, daß er dringend gebeten sei, zu ihm zu kommen. Es blieb ihm nichts übrig; er mußte dem Boten folgen. Der führte ihn durch ein rotes Tor in prächtige, hohe Gemächer. Im Saale saß ein Greis, der wohl achtzig Jahre alt sein mochte. Siä warf sich huldigend vor ihm nieder. Der Greis hieß ihn aufstehen und wies ihm einen Platz am Tische an. Bald kamen Mägde und Weiber herbeigedrängt, ihn anzuschauen. Da wandte sich der Greis zu ihnen und sprach: »Geht ins Gemach und saget, daß der Bräutigam gekommen!«

Eilends liefen ein paar Mägde weg. Nach einiger Zeit kam eine Alte aus dem inneren Gemach, die führte an der Hand ein Mädchen, wohl sechzehn Jahre alt und unvergleichlich schön. Auf diese wies der Greis und sprach: »Dies ist mein zehntes Töchterchen. Ich dachte mir, ihr beide passet wohl zusammen. Aber dein Vater hat wegen der Verschiedenheit der Rasse uns verschmäht. Doch ist die eigne Hochzeit eine Sache, die für das ganze Leben wichtig ist. Zur Hälfte nur vermögen sie die Eltern zu bestimmen. Schließlich kommt das meiste auf dich selber an.«

Siä hielt seine Blicke auf das Mädchen fest geheftet und gewann sie lieb in seinem Herzen. Schweigend saß er da. Die Alte sprach: »Ich wußte es wohl, der junge Herr ist einverstanden. Geht nur voraus, wir wollen dann die Braut Euch bringen.«

Siä sagte ja und eilte, es seinem Vater anzusagen. Sein Vater war ratlos in seiner Aufregung. Er gab ihm einen Vorwand und wollte ihn zurückschicken, um dankend abzulehnen. Aber Siä war nicht gewillt zu gehen. Während der Hin- und Widerreden war der Wagen mit der Braut schon vor der Tür. Eine Schar von Grünröcken umgab ihn, und das Fräulein trat herein und machte vor den Schwiegereltern eine höfliche Verbeugung. Als die sie sahen, waren sie beide froh, und auf den Abend ward die Hochzeitsfeier angesetzt.

Das neue Paar lebte in Frieden und Eintracht. Und seit der Heirat nahten sich die göttlichen Schwiegereltern häufig ihrem Hause. Waren dann die Kleider, die sie trugen, rot, so stand ein Glück, waren sie weiß, so stand ein Gewinn in sicherer Aussicht. Und so wurde die Familie mit der Zeit begütert.

Seit der Verbindung mit den Göttern aber wimmelte es in Zimmern, Höfen und an allen Orten von Fröschen. Und niemand wagte, ihnen etwas zu tun. Nur Siä Kung-Schong war jung und rücksichtslos. War er in guter Laune, so kümmerte er sich nicht um sie; war er aber schlecht aufgelegt, dann kannte er keine Schonung und trat sie gar absichtlich zu Tode.

Die junge Frau war zwar im allgemeinen bescheiden und gehorsam, doch wurde sie leicht heftig. Sie war mit ihres Mannes Tun nicht einverstanden. Aber Siä tat ihr den Gefallen nicht, von seiner groben Art zu lassen. So tadelte sie ihn denn darob. Er aber wurde böse.

»Denkst du«, sprach er, »weil deine Eltern Unglück über Menschen bringen können, werde sich ein rechter Mann vor einem Frosch fürchten?«

Die Frau vermied es ängstlich, den Namen »Frosch« zu nennen; so ward sie denn ob seiner Rede zornig und sagte: »Seit ich in eurem Hause bin, haben eure Felder mehr Ertrag gegeben, und beim Verkauf habt ihr höheren Preis erhalten. Das ist doch nicht wenig. Nun aber bei euch alt und jung in der Wolle sitzt und sich herausgefüttert hat, machst du es wie die junge Eule, die ihrer Mutter die Augen aushackt, wenn sie flügge geworden.«

Siä wurde noch heftiger und fuhr los: »Schon lange sind mir diese Gaben als unrein zuwider. Solchen Besitz auf Söhne und Enkel zu vererben, bringe ich nicht über mich. Besser wäre es, wir trennten uns gleich.«

So verstieß er denn seine Frau, und ehe noch seine Eltern davon erfuhren, war sie schon fort. Die Eltern schalten und hießen ihn schleunigst gehen, um sie zurückzuholen. Er aber, noch in vollem Zorn, wollte nicht nachgeben.

In derselben Nacht wurden Mutter und Sohn krank. Sie waren matt und aßen nichts. Der Vater, voll Besorgnis, ging in den Tempel, um Verzeihung zu erflehen. Er betete so ernstlich, daß nach drei Tagen die Kranken wieder gesund waren. Und auch die Froschprinzessin stellte sich wieder ein, und beide lebten glücklich und vergnügt zusammen wie zuvor.

Die junge Frau aber saß den ganzen Tag da, nur beschäftigt mit Putz und Schminke, und kümmerte sich nicht um weibliche Handarbeit. So mußte denn für die Kleider des Siä Kung-Schong immer noch seine Mutter sorgen.

Eines Tages war die Mutter ärgerlich und sprach: »Mein Sohn hat eine Frau, und doch hängt die ganze Arbeit noch an mir. Anderswo dient die Schwiegertochter der Schwiegermutter. Bei uns muß die Schwiegermutter ihre Schwiegertochter bedienen.«

Die Prinzessin hörte das zufällig. Aufgeregt kam sie herein und fing an: »Hab ich es etwa schon daran fehlen lassen, wie es sich gehört, des Morgens und des Abends nach Euch zu sehen? Was mir abgeht, ist nur, daß ich nicht aus Liebe zum schnöden Geld mir selbst alle Mühsal aufladen mag.« Die

Mutter antwortete kein Wort. Sie weinte nur still vor sich hin ob der erlittenen Beschämung.

Ihr Sohn kam dazu und bemerkte die Tränenspuren seiner Mutter. Er drang in sie nach dem Grund und erfuhr, was sich begeben. Er machte zornig seiner Frau Vorwürfe. Die machte Einwände und wollte ihr Unrecht nicht zugeben. Schließlich sprach Siä: »Besser keine Frau haben als eine, die ihrer Schwiegermutter keine Freude macht! Was kann mir der alte Frosch schließlich tun, wenn ich ihn böse mache, als daß er Unglück schickt und mir das Leben nimmt?« So verstieß er abermals seine Frau.

Die Prinzessin verließ das Haus und ging weg. Am andern Tage brach im Wohnhaus Feuer aus, das auf mehrere Gebäude übersprang; Tische, Betten, alles war verbrannt.

Siä ergrimmte darob, ging in den Tempel, um sich zu beklagen. »Eine Tochter aufziehen, die ihren Schwiegereltern nicht zu Gefallen ist, zeigt, daß man keine Zucht im Hause hat. Und nun bestärkt Ihr sie sogar in ihren Fehlern. Man sagt, die Götter seien höchst gerecht. Gibt es auch Götter, die die Menschen lehren, ihre Frau zu fürchten? Außerdem, die ganze Streiterei ging nur von mir allein aus. Meine Eltern hatten nichts damit zu tun. Gebührte Beil und Säge mir, gut, Ihr konntet es mir selbst zufügen. Aber Ihr habt es nicht so gemacht. So will ich denn auch Euer Haus verbrennen, um mir die Befriedigung der Rache zu verschaffen.«

Nach diesen Worten häufte er Brennholz vor dem Tempel zusammen, schlug Feuer und wollte es anstecken. Die Nachbarn strömten herzu und machten ihm Vorstellungen. Da fraß er seinen Zorn in sich hinein und ging nach Hause.

Als seine Eltern davon hörten, entfärbten sie sich vor großer Furcht. Zur Nachtzeit aber erschien der Gott den Leuten in dem Nachbardorf und befahl ihnen, das Haus seines Eidams wieder aufzubauen. Als es Tag ward, schleppten sie Bauholz an, und es drängten sich die Arbeiter. Und alle fingen an, für Siä zu bauen. Was er auch sagte, sie ließen sich nicht abhalten. Den ganzen Tag waren fortwährend Hunderte von Arbeitern unterwegs. Und nach ein paar Tagen waren alle Räume wieder neu gebaut, alle Geräte, Vorhänge und Möbel standen vollzählig da. Und als die Arbeit fertig war, da war auch die Prinzessin wiedergekommen. Sie stieg zum Saal empor und bekannte ihre Schuld mit vielen zärtlichen und liebreichen Worten. Dann wandte sie sich zu Siä Kung-Schong und lächelte ihm seitwärts zu. Im ganzen Haus war statt des Grolls die Freude eingekehrt. Und seitdem war die Prinzessin besonders friedfertig. Zwei Jahre vergingen, ohne daß ein böses Wort gefallen wäre.

Die Prinzessin verabscheute aber gar sehr die Schlangen. Einst tat zum Scherze der junge Siä ein kleines Schlänglein in ein Päckchen. Das gab er ihr und hieß sie es öffnen. Sie wurde blaß und machte ihm Vorwürfe. Da wurde auch bei ihm aus dem Scherze Ernst, und es gab böse Worte.

Endlich sprach die Prinzessin: »Diesmal will ich nicht warten, bis ich verstoßen werde. Nun ists endgültig aus.« Damit ging sie zur Tür hinaus.

Der Vater Siä geriet in große Angst und züchtigte den Sohn selbst mit dem Stabe und bat den Gott um gütiges Verzeihen. Zum Glück folgte nichts Böses. Alles blieb still und ohne Laut.

So verging über ein Jahr. Siä Kung-Schong sehnte sich nach der Prinzessin und ging ernstlich in sich. Im geheimen schlich er sich in den Tempel des Gottes und klagte um die Prinzessin. Aber da war keine Stimme noch Antwort. Bald darauf hörte er auch noch, daß der Gott seine Tochter einem andern Manne verlobt habe. Da verlor er im Herzen die Hoffnung und suchte auch eine neue Verbindung einzugehen. Doch fand er trotz allen Suchens keine, die der Prinzessin gleichgekommen wäre. So mehrte sich denn seine Sehnsucht nach ihr. Er ging in das Haus Yüan, wohin sie, wie es hieß, versprochen worden. Da hatten sie schon die Wände gestrichen und den Hof gekehrt, und alles war zum Empfang des Brautwagens vorbereitet. Reue und Unwille übermannten ihn. Er aß nicht mehr und wurde krank. Seine Eltern waren ganz betäubt von der Sorge um ihn, unfähig, einen Rat zu ersinnen.

Plötzlich fühlte er mitten in seinem Hindämmern, wie jemand ihn streichelte und sprach: »Wie stehts mit unserm rechten Mann, der durchaus seine Frau verstoßen wollte?«

Er tat die Augen auf, da war es die Prinzessin.

Voll Freude sprang er empor und sprach: »Wie kamst du nur wieder?«

Die Prinzessin antwortete: »Eigentlich hätte ich nach deiner Art, die Leute schlecht zu behandeln, meines Vaters Befehl gehorchen und einen andern nehmen sollen. Tatsächlich lagen auch schon lange die Brautgeschenke der Familie Yüan bei uns im Haus. Aber ich sann und sann und konnte es nicht über mich bringen. Für heute abend war die Hochzeit festgesetzt, und mein Vater hielt es für eine Schmach, das Brautgeschenk zurückzubringen. Ich nahm die Sachen selbst und stellte sie ihnen vor die Tür. Als ich herauskam, lief mein Vater neben mir her. ›Verrückte Dirne‹, sagte er, ›daß du nicht auf meine Worte hörst! Wenn dir bei den Siäs es künftig wieder schlecht ergeht, so frag ich nichts danach. Mögen sie dich totmachen, heim kommst du mir nicht mehr.‹«

Gerührt von ihrer Treue fielen dem Siä die Tränen nieder. Die Diener eilten voller Freude zu den Eltern, ihnen die frohe Nachricht zu bringen. Als die es hörten, warteten sie nicht ab, bis die jungen Leute zu ihnen kamen, sondern liefen selber in das Haus des Sohnes, faßten sie bei der Hand und weinten. Der junge Siä war nun allmählich auch gesetzt geworden und ließ seinen Mutwillen. So ward die Liebe zwischen ihm und seiner Frau von Tag zu Tag aufrichtiger.

Einst sprach die Prinzessin zu ihm: »Früher, als du mich immer so schlecht behandeltest, da fürchtete ich, wir würden nicht beisammenbleiben bis ins Alter. Darum wagte ich nicht, einem unglücklichen Kinde das Leben zu geben. Nun ist das alles anders, und ich will dir einen Sohn gebären.«

Und richtig, nicht lange danach erschienen die göttlichen Schwiegereltern in roten Gewändern wieder im Haus, und tags darauf kam die Prinzessin nieder. Und zwei Söhne auf einmal konnte der glückliche Vater herzen.

Von da ab hörte der Verkehr mit Froschkönigs nicht mehr auf. Wenn jemand aus dem Volk den Gott zum Zorn gereizt, so suchte er erst bei dem jungen Siä Fürbitte zu erlangen und schickte Frau und Tochter in vollem Staat zu der Froschprinzessin, um sie anzuflehen. Lachte die Prinzessin, so war alles gut.

Die Familie Siä hat eine große Nachkommenschaft. Die Leute nennen sie Froschmännchen. Nahestehende wagen nicht den Namen zu brauchen, aber Fernerstehende rufens ihnen nach.

97. Abendrot

Am Fünften des fünften Monats wird am Yangtsekiang das Drachenbootfest gefeiert. Man höhlt aus Holz einen Drachen aus, malt ihm den Schuppenpanzer auf und schmückt ihn mit Gold und bunten Farben. Ein geschnitztes rotes Geländer umgibt das Schiff, Segel und Flaggen sind aus Seide und Brokat. Das Hinterteil des Schiffes heißt Drachenschwanz. Es ragt über zehn Fuß hoch empor. Daran ist an einem Tuch ein Brett gebunden, das im Wasser schwimmt. Auf dem Brette sitzen Knaben, die schlagen Purzelbäume, stehen kopf und machen alle Arten von Kunststücken. So nahe am Wasser ist die Gefahr zu ertrinken groß; deshalb ist es Sitte, daß, wenn man einen solchen Knaben erwirbt, man zuvor seinen Eltern Geld gibt, ehe man ihn abrichtet. Fällt er dann ins Wasser und ertrinkt, macht man sich weiter keine Gewissensbisse. Weiter im Süden ist die Sitte insofern etwas anders, als man statt der Knaben schöne Dirnen nimmt.

In Dschen-Giang lebte eine Witwe Dsiang. Deren Sohn hieß Aduan. Mit sieben Jahren besaß er eine außerordentliche Geschicklichkeit, und keiner der andern Jungen kam ihm gleich. Mit seinem Rufe wuchs der Preis. So kam es, daß man ihn mit sechzehn Jahren noch immer benutzte.

Eines Tages aber fiel er unterhalb der Goldinsel ins Wasser und ertrank. Er war der einzige Sohn seiner Mutter. Die beweinte ihn, und damit war's getan.

Aduan aber wußte nicht, daß er ertrunken war. Es kamen ihm zwei Männer entgegen, die ihn mit sich führten. Mitten im Wasser des Stromes sah er eine neue Welt. Er blickte sich um, da standen rings umher die Wogen des Stromes steil wie Wände da. Ein Palast wurde sichtbar, darin sah man einen Mann in Helm und Panzer sitzen.

Seine beiden Begleiter sprachen zu ihm: »Das ist der Fürst der Drachenhöhle«, und hießen ihn niederknien.

Der Fürst der Drachenhöhle sah mild und gütig aus und sprach: »Einen so geschickten Jungen können wir brauchen. Er mag sich dem Reigen der Weidenzweige anschließen.«

Man brachte ihn an einen Ort, der rings von geräumigen Gebäuden umgeben war. Er trat ein: da begrüßte ihn eine Schar von Knaben, die alle etwa vierzehn Jahr alt waren.

Eine alte Frau kam herbei, und alle riefen: »Das ist Mutter Hiä!« Sie setzte sich und ließ ihn seine Künste zeigen. Dann lehrte sie ihn den Tanz des fliegenden Donners vom Tsiän-Tang-Fluß und die Musik der Windstillung vom Dung-Ting-See. Wenn die Pauken und Becken das Ohr betäubten, so hallte es in allen Höfen wider. Dann wieder waren alle Höfe still. Die Mutter dachte, Aduan werde nicht gleich aufs erste Mal alles erfassen können; so belehrte sie ihn denn mit vieler Geduld. Aber Aduan hatte gleich aufs erste Mal alles genau begriffen. Da freute sich die Alte. »Dieser Knabe«, sagte sie, »gibt unsrer Abendrot nichts nach.«

Am andern Tag hielt der Fürst der Drachenhöhle Heerschau über seine Reigen ab. Als alle Reigen sich versammelt, da kam zuerst der Ogerreigen dran. Die hatten alle Teufelsfratzen und Schuppenkleider. Sie schlugen ungeheure Becken, und ihre Pauken konnten vier Männer eben gerade umspannen. Ihr Klang war wie der Schall eines mächtigen Donners, und vor dem Lärm konnte man nichts anderes hören. Als der Tanz begann, da spritzten mächtige Wogen empor bis hinauf zum Himmel. Dann wieder fiel es herab wie Sternengefunkel, das in der Luft zerstob.

Der Fürst der Drachenhöhle gebot ihnen eilig Einhalt und hieß den Nachtigallenreigen vortreten. Das waren lauter sechzehnjährige hübsche Mädchen. Sie machten eine feine Flötenmusik, so daß im Augenblick ein klarer Wind wehte und das Rauschen der Wogen verstummte. Das Wasser wurde allmählich still wie eine Welt aus Kristall, durchsichtig bis zum Grunde. Als sie fertig waren, zogen sie sich zurück und stellten sich im westlichen Hofe auf.

Dann kam der Schwalbenreigen. Das waren alles kleine Mädchen. Ein Mädchen war darunter, etwa fünfzehn Jahre alt, das tanzte mit fliegenden Ärmeln und wehenden Locken den Tanz der Blumenspende. Im bunten Flattern der Gewänder kamen aus allen Falten vielfarbige Blumen hervor, die vom Winde aufgefangen und im ganzen Hofe umhergewirbelt wurden. Als der Tanz zu Ende war, ging sie mit ihrem Reigen ebenfalls in den Westhof zurück. Aduan blickte seitwärts nach ihr und gewann sie innig lieb. Er fragte seine Reigengenossen nach ihr: da war es Abendrot.

Aber schon ward der Weidenzweigreigen hervorgerufen. Der Fürst der Drachenhöhle wollte besonders den Aduan prüfen. Aduan tanzte vor. Freude und Trotz folgten den Tönen. Beim Aufblicken und Niederblicken traf er den Takt. Der Dachenkönig, entzückt über seine Gewandtheit, schenkte ihm fünffarbige Kleidung und als Haarschmuck Karfunkel auf goldenen Fischbartfäden. Aduan verneigte sich dankend für das Geschenk und eilte ebenfalls zum Westhof hin. Alle standen sie in Reih und Glied. Aduan konnte nur von ferne nach Abendrot hinblicken; doch auch Abendrot schaute zu ihm her.

Nach einer Weile schlich sich Aduan allmählich an das Ende seines Reigens, und auch Abendrot näherte sich ihm. So standen sie nur ein paar Schritte voneinander. Aber die Strenge der Regeln duldete keine Verwirrung der Reihen. Sie konnten nur einander anschauen und ihre Seelen fliegen lassen.

Nun folgte noch der Schmetterlingsreigen. Da tanzten Knaben und Mädchen gemeinsam. Die Paare waren an Größe, Alter und Farbe der Kleider gleich. Als alle Reigen zu Ende waren, da gingen sie im Gänsemarsch hinaus. Der Weidenzweigreigen folgte dem Schwalbenreigen. Aduan eilte seinem Reigen voran. Abendrot blieb zögernd hinter ihrem zurück. Sie wandte den Kopf, und als sie Aduan sah, da ließ sie absichtlich einen Haarpfeil aus Koralle fallen. Aduan barg ihn eilig im Ärmel.

Nach der Rückkehr ward er krank vor Sehnsucht. Schlaf und Speise blieben ihm fern. Die Mutter Hiä brachte ihm allerlei Leckerbissen und sah am Tage drei-, viermal nach ihm und streichelte ihn liebreich besorgt. Doch ward die Krankheit nicht im geringsten besser. Die Mutter betrübte sich darob und wußte keinen Rat.

Sie sprach: »Schon steht das Geburtsfest des Wu-Fluß-Königs vor der Tür. Was tun?«

Im Zwielicht kam ein Knabe, setzte sich auf seines Bettes Rand und plauderte mit ihm. Er sei vom Schmetterlingsreigen, sagte er, und fragte ihn leichthin: »Seid Ihr etwa um Abendrot so krank?« Erschrocken fragte Aduan, woher er solches wisse. Der andre sagte lächelnd: »Nun, weil es Abendrot gerad so geht wie Euch.«

Bestürzt richtete Aduan sich auf und bat um einen Rat. »Könnt Ihr noch gehen?« fragte der Knabe. »Wenn ich mir Mühe gebe, geht es wohl noch«, war die Antwort.

Da führte ihn der Knabe nach Süden. Dort öffnete er ein Tor, dann gings nach Westen um die Ecke. Nochmals taten sich die Flügel einer Tür auf, da erblickte er ein Lotosfeld, wohl zwanzig Morgen weit. Die Lotosblumen wuchsen alle auf der ebenen Erde. Die Blätter waren groß wie Matten und die Blumen wie Schirme. Die abgefallenen Blütenblätter bedeckten den Boden unter den Stengeln wohl fußhoch. Der Knabe führte ihn hinein und sprach: »Nun setzt Euch erst ein wenig!« Dann ging er weg.

Nach einer Weile bog ein schönes Mädchen die Lotosblumen auseinander und kam herein. Es war Abendrot. Sie erblickten einander voll freudigen Schreckens und erzählten, wie sie sich so sehr gesehnt. Auch sprachen sie von ihrem früheren Leben.

Dann beschwerten sie die Blütenschirme mit Steinen, so daß sie sich zur Erde neigten und eine sichere Schutzwand bildeten. Sie häuften sich ein Lager aus Lotosblättern, auf dem sie heimlicher Liebe Freuden genossen. Sie versprachen einander, sich jeden Abend nach Sonnenuntergang hier zu treffen. Dann schieden sie.

Aduan kam heim, und seine Krankheit wandte sich zum Bessern. Von da ab trafen sich die beiden täglich im Lotosfeld.

Nach ein paar Tagen mußten sie mit dem Fürsten der Drachenhöhle zur Geburtsfeier des Wu-Fluß-Königs gehen. Die Feier war zu Ende, und alle Reigen kehrten heim. Nur Abendrot und eine aus dem Nachtigallenreigen hatte der König zurückbehalten, um die Mädchen seines Schlosses tanzen zu lehren.

So vergingen Monate, und es war nichts von Abendrot zu hören. Sehnsucht und Verzweiflung trieben Aduan um. Nur Mutter Hiä ging täglich nach dem Schloß des Wu-Fluß-Gottes. Er schützte vor, die Abendrot sei seine Base, und er bat sie flehentlich, ihn mitzunehmen, damit er sie nur einmal sehen könne. Sie nahm ihn mit und ließ ihn ein paar Tage in des Flußgottes Torhaus wohnen. Aber so streng war die Abschließung im Schlosse, daß Abendrot auch nicht ein einziges Mal ihn sehen konnte. Betrübt kehrte er zurück.

Abermals verging ein Monat, und voll schwermütiger Gedanken wünschte er sich nur den Tod herbei.

Eines Tages trat die Mutter Hiä herein und sprach ihm mitleidvoll ihr Beileid aus. »Wie schade«, sagte sie, »die Abendrot ist in den Fluß gesprungen.«

Aduan erschrak aufs äußerste. Unaufhaltsam flossen ihm die Tränen herab. Er zerriß die schönen Kleider, steckte das Gold und die Perlen zu sich und ging hinaus, allein darauf bedacht, im Tode der Geliebten nachzufolgen. Doch er sah des Stromes Wasser wie Wände vor sich stehen, und wie er auch mit seinem Kopf dagegenrannte, sie warfen ihn zurück.

Zurück durfte er nicht mehr; denn er fürchtete, man möchte ihn nach seinen Feierkleidern fragen und wegen des Verlustes streng bestrafen. So stand er ratlos da, und bis zu den Fersen rieselte ihm der Schweiß herunter.

Plötzlich erblickte er am Fuß der Mauer einen hohen Baum. Wie ein Affe kletterte er empor bis in die Spitze. Dann schnellte er sich mit aller Kraft in die Wogen.

Und ohne naß zu werden, schwamm er plötzlich auf dem Flusse. Unvermutet sah er so vor seinem geblendeten Auge die Menschenwelt wieder auftauchen. Er schwamm ans Ufer, und als er dann am Strande des Flusses wandelte, da mußte er an seine alte Mutter denken. Er nahm ein Schiff und reiste heim.

In seinem Dorfe angekommen, kamen ihm alle die Häuser ringsumher so vor, als wären sie aus einer andern Welt. Am andern Morgen trat er in das Haus der Mutter. Da hörte er ein Mädchen unterm Fenster sagen: »Dein Sohn ist wieder da.« Der Klang der Stimme glich der Abendrots, und als sie an der Mutter Seite ihm entgegenkam, da war sies wirklich.

Zu dieser Stunde errang die Freude beider Menschen über all ihr Leid den Sieg. In der Mutter aber drängten sich Trauer und Zweifel, Schreck und Freude auf tausend Arten durcheinander.

Als damals Abendrot im Flußpalaste war, da fühlte sie in ihrem Leibe sichs regen. Da aber in dem Drachenschloß gar strenge Zucht herrschte, so fürchtete sie wegen ihres Fehltritts harte Strafe. Und da sie auch nicht ein einziges Mal mehr ihren Aduan sehen konnte, so suchte sie den Tod und stürzte sich in das Wasser des Flusses. Aber sie wurde nach oben gerissen und schwebte schwankend auf den Wellen. Da kam ein Schiff vorüber und nahm sie auf. Man fragte nach ihrer Heimat. Abendrot war ursprünglich eine berühmte Sängerin von Wu gewesen, die ins Wasser gefallen war, ohne daß man ihren Leichnam fand. Sie dachte nun bei sich selbst, daß sie doch nicht wieder in ihre alten Verhältnisse zurückkehren könne. So sagte sie denn: »Frau Dsiang in Dschen-Giang ist meine Schwiegermutter.« Die Reisenden mieteten ihr nun ein Schiff, das sie nach jenem Orte brachte. Die Witwe Dsiang meinte, sie irre sich. Das Mädchen aber blieb dabei, es sei kein Irrtum, und erzählte nun der alten Frau ihre ganze Geschichte. Die hatte an ihrer großen Lieblichkeit ein Wolgefallen, doch machte sie sich Sorgen, daß sie zu jung sei, um ihr Leben als Witwe zu verbringen. Allein das Mädchen war ehrfurchtsvoll und fleißig, und als sie sah, daß Armut in dem Hause herrschte, da nahm sie ihren Perlenschmuck und verkaufte ihn für teures Geld. Die alte Frau war hocherfreut, da sie erkannte, wie ernst es dem Mädchen war. Doch da sie keinen Sohn mehr hatte, fürchtete sie, daß, wenn das Mädchen niederkäme, die Nachbarn und Verwandten die Geschichte nicht recht glauben möchten. So ging sie mit dem Mädchen dann zu Rate. Die aber sprach: »Wenn Ihr nun wirklich einen Enkel bekommt, was braucht Ihr um der Menschen Meinung Euch zu kümmern!« Dabei beruhigte sich die Alte denn auch.

Als sichs nun traf, daß Aduan wiederkam, da wußte sich das Mädchen vor Freude nicht zu lassen. Und auch der Alten stieg die Hoffnung auf, ihr Sohn sei vielleicht nicht wirklich gestorben. Sie grub im stillen im Grabe ihres Sohnes nach, doch lagen da die Knochen alle noch. Sie fragte nun den Aduan. Da erst kam diesem zum Bewußtsein, daß er ein abgeschiedener Geist war. Er fürchtete, daß Abendrot, weil er kein Mensch sei, einen Abscheu hegen möchte. Darum befahl er seiner Mutter an, sie solle ja nichts wieder sagen. Und sie versprach es auch. Sie sagte dann im Dorfe aus, der Leichnam, den man dazumal im Fluß gefunden, sie doch nicht ihres Sohnes Leib gewesen. Allein sie wurde der Befürchtung nicht ganz ledig, daß ein abgeschiedener Geist kein Kind bekommen könne.

Nicht lange darauf, so hielt sie trotzdem einen Enkel in den Armen. Sie sah ihn an: er unterschied sich nicht von andern Knaben. Da erst ward ihre Freude voll.

Im Laufe der Zeit ward Abendrot allmählich gewahr, daß Aduan kein wirklicher Mensch war. »Warum hast du es nicht gleich gesagt?« sprach sie zu ihm; »abgeschiedene Geister, die des Drachenschlosses Kleider tragen, umgeben sich mit einer so festen Seelenhülle, daß sie sich nicht von Lebenden mehr unterscheiden. Wenn man im Schloß den Leim aus Drachenhorn bekommt, kann man die Knochen so zusammenkleben, daß Haut und Fleisch darüberwachsen. Wie schade, daß wir das Mittel uns damals nicht verschaffen konnten!«

Aduan verkaufte seine Perle. Ein fremder Kaufmann bezahlte einen ungeheuren Preis dafür. So kam das Haus zu großem Reichtum. Als seine Mutter einst Geburtstag feierte, da tanzte er mit seiner Frau und sang, sie zu erfreuen. Das ward bekannt, und bis zum Königsschlosse drang die Nachricht. Der König wollte Abendrot nun mit Gewalt entführen. Aduan, besorgt, trat vor den König und sagte aus, er und sein Weib, sie seien beide abgeschiedene Geister. Man prüfte ihn, und da er keinen Schatten warf, so fand er Glauben. So wurde Abendrot denn nicht geraubt.

98. Edelweiß

Ho Huans Vater war früh gestorben. Er hatte ihn in zarter Jugend zurückgelassen. Der Knabe war überaus klug und begabt. Mit elf Jahren wurde er als Wunderkind in die Kreisschule aufgenommen. Seine Mutter liebte ihn über alle Maßen und ließ ihn nie zur Tür hinaus. Als er dreizehn Jahre alt war, kannte er noch nicht einmal seine verschiedenen Verwandten.

Im selben Dorfe lebte ein Friedensrichter namens Wu. Der beschäftigte sich mit geheimem Sinn, ging ins Gebirge und kam nicht wieder heim. Seine Tochter hieß Edelweiß. Sie war vierzehn Jahre alt und über alle Maßen schön. In ihrer Kindheit hatte sie heimlich ihres Vaters Bücher gelesen und sich das Leben der Ho Siän Gu zum Vorbild genommen. Als ihr Vater verschwunden war, entschloß sie sich, unverheiratet zu bleiben, und ihre Mutter konnte sie in diesem Entschlusse nicht irremachen.

Eines Tages war Ho Huan vor der Tür und erspähte sie. Der Knabe, unwissend wie er war, fühlte nur in seinem Herzen eine starke, unerklärliche Zuneigung aufkeimen. Er erzählte es seiner Mutter geradeheraus und bat sie, das Mädchen holen zu lassen. Die Mutter wußte, daß das nicht ging; darum machte sie Schwierigkeiten. Da wurde der Knabe traurig und verlor sich selbst. Die Mutter gab in ihrer Sorge den Wünschen ihres Sohnes nach und schickte jemand zu der Familie, um wegen einer Heirat Verbindungen anzubahnen. Dort wies man alles ab. Der Knabe mußte nun bei allem, was er tat, an die Geliebte denken, und doch wußte er keinen Rat.

Da traf er eines Tages einen Taoisten unter der Tür. Der hatte eine kleine, fußlange Hacke bei sich. Der Knabe nahm sie in die Hand und sah sie an; dann fragte er, wozu sie diene.

Der Taoist erwiderte lächelnd: »Das ist zum Kräuterhacken.

Das Ding ist klein; aber man kann die härtesten Steine damit zerteilen.«

Der Knabe glaubte noch nicht daran; da schlug der Taoist damit nach einem Mauerstein, und richtig fiel er auf den ersten Streich herunter und zerbröckelte. Der Knabe war verwundert. Er hielt das Ding in der Hand und mochte es gar nicht wieder hergeben.

Lächelnd sprach der Taoist: »Wenn dus haben willst, so will ich dirs schenken!«

Hocherfreut bot der Knabe ihm Geld an. Jener aber nahm nichts von ihm. Der Knabe trug die Hacke mit sich ins Haus zurück. Er probierte sie an Ziegeln und Steinen; nichts widerstand ihrer Kraft. Da fiel ihm ein, er könne die Geliebte sehen, wenn er damit ein Loch durch ihre Mauern grübe. Das nahm er sich vor, ohne an etwas Böses dabei zu denken. Rasch stieg er über die eigene Hofmauer und lief weg, geradezu nach dem Hause der Geliebten. Zwei Mauern mußte er durchgraben, da stand er im innern Hof. In einem kleinen Zimmerchen brannte noch Licht. Er schlich sich herzu und spähte hinein, da stand Edelweiß im Nachtkleid. Bald darauf erlosch das Licht, und es war still und lautlos. Er machte ein Loch ins Fenster und stieg hinein. Das Mädchen schlief schon fest. Sachte zog er die Schuhe aus und schlich ganz leise ans Bett. Er fürchtete aber, das Fräulein könnte erwachen und ihn fortschicken; darum kroch er ganz vorsichtig an den inneren Rand des Bettes und legte sich dort neben die gestickten Decken. Ein leichter Duft drang zu ihm, und all seines Herzens Sehnen war gestillt. Da er aber die halbe Nacht gearbeitet hatte, war er recht müde geworden. Nach einer Weile schloß er die Augen und schlief unversehens ein. Das Mädchen wachte auf. Sie hörte seinen Atem gehen, sie öffnete die Augen und sah das Loch im Fenster, zu dem es hell hereinkam. Sie erschrak aufs äußerste. Schnell stand sie auf und rüttelte leise die Magd wach. Sie öffneten den Riegel und schlichen hinaus. Dann klopften sie ans Fenster des

Nebenzimmers, wo die andern Mägde schliefen, und riefen um Hilfe, und die ganze Schar kam herbei. Man machte Licht, bewaffnete sich mit Stöcken um nachzusehen. Da erblickte man einen jungen Schüler, der süß auf der Decke des Bettes schlummerte. Man sah näher zu, da war's der junge Ho Huan. Man mußte ihn rütteln, ehe er erwachte. Er richtete sich auf. Es flimmerte ihm vor den Augen wie Sternschnuppen, doch tat er nicht sehr zag. Alle deuteten auf ihn als einen Dieb und schrien in ihrer Angst ihn an.

Da fing er an zu weinen und sagte: »Ich bin kein Dieb. Ich habe nur das Fräulein so lieb und wollte einmal in ihrer Nähe sein.«

Nun sah man nach den Löchern in den Mauern und besprach sich darüber, daß ein Knabe so etwas nicht fertigbringen könne. Da zog er seine Hacke hervor und erzählte von ihrer Wunderkraft. Er ließ sie auch probieren. Man erschrak und wunderte sich über diese Göttergabe. Die Mägde wollten die Sache der Mutter erzählen. Das Mädchen stand mit gesenktem Kopf in tiefen Gedanken daneben und schien nicht damit einverstanden.

Da errieten sie ihre Gedanken und sagten: »Der Knabe stammt aus einer guten Familie und scheint nichts Böses gedacht zu haben. Wir wollen ihn laufen lassen. Der heiratet Euch sicher noch! Wie wärs, wenn wir Eurer Mutter morgen früh nur sagten, es sei ein Dieb dagewesen.«

Das Mädchen sagte nichts. Sie drängten den Knaben zu gehen; der wollte aber erst seine Hacke wiederhaben.

Lächelnd gab sie ihm eine Magd und sprach: »Der fixe Kerl! Sein schlimmes Werkzeug vergißt er nicht.«

Der Schüler entdeckte neben den Kissen einen Haarpfeil. Den barg er heimlich in seinem Ärmel. Eine Magd ertappte ihn dabei. Hastig entschuldigte er sich. Das Mädchen sprach kein Wort, war aber auch nicht böse. Eine Alte klopfte ihm auf die Schulter und sprach: »Ihr dürft ihn keinen fixen Kerl nennen! Er ist noch jung und unerzogen.«

Dann schleppten sie ihn hinaus. Er kroch wieder durch die Löcher und ging heim. Seiner Mutter wagte er die Geschichte nicht zu gestehen, sondern bat sie nur, nochmals eine Ehevermittlerin hinzuschicken. Sie brachte es nicht über sich, ihm geradezu es abzuschlagen; doch wollte sie sich für ihn nach einer andern Verbindung umsehen. Edelweiß erfuhr davon. Sie war bestürzt und schickte im geheimen eine Vertraute zur Mutter des Schülers, ihr eine Andeutung zu geben. Erfreut sandte diese nun eine Ehevermittlerin zu der Familie Wu.

Eine junge Magd aber hatte das nächtliche Erlebnis Frau Wu verraten. Die empfand es als Schmach und ward sehr aufgeregt. Als nun die Ehevermittlerin kam, vermehrte das noch ihren Groll. Sie war für nichts zu haben, sondern beschimpfte den Schüler und seine Mutter. Erschrocken schlich sich die Ehevermittlerin aus dem Haus und erzählte, was ihr begegnet sei.

Da wurde auch die Mutter Ho böse und sagte: »Ich hab kein Wörtchen davon erfahren, was der dumme Junge angestellt hat. Was ist das für eine Art, nachträglich zu schimpfen! Warum haben sie denn damals, als sie die beiden beisammen ertappten, sie nicht miteinander umgebracht?«

Von da an begann sie, allen ihren Verwandten und Bekannten die Sache zu erzählen. Das Mädchen hörte davon und wollte sterben vor Scham. Ihrer Mutter tat es nun auch leid; aber sie konnte es nicht mehr ungeschehen machen. Das Mädchen sandte im geheimen, der Mutter ihres Geliebten freundlich zureden zu lassen. Sie schwor, nie einen andern heiraten zu wollen, und ihre Worte waren so traurig, daß die Mutter davon gerührt wurde und nicht mehr über den Vorfall sprach. Von Heiratsplänen war aber auch nicht mehr die Rede.

Es kam ein neuer Beamter in die Gegend, der sah die Aufsätze des Jünglings und fand sie vorzüglich. Er berief ihn in seine unmittelbare Nähe und begünstigte in auf allerlei Weise. Eines Tages fragte er ihn, ob er schon verheiratet sei.

Er verneinte, und als er Näheres wissen wollte, erwiderte der Jüngling: »Ich hatte wohl früher einmal ein Verlöbnis geschlossen mit der Tochter des verstorbenen Friedensrichters Wu. Doch gab es später Uneinigkeiten, und das Verlöbnis schlief wieder ein.«

»Und möchtest du sie denn immer noch haben?« fragte der Beamte.

Errötend schwieg der Jüngling. Da lächelte jener. »Ich wills für dich besorgen.«

Er sandte einen Untergebenen mit einem Geldgeschenk in die Familie. Die Mutter war erfreut, die Hochzeit wurde festgesetzt, und nach einem Jahr führte der Jüngling die Braut in seiner Mutter Haus.

Die Braut nahm die kleine Hacke, warf sie zu Boden und sprach: »Dieses Diebsgerät wollen wir vernichten!« Lächelnd erwiderte der Jüngling: »Es hat uns doch zusammengebracht; wir wollens nicht vergessen.« Sorgfältig hob er die Hacke auf und trug sie immer bei sich.

Die junge Frau war stets freundlich, aber schweigsam. Täglich besuchte sie dreimal ihre Schwiegermutter. Im übrigen schloß sie die Tür zu und saß still da. Um die Haushaltung kümmerte sie sich nicht sonderlich; nur wenn die Schwiegermutter etwa zu Beileid- oder Glückwunschbesuchen auswärts war, sorgte sie dafür, daß alles in bester Ordnung blieb. Nach zwei Jahren gebar sie einen Sohn, doch überließ sie ihn der Amme, ohne viel nach ihm zu sehen.

Wieder vergingen vier, fünf Jahre, da sprach sie plötzlich zu ihrem Manne: »Wir genießen nun die Freuden der Liebe seit acht Jahren. Doch geht es nicht an, über dem Kleinen das Große zu vergessen.«

Erschrocken fragte er, wie sie das meine; doch sie war schon in tiefes Schweigen versunken. Sie tat Feierkleider an und besuchte die Schwiegermutter. Dann kehrte sie in ihr Zimmer zurück. Er ging hinein, nach ihr zu sehen. Da lag sie mit geschlossenen Augen ausgestreckt auf ihrem Bett, und ihr Atem stand stille. Mutter und Sohn waren von herbem Schmerz ergriffen. Man besorgte einen Sarg und beerdigte sie.

Frau Ho war alt und hinfällig. Jedesmal, wenn sie das Enkelkind auf den Arm nahm, gedachte sie seiner Mutter, und es gab ihr einen Stich ins Herz. So wurde sie allmählich krank, daß sie nicht mehr aufstehen konnte und alle Nahrung verschmähte. Nur nach Fischen hatte sie Lust. Doch gab es keine Fische in der Nähe. Hundert Meilen weit erst konnte man sie kaufen. Die Diener, die man ausschickte, kamen alle unverrichteter Sache wieder zurück. Da der Jüngling seine Mutter von Herzen ehrte, konnte er es nicht länger mit ansehen, steckte Geld zu sich und machte sich einsam auf den Weg. Tag und Nacht gönnte er sich keine Ruhe. Schließlich kam er an ein Gebirge. Die Sonne war schon gesunken, hinkend schleppte er sich weiter, Schritt vor Schritt. Ein Greis holte ihn ein und fragte ihn: »Du hast dir wohl die Füße wundgelaufen?« Er bejahte. Der Greis zog ihn am Straßenrand zum Sitzen nieder, schlug Feuer, tat ein Pulver in ein Papier und räucherte ihm die beiden Füße ein. Als er fertig war, hieß er ihn das Gehen versuchen. Der Schmerz hatte aufgehört und er fühlte sich neu gestärkt. Er bedankte sich von Herzen.

Der Greis fragte, warum er denn so eilig sei. Er erzählte ihm von der Krankheit seiner Mutter und kam schließlich auf seine ganze Geschichte zu sprechen.

»Warum heiratest du denn nicht wieder?« fragte der Greis.

»Eine so gute Frau wie sie hab ich nimmer gesehen«, war die Antwort.

Der Greis deutete auf ein Bergdorf. »Da drin lebt eine Schönheit. Willst du mit mir gehen, so will ich ein gutes Wort für dich einlegen.«

Der Jüngling lehnte ab; er müsse Fische holen für seine kranke Mutter und habe wirklich keine Zeit. Da reichte ihm der Greis die Hand und machte einen andern Tag mit ihm aus. Er solle nur in das Dorf gehen und nach dem alten Wang fragen. Dann verabschiedete er sich und ging.

Der Jüngling kehrte heim, bereitete die Fische und gab sie seiner Mutter zu essen. Die Krankheit wurde besser, und nach ein paar Tagen war sie wieder gesund. Da nahm er einen Knecht und Pferde mit sich und ging, den Greis zu suchen. Am alten Platze angekommen, fand er den Ort des Dorfes nicht wieder. Unter dem Suchen verstrich die Zeit. Die Abenddämmerung fiel allmählich nieder, die Gegend war zerklüftet, und ein freier Ausblick war nicht möglich. Da trennte er sich von seinem Knechte und stieg auf einen Berg, um Ausschau zu halten nach einer menschlichen Niederlassung. Aber der Bergpfad war steil und steinig, man konnte nicht mehr reiten; so kletterte er denn zu Fuß empor. Die Abendnebel stiegen, und wie er sich auch umblickte, es war kein Dorf zu sehen. Schon wollte er wieder den Berg hinab; aber er hatte den Weg verloren, und die Aufregung brannte ihm im Herzen wie Feuer. Mitten im hastigen Suchen fiel er im Dunkeln eine steile Felswand hinunter. Glücklicherweise war einige Fuß weiter unten ein kleiner ebener Grasfleck, auf den er beim Fallen zu liegen kam, nur eben so breit, daß er Platz darauf hatte. Er blickte nach unten, da sah er vor sich die schwarze, bodenlose Tiefe. In seiner Angst wagte er sich nicht zu rühren. Zum Glück wuchsen am Rande des Abgrundes kleine Bäume, die ihn wie ein Geländer umgaben. Nach einiger Zeit entdeckte er zu seinen Füßen die Öffnung einer kleinen Höhle. Die Freude leuchtete ihm im Herzen auf; er kroch auf allen vieren hinein. Er wollte ein wenig ruhen, in der Hoffnung, am andern Tage Hilfe herbeirufen zu können. Auf einmal erblickte er in der Tiefe einen Lichtschein wie ein Sternchen. Er ging darauf zu. Nach zwei, drei Meilen entdeckte er plötzlich Gebäude. Keine Kerze war vorhanden, und doch war es hell wie am lichten Tag. Ein schönes Mädchen kam aus dem Hause hervor. Er sah sie an, da war es Edelweiß. Als sie ihn sah, sprach sie erschrocken: »Wie hast du denn den Weg hierher gefunden?« Der Jüngling nahm sich keine Zeit zum Reden; er faßte sie bei der Hand und seufzte tief. Das Mädchen beschwichtigte ihn und fragte nach der Mutter und dem Kind. Da erzählte er ihr sein ganzes Leid, und Edelweiß ward auch betrübt.

Er sprach: »Du bist nun über ein Jahr tot. Bist du denn nicht in der Unterwelt?«

»Nein«, sagte sie, »das ist ein Ort der Seligen. Ich bin damals nicht wirklich gestorben. Was ihr begraben habt, war nur ein Stück Holz. Nun bist du da und sollst auch teilhaben an der Seligkeit.«

Damit führte sie ihn zu ihrem Vater. Das war ein Mann in langem Bart. Der Jüngling nahte sich grüßend, und Edelweiß sagte: »Mein Mann ist gekommen.«

Der Alte erhob sich erschrocken, winkte mit der Hand und begrüßte ihn obenhin. Edelweiß sprach: »Es ist gut, daß er gekommen ist; wir müssen ihn hier behalten.« Doch sagte der Jüngling, seine Mutter sehne sich nach ihm, er könne nicht lange bleiben.

Der Alte sprach: »Ich weiß das wohl. Aber wenn du ein paar Tage später heimkommst, tut es auch nichts.« Dann setzte er ihm Wein und Speisen vor und befahl der Magd, ein Bett im Nebenzimmer für ihn herzurichten. Als er sich zurückzog, wollte er seine Frau mit sich nehmen. Die wies ihn ab und sprach: »Hier ist nicht der Ort für solche Zärtlichkeiten.« Doch er nahm sie am Arm und ließ sie nicht mehr los. Vor dem Fenster kicherte die Magd. Da schämte sich Edelweiß noch mehr. Während sie sich noch stritten, kam der Alte herein und fuhr ihn an: »Du Erdenwurm beschmutzt meine Wohnung, du mußt fort!«

Da schämte sich der Jüngling über alle Maßen; doch sprach er trotzig: »Die Liebe zwischen Mann und Frau ist etwas, dem wir Menschen nicht entgehen. Was braucht Ihr Euch darum zu kümmern, Alter? Ich bin bereit zu gehen, aber meine Frau muß mit mir.«

Der Alte widersprach nicht. Er winkte seiner Tochter, ihm zu folgen. Dann führte er ihn zur Hintertür hinaus. Kaum war er vor der Tür, da schlugen Vater und Tochter sie zu und verschwanden. Er sah sich um. Da sah er eine steile Felswand vor sich ohne die kleinste Ritze noch Spalte. Einsam und verlassen stand er da und wußte nicht, wohin sich wenden. Er blickte zum Himmel auf. Der schräge Mond strahlte hoch droben. Die Sterne waren schon am Verblassen. Lange stand er erregt da. Er tat sich selber leid und machte sich doch auch Vorwürfe. Er kehrte sich der Wand zu und rief. Aber da war keine Antwort. Ergrimmt holte er seine kleine Hacke aus dem Gürtel und begann, sich einen Weg hineinzugraben. Er grub und schalt. Im Augenblick war er drei, vier Fuß weit eingedrungen. Da hörte er ganz drinnen eine Stimme sprechen: »Du ungeratenes Kind!« Da grub er mit vermehrter Kraft. Im Grunde der Höhle öffnete sich eine Tür. Der Alte schob Edelweiß hinaus und sagte: »Geh! Geh!« Dann schloß sich die Felswand wieder. Schmollend sagte sie zu ihm: »Wenn du mich als deine Frau liebhast, warum hast du meinen Vater so behandelt? Was für ein alter Taoist mag das gewesen sein, der dir dies üble Werkzeug gab, mit dem du die Leute zur Verzweiflung bringst!«

Als der Jüngling seine Frau wiederhatte, da war er froh und getrost und ließ sie reden. Nur das machte ihn besorgt, daß der Weg so steil und die Heimkehr so schwer sei. Edelweiß brach zwei Zweige ab; jedes setzte sich auf einen, da wurden Pferde daraus, und im Fluge ging's davon. Im Augenblick waren sie zu Hause.

Sieben Tage hatte man den Jüngling schon vermißt. Als er sich von dem Knecht getrennt hatte, hatte der ihn vergebens gesucht. Dann war er heimgegangen und hatte es der Mutter gesagt. Die hatte Leute ausgesandt nach allen Richtungen, Berg und Tal wurden durchstreift; aber keine Spur hatte sich gefunden. Sie war eben ganz fassungslos vor Aufregung, da hörte sie, ihr Sohn sei wieder da. Hocherfreut ging sie ihm entgegen. Wie sie aufblickte, sah sie die Frau. Vor Schreck wäre sie beinahe umgefallen. Ihr Sohn erzählte ihr seine Erlebnisse, und die Mutter war froh, sie wiederzuhaben.

Edelweiß aber fürchtete, ihre seltsamen Schicksale würden das Gerede der Leute erregen. So bat sie die Mutter, an einen andern Ort zu ziehen. Die wars zufrieden, und sie zogen um. Kein Mensch erfuhr von der Sache. Achtzehn Jahre wohnten sie friedlich beisammen, da starb die Mutter.

Edelweiß sprach zu ihrem Mann: »In meiner Heimat ist eine Wiese, da lebt ein Fasan, der acht Eier brütet. Dort wollen wir sie begraben. Unser Sohn ist nun schon erwachsen. Wir brauchen nicht wiederzukehren.«

Ihr Mann war einverstanden. Nach dem Begräbnis schickten sie den Sohn allein zurück. – Als er aber nach einem Monat wiederkam und nach seinen Eltern sah, da waren beide verschwunden.

99. Das Heimweh

Yüo Dschung war aus Sianfu. Sein Vater starb früh. Er kam nach dessen Tode zur Welt. Die Mutter war Buddha ergeben, aß nichts Unreines und trank keinen Wein. Als ihr Sohn heranwuchs, liebte er den Trunk und fröhliche Unterhaltung. Im stillen mißbilligte er die Art seiner Mutter. Häufig brachte er ihr fette und süße Speisen und suchte, sie zum Essen überreden, aber stets schickte ihn die Mutter weg. Später wurde die Mutter krank. Er wartete ihrer aufs beste. Sie bekam ein Gelüsten nach Fleisch. Der Sohn war in Verlegenheit, Fleisch zu finden; so schnitt er sich ein Stück aus seinem linken Bein und brachte es ihr dar.

Kaum war die Krankheit etwas besser, da kam sie Reue an, daß sie das Gebot übertreten. Sie aß nichts mehr und starb. Der Sohn in seinem bitteren Leide nahm ein scharfes Messer und schnitt sich auch ins rechte Bein, also daß man den Knochen sah. Die Diener kamen, ihn zu retten. Er ward verbunden und bekam Arznei, da ward es besser. Er gedachte in seinem Herzen an die bitteren Entbehrungen seiner Mutter und wie so töricht sie gewesen. Darum verbrannte er alle Buddhabilder, die sie angebetet, und stellte ein Täfelchen auf, seiner Mutter zu opfern. Und jedesmal, wenn er betrunken gewesen, da klagte und weinte er davor.

Mit zwanzig Jahren heiratete er. Doch da er immer keusch geblieben war, sprach er nach drei Tagen: »Daß Mann und Frau zusammenwohnen, ist etwas Häßliches und macht mir keine Freude.« Darauf entließ er seine Frau.

Der Vater seiner Frau ließ ihn durch Verwandte bitten, sie wieder aufzunehmen, drei-, viermal. Doch er blieb fest. So wartete der Vater denn ein halbes Jahr; dann gab er seine Tochter einem andern Mann.

Yüo Dschung lebte ledig an zehn Jahren. Er war nicht wählerisch in seinem Umgange. Mit Knechten und Schauspielern trank er zusammen, und wenn ihn von den Nachbarn irgendwer um etwas bat, er konnte nichts versagen. Sprach einer: »Meine Tochter hat keinen Kessel für ihre Aussteuer«, so ging er flugs zu seinem Herde und gab ihm seinen eigenen. Er selbst entlehnte dann zum Kochen einen anderen in der Nachbarschaft. Alle nichtsnutzigen Leute kannten seine Art, und früh und spät ward er betrogen. Da hatte vielleicht einer im Spiel verloren und kein Geld zum Zahlen, dann kam er mit betrübten Mienen zu ihm und klagte ihm vor, er sei in äußerster Bedrängnis und müsse seinen Sohn verkaufen. Yüo Dschung hatte selber Geld zurückgelegt für die Steuer; er drehte seine Taschen um und gab es ihm. Nicht lange, so kam der Steuereintreiber vor seine Tür, und er mußte damit anfangen, seinen Besitz zu verpfänden. So kam sein Eigentum allmählich herunter. Früher, solange er im Überfluß gelebt, waren seine Vettern und Verwandten um die Wette gekommen, sich ihm dienstbar zu erweisen, und er fragte auch nichts danach, wenn sie gelegentlich etwas von den Vorräten des Hauses mitnahmen. Nachdem er aber heruntergekommen war, blieben ihm nur noch ganz wenige treu. Zum Glück konnte er sich darüber hinwegsetzen.

Einst am Todestag seiner Mutter ward er krank, so daß er nicht an ihr Grab konnte. Er wollte einen seiner Vettern schicken, um für ihn das Opfer darzubringen. Der Diener ging bei ihnen allen der Reihe nach herum; aber jeder hatte einen Vorwand abzulehnen. So brachte er denn seine Gaben im Hause dar und weinte vor der Ahnentafel. Es machte ihm recht zu schaffen, daß er keine Nachkommen hatte. Dadurch wurde es mit seiner Krankheit immer schlimmer.

Während er so vor sich hindämmerte, fühlte er, wie ihn jemand streichelte. Er öffnete die Augen ein wenig, da war es seine Mutter. Erschreckt fragte er sie, warum sie komme.

Sie antwortete: »Da niemand im Hause ist, um an mein Grab zu gehen, so kam ich hierher zum Mahle. Da sah ich, daß du krank bist.«

Sie fragte ihn noch, wohin er ziehen wolle.

Er sagte: »Nach Süden, ans Meer.«

Als sie aufhörte mit Streicheln, da fühlte er eine Kühlung in seinen Gliedern. Er öffnete die Augen und sah sich um; aber es war niemand da. Seine Krankheit ward nun besser.

Als er wieder aufstehen konnte, gedachte er, eine Wallfahrt nach dem Südmeer zu machen; doch hatte er leider keinen Reisegefährten. Da traf es sich, daß in einem Nachbardorfe ein Pilgerzug sich zusammentat. Er verkaufte zehn Morgen Land, nahm den Erlös und schloß sich ihnen an. Doch die Pilger wiesen ihn zurück, da er nicht rein sei. Er bat sie flehentlich, da ließen sie ihn mit. Auf dem Wege aber war das Zimmer, wo er wohnte, immer voll von dem Geruch nach Ochsenfleisch, Knoblauch und anderen unreinen Speisen. Darum verabscheuten ihn alle um so mehr. Als er einmal betrunken schlief, benutzten sie die Gelegenheit und gingen weiter, ohne ihm etwas zu sagen. So mußte er denn einsam seines Weges ziehen.

Als er an die Grenze von Fukien kam, traf er einen Bekannten, mit dem er ein Glas Wein zusammen trank. Da saß auch eine berühmte Sängerin mit Namen Schneeflocke. Als er von seiner Reise nach dem Südmeer sprach, da äußerte Schneeflocke den Wunsch, sich ihm anschließen zu dürfen. Yüo Dschung war froh und ließ ihr Gepäck holen. So reisten sie zusammen ab. Sie teilten alles miteinander; doch hielten sie sich keusch zurück. Wie sie zum Südmeer kamen, da hatten die Pilger ihr Reinigungsopfer eben vollendet, und als sie ihn nun mit einer Sängerin zusammen daherkommen sahen, da mißbilligten und verlachten sie ihn noch mehr als zuvor, und sie hielten ihn für zu gemein, um mit ihm zusammen ihr heiliges Werk zu vollbringen.

Yüo Dschung und Schneeflocke sahen ihre Gedanken. So warteten sie, bis jene hingegangen waren zu beten. Danach gingen auch sie. Die andern waren fertig mit Beten; sie waren unzufrieden, daß kein Zeichen sich zeigte. Da traten Yüo Dschung und Schneeflocke zu ihnen und warfen sich zur Erde. Plötzlich sah man das ganze Meer voller Lotosblumen. Auf den Lotosblumen saßen Gestalten, die Kronen auf ihrem Haupte trugen, von denen Perlen herabfielen. Schneeflocke hielt sie für Heilige. Yüo Dschung aber sah näher zu, da trugen, die auf den Lotosblumen saßen, alle die Züge seiner Mutter. Eilig lief er hin und rief: »Mutter! Mutter!« und sprang ins Meer ihnen nach. Die Menge sah, wie alle die vielen Lotosblumen sich in ein Abendrot verwandelten, das das Meer färbte wie Brokat. Nach einer kleinen Weile wurden die Wolken wieder matt und die Wogen klar, und alles war dunkel.

Yüo Dschung stand einsam am Ufer. Er wußte selbst nicht, wie er wieder herausgekommen war. Kleider und Schuhe waren ganz trocken. Da blickte er lange sehnsüchtig nach dem Meer und begann zu weinen. Seine Stimme hallte wider von den Inseln und Klippen.

Schneeflocke suchte, ihn leise zu trösten. Traurig verließen sie den Tempel. Man mietete ein Schiff zur Rückreise nach Norden. Als sie gelandet, wurde Schneeflocke von einem reichen Herrn in Dienst genommen. Yüo Dschung setzte einsam seine Reise fort. Er traf einen Knaben von acht, neun Jahren, der vor den Häusern bettelte; doch sah er nicht aus wie ein Betteljunge. Als er ihn genauer fragte, erfuhr er, daß er von seiner Stiefmutter verstoßen worden sei. Er hatte Mitleid mit ihm. Der Knabe war anhänglich und wollte sich nicht von ihm trennen. Flehentlich bat er, ihn doch zu retten. So nahm er ihn mit nach Hause. Er fragte ihn nach seinem Namen.

Er sagte: »Ich heiße Schmerzenreich. Ich wuchs auf im Hause eines Mannes namens Yung; aber meine Mutter sagte, ich sei das Kind eines Mannes namens Yüo, der sie nach der Hochzeit verstoßen habe.«

Yüo Dschung erschrak und dachte bei sich: ›Wäre es möglich, daß dies mein Sohn ist?‹

Er fragte, wo denn der Mann namens Yüo gewohnt habe.

Der Junge erwiderte: »Ich weiß es nicht; doch als meine Mutter starb, da gab sie mir ein Schriftstück und ermahnte mich, es nicht zu verlieren.«

Hastig verlangte Yüo Dschung das Schriftstück.

Schmerzenreich öffnete seine Tasche und nahm es heraus. Yüo Dschung überflog es; da war es der Scheidebrief, den er damals seiner Frau gegeben.

»Ja, Schmerzenreich, du bist mein Sohn«, sprach er dann.

Er fragte ihn nach der Zeit seines Geburtstages, und alles stimmte genau. Das war ihm ein rechter Trost in seinem Innern. Doch ging es mit seinem Besitz immer mehr bergab. Nach zwei Jahren war das Land vollends verkauft, und er konnte keine Diener mehr halten.

Eines Tages kochten Vater und Sohn zusammen ihr Essen, da trat plötzlich eine schöne Frau herein. Er blickte sie an, es war Schneeflocke.

Erstaunt fragte er, woher sie komme.

Sie sagte lächelnd: »Wir waren doch einmal fast wie Mann und Frau, was fragst du noch? Daß ich dir früher nicht schon gefolgt, das kam, weil meine alte Amme noch lebte. Nun ist die Amme tot, und ich überlegte mir, wenn man sich keinem Manne anschließt, so ist man schutzlos preisgegeben; schließt man sich einem Manne an, so muß man seine Reinheit preisgeben. Überlegend, wie man beides vermeiden könne, fiel mir ein, daß ich am besten bei dir geborgen sei. Darum scheute ich nicht den weiten Weg.«

Mit diesen Worten legte sie ihren Schmuck weg und löste den Sohn beim Kochen ab. Als es Abend war, schliefen Vater und Sohn wie seither beisammen und bereiteten ein anderes Zimmer, um Schneeflocke zu beherbergen.

Schneeflocke verstand es aufs beste, den Sohn zu erziehen.

Als die Verwandten Yüo Dschungs von der Sache hörten, brachten sie dem Yüo Dschung Geschenke von Speisen. Die beiden freuten sich darüber und behielten sie zu Gast. Für die Haushaltsgeräte hatte Schneeflocke gesorgt, ohne daß Yüo Dschung fragte, woher sie kamen. Schneeflocke tat allmählich ihr Gold und ihre Perlen hervor und löste den alten Besitz wieder ein. So kam es, daß Knechte und Mägde, Pferde und Rinder von Tag zu Tag sich mehrten.

Yüo Dschung warnte zuweilen Schneeflocke: »Wenn ich betrunken bin, mußt du dich von mir fernhalten, damit ich keine Schneeflocke sehe.« Lächelnd versprach sie es ihm.

Eines Tages war er schwer betrunken und rief heftig nach Schneeflocke. Schneeflocke trat in bezaubernder Schönheit herein. Yüo Dschung betrachtete sie lange. Da kam plötzlich eine große Freude über ihn, und er begann, wie verrückt herumzutanzen.

»Ich bin erwacht, ich bin im Weine zu mir gekommen vom Licht der Erde. Diese Wohnung hier, darin ich wohne, ist das Himmelsschloß.«

Es dauerte lange, bis er abließ.

Von da ab trank er nicht mehr auf dem Markte, sondern trank mit Schneeflocke zusammen. Schneeflocke, die sich vom Weine fernhielt, tat ihm Bescheid in Tee.

Eines Tages war er etwas angeheitert und fuhr mit Schnee-
flockes Hand über seine Seite. Da entdeckte sie die Schnitt-
narben an seinen Beinen, die sich in zwei rote Lotosknospen
verwandelt hatten und zwischen dem Fleisch hervorkamen.
Sie verwunderte sich; er aber sagte lächelnd: »Wenn du diese
Blumen sich öffnen siehst nach zwanzig Jahren, dann hat unsere Scheinehe ein Ende.« Und Schneeflocke glaubte ihm.
Nachdem für Schmerzenreich eine Lebensgenossin gefunden
war, übergab Schneeflocke die Hausgeschäfte allmählich der
jungen Frau und zog sich mit Yüo Dschung in einen andern
Hof zurück. Der Sohn und seine Frau kamen täglich dreimal,
nach den Eltern zu fragen. Aber nur schwierige Sachen legten
sie ihnen zur Entscheidung vor. Sie bestellten zwei Dienerinnen, die eine, um Wein zu wärmen, die andere, um Tee zu
kochen.
Eines Tages war Schneeflocke bei dem jungen Paare. Die
Schwiegertochter hatte vieles zu erledigen, und es dauerte
lange, bis sie zurückkam. Schmerzenreich ging mit, um nach
dem Vater zu sehen. Als sie zur Tür hereintraten, da sahen sie
Yüo Dschung barfuß auf dem Bette sitzen.
Er hörte sie kommen, da öffnete er die Lider und sagte
lächelnd: »Mutter und Sohn sind beide gekommen, das ist
gut.« Dann schloß er die Augen wieder.
Schneeflocke erschrak sehr und sprach: »Was willst du tun?«
Sie sah nach, da hatten sich die Lotosblumen an seinen Beinen weit geöffnet. Sie befühlte ihn, sein Atem stand schon
still.
Eilig hielt sie mit beiden Händen die Lotosblumen zu und
sagte bebend: »Ich bin aus weiter Ferne gekommen, dir zu
folgen, das war nicht leicht. Ich habe dir den Sohn erzogen
und die Schwiegertochter gelehrt, das alles hab' ich dir zu-
liebe getan. Warum willst du nicht noch zwei, drei Jahre auf
mich warten?«
Nach einer Stunde öffnete er plötzlich die Augen und sagte
lächelnd: »Frau, du hast doch deine eigenen Geschäfte,

warum mußt du einen andern herbeiziehen dir zum Genossen? Immerhin, ich will um deinetwillen bleiben.«

Sie ließ die Hände los, da hatten sich die Blumen wieder geschlossen. Und so blieben sie beieinander wohnen, plaudernd und lachend wie zuvor.

Drei Jahre waren verflossen. Schneeflocke war schon nahe an vierzig; aber noch immer war sie jung und schlank wie ein zwanzigjähriges Mädchen.

Einst sagte Schneeflocke zu Yüo Dschung: »Wenn man gestorben ist, so muß man sich von andern Leuten beim Kopf und bei den Füßen nehmen lassen. Das ist nicht rein und schön.«

Darum ließen sie vom Zimmermann ein Paar Särge machen. Schmerzenreich fragte erstaunt nach dem Grunde.

Sie aber sprachen: »Das verstehst du nicht.«

Nachdem die Arbeit fertig war und sie gebadet und sich geschmückt hatte, sprach sie zum Sohne und seiner Frau: »Ich werde jetzt sterben.«

Schmerzenreich sagte schluchzend: »All die Jahre her hast du als Mutter für mich gesorgt. Und nun, wies soweit ist, daß wir von Kälte und Hunger nichts mehr zu leiden haben, willst du uns verlassen und gehen, ehe du dein Glück in Ruhe noch genossen hast.«

Sie sprach: »Das Gute, das der Vater sät, hat als Glück der Sohn zu ernten. Alles, was du an Reichtum hast, ist deines Vaters Lohn. Ich habe kein Verdienst. Ich war ursprünglich eine blumenspendende Himmelsjungfrau. Doch ward ich bestrickt von irdischen Gedanken. Darum mußte ich in die Menschenwelt. Ich ward deinem Vater zur Frau gegeben; doch verstieß er mich, und nach langer Irrfahrt erst haben wir uns wiedergefunden. Mehr als dreißig Jahre sind nun vorüber, und meine Zeit ist um.«

Damit stieg sie selbst in den Sarg. Der Sohn rief noch einmal nach ihr, aber ihre Augen waren schon geschlossen. Weinend ging Schmerzenreich hin, es seinem Vater zu sagen. Aber der

Vater hatte auch schon die Leichenkleider angezogen und stieg, sein Leben aushauchend, in seinen Sarg. Man stellte die Särge in der Halle auf. Mehrere Tage zögerte man, sie zu schließen, in der Hoffnung, sie kämen wieder zum Leben. Ein Schein ging aus von den Lotosblumen des Vaters, der rings das Gemach erhellte. Von Schneeflockens Sarg aber stieg ein süßer Duft auf, die ganze Luft umher erfüllend. Als man die Särge schloß, verschwanden Duft und Glanz allmählich.

100. Der Affe Sun Wu Kung

Im fernen Osten, mitten im großen Meer, ist eine Insel, die heißt: der Berg der Blumen und Früchte. Auf diesem Berge stand ein hoher Fels. Der hatte seit Anbeginn der Welt alle geheimen Samenkräfte von Himmel und Erde, Sonne und Mond in sich aufgenommen; dadurch erhielt er übernatürliche Zeugungskraft. Eines Tages barst er und gebar ein steinernes Ei. Es war rund wie eine Kugel. Aus diesem Ei ward durch Zauberkraft ein steinerner Affe ausgebrütet. Er neigte sich nach allen Seiten. Dann lernte er allmählich gehen und springen. Aus seinen Augen brachen zwei Strahlen goldenen Scheines hervor, die schossen hinauf bis zu dem höchsten Himmelsschloß, also daß der Herr des Himmels darob erschrak. Er sandte die beiden Götter Tausendmeilenauge und Feinohr aus, um zu sehen, was es gäbe. Die beiden Götter berichteten: »Die Strahlen kommen aus dem Auge des steinernen Affen, der von dem Zauberstein geboren ist; es ist kein Grund zur Unruhe vorhanden.«

Allmählich wuchs der Affe heran, lief und sprang umher, trank aus den Quellen der Täler und aß von den Blumen und Früchten, und die Zeit verstrich in ungebundenem Spiel.

Eines Tages im Sommer, als er mit den andern Affen der Insel Kühlung suchte, kamen sie in ein Tal zu baden. Sie erblickten einen Wasserfall, der von hohen Felsen herabstürzte. Die

Affen sprachen untereinander: »Wer durch das Wasser hineindringen kann, ohne daß es ihm etwas schadet, der soll unser König sein.« Der steinerne Affe machte einen Freudensprung und sprach: »Ich gehe hinein.« Dann schloß er die Augen, bückte sich und sprang in den brausenden Gischt. Als er die Augen wieder öffnete, da sah er eine eiserne Brücke, die durch den Wasserfall wie durch einen Vorhang von der Außenwelt abgeschlossen war. Die Brücke führte zu einem Höhlenschloß, das war wohnlich und rein. Am Eingang stand eine Steintafel; darauf war geschrieben: »Das ist der Höhlenhimmel hinter dem Wasservorhang auf dem seligen Berg der Blumen und Früchte.« Hocherfreut sprang der steinerne Affe wieder durch das Wasser hinaus und erzählte den andern Affen, was er gefunden. Die hörten die Nachricht mit großer Freude und baten den steinernen Affen, sie mitzunehmen. So sprang die ganze Herde durch das Wasser auf die eiserne Brücke; dann drangen sie ins Höhlenschloß ein, wo Töpfe und Herde, Tassen und Schüsseln in reicher Zahl sich fanden. Alles aber war aus Stein. Die andern ehrten nun den steinernen Affen als ihren König, und er ward genannt: der schöne Affenkönig. Er ordnete die Meerkatzen, Paviane und die übrigen Affen zu Beamten und Räten, Dienern und Helfern, und sie führten ein seliges Leben auf dem Berge, schliefen nachts in ihrem Höhlenschloß, hielten sich fern von Vögeln und Tieren, und der König genoß der ungebundenen Seligkeit. Darüber vergingen wohl an die dreihundert Jahre.

Eines Tages, als der Affenkönig mit seinen Affen bei fröhlichem Mahle saß, begann er plötzlich zu weinen. Erschrocken fragten die Affen, was ihn inmitten all dieser Seligkeit auf einmal so traurig mache. Der König sprach: »Wohl sind wir frei von der Menschen Gesetz und Recht, wohl wagen Vögel und Tiere nicht, uns etwas anzuhaben; doch werden wir allmählich alt und schwach, und eines Tages kommt die Stunde, da der Tod, der Alte, uns davonschleppt. Im Nu sind wir dahin und können nicht länger auf der Erde weilen.« Als die Affen diese Worte hörten, verhüllten sie ihre Gesichter und schluchzten. Da trat ein alter Affe aus der Reihe hervor, dessen Arme so in Verbindung standen, daß er den einen um den andern verlängern konnte. Der sprach mit lauter Stimme: »Daß Ihr, o König, auf diese Gedanken kommt, das zeigt, daß das Suchen nach Wahrheit in Euch erwacht ist. Unter allen lebenden Wesen gibt es nur drei Arten, die der Macht des Todes entnommen sind: die Buddhas, die seligen Geister und die Götter. Wer eine dieser drei Stufen erreicht, der entgeht dem Rad der Wiedergeburt und lebt so lange wie der Himmel.« Der Affenkönig sprach: »Wo wohnen denn diese drei?« Der alte Affe erwiderte: »Sie wohnen in Höhlen und heiligen Bergen in der großen Welt der Menschen.« Der König war erfreut, als er das hörte, und erklärte seinen Affen, daß er hingehen wolle, um Götter und heilige Geister zu suchen und von ihnen den Weg der Unsterblichkeit zu lernen. Die Affen schleppten Pfirsiche und andere Früchte und süßen Wein herbei, das Abschiedsmahl zu feiern, und sie betranken sich noch einmal miteinander nach Herzenslust.

Am andern Morgen stand der schöne Affenkönig in aller Frühe auf, machte sich ein Floß zurecht aus alten Kiefern und nahm einen Bambusstab zur Ruderstange. Ganz allein bestieg er das Floß und ruderte durch das große Meer. Wind und Wellen waren günstig, und er kam nach Asien. Dort stieg er ans Land. Da traf er am Ufer einen Mann, der Fische fing. Er ging auf ihn zu, schlug ihn zu Boden, riß ihm die Kleider ab und zog sie selber an. Dann wanderte er umher und besuchte alle berühmten Orte, ging in die Märkte, die dicht bevölkerten Städte, lernte Anstandsregeln, lernte sprechen und benahm sich wie ein gebildeter Mensch. Doch war er im Herzen darauf gerichtet, die Lehre der Buddhas, der Seligen und der heiligen Götter zu erfragen. Aber die Leute in diesem Land waren nur auf Ehre und Reichtum aus. Keinem einzigen war es um das Leben zu tun. So trieb er sich denn umher, und unvermerkt vergingen neun Jahre. Da kam er an den Strand des Westmeeres, und es fiel ihm ein: Jenseits des Meeres, da gibt es wohl sicher Götter und Heilige. So machte er sich denn wieder ein Floß zurecht, trieb über das Westmeer und kam in das Land des Westens. Dort ließ er das Floß schwimmen und stieg ans Ufer. Viele Tage hatte er mit Suchen zugebracht, als er plötzlich einen hohen Berg mit stillen, tiefen Tälern erblickte. Der Affenkönig stieg hinan, da hörte er im Walde einen Menschen singen, und der Gesang klang wie ein Lied von seligen Geistern. Eilig drang er in den Wald ein um zu sehen, wer es wäre. Er traf einen Holzhacker bei der Arbeit. Der Affenkönig verneigte sich vor ihm und sprach: »Ehrwürdiger, göttlicher Meister, ich falle anbetend vor Euch nieder.« Der Holzhacker sprach: »Ich bin ein einfacher Arbeiter; was nennst du mich göttlicher Meister?« – »Wenn du kein seliger Gott bist«, antwortete der Affenkönig, »woher hast du denn dann dieses göttliche Lied?« – Der Holzhacker sagte lachend: »Du kennst dich aus in der Musik. Ich habe wirklich ein Lied gesungen, das mich ein Heiliger gelehrt.« – »Wenn du mit einem Heiligen befreundet bist«, sagte der Affenkönig, »so wohnt er sicher nicht weit von hier. Ich flehe dich an, mir den Weg zu seiner Wohnung zu zeigen!« – Der Holzhacker sprach: »Es ist nicht weit! Es ist nicht weit! Dieser Berg heißt der Berg des Herzens. Eine Höhle ist darin, da wohnt ein Heiliger, er heißt der Erkennende. Unzählige seiner Schüler haben die Seligkeit erlangt. Dreißig, vierzig Schüler sind noch immer um ihn versammelt. Du darfst nur diesem Weg nach Süden folgen, so kannst du seine Wohnung nicht verfehlen.« Der Affenkönig bedankte sich bei dem Holzhacker, und richtig kam er zu der Höhle, die jener ihm beschrieben. Das Tor war verschlossen, und er wagte nicht zu klopfen. So sprang er denn auf eine Kiefer und brach sich Kiefernzapfen ab, deren Samen er aß. Nicht lange, da kam ein Jünger des Heiligen, machte das Tor auf und sprach: »Was ist denn das für ein Vieh, das da solchen Lärm verführt?« Der Affenkönig sprang vom Baum, ver-

beugte sich und sagte: »Ich komme, um die Wahrheit zu lernen. Ich wage nicht zu lärmen.« Da mußte der Jünger lachen und sagte: »Unser Meister saß gerade in Andacht versunken; da hieß er mich den Wahrheitssucher, der draußen stehe, hereinführen, und nun steht wirklich einer da. Nun, du kannst mit mir kommen!« Der Affenkönig zog seine Kleider zurecht, rückte den Hut gerade und trat ein. Ein langer Gang führte an prächtigen Gebäuden und stillen verborgenen Hütten vorüber bis an den Ort, wo der Meister auf einem Sitz von weißem Marmelstein aufrecht saß. Rechts und links von ihm standen dienend die Jünger. Der Affenkönig warf sich zur Erde und begrüßte ihn demütig. Auf die Fragen des Meisters erzählte er, wie er sich hergefunden habe. Und als er ihn fragte, wie er heiße, erwiderte er: »Ich habe keinen Namen. Ich bin ein Affe aus einem Steine geboren.« Da sprach der Meister: »So will ich dir einen Namen geben. Ich nenne dich Sun Wu Kung.« Hocherfreut bedankte sich der Affenkönig, und er hieß von nun ab Sun Wu Kung. Der Meister befahl den älteren Jüngern, den Sun Wu Kung zu belehren im Kehren und Putzen, im Aus- und Eingehen, im guten Benehmen, im Hacken des Feldes und Gießen des Gartens. Nach einiger Zeit lernte er schreiben, Weihrauch verbrennen und die Sutren lesen. Darüber vergingen sechs, sieben Jahre.
Eines Tages stieg der Meister zu seinem Lehrsitz empor und begann, über die große Wahrheit zu reden. Sun Wu Kung verstand den geheimen Sinn und begann vor Freude zu zappeln und zu tanzen. Der Meister schalt ihn: »Sun Wu Kung, du hast noch immer nicht deine Wildheit abgelegt. Was fällt dir ein, dich so ungebührlich zu betragen!« Sun Wu Kung erwiderte sich verneigend: »Ich hörte Euch aufmerksam zu, da ging in meinem Herzen mir der Sinn der Rede auf, und unwillkürlich tanzte ich vor Freuden; ich ließ nicht wildem Wesen den Lauf.« Der Meister sprach: »Wenn du wirklich erwacht bist, so will ich dir die große Wahrheit verkündigen. Diese Wahrheit aber hat dreihundertsechzig Wege, auf denen

man zu ihr gelangen kann. Welchen Weg soll ich dich lehren?« – Sun Wu Kung sprach: »Welchen Ihr wollt, o Meister.« – Der Meister sprach: »Soll ich dich in der Magie unterweisen?« – Sun Wu Kung fragte: »Was lernt man da?« – Der Meister sprach: »Man lernt, die Geister zu beschwören, das Orakel zu befragen und Glück und Unglück vorherzuwissen.« – »Kann man dadurch das ewige Leben erlangen?« fragte Sun Wu Kung. – »Nein«, war die Antwort. – »Dann lern ich's nicht.« – »Soll ich dich in der Wissenschaft unterrichten?« – »Was ist die Wissenschaft?« – »Es sind die neun Schulen der drei Religionen. Man lernt die heiligen Schriften lesen, Zaubersprüche sagen, mit den Göttern verkehren und die Heiligen herbeirufen.« – »Kann man dadurch das ewige Leben erlangen?« – »Nein.« – »Dann lern ich sie nicht.« – »Der Weg der Stille ist sehr gut.« – »Was ist damit gemeint?« – »Man lernt, ohne Nahrung zu leben, in stiller Reinheit tatenlos zu weilen und in Betrachtung versunken zu sitzen.« – »Kann man dadurch das ewige Leben erlangen?« – »Nein.« – »Dann lern ich ihn nicht.« – »Der Weg der Tat ist auch recht gut.« – »Was ist damit gemeint?« – »Man lernt, die Kräfte des Lebens ins Gleichgewicht zu setzen, den Körper zu üben, das Lebenselixier zu bereiten, den Nabel zu reiben und den Atem zu beherrschen.« – »Kann man dadurch das ewige Leben erlangen?« – »Auch noch nicht.« – »Dann lern ich ihn nicht! Dann lern ich ihn nicht!« – Da stellte sich der Meister böse, sprang von seinem Pult herab, nahm den Stock und schalt: »Dieser Affe! Das will er nicht lernen, jenes will er nicht lernen! Auf was wartest du denn dann noch?« Damit schlug er ihn mit dem Stocke dreimal auf den Kopf, zog sich ins innere Zimmer zurück und machte die Haupttür hinter sich zu. Die Schüler waren in großer Aufregung und bestürmten den Sun Wu Kung mit Vorwürfen. Der aber bekümmerte sich nicht darum, sondern lächelte stille vor sich hin; denn er hatte das Rätsel, das der Meister ihm aufgegeben hatte, verstanden. Er dachte in seinem Herzen: ›Daß er mich dreimal auf den Kopf geschlagen, das heißt, daß ich zur dritten Nachtwache bereit sein soll. Daß er sich ins innere Gemach zurückgezogen hat und die Haupttür hinter sich verschlossen, das heißt, daß ich zur Hintertür hereinkommen soll und er mir im geheimen die große Wahrheit eröffnen will.‹ So wartete er denn bis zum Abend und legte sich zum Scheine mit den andern Schülern gemeinsam zur Ruhe. Als aber die dritte Nachtwache gekommen war, da stand er leise auf und schlich sich zur Hintertür. Richtig fand er sie nur angelehnt. Er schlüpfte hinein und trat vor das Bett des Meisters. Der Meister schlief mit dem Gesicht nach der Wand. Er wagte ihn nicht zu wecken, sondern kniete vor dem Bette nieder. Nach einer Weile drehte sich der Meister um und summte ein Verschen vor sich hin:

> »Schwer, schwer, schwer
> Ist der Wahrheit Lehr'!
> Find't man nicht den rechten Mann,
> Red't man sich nur lahm daran.«

Da antwortete Sun Wu Kung: »Ich warte hier ehrfürchtig.«
Der Meister warf die Kleidung über, richtete sich im Bett auf und fuhr ihn an: »Verdammter Affe! Warum schläfst du denn nicht? Was willst du denn hier?«
Sun Wu Kung erwiderte: »Ihr habt mir doch gestern angedeutet, daß ich um die dritte Nachtwache zur Hintertür hereinkommen soll, um in der Wahrheit unterrichtet zu werden. Darum habe ich es gewagt zu kommen. Wenn Ihr mir nun die große Gnade erweisen wollt, mich zu belehren, so will ich Euch ewig dankbar sein.«
Der Meister dachte bei sich selbst: ›Dieser Affenkopf hat wirklich Geist, daß er mich so gut verstanden hat.‹ Dann sagte er: »Sun Wu Kung, dir ist's vergönnt. Ich will offen mit dir reden. Komm ganz nahe heran, dann will ich dich den Weg zum ewigen Leben lehren.«
Damit sagte er ihm einen göttlichen Zauberspruch zur

Sammlung der Lebenskraft ins Ohr und erklärte Wort für Wort den geheimen Sinn. Begierig hörte Sun Wu Kung zu und konnte ihn in kurzem auswendig. Dann bedankte er sich, ging wieder nach vorn und legte sich schlafen. Von da ab übte er sich im richtigen Atmen, wahrte Samen, Seele und Geist und zähmte seines Herzens Natur. Unter dieser Arbeit vergingen abermals drei Jahre. Da war das Werk vollbracht.

Eines Tages sprach der Meister zu ihm: »Noch drohen dir drei große Gefahren, die jeder bestehen muß, der etwas Außerordentliches erreicht, da ihn der Dämon und Geister Neid verfolgt. Und nur wer diese drei Gefahren bestanden hat, der lebt so lange wie der Himmel.«

Da erschrak Sun Wu Kung und fragte: »Gibt es ein Mittel, sich vor diesen Gefahren zu schützen?«

Da sagte ihm der Meister abermals einen geheimen Spruch ins Ohr, durch den er die Kraft bekam, sich zweiundsiebzigmal zu wandeln.

Nach einigen Tagen schon hatte Sun Wu Kung die Kunst gelernt.

Eines Tages ging der Meister im Kreise seiner Jünger vor der Höhle spazieren. Er rief den Sun Wu Kung heran und fragte: »Wie steht's mit deiner Kunst, kannst du auch fliegen?«

»Jawohl!« antwortete der.

»So laß mich's einmal sehen!«

Der Affe sprang in die Höhe und kam fünf, sechs Fuß von der Erde weg. Unter seinen Füßen ballten sich Wolken, auf denen er mehrere hundert Schritt weit gehen konnte. Dann mußte er sich wieder zur Erde niederlassen.

Lachend sagte der Meister: »Das heißt in den Wolken herumkriechen, nicht auf den Wolken schweben, wie's Götter und Heilige, die in einem Tag die ganze Welt durchstreifen, können müssen. Ich will dich den Zauberspruch des Wolkenpurzelbaums lehren. Wenn du so einen Purzelbaum schlägst, kannst du achtzehntausend Meilen weit kommen.«

Hocherfreut bedankte sich Sun Wu Kung, und er war von da

ab imstande, ohne jede Schranke des Raumes sich hin und her zu bewegen.

Eines Tages saß Sun Wu Kung mit den andern Jüngern zusammen unter der Kiefer vor dem Tor, und sie plauderten über die Geheimnisse der Lehre. Schließlich baten sie ihn, seine Verwandlungskünste zeigen. Sun Wu Kung konnte sein Geheimnis nicht bei sich behalten und sagte zu.

Lächelnd sprach er: »Stellt mir nur eine Aufgabe! In was wollt ihr, daß ich mich verwandeln soll?«

Sie sagten: »Verwandle dich einmal in eine Kiefer!«

Sun Wu Kung sagte einen Spruch her, dreht sich um, und schon stand er als Kiefernbaum vor ihnen da. Da brachen sie alle in wieherndes Gelächter aus. Der Meister hörte den Lärm und kam zur Tür heraus, seinen Stock hinter sich herschleppend.

Er fuhr sie an: »Was habt ihr da zu lärmen?«

Sie sprachen: »Sun Wu Kung hat sich in einen Kiefernbaum verwandelt; darüber mußten wir lachen.«

»Sun Wu Kung, komm da her!« sagte der Meister. »Sage einmal, was machst du da für Kunststückchen? Was brauchst du dich in eine Kiefer zu verwandeln? Die ganze Arbeit, die du getan, ist dir nur gerade gut genug, um vor den Augen der andern zu zaubern. Das zeigt, daß du dein Herz noch nicht in der Hand hast.«

Demütig bat Sun Wu Kung den Meister um Verzeihung.

Der Meister aber sprach: »Ich trage dir nichts nach, aber du mußt fort.«

Mit Tränen in den Augen sagte Sun Wu Kung: »Wo soll ich denn hin?«

»Wo du hergekommen bist, da sollst du wieder hin!« sagte der Meister. Und als Sun Wu Kung nun traurig Abschied nahm, bedrohte ihn der Meister noch: »Mit deiner wilden Art bringst du sicher noch Unheil über dich. Du darfst keinem Menschen sagen, daß du mein Schüler bist. Wenn du etwas verlauten läßt, so hol ich deine Seele und sperr sie in die tiefste Hölle, daß du in tausend Ewigkeiten nicht mehr herauskommst.«

Sun Wu Kung sprach: »Ich will nichts sagen, ich will nichts sagen!«

Dann bedankte er sich noch für die ihm erwiesene Güte, schlug einen Purzelbaum und stieg zu den Wolken empor.

Kaum war eine Stunde vergangen, da war er über die Meere und sah den Berg der Blumen und Früchte wieder vor sich liegen. Da fühlte er sich froh und heimisch, ließ seine Wolke zur Erde herab und rief zur Höhle hinein: »Kinderchen, ich bin wieder da!« Und schon strömte es aus dem Tal, hinter den Felsen, aus dem Gras und von den Bäumen herbei. Groß und klein kamen seine Affen zu Tausenden angesprungen, umringten ihn, begrüßten ihn und fragen nach seinen Erlebnissen. Sun Wu Kung sprach: »Ich hab jetzt ein Mittel zum ewigen Leben und brauch den alten Tod nicht mehr zu fürchten.« Da waren alle Affen hocherfreut, brachten um die Wette Blumen und Früchte, Pfirsiche und Wein herbei, um Sun Wu Kung zu begrüßen. Und wieder verehrten sie den Sun Wu Kung als schönen Affenkönig.

Sun Wu Kung versammelte nun die Affen um sich und erkundigte sich, wie es ihnen in seiner Abwesenheit ergangen sei.

Sie sprachen: »Es ist sehr gut, daß Ihr wieder da seid, großer König. Letzthin kam ein Teufel, der wollte unsere Höhle mit Gewalt in Besitz nehmen. Wir kämpften mit ihm; er aber schleppte viele Eurer Kinder mit sich fort und wird wohl bald wiederkommen.«

Sun Wu Kung ward sehr zornig und sprach: »Was ist das für ein Teufel, der sich solche Unverschämtheiten erlaubt?«

Die Affen antworteten: »Es ist der Teufelskönig des Chaos. Er wohnt im Norden, wer weiß wie viele Meilen weit. Wir sahen ihn nur in Nebel und Wolken kommen und gehen.«

Sun Wu Kung sprach: »Wartet, dem will ichs heimzahlen!«

Damit machte er einen Purzelbaum und war spurlos verschwunden.

Im äußersten Norden steht ein hoher Berg; an dessen Abhang ist eine Höhle, daran stand geschrieben: »Die Höhle der Nieren.« Vor der Tür tanzten kleine Teufelchen umher. Sun Wu Kung fuhr sie an: »Schnell sagt eurem Teufelskönig, er soll mir meine Kinder wiedergeben!« Erschrocken meldeten es die Teufelchen drinnen in der Höhle. Da langte der Teufelskönig nach seinem Schwert und kam heraus. Er war aber so groß und dick, daß er den Sun Wu Kung gar nicht erblickte. Von Kopf bis zu Fuß stak er in schwarzer Rüstung, und sein Gesicht war schwarz wie der Boden eines Kessels. Sun Wu Kung fuhr ihn an: »Verdammter Teufel, wo guckst du hin, daß du den alten Sun nicht siehst!« Da blickte der Teufel zu Boden und sah einen steinernen Affen vor sich stehen, barhäuptig in roten Kleidern, gelbem Gürtel und schwarzen Stiefeln. Da lachte der Teufelskönig und sprach: »Keine vier Fuß bist du hoch und keine dreißig Jahre alt, hast keine Waffe in der Hand und wagst doch, solchen Lärm zu machen!« Sun Wu Kung sprach: »Ich bin dir zu klein; ich kann mich auch groß machen. Du verachtest mich, weil ich keine Waffe habe; aber ich kann mit meinen beiden Fäusten bis zum Himmel hauen.« Damit bückte er sich, ballte die Fäuste und begann den Teufel zu verdreschen. Der Teufel war groß und plump. Sun Wu Kung aber sprang gewandt umher. Er fuhr ihm zwischen die Rippen und schlug ihn in die Weichen, und seine Schläge hagelten immer dichter. Der Teufel in seiner Verzweiflung hob sein großes Messer und schlug damit nach dem Kopf des Sun Wu Kung. Der aber wich dem Schlage aus und ließ seinen Vervielfältigungszauber spielen. Er rupfte sich ein Haar aus, steckte es in den Mund, zerkaute es, dann spuckte er es in die Luft und sagte: »Verwandle dich!« Da verwandelte es sich in viele hundert kleine Affen, die dem Teufel zu Leibe rückten. Sun Wu Kung hatte nämlich vierundachtzigtausend Haare am Leib, die sich alle einzeln verwandeln konnten. Die kleinen Affen mit ihren scharfen Augen sprangen pfeilgeschwind umher, umringten den Teufelskönig von allen Seiten, zerrten ihn an den Kleidern und packten ihn an den Beinen, bis er schließlich der Länge nach zu Boden schlug. Dann trat Sun Wu Kung selber hervor, riß ihm sein Messer aus der Hand und spaltete ihm den Kopf, wie man eine Melone zerteilt. Dann drang er in die Höhle ein und befreite seine gefangenen Kinder. Er zog die verwandelten Haare wieder an sich, machte Feuer und verbrannte die Nierenhöhle ganz und gar. Dann nahm er die befreiten Affen zu sich und fuhr mit ihnen im Sturmwind in seine Höhle auf dem Berg der Blumen und Früchte zurück, von allen Affen freudig begrüßt.

Seit Sun Wu Kung das große Messer des Teufelskönigs hatte, exerzierte er täglich seine Affen ein. Sie hatten hölzerne Schwerter und Bambuslanzen und machten ihre Kriegsmusik auf Rohrpfeifen. Er ließ sie ein Lager schlagen, um so allen Gefahren entgegenzutreten. Plötzlich kam es ihm: ›Wenn wir so unser Wesen treiben, könnten wir vielleicht einen Menschenkönig oder einen Tierkönig reizen, mit uns zu kämpfen, und wir mit unsern Holzschwertern und Bambuslanzen wären ihm nicht gewachsen.‹ »Was tun?« sprach er zu seinen Affen. Vier Paviane traten vor und sagten: »In der Hauptstadt des Aulai-Reichs sind Krieger ohne Zahl. Dort gibts auch Kupfer- und Eisenschmiede. Wie wärs, wenn wir Stahl und Eisen kauften und uns von jenen Schmieden Waffen schmieden ließen?«

Ein Purzelbaum, und Sun Wu Kung stand vor dem Stadtgraben. Er sagte zu sich selbst: ›Die Waffen erst lang zu kaufen, ist doch gar zu umständlich. Lieber will ich einen Zauber spielen lassen und mir einige nehmen.‹ So blies er auf die Erde. Da entstand ein wilder Sturmwind, daß Sand und Steine vor ihm herflogen und alle Krieger aus der Stadt aus Angst davonliefen. Dann ging er nach dem Zeughaus, riß sich ein Haar heraus, verwandelte es in Tausende von kleinen Affen, räumte alle Waffenvorräte aus und fuhr auf einer Wolke nach Hause zurück.

Nun versammelte er sein Volk um sich und zählte es. Es

waren im ganzen siebenundvierzigtausend. Sie brachten den ganzen Berg in Angst und alle Zaubertiere und Geisterfürsten darauf. Aus zweiundsiebzig Höhlen kamen sie herbei und ehrten ihn als ihr Haupt.

Eines Tages sprach der Affenkönig: »Ihr habt nun alle Waffen; aber dieses Messer, das ich dem Teufelsfürsten abgenommen, ist mir zu leicht, es paßt mir nicht mehr. Was ist zu tun?«

Da traten die vier Paviane hervor und sprachen: »Bei Eurer Geisteskraft, o König, werdet Ihr auf der ganzen Welt keine brauchbaren Waffen finden. Könnt Ihr wohl durchs Wasser wandeln?«

Der Affenkönig sprach: »Alle Elemente sind mir untertan, und es gibt keinen Ort, wo ich nicht hin könnte.«

Da sagten die Paviane: »Das Wasser hier an unsrer Höhle führt ins große Meer zum Schloß des Ostmeerdrachens. Wenn Ihr solche Zauberkraft besitzet, mögt Ihr zum Drachenkönig gehen und von ihm Euch eine Waffe geben lassen.«

Der Affenkönig wars zufrieden, sprang auf die Eisenbrücke und sagte einen Zauberspruch. Dann stürzte er sich in die Wellen, die sich vor ihm teilten, und lief bis zum Wasserkristallpalast. Da traf er einen Triton; der fragte, wer er wäre. Er nannte seinen Namen und sprach: »Ich bin der nächste Nachbar des Drachenkönigs und komme, ihn zu besuchen.«

Der Triton meldete ihn im Schloß, und der Drachenkönig des Ostmeers kam eilig heraus, ihn zu empfangen. Er ließ ihn sitzen und wartete ihm mit Tee auf.

Sun Wu Kung sprach: »Ich habe geheime Weisheit erlernt und die Kraft der Unsterblichkeit erlangt. Ich habe meine Kinder im Waffenhandwerk eingeübt, um unsern Berg zu beschützen; aber ich habe selber keine brauchbare Waffe und komme daher, um bei Euch eine zu entlehnen.«

Der Drachenkönig ließ durch General Flunder einen großen Spieß bringen. Aber Sun Wu Kung war nicht zufrieden damit. Dann befahl er dem Feldherrn Aal, eine neunzinkige

Gabel zu bringen, die über dreitausendsechshundert Pfund schwer war.

Aber Sun Wu Kung wog sie in der Hand und sagte: »Zu leicht! Zu leicht! Zu leicht!«

Erschrocken ließ der Drachenkönig nun die schwerste Waffe bringen, die er hatte. Die wog siebentausendzweihundert Pfund. Aber noch immer war sie dem Sun Wu Kung zu leicht. Der Drachenkönig versicherte, daß er keine schwerere habe. Aber Sun Wu Kung ließ sich nicht abbringen, sondern sagte: »Sieh nur mal nach!«

Schließlich kam die Drachenkönigin mit ihrer Tochter heraus, die sprachen zum Drachenkönig: »Mit dem Heiligen da ists nicht gut anbinden. In unserem Meer ist ja noch die große Eisenstange; die hat in letzter Zeit einen roten Glanz gezeigt, das ist wohl ein Zeichen, daß es an der Zeit ist, daß sie herauskommt.«

Der Drachenkönig sprach: »Das ist ja das Lot, mit dem der Große Yü, als er die Wasser ordnete, die Tiefe des Meeres und der Flüsse festlegte. Das darf man nicht wegnehmen.«

Die Drachenkönigin sprach: »Laß es ihn nur einmal sehen! Was er damit macht, geht uns ja nichts an.«

So führte ihn der Drachenkönig zu dem Lot. Schon von ferne sah man es in goldenem Scheine leuchten. Es war eine ungeheure Eisenstange, die an beiden Seiten goldene Zwingen hatte.

Sun Wu Kung hob sie mit aller Kraft; dann sagte er: »Die ist zu schwer; sie müßte etwas kürzer und dünner sein.«

Kaum hatte er das gesagt, so schrumpfte die Stange zusammen. Er versuchte es noch einmal. Da merkte er, daß sie auf Befehl groß oder klein wurde. Bis zur Größe einer Stecknadel konnte man sie zusammenschrumpfen lassen. Sun Wu Kung war hocherfreut und fuhr mit der Stange, die er hatte wieder groß werden lassen, im Meer umher, daß die Wellen berghoch emporspritzten und das ganze Drachenschloß erschüttert ward. Der Drachenkönig zitterte vor Furcht, und alle seine Schildkröten, Fische und Krebse zogen die Köpfe ein.

Sun Wu Kung sagte lachend: »Danke vielmals für das schöne Geschenk!« Dann fuhr er fort: »Nun hab ich zwar eine Waffe, aber noch keinen Panzer. Lieber, als daß ich noch zwei, drei andere Häuser aufsuche, ist es mir, wenn du mir auch noch eine Waffenrüstung leihst.«

Der Drachenkönig sagte, er habe keine Rüstung.

Da sprach der Affe: »Ich gehe nicht eher, bis du mir eine verschafft hast!« Und schon begann er wieder, seine Stange zu schwingen.

»Tut mir nichts!« sagte der erschrockene König. »Ich will mal meine Brüder fragen.«

Und er ließ eine eiserne Trommel rühren und die goldene Glocke schlagen, und im Nu kamen aus allen Meeren die Brüder des Drachenkönigs herbei. Der Drachenkönig besprach sich im stillen mit ihnen: »Das ist ein ganz gefährlicher Gesell, den wir nicht reizen dürfen. Erst hat er mir die Stange mit den goldenen Zwingen genommen; nun will er auch noch eine Rüstung haben. Am besten wirds wohl sein, wir befriedigen ihn zunächst und verklagen ihn nachher beim Himmelsherrn.«

So brachten denn die Brüder eine goldene Zauberrüstung, Zauberstiefel und einen Zauberhelm herbei.

Sun Wu Kung bedankte sich und kehrte in seine Höhle zurück. Strahlend begrüßte er seine Kinder, die ihm entgegenkamen, und zeigte ihnen die Stange mit den goldenen Zwingen. Sie kamen alle herbei und wollten sie einmal aufheben; aber es war, wie wenn eine Libelle einen Steinpfeiler umwerfen oder eine Ameise einen großen Berg tragen wollte. Nicht ein Haarbreit bewegte sie sich. Da sperrten die Affen die Mäuler auf und streckten die Zunge heraus und sagten: »Vater, wie hast du das schwere Ding nur tragen können?« Da sagte er ihnen das Geheimnis der Stange und führte es ihnen vor. Er ordnete nun sein Reich, ernannte die vier

Paviane zu Feldherren, und auch die sieben Tiergeister, der Ochsengeist, der Drachengeist, der Vogelgeist, der Löwengeist und die andern schlossen sich ihm an.

Eines Tages hatten sie sich betrunken. Die Stange hatte er schon vorher zusammenschrumpfen lassen und ins Ohr gesteckt. Als er einschlief, da sah er im Traum zwei Männer kommen, die hatten eine Karte, auf der geschrieben stand: »Sun Wu Kung.« Sie duldeten keinen Widerstand, sondern banden ihn und führten seinen Geist davon. Als sie an eine große Stadt kamen, erwachte der Affenkönig allmählich aus seinem Rausche. Er sah eine eiserne Tafel über dem Stadttor; darauf stand mit großen Buchstaben: »Die Unterwelt.« Da ging im plötzlich ein Licht auf, und er sprach: »Das ist wohl die Wohnung des Todes? Aber ich bin doch seinem Machtbereich schon längst entnommen, wie kann er es wagen, mich herschleppen zu lassen!« Je mehr er nachdachte, desto wilder wurde er. Er holte die Stange mit den goldenen Zwingen aus seinem Ohr hervor, schwang sie und ließ sie groß werden. Dann zermalmte er die beiden Schergen zu Brei, zerriß seine Stricke und rollte seine Stange vor sich her bis in die Stadt. Die zehn Todesgötter erschraken und neigten sich bestürzt vor ihm und fragten: »Wer seid Ihr?«

Sun Wu Kung erwiderte: »Wenn ihr mich nicht kennt, was schickt ihr dann nach mir und laßt mich herschleppen? Ich bin der vom Himmel geborene Heilige Sun Wu Kung vom Berg der Blumen und Früchte. Aber wer seid ihr? Schnell sagt mir eure Namen, sonst schlag ich euch!«

Demütig nannten die zehn Todesgötter ihre Namen.

Sun Wu Kung sprach: »Ich, der alte Sun, habe die Kraft des ewigen Lebens erlangt. Ihr habt mir nichts zu sagen. Schnell holt das Buch des Lebens her!«

Der Tod wagte nicht zu widersprechen, sondern ließ durch den Schreiber das Buch herbeibringen. Sun Wu Kung schlug es auf. Da fand er unter der Klasse »Affen« Nr. 1350 die Bemerkung: »Sun Wu Kung, der vom Himmel geborene stei-

nerne Affe. Seine Lebensdauer beträgt dreihundertzweiund-
vierzig Jahre. Dann soll er ohne Krankheit sterben.«

Sun Wu Kung nahm den Pinsel vom Tisch, strich das ganze
Affengeschlecht im Buch des Lebens aus, warf das Buch hin
und sagte: »Die Rechnung ist quitt! Von heut ab laß ich mir
nichts mehr von euch gefallen.«

Damit bahnte er sich mit seiner Stange den Weg aus der Unterwelt, und die zehn Todesgötter wagten nicht, ihm entgegenzutreten, sondern verklagten ihn erst hinterher beim Herrn
des Himmels.

Als Sun Wu Kung die Stadt verlassen hatte, glitt er aus und
fiel zu Boden. Darüber erwachte er und merkte, daß er geträumt hatte. Er berief die vier Paviane zu sich und sagte:
»Famos! Famos! Ich war ins Schloß des Todes geschleppt
worden und habe dort einen ordentlichen Lärm verführt. Ich
habe mir das Buch des Lebens geben lassen und hab die
Todesstunde von uns Affen allen ausgestrichen.« – Seit jener
Zeit starben die Affen auf dem Berg nicht mehr, weil in der
Unterwelt ihre Namen durchgestrichen waren.

Der Herr des Himmels aber saß in seinem Schloß und hatte
alle seine Diener um sich versammelt. Da trat ein Heiliger
hervor und überbrachte die Klage des Drachenkönigs vom
Ostmeer. Und wieder ein anderer trat hervor und überbrachte die Klage der zehn Todesgötter. Der Herr des Himmels sah die Klageschriften durch. Beide berichteten von
dem wilden, ungebührlichen Benehmen des Sun Wu Kung. Er
befahl, daß ein Gott zur Erde stiege und ihn gefangennehme.
Da trat jedoch der Abendstern hervor und sprach: »Dieser
Affe ist entstanden aus der reinsten Kraft von Himmel und
Erde und Sonne und Mond. Er hat geheimen Sinn erlangt und
ist ein Unsterblicher geworden. Gedenket, Herr, an Eure
große Liebe zu allen Lebenden und verzeiht ihm seine Sünde!
Erlasset einen Befehl, daß er in den Himmel heraufberufen
wird und hier ein Amt übernehme, damit er zur Besinnung

kommt. Wenn er abermals Eure Gebote übertritt, so mag er unbarmherzig Strafe erdulden.« Der Herr des Himmels wars zufrieden. Er ließ einen Befehl ausfertigen und befahl dem Abendstern, ihn zu überbringen. Der Abendstern bestieg eine farbige Wolke und ließ sich darauf zum Berg der Blumen und Früchte nieder.

Er begrüßte den Sun Wu Kung und sprach zu ihm: »Der Herr hat von deinen Taten gehört und wollte dich bestrafen. Ich bin der Abendstern am westlichen Himmel und trat für dich ein. Darum hat er mich beauftragt, dich in den Himmel zu holen, um dir ein Amt zu übertragen.«

Sun Wu Kung war hocherfreut und sprach: »Ich hab mirs gerade überlegt, daß ich auch mal einen Besuch im Himmel machen wolle, und richtig seid Ihr nun gekommen, alter Stern, um mich zu holen.«

Dann ließ er seine vier Paviane vor sich kommen und schärfte ihnen ein: »Gebt mir gut acht auf unsern Berg! Ich geh jetzt in den Himmel, um mich dort ein bißchen umzusehen.«

Dann bestieg er mit dem Abendstern die Wolke und schwebte empor. Er machte aber seinen Purzelbaum und kam so rasch voran, daß der Abendstern auf seiner Wolke zurückblieb. Schon war er am südlichen Himmelstor und trat mit lässigen Schritten ein. Der Torwart wollte ihn abhalten; aber er ließ sich nichts gefallen. Mitten in ihrem Wortwechsel kam der Abendstern heran und klärte die Sache auf, und man ließ ihn zum Himmelstor ein. Als er vor das Schloß des Himmelsherrn kam, blieb er aufrecht stehen, ohne sich zu verneigen.

Der Herr des Himmels fragte: »Dieses haarige Gesicht mit den spitzigen Lippen ist also der Sun Wu Kung?«

Er erwiderte: »Ja, ich bin der alte Sun.«

Alle Diener des Herrn waren bestürzt und sprachen: »Dieser wilde Affe verneigt sich nicht einmal und nennt sich gar noch selbst der alte Sun. Sein Verbrechen verdient tausendfachen Tod.«

Der Herr aber sprach: »Er kommt drunten von der Welt her und ist noch nicht an unsere Ordnung gewöhnt. Wir wollen ihm verzeihen.«

Dann befahl er, ein Amt für ihn auszusuchen. Der Hofmeister berichtete: »Sonst ist nirgend ein Platz frei, nur im Marstall fehlt ein Beamter.« Darauf ernannte ihn der Herr zum Stallmeister der himmlischen Pferde. Da sagten ihm die Diener, er müsse sich nun für diese Gnade bedanken. Sun Wu Kung rief nun ein lautes: »Zu Befehl!«, nahm seine Ernennungsurkunde zu sich und begab sich nach dem Marstall, sein Amt dort anzutreten.

Sun Wu Kung besorgte sein Amt mit großem Eifer. Die Himmelspferde wurden fett und groß und warfen reichlich Füllen. Ehe er sichs versah, war ein halber Monat vergangen. Da richteten ihm seine himmlischen Freunde ein Gastmahl zu. Während des Trinkens fragte er gelegentlich: »Stallmeister, was ist das eigentlich für ein Name?«

»Nun, ein Amtsname«, war die Antwort.

»Welchen Rang hat dieses Amt?«

»Es hat gar keinen Rang«, war die Antwort.

»Ach«, fragte der Affe, »ist es so hoch, daß es über allen Rangstufen steht?«

»Nein, gar nicht hoch, gar nicht hoch!« antworteten sie. »Es steht gar nicht in der Rangliste, sondern ist eine ganz untergeordnete Stellung. Ihr habt nur für die Pferde zu sorgen. Wenn Ihr sie fett bekommt, kriegt Ihr eine gute Note. Werden sie mager, krank oder fallen sie, so ist die Strafe gleich zur Hand.«

Da wurde der Affenkönig böse. »Mich, den alten Sun, so schlecht zu behandeln!« fuhr er los. »Auf meinem Berg war ich König, war ich Vater. Was braucht der mich in seinen Himmel zu locken, daß ich Pferde füttere? Ich machs ihm nicht mehr! Ich machs ihm nicht mehr!«

Holla, da stieß er auch schon seinen Tisch um, holte die Stange mit den goldenen Zwingen aus dem Ohr, ließ sie wachsen und schlug sich damit eine Bahn bis vor das südliche Himmelstor hinaus. Niemand wagte ihm entgegenzutreten.

Und schon war er auch wieder auf seinem Berge, und die Seinigen umringten ihn und fragten: »Über zehn Jahre seid Ihr weg gewesen, großer König! Warum kommt Ihr jetzt erst zurück?«

Der Affenkönig sagte: »Ich war doch nur etwa zehn Tage im Himmel. Dieser Himmelsherr versteht es nicht, seine Leute zu brauchen. Zum Stallmeister hat er mich gemacht, seine Pferde hab ich ihm füttern müssen. Ich schäme mich zu Tode. Aber ich hab mir's nicht gefallen lassen, und jetzt bin ich wieder da.«

Dienstwillig bereiteten ihm seine Affen ein Mahl zum Troste. Während des Trinkens kamen zwei einhörnige Teufelskönige, die brachten ihm ein gelbes Kaisergewand zum Geschenk. Erfreut schlüpfte er hinein und ernannte die beiden Einhörner zu Führern der Vorhut. Die Einhörner bedankten sich und begannen, ihm zu schmeicheln: »Bei Eurer Macht und Weisheit, großer König, was braucht Ihr da dem Himmelsherrn zu dienen? Euch Himmelsgleichen Großer Heiliger zu nennen, das wäre in der Ordnung.«

Der Affe hörte ihre Reden gerne und sprach: »Gut! Gut!« Und er befahl seinen vier Pavianen, schnell eine Fahne zu machen, darauf geschrieben stand: »Der himmelsgleiche Große Heilige.« Und von da an ließ er sich mit diesem Namen nennen.

Als der Herr des Himmels von der Flucht des Affen hörte, da befahl er Li Dsing, dem Gott mit der Pagode in der Hand, und seinem dritten Sohne Notscha, den Affenkönig gefangenzunehmen. Sie zogen an der Spitze einer himmlischen Heerschar vor seine Höhle, schlugen ein Lager auf und sandten einen tapferen Kämpen, ihn zum Zweikampf herauszufordern. Der aber wurde mit Leichtigkeit von Sun Wu Kung besiegt und mußte fliehen, und Sun Wu Kung rief ihm noch lachend nach: »Solch eine Eiterblase! Und nennt sich Kämpfer des Himmels! Ich bring dich nicht um. Lauf schnell und laß einen Besseren kommen!«

Als Notscha es sah, da eilte er schnell zum Kampfe herbei. Sun Wu Kung redete ihn an: »Wem gehörst du denn, Kleiner? Du mußt da nicht spielen, es könnte dir sonst etwas passieren.«

Notscha aber rief mit lauter Stimme: »Verdammter Affe! Ich bin Prinz Notscha und habe den Befehl, dich zu fangen.« Damit schwang er sein Schwert nach Sun Wu Kung.

Der sagte: »Gut, ich bleib da stehen und rühr mich nicht.«

Da ward Notscha zornig und verwandelte sich in einen dreiköpfigen Gott mit sechs Armen, in denen er sechserlei Waffen hielt. So stürmte er zum Angriff heran.

Sun Wu Kung lachte. »Der Kleine kanns! Aber sachte, wart ein bißchen! Ich will mich auch verwandeln.«

Und auch er verwandelte sich in eine dreiköpfige Gestalt mit sechs Armen und schwang drei goldbezwingte Stangen. Und so begannen sie den Kampf. Mit solcher Schnelligkeit hagelten die Schläge, daß es aussah, als schwirrten Tausende von Waffen durch die Luft. Nach dreißig Gängen war der Kampf noch unentschieden. Da kam Sun Wu Kung auf einen Ausweg. Heimlich riß er sich ein Haar heraus, verwandelte es in seine Gestalt und ließ es mit Notscha weiterkämpfen. Er selbst aber wischte hinter Notscha und schlug ihm mit seiner Stange auf den linken Arm, so daß er vor Schmerz zusammenbrach und besiegt abziehen mußte.

Er berichtete seinem Vater Li Dsing: »Dieser Teufelsaffe ist zu mächtig. Ich werde nicht mit ihm fertig.« Es blieb nichts anderes übrig, als in den Himmel zurückzukehren und die Niederlage einzugestehen. Der Herr des Himmels senkte den Kopf und besann sich auf einen andern Helden, den er schikken könnte.

Da trat abermals der Abendstern hervor und sprach: »Dieser Affe ist so stark und mutig, daß ihm wohl niemand hier gewachsen ist. Er hat sich empört, weil ihm das Amt des Stallmeisters zu gering war. Das beste wird sein, Gnade für Recht ergehen zu lassen und ihm seinen Willen zu tun und ihn zum himmelsgleichen Großen Heiligen zu ernennen. Man braucht ihm ja nur den leeren Titel zu verleihen, ohne ein Amt damit zu verbinden; dann ists getan.« – Der Herr des Himmels wars zufrieden und sandte abermals den Abendstern, den neuen Heiligen zu berufen. Als Sun Wu Kung von seiner Ankunft hörte, da sagte er: »Der alte Abendstern ist ein guter Kerl«, und ließ sein Heer Spalier stehen, ihn festlich zu empfangen. Er selbst zog Feierkleider an und ging ihm höflich entgegen.

Der Abendstern erzählte nun, was sich im Himmel zugetragen und daß er die Ernennung zum himmelsgleichen Großen Heiligen bei sich habe.

Da lachte der Heilige und sprach: »Schon damals habt Ihr Euch für mich verwendet, alter Stern. Und nun seid Ihr wieder für mich eingetreten. Vielen Dank! Vielen Dank!«

Als sie nun miteinander vor den Herrn des Himmels traten, sprach dieser: »Der Rang des himmelsgleichen Großen Heiligen ist sehr hoch. Nun darfst du aber nicht wieder Geschichten machen.«

Der Große Heilige bedankte sich, und der Herr des Himmels befahl zwei geschickten Baumeistern, östlich vom Pfirsichgarten der Königin-Mutter des Westens ein Schloß für ihn zu bauen, in das er mit allen Ehren eingeführt wurde.

Nun war der Heilige in seinem Element. Er hatte alles, was sein Herz begehrte, und war durch keine Arbeit beschwert. Er ließ sichs wohl sein und ging nach Belieben im Himmel spazieren und machte bei den Göttern Besuche. Die drei Reinen und die vier Herrscher redete er mit einiger Ehrerbietung an; die Planetengötter aber und die Herren der achtundzwanzig Mondhäuser und der zwölf Tierkreisbilder und der sonstigen Sterne nannte er vertraulich »du«. So trieb er sich Tag für Tag ohne Beschäftigung in den Wolken des Himmels umher.

Da sprach einst ein Weiser zum Herrn des Himmels: »Der heilige Sun ist Tag für Tag müßig. Es ist zu fürchten, daß er auf unnütze Gedanken kommt. Besser wäre es, ihm irgendein Amt zu übertragen.«

Der Herr des Himmels berief darum den Großen Heiligen und sprach zu ihm: »Die Lebenspfirsiche im Pfirsichgarten der Königin-Mutter werden bald reif. Ich übertrage dir das Amt, darauf zu achten. Sei sorgfältig in deinem Dienst!«

Das gefiel dem Heiligen, und er bedankte sich. Er ging nun in den Garten, wo ihn die Hüter und Gärtner auf den Knien empfingen.

Er fragte sie: »Wie viele Bäume sind im ganzen da?«

»Dreitausendsechshundert«, sprach der Gärtner. »In der vordersten Reihe stehen zwölfhundert. Die blühen rot und tragen kleine Früchte. Alle dreitausend Jahre werden sie reif. Wenn man davon ißt, wird man gesund und frisch. Die zwölfhundert in der mittleren Reihe haben gefüllte Blüten und tragen süße Früchte; sie werden alle sechstausend Jahre reif. Ißt man davon, so kann man im Morgenrote schweben, ohne alt zu werden. Die zwölfhundert in der letzten Reihe tragen rotgestreifte Früchte mit kleinen Kernen. Alle neuntausend Jahre werden sie reif. Ißt man davon, so erlangt man ewiges Leben wie der Himmel und bleibt durch Tausende von Äonen unberührt.«

Der Heilige hörte das mit Vergnügen. Er prüfte die Listen und kam von da ab alle paar Tage einmal, um nachzusehen. Von den hintersten Pfirsichen war schon der größte Teil reif. Kam er in den Garten, so schickte er die Hüter und Gärtner unter irgendeinem Vorwand weg, sprang auf die Bäume und aß sich jedesmal nach Herzenslust satt an den Pfirsichen.

Um jene Zeit rüstete die Königin-Mutter des Westens das große Pfirsichmahl, zu dem sie alle Götter des Himmels einzuladen pflegte. Sie sandte die Feen in den sieben farbigen Kleidern aus mit Körben, um die Pfirsiche zu pflücken. Der Hüter sagte: »Der Garten ist nun der Obhut des himmelsgleichen Großen Heiligen anvertraut, ihr müßt euch erst bei ihm melden.« Damit führte er die sieben Feen in den Garten. Allenthalben suchten sie nach dem Großen Heiligen; aber sie fanden ihn nicht. Da sprachen die Feen: »Wir haben Auftrag und dürfen uns nicht verspäten. Wir wollen inzwischen mit dem Pflücken beginnen.« So pflückten sie in der vorderen Reihe einige Körbe voll. In der mittleren standen die Pfirsiche schon lichter. In der hinteren endlich hing nur noch ein einziger halbreifer Pfirsich. Sie bogen den Zweig hernieder und pflückten ihn; dann ließen sie ihn wieder in die Höhe schnellen.

Nun aber hatte der Große Heilige, der sich in einen Pfirsichwurm verwandelt hatte, gerade auf diesem Zweig seinen Mittagsschlaf gehalten. Als er so unsanft aufgeweckt wurde, erschien er in seiner wahren Gestalt, griff nach seiner Stange und wollte nach ihnen schlagen.

Die Feen aber sprachen: »Wir kommen im Auftrag der Königin-Mutter. Seid nicht böse, Großer Heiliger!«

Der Heilige sprach: »Wen hat die Königin-Mutter denn alles eingeladen?«

Sie sprachen: »Sämtliche Götter und Heilige im Himmel, auf Erden und unter der Erde.«

»Hat sie auch mich geladen?« fragte der Große Heilige.

»Wir wissen nichts davon«, war die Antwort.

Da wurde der Heilige böse, sagte einen Zauberspruch und sprach: »Bleibt! Bleibt! Bleibt!«

Da wurden die sieben Feen an der Stelle festgebannt. Er nahm nun eine Wolke und fuhr darauf zum Palast der Königin-Mutter.

Unterwegs begegnete er dem barfüßigen Gott und fragte ihn: »Wohin des Wegs?«

»Zum Pfirsichmahl«, war die Antwort.

Da log ihn der Heilige an: »Ich habe vom Herrn des Himmels den Befehl, allen Göttern und Heiligen zu sagen, daß sie erst in die Halle der Klarheit kommen sollen, um dort die

Riten einzuüben und dann gemeinsam zur Königin-Mutter zu gehen.«

Der Barfüßige glaubte seinen Worten und wandte seine Wolke um.

Da verwandelte sich der Große Heilige in die Gestalt des Barfüßigen und fuhr nach dem Schloß der Königin-Mutter. Dort ließ er seine Wolke sinken und trat ganz unbekümmert ein. Das Mahl war schon bereitet, doch war noch keiner von den Göttern da. Plötzlich roch er den Duft des Weines und sah in einem Seitenraume an die hundert Fässer voll köstlichen Nektars stehen. Das Wasser lief ihm im Munde zusammen. Er riß sich einige Haare aus und verwandelte sie in Schlafwürmer. Die krochen den Schenken in die Nase, so daß sie alle in Schlaf verfielen. Dann ließ er sichs wohl sein an den köstlichen Speisen, öffnete die Fässer und trank, bis er sich einen großen Rausch angetrunken hatte. Da sprach er zu sich selbst: »Die Sache ist nicht recht geheuer. Ich will lieber heim und erst ein wenig schlafen.« Mit unsicheren Schritten stolperte er aus dem Garten. Richtig verfehlte er den Weg und kam aus Versehen in die Wohnung des Laotse. Da kam er wieder zu sich. Er brachte seine Kleider in Ordnung und ging hinein. Drin war niemand zu sehen; denn Laotse war eben beim Gott des Lichts und redete mit ihm, und alle seine Diener waren mit und hörten zu. Da er niemand fand, kam der Heilige in das innerste Gemach, wo Laotse das Lebenselixier zu brauen pflegte. Neben dem Ofen standen fünf Kürbisflaschen, die waren voll mit fertig bereiteten Pillen des Lebens. Der Heilige sprach: »Ich habe schon lang im Sinne gehabt, ein paar solche Pillen zu bereiten. Nun trifft sichs ganz gut, daß ich sie hier finde.« So schüttete er den Inhalt der Kürbisflaschen aus und aß die Lebenspillen alle auf. Da er nun genug gegessen und getrunken hatte, dachte er bei sich selbst: ›Schlimm, schlimm! Was ich da angerichtet habe, läßt sich nicht wiedergutmachen. Wenn sie mich kriegen, bin ich meines Lebens nicht mehr sicher. Ich will lieber wieder auf die Welt hinunter und König bleiben.‹ Damit machte er sich unsichtbar und ging zum westlichen Himmelstor hinaus und kam wieder auf den Berg der Blumen und Früchte zurück, wo er den Seinen, die ihn empfingen, seine Erlebnisse erzählte. Als er von dem Nektarwein im Pfirsichgarten sprach, da sagten seine Affen: »Wollt Ihr nicht noch einmal hin und ihnen noch ein paar Flaschen Wein stehlen, daß wir auch davon kosten und ewiges Leben erlangen?«

Der Affenkönig wars zufrieden, machte einen Purzelbaum, schlich sich unsichtbar in den Garten und griff noch vier Fässer auf. Zwei nahm er unter die Arme, zwei hielt er in Händen. Und spurlos verschwand er damit und brachte sie in seine Höhle, wo er sich's mit seinen Affen wohl sein ließ.

Unterdessen waren die sieben Feen, die der Heilige festgebannt, nach einem Tag und einer Nacht wieder frei geworden. Sie nahmen ihre Körbe zur Hand und erzählten der Königin-Mutter, was ihnen widerfahren. Auch die Schenken kamen herbeigelaufen und berichteten von der Verwüstung, die ein Unbekannter unter den Speisen und Getränken angerichtet. Die Königin-Mutter ging zum Herrn des Himmels, sich zu beklagen. Kurz darauf kam auch Laotse an, der von dem Diebstahl der Lebenspillen erzählte. Der barfüßige Gott kam herbei und berichtete, er sei vom himmelsgleichen Großen Heiligen betrogen worden, und aus dem Schloß des Großen Heiligen kamen die Diener gelaufen und sagten, der Heilige sei weg und nirgends zu finden. Da erschrak der Herr des Himmels und sprach: »Diese ganze Bescherung hat ohne Frage jener Teufelsaffe angerichtet.«

Nun wurde das ganze Himmelsheer mit allen Sternengöttern, Zeitgöttern, Berggöttern aufgeboten, um den Affen zu fangen. Li Dsing hatte wieder den Oberbefehl. Er belagerte den ganzen Berg, spannte das Himmelsnetz und das Erdnetz aus, so daß niemand entrinnen konnte. Dann schickte er seine tapfersten Helden zum Kampfe vor. Mutig widerstand der Affe allen Angriffen vom frühen Morgen bis zum Sonnenuntergang. Aber alle seine Getreuen waren in Gefangenschaft geraten. Da ward es ihm zu bunt. Er riß sich ein Haar aus und verwandelte es in Tausende von Affenkönigen, die alle mit der goldbezwingten Eisenstange um sich schlugen. Das himmlische Heer ward besiegt, und der Affe zog sich in seine Höhle zurück, um zu ruhen.

Nun war aber auch Guan Yin zum Pfirsichmahl in den Garten gekommen und erfuhr, was Sun Wu Kung getan. Als sie den Herrn des Himmels besuchte, da traf auch eben Li Dsing ein, der von der großen Niederlage, die sie am Berg der Blumen und Früchte erlitten, berichtete. Da sagte Guan Yin zu dem Herrn des Himmels: »Ich kann Euch einen Helden empfehlen, der sicher mit dem Affen fertig wird. Es ist Euer Enkel Yang Oerlang. Er hat alle Tier- und Vogelgeister besiegt und die Elfen in Gras und Busch unterworfen. Er weiß es, wie mans machen muß, um mit solchen Teufeln fertig zu werden.«

So wurde denn Yang Oerlang herbeigeholt, und Li Dsing führt ihn ins Lager. Li Dsing fragte Yang Oerlang, wie er es machen wolle, um mit dem Affen fertig zu werden.

Der sagte lachend: »Ich glaube, ich werde wohl mit ihm mich um die Wette verwandeln müssen. Es wird besser sein, wenn Ihr das Himmelsnetz wegnehmt, daß es beim Kampfe nicht stört.« Dann bat er den Li Dsing, sich im Luftraum aufzustellen mit dem Geisterspiegel in der Hand, damit, wenn der Affe sich unsichtbar mache, man ihn mit dem Spiegel auffinden könne. Nachdem er das alles abgemacht, trat Yang Oerlang mit seinen Geistern vor die Höhle zum Kampf.

Der Affe sprang heraus, und wie er den starken Helden mit seinem dreizinkigen Speere vor sich stehen sah, da fragte er ihn: »Wer bist du denn?«

Jener sprach: »Ich bin Yang Oerlang, der Enkel des Himmelsherrn.«

Da sprach der Affe lachend: »Ja, ja, jetzt fällt mirs ein: Seine Tochter hat sich ja einmal heimlich zu einem Herrn Yang gesellt und ihm einen Sohn geboren. Das bist wohl du?«

Yang Oerlang ergrimmte und fuhr mit seinem Speere auf ihn los. Nun gab es einen heißen Kampf. Dreihundert Gänge taten sie vergeblich. Da verwandelte sich Yang Oerlang in einen Riesen mit schwarzem Gesicht und rotem Haar.

»Nicht übel«, sagte der Affe, »aber das kann ich auch.«

So setzten sie denn in dieser Gestalt den Kampf fort. Die Paviane des Affen gerieten in große Angst. Die Tier- und Pflanzengeister des Yang Oerlang setzten den Affen hart zu. Die meisten erschlugen sie; die andern verkrochen sich. Als der Affe das sah, ward er unruhig in seinem Herzen. Er zog das Zauberbild wieder ein, nahm seine Stange zu sich und entfloh. Yang Oerlang war ihm hart auf den Fersen. Der Affe in seiner Not steckte die Stange, die er zur Nadel verwandelt hatte, ins Ohr, verwandelte sich in einen Sperling und flog auf den Gipfel eines Baumes. Yang Oerlang, der ihm eben auf den Fersen war, verlor ihn plötzlich aus den Augen. Aber mit scharfen Augen erkannte er, daß jener sich in einen Sperling verwandelt hatte. So warf er Speer und Armbrust weg und verwandelte sich in einen Sperber und stürzte sich auf den Sperling. Der aber flatterte empor und stieg als Kormoran hoch in die Luft. Yang Oerlang schüttelte sein Gefieder, verwandelte sich in einen großen Meerkranich und schoß zu den Wolken auf, den Kormoran zu packen. Der senkte sich nieder, flog in ein Tal und tauchte als Fisch in die Fluten eines Baches. Als Yang Oerlang am Rande des Tals angekommen war und seine Spur verloren hatte, da sprach er bei sich selbst: ›Dieser Affe hat sich sicher in einen Fisch oder eine Krabbe verwandelt. Ich will mich auch verwandeln, um ihn zu fangen.‹ So wurde er zu einem Fischhabicht, der über der Fläche des Wassers schwebte. Als der Affe im Wasser den Fischhabicht erblickte, erkannte er ihn als Yang Oerlang. So schnellte er sich denn herum und entfloh; Yang Oerlang ihm nach. Schon war er ihm auf eine Schnabellänge nahe gekommen, da drehte sich jener, kam als Wasserschlange ans Land und verkroch sich im Grase. Yang Oerlang, als er die Wasserschlange hervorkriechen sah, verwandelte sich in einen Adler und spreizte seine scharfen Krallen, sie zu packen. Die Wasserschlange aber sprang empor und wurde zum gemeinsten aller Vögel, einer gesprenkelten Trappe, und setzte sich auf den Abhang eines Berges. Als Yang Oerlang sah, daß jener sich in ein solch gemeines Tier verwandelte, da konnte er nicht mehr mit. Darum erschien er wieder in seiner ursprünglichen Gestalt, nahm seine Armbrust und schoß nach ihr. Die Trappe glitt aus und fiel den Abhang hinunter. Drunten aber verwandelte sich der Affe in die Kapelle eines Feldgottes. Er sperrte den Mund auf als Türe, die Zähne wurden zu Türflügeln, die Zunge zum Götterbild, die Augen zu Fenstern. Nur mit dem Schwanz wußte er nicht recht wohin. So richtete er ihn denn hinten steil empor als Fahnenstange. Als Yang Oerlang unten am Berge ankam, sah er die Kapelle, deren Fahnenstange auf der Hinterseite stand. Da lachte er und sprach: »Das ist wirklich ein Teufelsaffe! Er will mich verleiten, in die Kapelle zu gehen, um mich zu beißen. Aber ich geh nicht hinein. Ich will ihm erst die Fenster einschlagen und dann die Türflügel entzweitreten.« Als der Affe das hörte, erschrak er sehr. Er machte einen Tigersprung und verschwand spurlos in der Luft. Mit einem Purzelbaum gelangte er an den eigenen Tempel des Yang Oerlang. Er verwandelte sich nun in dessen Gestalt und trat ein. Die wachehaltenden Geister vermochten ihn nicht zu erkennen. Sie empfingen ihn kniend. Der Affe setzte sich nun auf den Götterthron und ließ sich die eingegangenen Gebete vorlegen.

Als Yang Oerlang den Affen nicht mehr sah, da stieg er in die Luft auf zu Li Dsing und sagte: »Ich hab mich mit dem Affen um die Wette verwandelt. Plötzlich find ich ihn nicht mehr. Sieh einmal in dem Spiegel nach!« Li Dsing sah in den Geisterspiegel; dann sagte er lachend: »Der Affe hat sich in Eure Gestalt verwandelt, sitzt in Eurem Tempel zu Hause und macht dort Unsinn.« Als Yang Oerlang das hörte, da nahm er seinen dreizinkigen Speer und eilte zu seinem Tempel. Die

Türgeister sprachen erschrocken: »Gerade eben ist doch der Vater schon gekommen! Wie kommt denn jetzt auf einmal noch einer?« Yang Oerlang trat, ohne auf sie zu hören, in den Tempel ein und zielte mit seinem Speer nach dem Sun Wu Kung. Der nahm seine eigene Gestalt wieder an und sagte lachend: »Junger Herr, Ihr müßt nicht böse sein! Der Gott hier heißt jetzt Sun Wu Kung.« Ohne ein Wort zu sagen, schlug Yang Oerlang auf ihn ein. Sun Wu Kung nahm seine Stange und erwiderte die Schläge. So drängten sie sich kämpfend zum Tempel hinaus und kamen in Nebel und Wolken gehüllt wieder an den Berg der Blumen und Früchte.

Unterdessen saß Guan Yin mit Laotse, dem Himmelsherrn und der Königin-Mutter droben im Himmelssaal und warteten auf Nachricht. Als nichts erfolgte, sagte sie: »Ich will einmal mit Laotse an das südliche Himmelstor und schauen, wie die Sachen stehen.« Als sie sahen, daß der Kampf noch immer nicht zu Ende war, sprach sie zu Laotse: »Wie wärs, wenn wir dem Yang Oerlang ein bißchen zu Hilfe kämen? Ich will den Sun Wu Kung in meine Vase sperren.«

Laotse aber sagte: »Eure Vase ist aus Porzellan; er könnte sie mit seiner Eisenstange entzweischlagen. Aber ich habe da einen Diamantreif, der alle Wesen umschließen kann. Der ist zu brauchen.« So warf er vom Himmelstor seinen Ring durch die Luft und traf den Sun Wu Kung an den Kopf. Da dieser genug zu tun hatte mit Kämpfen, so konnte er sich nicht dagegen wehren. Von dem Wurf an die Schläfe glitt er aus. Doch richtete er sich wieder auf und wollte entfliehen. Allein der Himmelshund des Yang Oerlang biß ihn ins Bein, daß er zur Erde fiel. Yang Oerlang und die Seinen kamen herbei und banden ihn mit Stricken und schlugen ihm einen Haken durchs Schlüsselbein, daß er sich nicht mehr verwandeln konnte. Laotse aber nahm seinen Diamantring wieder zu sich und kehrte mit der Guan Yin in den Himmelssaal zurück.

Sun Wu Kung wurde nun im Triumph herbeigeführt und zur Enthauptung verurteilt. Man brachte ihn auf den Richtplatz und band ihn an einer Säule fest. Aber vergeblich waren alle Anstrengungen, ihn mit Beil oder Schwert, Donner oder Blitz zum Tode zu bringen. Nichts krümmte ihm ein Haar.

Laotse sprach: »Kein Wunder! Dieser Affe hat die Pfirsiche gefressen, den Wein getrunken und auch noch meine Lebenspillen verschluckt. Da kann ihm nichts etwas anhaben. Das beste wird sein, ich nehme ihn mit mir mit und stecke ihn in meinen Ofen, um das Lebenselixier wieder aus ihm herauszuschmelzen. Dann zerfällt er von selbst zu Staub und Asche.«

So wurden denn die Bande Sun Wu Kungs gelöst, und Laotse nahm ihn mit sich, steckte ihn in seinen Ofen und befahl seinem Knaben, das Feuer tüchtig zu schüren.

Am Rande des Ofens aber waren die Zeichen der acht Naturkräfte eingegraben. Als nun der Affe in den Ofen kam, da suchte er Schutz unter dem Zeichen des Windes. So konnte ihm das Feuer nichts anhaben; nur der Rauch beizte ihm die Augen. Er blieb in dem Ofen sieben mal sieben Tage; dann ließ Laotse öffnen, um einmal nachzusehen. Als aber Sun Wu Kung den Lichtschein sah, hielt er es nicht mehr länger aus, sondern sprang hervor und warf den Zauberofen um. Die Wärter und Diener stieß er zu Boden, und Laotse selbst, der ihn packen wollte, erhielt von ihm einen solchen Stoß, daß er die Beine in die Luft streckte wie eine umgekehrte Zwiebel. Dann nahm Sun Wu Kung seine Stange aus dem Ohr und schlug unbesehen alles kurz und klein, so daß die Sternengötter ihre Tür schlossen und die Himmelswächter davonliefen. Er kam an das Schloß des Himmelsherrn und konnte gerade noch durch den Torhüter mit seiner stählernen Peitsche zurückgehalten werden. Nun hetzte man die sechsunddreißig Donnergötter auf ihn, die ihn umringten, aber ihn nicht packen konnten.

Der Himmelsherr sagte: »Buddha weiß in allen Fällen Rat; schnell laßt ihn holen!«

So kam denn Buddha aus dem Westen herbei mit Ananda

und Kashiapa, seinen Jüngern. Als er das Getümmel sah, da sagte er: »Laßt erst mal die Waffen ruhen und führt den Heiligen heraus! Ich will mit ihm reden.« Die Götter zogen sich zurück. Sun Wu Kung fragte schnaubend: »Wer bist du, daß du mit mir zu reden wagst?«

Buddha lächelte und sprach: »Ich bin aus dem seligen Westen Shakiamuni Amitofu. Ich habe von deinem Aufruhr gehört und bin gekommen, dich zu zähmen.«

Sun Wu Kung sprach: »Ich bin der steinerne Affe, der geheimen Sinn erlangt hat. Ich kann mich zweiundsiebzigmal verwandeln und lebe so lange wie der Himmel. Womit hat der Himmelsherr es denn verdient, daß er ewig auf seinem Throne bleiben will? Er soll mir Platz machen, dann bin ich zufrieden.«

Buddha sagte lächelnd: »Du bist ein Tier, das Zauberkraft erlangt. Wie willst du denn als Herr des Himmels herrschen? Du mußt wissen, daß der Himmelsherr schon seit Äonen an seiner Tugend gearbeitet hat. Wieviel Jahre fehlen dir noch, um seine Würde zu erreichen! Und dann frage ich dich, kannst du außer deinen Verwandlungskünsten noch irgend etwas anderes?«

Sun Wu Kung sprach: »Ich kann Wolkenpurzelbäume schlagen. Mit jedem komm ich achtzehntausend Meilen weit. Das reicht doch wahrlich aus, um Himmelsherr zu sein!«

Buddha sagte lächelnd: »Wir wollen eine Wette machen. Wenn du mit einem Purzelbaum aus meiner Hand herauskommst, dann werde ich den Himmelsherrn bitten, dir Platz zu machen. Kommst du aber nicht heraus, so mußt du dich in meine Fesseln fügen.«

Sun Wu Kung verhielt sich das Lachen; denn er dachte: ›Dieser Buddha ist ein verrückter Kerl! Seine Hand ist keinen Fuß lang; wie soll ich da nicht herausspringen können!‹ So sagte er denn mit vollem Munde: »Ja!«

Buddha streckte nun seine rechte Hand aus. Sie glich einem kleinen Lotosblatt. Sun Wu Kung sprang mit einem Satz darauf. Dann sagte er: »Los!« Dann machte er einen Purzelbaum nach dem andern, daß es nur so ging wie ein Wirbelwind. Während er so dahinsauste, sah er fünf hohe, rötliche Säulen zum Himmel ragen. Da dachte er: ›Das ist das Ende der Welt. Ich will umkehren und Herr des Himmels werden. Aber ich will meinen Namen noch hier anschreiben zum Beweis, daß ich da war.‹ Er zog ein Haar heraus, verwandelte es in einen Pinsel und schrieb mit großen Buchstaben an die mittlere Säule: »Der himmelsgleiche Große Heilige.« Dann ging er noch ein wenig umher und erleichterte sich an der ersten der fünf Säulen. Dann machte er wieder seine Purzelbäume, bis er an den ursprünglichen Platz kam. Er sprang von der Hand herunter und sagte lachend: »So, nun mach rasch, daß der Himmelsherr sein Himmelsschloß mir einräumt! Ich war am Ende der Welt und habe ein Zeichen dort hinterlassen.«

Buddha schalt: »Du infamer Affe, hast mir in die Hand gepißt! Wie willst du denn behaupten, daß du aus meiner Hand gekommen seist? Sie einmal, ob an meinem Mittelfinger unten ›der himmelgleiche Große Heilige‹ steht oder nicht! Und da, mein Daumen ist noch nicht trocken, und du willst immer noch recht haben?«

Sun Wu Kung erschrak aufs äußerste; denn er sah auf den ersten Blick, daß es sich so verhielt. Noch gab er sich äußerlich nicht zufrieden, sagte, er wolle noch einmal nachsehen und suchte, die Gelegenheit zu benutzen, um sich davonzumachen. Aber Buddha deckte die Hand auf ihn, schob ihn zum Himmelstor hinaus und bildete aus Wasser, Feuer, Holz, Erde und Metall ein Gebirge, das er ganz sachte auf ihn deckte, um ihn festzuhalten. Ein Zauber, der an einen Felsen geklebt war, hielt ihn fest.

Hier mußte er jahrhundertelang liegen, bis er endlich sich bekehrte und erlöst wurde, um dem Mönch vom Yangtsekiang zu helfen, die heiligen Schriften aus dem Westen zu holen. Er verehrte den Mönch als Meister und hieß von da ab der

Wandernde. Guan Yin, die ihn befreite, gab dem Mönch einen goldenen Reif. Sun Wu Kung ward bewogen, ihn aufzusetzen, und sofort wuchs er ihm ins Fleisch hinein, daß er ihn nicht mehr ausziehen konnte. Guan Yin aber gab dem Mönch einen Zauber, durch den er den Ring enger machen konnte, wenn der Affe etwa einmal nicht folgen wollte. Von da an war er dann stets artig und gesittet.

Anmerkungen

KINDERMÄRCHEN

1 Weiberworte trennen Fleisch und Bein. Das Märchen stammt aus mündlicher Überlieferung.
»Der Vogel Rokh«, chinesisch Pöng. Vgl. Dschuang Dsï Buch I, 1. »Lauter gelbe und weiße Sachen«. Der Kleine weiß nicht, daß es Gold und Silber ist.

2 Die drei Reimer. Quelle: mündliche Überlieferung.

3 Wie einer aus Gier nach dem Kleinen das Große verliert. Quelle: mündliche Überlieferung.
»Theater gespielt«: In China wird – meist an Festtagen oder aus irgendeinem religiösen Anlaß – im Freien, auf einer provisorisch aufgeschlagenen Bühne vor dem Dorf oder dem Tempel gespielt. Ständige Theater sind nur in großen Städten.

4 Wer ist der Sünder? Quelle: mündliche Überlieferung.

5 Das Zauberfaß. Quelle: mündliche Überlieferung.
»Irdenes Faß«. In Nordchina kennt man keine hölzernen Fässer; um Wasser und andere Flüssigkeiten aufzubewahren, hat man große Gefäße aus Ton oder Steingut, die oben offen sind.

6 Das Glückskind und das Unglückskind. Quelle: mündliche Überlieferung.
»Drachen«. Der Drache ist das Symbol des Herrschers.
»Neujahr«. Das Hauptfest in China, bei dem alt und jung sich's wochenlang wohl sein läßt, ist das Neujahrsfest.
Der neunköpfige Vogel ist ein bekannter Spuk, wie etwa bei uns der Nachtrabe, mit dem man Kinder erschreckt.
»Haarpfeil«. Zerbrochene Schmuckgegenstände als Erkennungszeichen sind unter Liebenden häufig. Vgl. Yang Gui Fe (Nr. 90).
»Fisch«. Der Fisch war der Sohn des Drachen. Die Drachen sind hier und häufig, wie die indischen Nagaradjas, Meergötter.
»Kürbisflasche«. Kürbisflaschen als Zaubertalismane sind in China sehr häufig. Sie werden auch benutzt, um Geister darin zu bannen, die dem Besitzer zu Diensten sind. Vgl. Nr. 81.

8 Die Höhle der Tiere. Quelle: mündliche Überlieferung.
Vgl. das Märchen von Brüderchen und Schwesterchen.

9 Der Panther.
Der Panther hier ist eigentlich dasselbe Tier wie »die sprechenden Silberfüchse« in Nr. 61.
Das Märchen setzt sich zusammen aus Motiven, die sich in »Rotkäppchen«, »Der Wolf und die sieben Geißlein« und »Das Lumpengesindel« wiederfinden; vgl. Kinder- und Hausmärchen, Bd. II Nr. 162, 163, 189.

10 Das große Wasser. Quelle: mündliche Überlieferung.
   Es schimmert eine Sintflutsage durch; vgl. Grimms Märchen: Die Bienenkönigin, Nr. 73. Dankbare Tiere, v. der Leyen, Das Märchen.
11 Der Fuchs und der Tiger. Quelle: mündliche Überlieferung.
   Die Fabel ist allbekannt. Tierfabeln sind in China sehr spärlich vorhanden. Einige Proben sind aufgenommen (Nr. 11–14).
12 Des Tigers Lockspitzel. Quelle: mündliche Überlieferung.
13 Der Fuchs und der Rabe. Quelle: mündliche Überlieferung.
   Es ist anzunehmen, daß wir hier einfach die Äsopische Fabel in chinesischem Gewande vor uns haben. Charakteristisch ist die chinesische Einkleidung. »Weisheit Laotses«. Vgl. Das Buch des Alten vom Sinn und Leben. »Wer sein Licht erkennt und dennoch im Dunkel weilt« ... »Meister Dsong«, der getreueste Schüler des Kungdsï, der wegen seiner Pietät bekannt war. Der Rabe heißt in China der »pietätvolle Vogel«, da es heißt, daß die Jungen das Futter, das sie gegessen haben, wieder aus ihrem Schnabel hervorbringen, um ihre Alten damit zu füttern.
14 Warum Hund und Katze einander feind sind. Quelle: mündliche Überlieferung.

GÖTTERSAGEN

15 Die Menschwerdung der fünf Alten. Quelle: mündliche Überlieferung.
   Die Einzelheiten finden sich auch in der Literatur zerstreut. Die fünf Elementargeister von Erde, Feuer, Wasser, Holz, Metall sind mit einer Schöpfungssage in Zusammenhang gebracht. Diese fünf Götter finden sich auch sonst erwähnt.
   Der gelbe Alte, Huang Lau, wird außer den im Text gegebenen Beziehunhungen auch zusammengebracht mit dem Gelben Stein, Huang Schï, vgl. Nr. 86. Daß die Lehren des Taoismus auch als die Lehren von Huang Lau bezeichnet werden, geht ursprünglich nicht auf diesen gelben Alten, sondern Huang Lau ist eine Zusammenziehung von Huang Di (der Gelbe Kaiser) und Laudsï (Laotse). Die vier übrigen Götter, die wohl zur Zeit der Handynastie aufkamen, obwohl sich Spuren von einzelnen, wie der Königinmutter des Westens, Si Wang Mu, auch in frühere Zeit verfolgen lassen, kommen im folgenden noch häufig vor.
   Der Fürst des Jaspisschlosses, auch Nephritherrscher, Yü Huang Di, ist der populäre Ausdruck für den »lieben Gott«. Jaspis bzw. Nephrit hat hier nur die Bedeutung, seiner Würde Ausdruck zu geben. Es gibt im ganzen außer ihm noch 32 Yü Huangs, unter denen er der höchste ist. Er entspricht dem Indra, der im Traiyastrimsashimmel weilt, der ja ebenfalls aus 33 Hallen besteht. Die astronomische Beziehung ist hier besonders deutlich. Daß die Indramythologie sich auch sonst fruchtbar erwiesen hat, zeigt sich aus manchen der folgenden Märchen.
16 Der Kuhhirt und die Spinnerin. Quelle: mündliche Überlieferung.
   Der Kuhhirt ist eine Konstellation im Adler, die Spinnerin in der Leier. Der Himmelsfluß, durch den sie getrennt sind, ist die Milchstraße. Am 7. des 7. Monats ist das Fest der Vereinigung der beiden. Der Himmelsherr

hat im ganzen neun Töchter, die in den neun Himmeln wohnen. Die älteste heiratete den Li Dsing (vgl. Notscha, Nr. 18), die zweite ist die Mutter des Yang Oerlang (vgl. Nr. 17), die dritte gebar den Jahresstern (Jupiter [vgl. Morgenhimmel, Nr. 37]), die vierte lebte mit einem frommen und fleißigen Gelehrten, namens Dung Yung, zusammen, dem sie zu Reichtum und Ehren verhalf. Die siebente ist die Spinnerin, die neunte mußte zur Strafe für ein Vergehen als Sklavin auf Erden weilen. Von der fünften, sechsten und achten ist nichts Näheres bekannt.

17 Yang Oerlang. Quelle: vgl. das Fong Schen Yän Yi und das Si Yu Gi (vgl. Nr. 100).

Yang Oerlang ist ein Jäger, vgl. den Falken und den Hund, die er bei sich hat. Der Himmelhund, wörtlich der götterbeißende Hund, erinnert an Indras Hund. Der Gott kommt auch in Betracht als Bändiger der Tiergeister des »Pflaumenberges«, vgl. Fong Schen Yän Yi, wo die Geschichte ausführlich erzählt wird. Die Vorstellung, daß ursprünglich 10 Sonnen am Himmel gestanden, von denen 9 durch einen Schützen heruntergeschossen seien, wird auch in die Zeit des Herrschers Yau verlegt. Der Schütze heißt dort Hou I oder I, vgl. Nr. 19. Hier ist statt des Schießens das Titanenmotiv mit den Bergen genannt.

»Regenwurm.« Das Surren der Maulwurfsgrille gilt in China für die Stimme des Regenwurms.

18 Notscha. Quellen: Fong Schen Yän Yi, Si Yu Gi (vgl. Nr. 100). Die älteste Tochter des Himmelsherrn: vgl. Anm. zu Nr. 16. Im Fong Schen Yän Yi wird als Geschlechtsname der Mutter des Notscha Yin angegeben.

Li Dsing, der pagodentragende Himmelskönig, dürfte wohl auf den Donner- und Blitzgott Indra zurückgehen. Die Pagode wäre danach ein Mißverständnis für den Donnerkeil Vadjra. Dann wäre Notscha eine Personifikation des Donners; vgl. die indische Mythe, nach der Indra-Vadjrapani von seinem jüngsten Bruder verfolgt wird. Der goldene Reif ist das Tschakrarad. Der Große Eine, Tai I, ist der Zustand der Dinge vor der Trennung in männliches und weibliches Prinzip. Der Uranfang ist eine noch weiter zurückliegende Daseinsstufe in ihrer Personifikation. Im Fong Schen Yän Yi ist eine ganze Genealogie der mythischen Heiligen des Taoismus gegeben, die sich an den Kämpfen zwischen dem König Mu von Dschou und dem Tyrannen Dschou Sin beteiligt haben. Diese Heiligen sind zum großen Teil aus buddhistisch-brahmanischen Gestalten umgebildet. Der Große Eine ist im Fong Schen Yän Yi zugleich mit der Person des alten Kaisers Tschong Tang identisch.

Der Drachenkönig (vgl. Nagaradja) des Ostmeers kommt auch in der Geschichte von Sun Wu Kung, Nr. 100, vor. Über Drachen und Schlangen vgl. auch manche der folgenden Märchen.

Triton, chinesisch Yätscha, was dem indischen Yakscha entspricht. »Drachensehne«, hier das Rückenmark gemeint; Nerven und Sehnen werden nicht streng geschieden.

»Die Mutter schickte Notscha nach hinten.« Dort stellt er noch anderes Unheil an, indem er durch einen ins Blaue abgeschossenen Zauberpfeil die Dienerin der Steingöttin auf dem Schädelberg tötet. Die Episode ist hier weggelassen.

»3 Geister und 7 Seelen«: der Mensch hat drei Geister, gewöhnlich über dem Kopf, und sieben animalische Seelen.

»Notscha war an jenem Tag im Geist auswärts gewesen«: Das Götterbild ist nur der Sitz der Gottheit, den sie nach Belieben einnimmt oder verläßt. Darum muß sie beim Gebet gerufen werden durch Glocke und Weihrauch. Ist der Gott nicht da, so ist das Bild einfach ein Stück Holz oder Ton. Daher erklärt sich das scheinbar unehrerbietige Benehmen der Chinesen, wenn sie den Fremden ihre Tempel zeigen. Pu Hiän, der Boddhisatva auf dem Löwen (nach Fong Schen Yän Yi auf dem Elefanten). Indisch Samantabhadra, einer der 4 großen Boddhisatvas der Tantraschule. Wen Dschu, der Boddhisatva auf dem goldhaarigen Berglöwen (Hou), ist der indische Mañdjusri.

Der alte Buddha des Lichtglanzes, Jan Dong Gu Fu, ist der indische Dîpamkara. Schwarze Magie: Im Fong Schen Yän Yi werden 3 Zweige der Schule des Hung Gün genannt: Die Tsai Giau, die der schwarzen Magie ergeben ist und auf seiten des Tyrannen Dschou Sin steht. Ihr Haupt ist Tung Tän Giau Dschou, auf den alle geheimen Sekten zurückgehen. Ferner die Tschan Giau, deren einer Vertreter Laotse sich abseits hält, während Yüan Schî Tiän Dsun (der Uranfang) sich durch seine Schüler an den Kämpfen beteiligt. »Feuerdatteln«: Datteln- bzw. Jujuben-Lebenselixier.

19 Die Mondfee. Quelle: mündliche Überlieferung.

Die einzelnen Motive sind bei Dschuang Dsï Huai Nan Dsï und andern erwähnt. Der Schütze Hou I (oder Graf I, der Schützenfürst, vgl. Dschuang Dsï) wird von der Sage in verschiedene Zeiten verlegt. Er muß mit den Mondmythen zusammenhängen, denn es wird von ihm auch erzählt, daß er mit seinen Pfeilen den Mond bei einer Finsternis gerettet habe. Die Königinmutter ist Si Wang Mu. Vgl. Nr. 15.

Tangdynastie von 618–906 n. Chr.

»Die weiten Hallen der klaren Kälte«. Im Mond ist auch die Göttin des Eises lokalisiert.

Der Hase im Mond ist eine sehr populäre Gestalt. Er stößt die Reifkörner oder aber das Lebenselixier. Auch die Regenkröte Tschan, die drei Beine hat, wird in den Mond versetzt. Nach einer Version hat sich Tschang O in die Gestalt dieser Kröte verwandelt.

20 Der Morgen- und der Abendstern. Quelle: mündliche Überlieferung (vgl. auch Dso Dschuan).

Die chinesischen Namen für Luzifer und Hesperus sind: Tschen (oder Schang) und Schen. Schen ist für gewöhnlich eine Konstellation in der Gegend des Orion. Auch der Stern Tschen wird im Orion gesucht.

21 Das Mädchen mit dem Pferdekopf. Quelle: vgl. Sou Schen Gi.

Die Geschichte wird in die Zeit des Herrschers Hau verlegt. Es handelt sich um eine Sage, deren Heimat Setschuan zu sein scheint. Das Pferd ist das Himmelszeichen, das über die Frühlingszeit, wenn die Seidenraupen gepflegt werden, herrscht. Daher das Mädchen mit dem Pferdekopf. Die Sage selbst gibt ja eine andere Erklärung. Außer dieser Göttin wird auch die Gattin des »Göttlichen Landmanns« (Schen Nung) als Göttin der Seidenraupenzucht verehrt. Der Unterschied ist, daß das Mädchen mit dem Pferdekopf mehr eine totemistische Repräsentation der Seidenraupe als solcher ist, während die Gattin Schen Nungs mehr als Schutzgottheit der Seidenraupenzucht in Betracht kommt. Sie hat die Frauen zuerst die Seidenraupenzucht gelehrt. Auch die Gemahlin des Gelben Herrn wird genannt. Der Volksglaube unterscheidet drei Göttinnen, die abwechslungsweise die Seidenraupenzucht schützen. Die zweite gilt als die beste. Wenn sie das Jahr hat, gerät die Seide.

22 Die Himmelskönigin. (Vgl. Sü Tsi Hiä.)

Die Himmelskönigin Tiän Hou oder genauer Tiän Fe Niang Niang ist eine von den Taoisten gepflegte Gottheit der Seefahrt, an Küstenplätzen ziemlich allgemein verehrt. Es begegnen sich in ihrer Geschichte Lokalsagen, die auf die Provinz Fukiän weisen, und eine Übertragung der indischen Maritschi (die jedoch als achtarmige Dschunti noch eine besondere Verehrung hat).

Die Tiän Hou gehört seit der Mandschudynastie zu den amtlich anerkannten Gottheiten.

23 Nü Wa. Quellen: Liä Dsï, Fong Schen Yän Yi u. a.

Fu Hi ist der »brütende Atem«. Nü Wa ist ursprünglich männlich. Der Name, der mit einem Frauenzeichen geschrieben wird (wie viele alte Geschlechternamen), führte allmählich dazu, ein weibliches Wesen aus der Gestalt zu machen.

Gung Gung, der Wasserdämon, erinnert an die babylonische Tihamat. Natürlich ist nicht an direkte Übernahme zu denken. Ein Parallelbericht sagt, daß Nü Wa den Feuergott (Dschu Yung) zur Bekämpfung des Gung Gung ausgesandt habe.

»Berg Unvollkommen«, chinesisch Bu Dschou Schan.

Die Geschichte von der Rache der Göttin an dem Tyrannen Dschou Sin kommt im Fong Schen Yän Yi vor. Dschou Sin war der letzte Herrscher der Yindynastie, der durch den König Wu aus dem Hause Dschou gestürzt wurde.

Da Gi auch Dan Gi oder Ta Gi gelesen. Die Verwandlung des neunschwänzigen Fuchses in die Da Gi stammt aus Fong Schen Yän Yi. Über die Art der Füchse, die sich in schöne Mädchen verwandeln und die Menschen betören, vergleiche die Fuchsgeschichten.

Bi Gan, der Gott des Reichtums.

Huang Fe Hu siehe die Erzählungen Nr. 62 und 63.

24 Der Feuergott (vgl. San Guo Yän Yi u. a.).

Über den roten Herrn vgl. Nr. 15.

Der südliche heilige Berg ist der Sung-schan in Huan.

Der Feuerstern ist Mars.

Die Konstellationen des südlichen Himmelsviertels werden unter dem Gesamtnamen »der rote Vogel« zusammengefaßt.

Vierstromland = Sïtschuan, im Westen des heutigen China.

25 Die drei waltenden Götter. Quelle: mündliche Überlieferung.

Es handelt sich hier wohl um eine Übertragung der indischen Trimurti. Die furchtbare Erscheinung des dritten, die offenbar im Volk nicht mehr verstanden wurde und daher zu dem vorliegenden Märchen Anlaß gab, deutet auf Siva.

Über den »Mönch vom Yangtsekiang« vgl. Nr. 92.

26 Konfuzius (vgl. Sou Schen Gi u. a.).

Man merkt es den hier zusammengestellten Sagen an, daß Konfuzius' Persönlichkeit sich gegen Mythenbildung spröde verhielt. Es ist im wesentlichen nur sein übernatürliches Wissen, dessen sich die Sage bemächtigte.

Kilin, ein eingehörntes, okapiähnliches Sagentier von vollendeter Güte, der Fürst der vierbeinigen Tiere. Der Bergkristall oder Wasserkristall, als dessen Sohn hier Konfuzius bezeichnet ist, gibt die Veranlassung zu seiner Angliederung an den dunklen Herrn des Nordens, dessen Element das Wasser (und die Weisheit) ist. Über den Lieblingsjünger des Konfuzius, Yän Hui, vgl. Gespräche des Kungfutse. Der Große Berg oder Tai Schan ist der heilige Berg Schantungs, dessen Gottheit Huang Fe Hu wurde.

Wu ist ein Staat im Süden des alten China am Yangtsekiang. Tschu war ein halbbarbarischer Staat, noch weiter südlich als Wu.

Der große Yü ist der mythische Fürst, der die Flußläufe zuerst regelte. Vgl. Gespräche des Kungfutse.

Lu war der Heimatstaat des Konfuzius, in Westschantung.

»Blüte und Untergang der Staaten«: »Tschun Tsiu«, eines der fünf klassischen Bücher, wird auf Konfuzius selbst zurückgeführt, wesentlich historischen Inhalts.

Tsin Schï Huang, der bekannte Bücherverbrenner und Reorganisator Chinas um 220 v. Chr.

Schakiu (Sandhügel) im Westen des damaligen China.

Die Handynastie folgte auf die Tsin 200 v. Chr. bis 9 n. Chr. »Die Ereignisse von hundert Geschlechtern kann man vorherwissen«: vgl. Gespräche des Kungfutse II, 23.

27 Der Kriegsgott. Quelle: San Guo Yän Yi u. a.

Der Kriegsgott ist eine historische Persönlichkeit aus der Zeit der drei Reiche, die sich an die spätere Handynastie anschlossen, ca. 250 n. Chr. Liu Be gründete die »Kleine Handynastie« in Setschuan, ihm halfen Guan Yü und Dschang Fe. Tsau Tsau gründete das Reich We, das dritte der Reiche war Wu. Guan Yü oder Guan Di, d. h. Gott Guan, ist im Lauf der Zeit eine der populärsten Gestalten der chinesischen Sage geworden, Kriegsgott und Retter in einer Person.

Das Gespräch des Mönches mit dem Gott Guan Di in den Wolken beruht auf der buddhistischen Karmalehre. Weil Guan Di – sei es auch aus guten Motiven – Menschen getötet hat, muß er die Auswirkung dieser Handlungen an sich erdulden, selbst noch als Gott.

VON HEILIGEN UND ZAUBERERN

28 Die Heiligenscheine. Quelle: mündliche Überlieferung.

Der Himmelsmeister, Tiän Schï auf dem Lung Hu Schan, ist der sogenannte Taoistenpapst.

29 Laotse.

Die Geburtsgeschichte zeigt Verwandtschaft mit der des Buddha. Daß er bei der Geburt weiße Haare gehabt hat, ist eine Erklärung des Namens Laotse, der entweder heißen kann: »alter Meister« oder: »altes Kind«.

Von den Taoisten wird mit Vorliebe die Reise Laotses nach Westen vor die Geburt Buddhas verlegt, der nach manchen nur eine Reinkarnation Laotses ist. Der Paßwächter am Han-Gu-Paß ist unter dem Namen Guan Yin Hi auch in Liä Dsï und Dschuang Dsï genannt.

Über seine Beziehung zum Taoteking vgl. »Das Buch des Alten vom SINN und LEBEN«, Einleitung. Hier ist die Geschichte noch weiter ausgesponnen.

30 Der alte Mann. Quelle: vgl. Schen Siän Dschuan.

Zinnober ist bei der Herstellung des Lebenselixiers häufig verwendet. Vgl. Nr. 31.

Fu Hi, der »brütende Atem«, vgl. Nr. 23.

Schildkröten sind besonders langlebig, vgl. Liä Dsï V, I.

31 Die acht Unsterblichen I. Quelle: mündliche Überlieferung.

Die Legenden von den acht Unsterblichen (Ba Siän) als zusammengehöriger Gruppe gehen nicht über die Mongolendynastie zurück. Natürlich sind die einzelnen in anderem Zusammenhang schon früher bekannt. Einige von ihnen, wie Han Siang Dsï, sind historische Persönlichkeiten, andere rein mythisch. Heutzutage spielen sie eine große Rolle in der Kunst und dem Kunsthandwerk. Auch ihre Embleme kommen häufig vor.

Dschuang Li Küan hat einen Fächer.

Dschang Go hat eine Bambustrommel mit zwei Stäben (und Esel).

Lü Dung Bin hat ein Schwert auf dem Rücken (und Blumenkorb).

Tsau Go Giu hat zwei Brettchen (Yin Yang Ban), die er in die Luft werfen kann.

Li Tiä Guai hat die Kürbisflasche (aus der eine Fledermaus als Glückssymbol hervorkommt).

Lan Tsai Ho (der auch weiblich dargestellt wird), hat eine Flöte.

Han Siang Dsï hat einen Blumenkorb und eine Kräuterhacke.

Ho Siän Gu hat einen Schöpflöffel (meist lotosblumenartig gestaltet).

32 Die acht Unsterblichen II. Quelle: mündliche Überlieferung. Beigetragen von Lic. W. Schüler.

Feldgott-Tempelchen: Tu Di Miau, ganz kleine steinerne Kapellchen, stehen vor jedem Dorf. Über den Feldgott vgl. Nr. 63. Auch der Affe Sun Wu Kung verwandelt sich auf seiner magischen Flucht in eine solche Kapelle. Vgl. Nr. 100.

33 Die beiden Scholaren. Quelle: vgl. Tang Dai Tsung Schu.

Die Geschichte wird in die Zeit des Kaisers Ming Di (58–75 n. Chr.) verlegt.

Das Motiv des Siebenschläfermärchens kehrt in China oft wieder. Vgl. auch die hübsche Allegorie von der »Pfirsichblütenquelle« in der Anmerkung zum 80. Kapitel des Taoteking (übersetzt von R. Wilhelm).

34 Der Priester vom Lauschan. Quelle: Liau Dschai Yän Yi.

Lauschan: Gebirge im Kiautschougebiet. Seit alters berühmt als Wohnort der Unsterblichen.

Die Mondfee ist Tschang O, vgl. Nr. 19. Siehe dort auch das Nähere über die »eisige Halle«.

35 Der geizige Bauer. Quelle: Liau Dschai Yän Yi.

»Bonze« in der Übersetzung für »Taoist« im Urtext.

Deichsel, im Chinesischen eigentlich die eine Handhabe. Die kleinen chinesischen Wagen sind einrädrige Schubkarren mit zwei Handhaben.

36 Strafe des Unglaubens. Quelle: vgl. Schen Siän Dschuan. Dort statt der »Jünger« Brüder.

We Be Yang z. B. der Handynastie. Einer der Begründer der alchimistischen Richtung des Taoismus.

37 Morgenhimmel. Quelle: vgl. Schen Siän Dschuan.

Die Mutter des Morgenhimmels (Dung Fang So) ist nach einer Tradition die dritte Tochter des Himmelsherrn. Vgl. Anm. zu Nr. 16. Dung Fang So, eine Inkarnation des Holzsterns oder Sterns des großen Jahres (Jupiter). Königvater des Ostens, einer der fünf Alten, Repräsentant des Holzes (vgl. Nr. 15). Die roten Kastanien sind ebenso wie die Feuerdatteln, Götterfrüchte und verleihen Unsterblichkeit. Der dunkle Himmel ist der Nordhimmel.

Urnebel, Hung Mong, vgl. Dschuang Dsï XI, 4.

Morgenhimmel konnte sehr gut pfeifen. Das Pfeifen ist eine der bekanntesten Zauberbeschäftigungen der Taoisten.

Der Kaiser Wu vom Hause Han (Han Wu Di) ist einer der Fürsten, die sich besonders viel mit Zauberkünsten abgegeben. Er regierte von 140–86 v. Chr. Die dreibeinige Krähe in der Sonne ist das Gegenstück zur dreibeinigen Regenkröte im Mond.

Das rote Wasser erinnert an das »schwache« Wasser am Schloß der Königinmutter des Westens.

38 Der König Mu von Dschou. Quellen: Liä Dsï, Mu Tiän Dsï Dschuan, Schen Siän Dschuan usw.

Mu von Dschou regierte von 1001 bis 946 v. Chr. An seinen Namen knüpfen sich die Geschichten von den wunderbaren Reisen ins ferne Westland, besonders zu der Königinmutter (Si Wang Mu). Si Wang Mu ist ursprünglich wohl der Name eines Stammes. Die Lautzeichen wurden dann dem Sinn nach ausgedeutet als »Königinmutter des Westens« und so der Mythologie die Tür geöffnet, die sich an diese Göttin – die von manchen mit Juno identifiziert wird – knüpfte. Über die Pfirsiche der Unsterblichkeit, die sehr an die Äpfel der Hesperiden erinnern, vergleiche auch die Geschichte vom Affen Sun Wu Kung, Nr. 100.

39 Weibertreu. Quelle: vgl. Gin Gu Ki Guan.

Diese Geschichte von dem Philosophen Dschuang Dsï und seiner Frau ist eine ausschmückende Sage, die sich um die Stelle vom Tode der Frau Dschuang Dsïs (Dschuang Dsï Buch XVIII, 2) herumgerankt hat. Auch sonst sind Stellen aus Dschuang Dsï sagenhaft mit dem Text verwoben, so der bekannte Schmetterlingstraum (II, 12) u. a. Seine Frau war eine geborene Tiän. Das Haus Tiän regierte im Staate Tsi (Ostschantung) seit 379, nachdem es schon lange vorher die maßgebende Stellung im Staate usurpiert hatte. Prinz von Tschu. Tschu war ein Staat im Süden des damaligen China.

40 Der König von Huai Nan. Quellen: Schen Siän Dschuan, Huai Nan Dsï usw.

Der König von Huai Nan hieß Liu An. Er stammte aus der Familie der Handynastie. Viel beschäftigte er sich mit Magie und zog eine Menge

Magier an seinen Hof, deren Arbeiten in dem unter seinem Namen gehenden philosophischen Werk vereinigt sind. Er lebte zur Zeit des Kaisers Wu (vgl. Nr. 37). Da dieser keine Nachkommen hatte, ließ sich Liu An in eine Verschwörung ein, die aber entdeckt wurde. Im Jahre 122 v. Chr. gab er sich infolge davon selbst den Tod. Unser Märchen zeigt die sagenhafte Umbildung dieser Ereignisse.

41 Der alte Dschang. Vgl. Schen Siän Dschuan.

»Ehevermittlerin«: Zur Eheschließung ist nach chinesischer Sitte – die sich mit der Sitte anderer orientalischer Völker deckt – eine Vermittlung zwischen den beiden Familien unbedingt nötig. Es gibt ältere Frauen, die sich gewerbsmäßig diesem Berufe widmen.

42 Der gütige Zauberer. Vgl. Tang Dai Tsung Schu, Schen Siän Dschuan u. a. Kupferstücke: Gemeint sind die alten chinesischen Kupfermünzen, die in der Mitte durchbohrt sind und an Schnüren zu 500 bzw. 1000 angereiht zu werden pflegten. Ein solcher Strang repräsentierte etwa den Wert von einer Mark. Eine Million sind also je nach der Rechnungsweise 1000–2000 Mark. Der Geldwert im alten China war jedoch wesentlich höher als heutzutage. »Am persischen Bazar«: Zur Tangzeit war China in lebhaftem Verkehr mit dem Westen. Persische Bazars waren damals in der Hauptstadt, dem Si-An-Fu in Schensi, keine Seltenheit.

»Kräuterofen«: Ein Dreifußkessel zum Brauen des Lebenselixiers. Darauf haben auch die Feen, der Drache und Tiger – beides Sternbilder – Bezug. Der Meister bedarf zur Herstellung des Elixiers unbedingter Standhaftigkeit. Daher hat er sich den Du Dsï Tschun durch seine Wohltaten verpflichtet. Die gelbe Mütze, die der Meister trägt, hat Beziehung zu den Lehren des Gelben Alten, vgl. Nr. 15. Der Höllenfürst Yän Wang oder Yän Lo Wang ist der indische Yama. Es gibt im ganzen zehn Höllenfürsten. Der fünfte ist der höchste und gefürchtetste. Über die Details der chinesischen Höllen vgl. auch das folgende Märchen.

»Verstocktheit«: wörtlich: sein Verbrechen ist Verheimlichung. Diese gehört dem Yin- oder dunklen, weiblichen Prinzip an, daher die Auswirkung dieser Geistesart zu seiner Wiedergeburt als Weib führt.

»Aus dem Ofen schlugen purpurne Flammen heraus«: Während Du Dsï Tschun die übrigen Gefühlsregungen bemeistert hatte, so daß ihm Furcht und Schreck nichts anzuhaben vermochten, war als letzter Rest die Liebe, und zwar in ihrer höchsten Form als Mutterliebe, zurückgeblieben. Diese Liebe erzeugt die Flammen, die das Gebäude zu verzehren drohen. Das Höchste im Taoismus – ebenso wie im Buddhismus – ist aber die vollkommene Ertötung aller Gefühle.

43 Wie einer den Höllenfürsten beschimpfte. Quelle: Schauspiel.

Yüo Fe gehört noch heute zu den populärsten Helden der Geschichte. Um 1127 hatten die Gin-Tartaren die ganze kaiserliche Familie des Sunghauses gefangengenommen. In der Hauptstadt Kaifongfu entstand Aufruhr. Prinz Kang entfloh. Da sah er ein Pferd am Wegrand grasen. Er setzte sich darauf. Es schwamm mit ihm durch den Yangtse und rettete ihn so. Als er in Sicherheit war, fiel das Pferd um, und es zeigte sich, daß es aus Ton war. Der Prinz machte nun Hangdschou zu seiner Hauptstadt und begründete die südliche Sungdynastie.

Unter den Gefangenen am alten Kaiserhofe war auch ein Minister Tsin Gui gewesen. Er ward von dem Herrscher der Gin in geheimem Einverständnis zurückgeschickt, und es gelang ihm und seiner Frau, den tapferen und edlen Yüo Fe zu Tode zu bringen, 1141. In Hangdschou, aber auch sonst allenthalben im Reich, finden sich bis auf den heutigen Tag Tempel des Yüo Fe. In deren Vorraum sind eiserne Statuen von Tsin Gui und der Langzunge (Me Ki Siä) angebracht in kniender Stellung, die von den Tempelbesuchern beschimpft und tätlich insultiert werden.

Die Höllenschilderungen entsprechen ganz den volkstümlichen Anschauungen, wie sie in den Höllendarstellungen in den Stadtgott-Tempeln der Kreisstädte Nahrung finden.

Fünfter Höllenpalast: Wie oben schon erwähnt, ist der Fürst der fünften Hölle (Yama) der höchste der Totengötter. Seine Kleidung ist die eines Herrschers. Der Fransenhut entspricht der Krone.

44 Wie Muliän seine Mutter aus der Hölle holte. Quelle: mündliche Überlieferung.

Die Hungerhölle, aus der Muliän seine Mutter holte, ist im vorigen Stück schon erwähnt. Die Sage selbst ist ein Gegenstück zur Orpheussage.

NATUR- UND TIERGEISTER

45 Die Blumenelfen (vgl. Tang Dai Tsung Schu).
Salix: Die Namen der Blumenelfen sind im Chinesischen als Geschlechtsnamen gegeben, die im Klang an die Blumennamen erinnern, ohne sie geradezu zu nennen. In der Übersetzung ist das Wortspiel durch die lateinischen Namen angedeutet.
Zephirtanten: Im Chinesischen ist der Name der Tanten »Fong«, das in anderer Schreibweise »Wind« heißt.

46 Der Bergelf. Vgl. Liau Dschai.

47 Der Geist vom Wu-Liän-Berg. Die Sage stammt aus Dschutschong, im Westen der Kiautschoubucht.
»Meerblickturm«: Ein berühmter Turm, von dem aus man das Meer sah.
Weto: Sanskrit Veda, ein fabelhafter Boddhisatva, der Heerführer der vier Himmelskönige. Sein Bild mit gezücktem Schwert findet sich am Eingang jedes buddhistischen Tempels. Statt des Schwerts hat er in China häufig eine an den Donnerkeil erinnernde Keule. Es liegt hier wohl eine Verwechslung mit Vaisramana vor.

48 Der Roßberg-Geist. Quelle: wie Nr. 47.

49 Der Ameisenkönig. Quelle: Tang Dai Tsung Schu.
Vgl. zu der Schilderung der Zwerge Goethes Hochzeitslied: »Wir singen und sagen vom Grafen so gern.«

50 Der kleine Jagdhund. Quelle: Liau Dschai.
Das Stück ist wohl eine Parallele zum vorigen. Es ist wiedergegeben als Probe, wie derselbe Stoff in verschiedener Bearbeitung wiederkehrt.

51 Der Drache nach dem Winterschlaf. Quelle: Liau Dschai.
Der Drache, das Haupt der Schuppentiere und Insekten, macht nach chinesischer Vorstellung auch einen Winterschlaf durch. Dabei ist er ganz klein.

Beim ersten Frühlingsgewitter erhebt er sich im Blitz wieder zu den Wolken. Es kommt hier die Natur des Drachens als atmosphärische Erscheinung zum Ausdruck.

52 Die Geister des Gelben Flusses. Quelle: mündliche Überlieferung.
An die Stelle des alten Flußgottes Ho Be (Flußgraf), der in Dschuang Dsï XVII genannt ist (vgl. Nr. 85, 63), sind im Volksglauben heutzutage die Dai Wang getreten. Beim Bau der Eisenbahnbrücke über den Gelben Fluß haben diese Geister die Arbeit sehr verzögert.
Stauer: Die Vorstellung vom Wert eines Menschenopfers bei Brückenbauten ist auch sonst verbreitet. Grade in Verbindung mit dem Gelben Fluß scheinen sich Menschenopfer in China, die sonst sehr selten sind, verhältnismäßig zähe zu halten. Vgl. auch Nr. 85.
Geistertäfelchen: Götterbilder sind erst durch den Buddhismus in China eingeführt worden. Die alte Sitte, die sich z. B. bei der Konfuziusverehrung und dem Ahnendienst noch bis heute erhalten hat, hat als Sitz der Geister ein kleines Holztäfelchen, auf dem der Name des Verehrten geschrieben ist. Schauspiele als Gottesdienst finden sich wie im alten Griechenland in China durchweg.
Dsiningdschou ist eine Kreisstadt am Kaiserkanal in der Nähe des Gelben Flusses.

53 Die Drachenprinzessin. Zu Nr. 53 und 54 vgl. Schen Siän Dschuan.
Über den Drachenkönig vom Ostmeer vgl. Nr. 18 und 100. Die Perle unter dem Kinn des Drachens stammt aus Dschuang Dsï. Hohlgrün Kung tsing, ist eine Holzart. Über So Pi-Lo und Lo Dsï-Tschun vgl. das Nähere in Nr. 54.

54 Hilfe in der Not.
»Dschou Bau nahm die Schuld auf sich«: Der Beamte ist für das Ergehen in seinem Bezirk verantwortlich, wie der Kaiser für das des ganzen Reichs. Da außerordentliche Naturereignisse eine Strafe des Himmels sind, liegt, wo sie vorkommen, eine Schuld der Menschen vor. Dieser Gedankengang vereinigt sich aber sehr wohl damit, daß, wie im vorliegenden Fall, Uneinigkeiten unter den Luftgeistern zu dem Unglück geführt; denn wo in der Menschenwelt starke Tugend herrscht, sind die Geister an solchem Gebaren gehindert.
»Pauken und Trommeln ertönten zugleich«, wörtlich: Pauken und Becken ... Pauken gaben das Zeichen zum Vorrücken, Becken zum Rückzug. Das gleichzeitige Ertönen beider Signale sollte das feindliche Heer verwirren.

55 Die verstoßene Prinzessin. Quelle: Tang Dai Tsung Schu.
»hütete Schafe.« Schafe als Bild der Wolken kommen auch sonst vor. (Schafe und Ziegen werden in China mit demselben Wort bezeichnet.) Tsiän Tang, Name des Orts als Name des dort herrschenden Gottes. »Die Sintflut.« Gemeint ist die Überschwemmung, die der große Yü als Yaus Minister reguliert hat. Hier in übertreibendem Sinn als Sintflut dargestellt.

56 Das Fuchsloch. Quelle: Volkserzählung.
Der Fuchs als Dämon, der von den Menschen Besitz ergreifen kann, ist im chinesischen Volksglauben allgemein verbreitet. Eine Menge hysterischer Erscheinungen werden auf ihn und das Wiesel zurückgeführt. Oft handelt es sich um rasch vorübergehende Zustände. Über die Art der Vorgänge geben die hier vorliegenden Märchen Auskunft.

57 Fuchsfeuer.
Eine ähnliche Geschichte steht in Liau Dschai. Der Fuchs bereitet aus seinem Atem, den er zum Monde aufsteigen läßt, das Lebenselixier. Kann man ihm das rauben, so erhält man übernatürliche Kräfte.

58 Der Fuchs und der Donner. Quelle: mündliche Überlieferung.
Der Drache als Verkörperung des Donners und Blitzes haßt alle Unreinheit. Darum sucht ihn der Fuchs durch den unreinen Weiberrock zu bannen. Damit nimmt er ihm aber zugleich die Möglichkeit, zum Himmel, seinem Element, aufzusteigen.

59 Der freundliche und der schlimme Fuchs. Quelle: mündliche Überlieferung. Eine göttliche Verehrung des Fuchses ist erst neueren Datums. Sie kam wohl aus der Mandschurei nach China (vgl. Nr. 60). Es ist wahrscheinlich, daß dabei außerchinesische Einflüsse – eventuell mandschurische oder auch japanische – vorliegen. Hühner und Wein schätzt der Fuchsgeist besonders, vgl. dazu Nr. 56.
Über die Art des Spuks, den die Füchse anrichten, sowie den Schwindel, der bei ihrer Bannung oft getrieben wird, gibt dieses Märchen gute Auskunft.

60 Der große Vater Hu.
Der Name des Gottes ist: Hu Tai San Yä, »großer, dritter Vater Hu«. Er ist der dritte unter seinen Brüdern. Das Zeichen Hu ist als Familienname geschrieben. Doch wird es genau wie Hu = Fuchs gesprochen. Es widerspräche der Achtung, den Gott als Fuchs zu bezeichnen, da ein Fuchs trotz seiner Zauberkünste ein verächtliches Tier ist. Der mandschurische Einfluß der Sage ist deutlich. Die Tempel dieser Fuchsgottheit haben sich in den letzten Jahren der Mandschudynastie, namentlich in Schantung, einer großen Beliebtheit erfreut.
Kaiser Hiän Fong, der Gatte der Kaiserin Tsï Hi, regierte von 1851 bis 1862.

61 Die sprechenden Silberfüchse. Quelle: mündliche Überlieferung.
Das Wort, das hier mit »Silberfuchs« wiedergegeben ist, heißt Pi. In dem Märchen Nr. 9 ist dasselbe Wort mit Panther übersetzt. Das Wesen dieses Fabeltiers schwankt nämlich zwischen Fuchs und Panther.
»Die alte Mutter« ist eigentlich die Muttergöttin des Taischan. Sie wird aber auch an andern Orten hauptsächlich als söhnespendende Gottheit verehrt.
Bild des Taoistenpapstes: Vom Taoistenpapst, dem sogenannten Himmelsmeister (Tiän Schï), gemalte Talismane sind besonders wirksam gegen allerhand Zauber. Auch der Kriegsgott Guan Di wird als Retter und Heiland in allerlei Not angerufen.

GESPENSTERGESCHICHTEN

62 Der Scherge. Die Geschichte stammt aus neuerer Zeit.
Der Herr des Großen Berges – Taischan – ist Huang Fe Hu, vgl. Nr. 23. Er steht noch über dem Yän Wang oder Totengott. Seine Tempel, Dung Yüo Miau (Tempel des östlichen Heiligen Berges), finden sich in jeder

Kreisstadt. Sie spielen bei der Besorgung der Toten vor dem Begräbnis eine wichtige Rolle.

63 Die gefährliche Belohnung, vgl. Sou Schen Gi.
Über den Gott des Großen Berges vgl. Nr. 23 und 62.

64 Die Rache. Quelle: Sin Tsi Hiä.
Das Märchen ist ein literarisches Meisterstück, namentlich durch die genaue Art, wie die Strafe der geheimen Tat folgt, nachdem sie schon längst verjährt und alles Unheil glücklich vorüber zu sein scheint.

65 Der Geisterseher. Quelle: Sin Tsi Hiä.
»Klopfgeister«. Es handelt sich um die Planchette (Psychograph), eine in China sehr verbreitete Methode, mit Geistern in Verkehr zu treten. Das Stückchen entbehrt nicht des Humors.

66 Die Geister der Erhängten. Quelle: mündliche Überlieferung.

67 Gespenstergeschichten. Quelle: mündliche Überlieferung.
Werwolf, chinesisch Hou, auch Berglöwe genannt.
Pu Hiän wird in Fong Schen Yän Yi als auf dem Elefanten, Wen Dschu als auf dem blauen Löwen und Dsï Hang Dau Jen (Guan Yin) als auf dem goldhaarigen Werwolf reitend genannt.
Oger, der durch den Himmel fliegt = Yaksha.

68 Das tote Mädchen. Vgl. Liau Dschai.

69 Der unartige Knabe. Quelle: mündliche Überlieferung.
Das Laternenfest wird am 15. des ersten Monats gefeiert. Es ist der Abschluß der Neujahrsfeierlichkeiten. Nachher beginnt die Arbeit wieder. Frühlingsfest, Tsing Ming, etwa um die Zeit vor Ostern.

70 Bestrafte Habgier. Quelle: Sü Tsi Hiä.
Trauerhut: Die Leiche trägt Trauerkleider. Nach der örtlichen Überlieferung werden junge Leute, die vor ihren Eltern sterben, mit Trauerkleidern angetan in den Sarg gelegt, damit sie im Tode noch die Pflicht, um ihre Eltern zu trauern, wenn diese gestorben sein werden, erfüllen können. Hier dient die Kleidung dazu, das Schaurige zu erhöhen.

71 Die Nacht auf dem Schlachtfeld. Quelle: Sin Tsi Hiä.

72 Die Grabschänder. Quelle: Sin Tsi Hiä.
Geistertafel: Planchette, vgl. Nr. 65.

73 Go Schu Han, vgl. Tang Dai Tsung Schu.
Er war Feldherr unter Kaiser Ming Huang und starb 756 n. Chr. Er war tartarischer Herkunft.
Der Oger hier ist wohl einer der Rakchas, die mit den Yakchas häufig verwechselt werden.
Perlenketten: Der Ausdruck Schä Li, indisch Sarira, wird sowohl für Perlen als auch für Knochen gebraucht.
»der auf dem Bett liegt«: Zur Zeit des Vorgangs war Go Schu Han noch nicht berühmt, die Geister aber wissen die Zukunft voraus. Sie sind dem hohen Stand ebensolche Ehrfurcht schuldig wie die Menschen.

74 Die verwandelte Frau, vgl. Tang Dai Tsung Schu.
Auch hier scheint es sich um eine Rakchas'i zu handeln, die sich für eine Zeitlang in ein Mädchen verwandelt hatte, bei der die ursprüngliche Natur aber wieder durchbrach.

75 Das Oger-Reich. Vgl. Liau Dschai.

Die Oger hier sind die Ureinwohner Ceylons, ebenfalls Rakchas genannt, die als menschenfressende Ungetüme in den Sagen vorkommen.

76 Das geraubte Mädchen. Vgl. Sü Tsi Hiä.
Der Oger hier ist eine Fe Tiän Yä Tscha oder Yakscha.

77 Der fliegende Oger. Vgl. Tang Dai Tsung Schu.
Auch hier handelt es sich um eine Yakscha.

78 Giftmischen. Quelle: mündliche Überlieferung.
Die Geschichte spielt im Süden Chinas. Dennoch findet sie sich in der Umgegend des früheren deutschen Schutzgebiets. Vielleicht hängt das damit zusammen, daß die Stammbäume einer großen Anzahl von Familien dieser Gegend auf Yünnan zurückführen. Es kann sich möglicherweise um mitgebrachtes Gut handeln. Vielleicht sind die Vermittler auch einzelne Beamte, die im Süden tätig waren.

79 Schwarze Künste. Quelle: mündliche Überlieferung.
Realgar hat chinesischer Anschauung nach giftlösende und stärkende Wirkung.

80 Das treue Mädchen. Quelle: mündliche Überlieferung.
Die Geschichte erinnert an den Grafen von Gleichen. Eine derartige Doppelehe ist in China ebenso ungewöhnlich wie in Europa. Man kennt wohl Nebenfrauen, aber keine zwei gleichgeordneten Hauptfrauen.

81 Die bemalte Haut. Vgl. Liau Dschai.
»Verlorene Menschen haben keine Heimat«: Mit diesen Worten deutet der Geist seinen Zustand an. Damit, daß der Jüngling dennoch an ihr festhält, begibt er sich in ihren Bann.
Stellvertreter: Dadurch, daß der Geist einen andern Menschen ins Verderben lockt, wird er selber frei zu neuer Geburt. Vgl. Die Geister der Erhängten, Nr. 66.
Im Tempel des grünen Herrn: Der grüne Herr ist derselbe wie der Königvater des Ostens, vgl. Nr. 15.
Zauberwedel: Die Taoisten haben an einem Holz befestigte Roßhaarwedel zur Vertreibung der bösen Geister.

82 Die Sekte vom weißen Lotos. Quelle: Liau Dschai.
Die Sekte vom weißen Lotos ist eine der revolutionären Geheimsekten Chinas. Sie geht ebenfalls auf den Tung Tiän Giau Dschu als ihren Herrn zurück. Vgl. Nr. 18, Anm.
»Das ist ein Berggeist«: Der Berggeist ist natürlich ein Blendwerk des Zauberers, durch das er sich und die Seinen aus der Gewalt der Soldaten bringt.

HISTORISCHE SAGEN

83 Die drei Übel. Vgl. Dsin Schï.

84 Wie über zwei Pfirsichen drei Helden zu Tode kamen. Vgl. Dung Dschou Liä Guo.
Herzog Ging von Tsi (Ostschantung) war ein älterer Zeitgenosse des Konfuzius. Der Minister Yän Dsï, unter dessen Namen ein philosophisches Buch geht, ist derselbe, der die Anstellung des Konfuzius in Tsi zu hintertreiben wußte.

85 Wie das Heiraten des Flußgottes aufhörte. Vgl. Liä Guo. Si-Men Bau ist eine historische Persönlichkeit. 5. Jahrhundert v. Chr.

86 Dschang Liang. Vgl. Schen Siän Dschuan.

»in gelbem Gewande«: Andeutung des Taoismus, vgl. Nr. 42.

»Das Buch von den geheimen Ergänzungen« = Yin Fu Ging. Vgl. Liä Dsï, Einleitung.

»Grüne Kleider mußt du tragen usw.«: Die hier gegebene Zusammenstellung des grünen Herrn und der goldenen Mutter als Eltern alles Lebens erinnert merkwürdig an die Stelle im Faust: »Grün ist des Lebens goldner Baum.«

87 Der alte Drachenbart. Vgl. Tang Dai Tsung Schu.

Yang Su starb im Jahre 606 n. Chr.

Li Dsing, 571–649 n. Chr., hat natürlich mit Li Dsing, dem Vater des Notscha (Nr. 18), nichts zu tun.

Li Yüan ist der Begründer der Tangdynastie, 565–635 n. Chr. Sein bedeutender Sohn, dem er die Herrschaft verdankte, der »Prinz von Tang«, hieß Li Schï Min. Sein Vater verzichtete 618 auf den Thron zu seinen Gunsten. Die hier gegebene Geschichte ist natürlich nicht historisch. Vgl. die Einleitung zu Nr. 88.

88 Wie der Molo die Rosenrot stahl. Vgl. Tang Dai Tsung Schu. Das Märchen erinnert in manchen Zügen an indische Geschichten, man beachte z. B. die Zeichensprache, die von dem Helden selbst nicht verstanden wird, wohl aber von seinem Gefährten.

89 Die goldene Büchse. Vgl. Tang Dai Tsung Schu.

Das Motiv von der klugen Sklavin kommt auch in der Geschichte der drei Reiche ähnlich vor.

»An die Stirn schrieb sie sich den Namen des großen Gottes.« Über diesen Gott, Tai I, den großen Einen, vgl. die Anm. zu Nr. 18.

Der Gott des großen Bären: natürlich des Sternbildes.

Der Briefwechsel ist ebenso bezeichnend in dem, was zwischen den Zeilen steht, als in dem, was ausgesprochen ist.

90 Yang Gui Fe. Schen Siän Dschuan.

Der Kaiser Ming Huang aus dem Hause Tang regierte von 713–756 n. Chr. Die Einleitung ist historisch.

Vierstromland = Setschuan.

Siebenabend: vgl. Nr. 16.

91 Der Arzt. Vgl. Schen Siän Dschuan.

Kaiser Ming Huang im Vierstromland: vgl. Anm. zu Nr. 90.

Realgar: vgl. Anm. zu Nr. 79.

92 Der Mönch am Yangtsekiang. Vgl. Si Yu Gi, wo eine etwas abweichende Version steht.

Der Kaiser Tai Dsung ist Li Schï Min, der Prinz von Tang in Nr. 87. Er ist der glänzendste aller chinesischen Herrscher.

»Der Drachenkönig des Ostmeers«, in unserer Sammlung häufig genannt. Der Gott des Großen Berges und die 10 Höllenfürsten, vgl. Anmerkung zu Nr. 62 und 63.

Der höchste Herr ist Yü Huang, der Nephrit- oder Jaspisherr.

Hüan Dschuang hieß ursprünglich Tschen. Über die Schicksale seines

Vaters nach seiner Ertränkung und seine jenseitigen Söhne vgl. Nr. 25. Im Fong Schen Yän Yi wird er übrigens wieder lebendig. Körbchen aus Bambus: Das Mosesmotiv kommt auch sonst in chinesischen Märchen vor.

Der Mönch vom Yangtsekiang, chinesisch: Giang Liu Ho Schang = der vom Strom angetriebene Mönch.

Holzfisch: Ein hohles Holz in Fischform, wird von den Buddhisten geschlagen als Zeichen der Wachsamkeit.

Drei Sammlungen von Büchern = Tripitaka.

Über einen der sagenhaften Begleiter Hüan Dschuangs auf seiner Reise nach Westen vgl. Nr. 100.

KUNSTMÄRCHEN

93 Der herzlose Gatte. Nach Gin Gu Ki Guan (gekürzt).
»einheiraten.« Für gewöhnlich zieht die Frau ins Haus der Eltern des Mannes. Nur wenn kein männlicher Erbe da ist, kommt die Abmachung vor, daß der Schwiegersohn die Familie der Eltern seiner Frau fortsetzt und in deren Hause lebt. Die Sitte ist in Japan noch heute sehr verbreitet, doch gilt es in China nicht als ehrenvoll, auf diese Weise in eine fremde Familie einzutreten. Bezeichnend ist, daß Mosü zur Strafe dafür, daß er das Einheiraten das erstemal verschmäht hat, noch zum zweitenmal einheiraten muß bei dem Herrn Hü.
»Goldtöchterchen spuckte ihm ins Gesicht«: Trotz ihrer Treue für ihn muß sie nach chinesischer Anschauung ihrem Zorn über seine Untreue Luft machen; erst dadurch kommt der Fall in Ordnung und ist ihr »Gesicht gewahrt«.

94 Die schöne Giauna. Vgl. Liau Dschai.
»nicht in der neumodischen achtteiligen Form«: Ba Gu Wen Dschang, Aufsätze in achtteiliger Disposition, nach strengen Regeln gegliedert, waren bis zur großen Unterrichtsreform als Prüfungsthema in China üblich.
»Gefahr des Donners.« Vgl. Einleitung zu Nr. 58.

95 Ying Ning. Vgl. Liau Dschai.
Das Märchen ist in der Stilisierung des verstorbenen Herrn Dr. Harald Gutherz, mit dem diese Sammlung gemeinsam geplant war, wiedergegeben.

96 Die Froschprinzessin. Vgl. Liau Dschai.
»Froschmännchen«: Wa Dsï, der Schimpfname, der den Südchinesen von den Nordchinesen gelegentlich angehängt wird.

97 Abendrot. Vgl. Liau Dschai.

98 Edelweiß. Vgl. Liau Dschai.
Die Geschichte hat in Liau Dschai noch einen komplizierten Schluß, durch den das Zwischendasein der Liebenden, die von Ort zu Ort verschwinden, noch ausführlicher versinnlicht wird.

99 Das Heimweh. Vgl. Liau Dschai.
Die Geschichte ist trotz der äußerlichen Abweichungen von den buddhistischen Regeln durch und durch buddhistisch. Der Religion der Formen tritt hier die Religion des Herzens gegenüber.
»Nachkommen«: Die Nachkommen haben die Pflicht, die Opfer der Ahnen

zu besorgen. Da er selbst durch Krankheit verhindert war, seiner Mutter zu opfern, mußte in Ermangelung der Nachkommenschaft das Opfer unterbleiben.

Ochsenfleisch: Der Genuß dieser Speise gilt als unheilig und ist einem rechten Buddhisten ein Greuel. Das Rind ist ein Tier, das in China als Genosse des Menschen zu heilig ist, um gegessen zu werden.

100 Der Affe Sun Wu Kung. Vgl. Si Yu Gi.

Der Affe ist das Symbol des Herzens. Die Erzählung ist ähnlich wie »Pilgrim's Progress« eine Allegorie. Dennoch sind mythologische und Märchenmotive in Menge aufgenommen. Der Affe selbst erinnert an Hanumant, den Begleiter Ramas.

Herr des Himmels = Yü Huang.

Der steinerne Affe ist das steinerne Herz des natürlichen Menschen. Die Buddhas, die seligen Geister (Siän) und die Götter (Schen): Die Ideale des Buddhismus, Taoismus, Konfuzianismus.

Asien: Die Kontinente sind die der indischen Mythologie. Im Süden Dschau Bu Dschou = Djambudvîpa, im Osten, wo der Affe geboren wird, Schong Schen Dschou = Purvavidêha, im Norden Gü Lu Dschou = Utarakura, im Westen, wohin der Affe zuletzt kommt, Niu Ho Dschou = Godana. Asien ist in dieser Zusammenstellung Djambudvîpa.

Der Erkennende = Sambodhi.

Sun Wu Kung: Affen heißen auf chinesisch Hu Sun. Das Wort hat schlechte Vorbedeutung, darum wählt der Meister Sun als Geschlechtsname. Das Zeichen wird dabei von seinem tierbezeichnenden Radikal befreit. Wu Kung = der zur Leere (Nirwana) Erwachende.

Die verschiedenen Wege: Magie, Weg der Geisterbeschwörung. Wissenschaften: Die drei Religionen sind Konfuzianismus, Buddhismus, Taoismus; dazu kommen als sechs »Schulen« die Yin-Yang-Schule, Mo-Di-Schule, Medizin, Militär, Gesetz, Verschiedenes, so daß im ganzen neun Richtungen herauskommen. Stille ist der Taoismus des Nichthandelns. Tat ist der Taoismus der Körperpflege, wie er durch We Be Yang inauguriert wurde.

»Schlug er ihn dreimal mit dem Stocke«: auch hier die Zeichensprache, die nur von Eingeweihten verstanden wird.

Der Teufelskönig des Chaos = Sinnlichkeit, daher ist das Wasser sein Element und die Nieren seine Wohnung (die Nieren sind Sitze des Samens).

»in roten Kleidern«: Die Farben haben alle allegorische Bedeutung.

Der Tod = Yama.

Der Abendstern ist der Metallstern. Sun Wu Kung repräsentiert ebenfalls das Metall, daher ist der Abendstern sein Fürsprecher.

Über Li Dsing und Notscha vgl. Nr. 18.

Über die Königinmutter des Westens vgl. Nr. 15 u. a.

Über Yang Oerlang vgl. Nr. 17.

Guan Yin ist Avalôkitês'vara, in China allgemein als weibliche Gottheit verehrt.

Das Motiv der magischen Flucht kommt in den Märchen der ganzen Welt häufig vor.

Vase: Guan Yin wird häufig mit einer Vase, Bau Ping, dargestellt.

Der Ring des Laotse ist das Tao.

Die acht Naturkräfte = Ba Gua.

Buddha: Während Sun Wu Kung allen äußeren Mächten gegenüber ge-
wappnet ist, erliegt er dem Buddha, der nicht kämpft, sondern ihn durch
seine Allgegenwart besiegt. Die Lehre ist voll derben Humors verkündigt.

Der Mönch vom Yangtsekiang ist Hüan Dschuang, vgl. Nr. 92.

Der Ring, der enger gemacht werden kann, wenn der Affe nicht folgt, findet sich in Hauffs »Der junge Engländer« als Krawatte wieder.

Benutzte literarische Quellen

Si Yu Gi / Liau Dschai Yän Yi (es wurden zumeist noch unüber-
setzte Stücke gewählt) / San Guo Yän Yi / Tang Dai Tsung
Schu / Schen Siän Dschuan / Sin Tsi Hiä / Sü Tsi Hiä / Sou
Schen Gi / Yüo We Tsau Tang / Gin Gu Ki Guan / Dung Dschou
Liä Guo / Schï Gi / Schen I Ging / Ming Huang Dsa Lu / Fong
Schen Yän Yi / Mu Tiän Dsï Dschuan / Lui Diän / Mayers, Chinese
Readers Manual, Schanghai 1874 / Giles, Chinese Biographical
Dictionary, London und Schanghai 1898 / Eitel, Handbook of
Chinese Buddhism, Hongkong 1888.

INHALT

Die Märchen der Weltliteratur

Eugen Diederichs Verlag